Daniel C. Dennett
ダニエル・C・デネット
阿部文彦 訳

Breaking the Spell: Religion as a Natural Phenomenon

解明される宗教

――進化論的アプローチ

青土社

解明される宗教——進化論的アプローチ　目次

はじめに　11

第1部　パンドラの箱を開ける

第1章　どの呪縛を解くべきか　19

1　何が起こっているのか　20
2　宗教の定義を試みる　25
3　解くべきか、解かざるべきか　32
4　深淵をのぞきこむ　39
5　自然現象としての宗教　48

第2章　科学に関する諸問題　55

1　科学は宗教を研究できるのか　56
2　科学は宗教を研究すべきなのか　63
3　音楽は体に良くないのだろうか　71
4　無視した方が良いこともあるのだろうか　76

第3章　なぜ良いことが起こるのか　89
1　良いところを引き出す　90
2　コレカラ利益ヲ得ルノハ誰カ　93
3　何が宗教のコストを回収するのかと問うこと　109
4　火星人の理論一覧　114

第2部　宗教の進化

第4章　宗教のルーツ　143
1　宗教の誕生　144
2　宗教の原料　153
3　自然は他者の心の問題をどのように扱うのか　158

第5章　宗教、その黎明期　167
1　多すぎる行為主体――リハーサル空間をめぐる競争　168
2　利害関係者としての神々　179
3　神々に語りかけてもらうこと　188

4　催眠術師としてのシャーマン　192
5　口承文化における記憶工学装置　199

第6章　管理運営の進化　213
1　宗教音楽　214
2　実践的専門知識（ノウハウ）としての民俗宗教　218
3　ゆっくりと進む反省と宗教における秘密の誕生　226
4　宗教の飼い馴らし（ドメスティケイション）　232

第7章　団体精神（チーム・スピリット）の発明　243
1　善意で舗装された道　244
2　アリの群生と企業体　249
3　宗教における成長市場　261
4　語りかけることができる神　267

第8章　信じることに価値がある　277
1　もっと信じた方が良い　278
2　指向的対象としての神　291
3　神を讃える分業制度　301

4 最小公分母 308
5 信仰告白するようにデザインされた宗教 314
6 レバノンの教訓――ドゥルーズ派とキム・フィルビーの奇妙な事例 324
7 神は存在するか 332

第3部 今日の宗教

第9章 宗教選びの手引き 343

1 神への愛のために 344
2 学問的世界の煙幕 356
3 何を信じているかがなぜ重要なのか 364
4 宗教はあなたのために何ができるのか 372

第10章 道徳と宗教 383

1 宗教は私たちを道徳的にするか 384
2 宗教は人生に意味を与えるだろうか 394
3 神聖なる価値についてどう言えば良いのだろうか 403
4 我が魂に祝福あれ――精神性と利己性 415

第11章　今何をすれば良いのか　423
1　理論にすぎない　424
2　探求されるべきいくつかの道――どうすれば宗教的確信に至ることができるのか　432
3　子供たちに何を語るべきか　441
4　有害なミーム　450
5　忍耐と政治　457
補論A　新しい自己複製子　465
補論B　科学に関する諸問題　487
補論C　ベルボーイとタックという名の女性　515
補論D　根底的解釈の不確定性の実例としてのキム・フィルビー　525
原註　531
訳註　559
訳者あとがき　573
参考文献　(10)
人名索引　(6)
事項索引　(1)

スーザンへ

解明される宗教——進化論的アプローチ

はじめに

一つの明白な事実からはじめよう。私はアメリカ人の著述家であり、この著作が何よりもアメリカ人の読者に向けられているということだ。この著作の草稿は、多くの人々に目を通してもらったのだが、アメリカ人ではないほとんどの人にとって、この事実は、単に明白なだけではなく、当惑をおぼえるもの――ある場合には、不快なもの――だった。この著作を、外見上もっと地域性の少ないものにすることはできなかったのだろうか？　私は、一人の哲学者として、可能なかぎり地域性を越えた幅広い読者層をターゲットにすべきではなかったのだろうか？　いや、できなかった。今回は無理だった。アメリカ人ではない私の読者は、むしろ、この本からアメリカが置かれている状況について、何かを学んでほしいと思う。彼らからの反応以上に印象的だったのは、アメリカ人の私の読者のほんのわずかしか、このような反応が持つ意味に気がつかないという事実――あるいは、気づいていても何も言わないという事実――だった。これは、きちんと考えてみるべき事柄である。アメリカは、宗教に対する態度という点で、世界の主要な国々とは著しく異なっていると――アメリカでも外国でも――一般に考えられており、この著作は、何よりも、そうした違いの深さを測定しようとする音波探知機なのである。私の読者として期待する人々に、学者だけではなく好奇心旺盛で良心的な我が国の市民に、私の声が届いてほしいという希望を持つべきなのだとすれば、測定の結果、反応が強く出る部分を表現しなければならないと判断した（聖歌隊席に向かって説教をしても仕方がない）。これは実験であり、私が以前の著作で表明した目標からの離脱である。このような離脱によって困惑したり失望したりする人々はいるだろうが、良い悪いは別に、私には私なりの理由があることを分かってもらえるだろう。もちろん、ターゲットを外しているかもしれない。以下で見ていただこう。

アメリカに焦点を当てたのは、意図的である。他方において、現代の宗教を論じる際、まずキリスト教に焦点を当て、次にイスラム教とヒンドゥー教に焦点を当てたのは、故意ではなく避けられないことだった。その理由は単純で、他の宗教について確信を持って書けるだけの十分な知識が、私にはないからなのだ。この本を書く前に、さらに数年間研究を続けるべきだっただろうが、最近の諸々の出来事が早急にメッセージを出すことを私に求めていたので、これまで手に入れてきた様々な視点だけで語っていかなければならなかった。

以前の書き方と違っている点は、はじめて脚註ではなく後註を使っていることである。註を末尾に集めてしまうと、研究職にある読者に、本文から註へ、註から本文へという具合に手間をかけさせてしまうので、普通後註というやり方をしない。しかし、この本の場合、もっと多くの人々に読んでいただきたいという思いから、学者にとっての利便性よりも、読みやすさを優先した。そのために、普通よりかなり多くの内容を、長い後註としてまとめることができたので、学者にとって利便性に欠けていても、もっといろいろ考えてみたい人々には役立つものになっている。同じ理由から、主に研究者のために書いた四つのいささか分量のある題材を本文からはずし、最後に「補論」としてまとめた。「補論を参照」となっている箇所に、本来置かれたはずのものである。

タフツ大学のおかげで、私はトム・ソーヤーを演じることができたし、ほとんど学部学生からなるとても勇気があり誠実な学生グループとも出会えた。彼らは、心に秘めた宗教的確信を危険に晒し、二〇〇四年秋のゼミで初期の草稿を読み、多くの誤りを訂正し、私の失言や感情を害するような言動にも耐えて、快く自分たちの宗教的世界へと私を導いてくれた。この本の読者層の想定がうまくできているとすれば、彼らの意見のおかげである。プリシラ・アルバレッツ、ジャクリーン・アーダム、モーリシオ・アーティナーノ、ガヤンサン・バラカネッサン、アレキサンドラ・ベイカー、ローレンス・ブルーストーン、サラ・ブローナー、ベンジャミン・ブルックス、ジーン・キショルム、エリカ・クラムピット、サラ・ダルグリッシュ、キャサリーン・ダニエル、ノア・ドック、ハンナ・アーリッヒ、ジェド・フォーマン、アーロン・ゴールドバーグ、ジェナ・ゴルリン、ヨーゼフ・グレッツィアン、クリストファー・ヒーレー、アイタン・ハーシュ、ジョー・キーティング、マシュー・キビー、トゥッカー・レンツ、クリス・リンツ、ステファン・マーチン、ジュリアナ・マッカニー、アキコ・ノロ、デヴィッド・ポーク、サマー・ピューリ、マイク・ライフマン、ルカ・リキオーネ、エドワード・ロッセル、ザック・ルビン、アリエル・ラドルフ、マミ・サカマキ、ブラアン・サルバトール、カイル・トンプソン-ウェストラ、そしてグリードン・ゾルチに感謝。

認知研究センターの教育助手や研究助手などのすばらしいスタッフにも、感謝したい。彼らは学生のレポートにコメントし、本書の計画によって動揺した学生に助言し、私にも助言してくれた。この著作に関する構想や改善の手助けをしてくれたし、コピーやアンケート用紙の翻訳もしてくれた。多様なデータに取り組み、それを分析し、図書館やウェブ・サイトで何百という著作や論文の検索をしてくれた。お互いに助け合いながら、私の研究を続けさせてくれた。アブリー・アーチャー、フィリップ・ド・ブリガード、アダム・ディーゲン・ブラウン、リチャード・グリフィン、そして、テエレサ・サルバトーに感謝。現在も続行中であるアンケート調査をそれぞれの大学で行なってくれたクリス・ウェストバリー、ダイアナ・ラッフマン、ジョン・ロバーツ、ジョン・サイモン、ビル・ラムゼイ、そして、読んでおく価値のある著作を推薦してくれたジョン・キールストローム、カエル・デ・ポウ、マルセル・キンズブルヌにも感謝したい。

特に謝辞を述べておきたいのは、ミーラ・ナンダである。宗教についての科学的理解を祖国インドにもたらそうとする彼女の勇気ある運動は、この本を書こうとした動機の一つであり、タイトルの決定にも影響を与えた。彼女の『ダルマの呪縛を解く』(Nanda, 2002) やもっと最近の『後ろ向きの予言者』(Nanda, 2003) を読んでいただきたい。

最初の段落で言及した人々で、匿名であることを選択した方が少しいる。彼らにも謝意を表する。また、ロン・バーネット、アキール・ブルグラミ、パスカル・ボイヤー、ジョアンナ・ブライソン、トム・クラーク、ボ・ダールボム、リチャード・デントン、ロバート・ゴルドスタイン、ニック・ハンフリー、ジャスティン・ジャング、マット・コーニッヒ、ウィル・ロウ、イアン・ラスティック、スザンヌ・マッシー、ロブ・マコール、ポール・オッペンハイム、セイマー・ペイパー、アンバー・ロス、ドン・ロス、ポール・シーブライト、ポール・スラバック、ダン・スペルベル、そして、スー・スタッフォードにも感謝しなければならない。さらに、テリー・ザロッフにも。私に代わって原稿の整理や、文章の誤りだけではなく重要な欠点も指摘してくれた。リチャード・ドーキンスとピーター・スペルベルは、会話の中できわめて価値のある示唆をしてくれたし、私の代理人を務めてくれたジョン・ブロックマンとその夫人カティンカ・マットスンにも感謝しなければならない。また、この二年、このプロジェクトに関心を持ち、ありがたい示唆、助言をくれ、精神的な支えになってくれたたくさんの人々。名前は出さないがお礼を申し上げたい。

最後に、妻のスーザンに感謝しなければならない。彼女は、本を書いている私をひとりぼっちにはせず、予想もできないような仕方でいつも協力してくれる。

ダニエル・デネット

第1部　パンドラの箱を開ける

第1章　どの呪縛を解くべきか

1　何が起こっているのか

イエスは譬えで多くの事を語り、こう言われた。見よ、種撒きが種を撒きに出て行った。撒いているうちに、道ばたに落ちた種があった。すると鳥がきて食べてしまった。

「マタイによる福音書」第一三章三―四

もし「適者生存」にスローガンとしての妥当性があるなら、聖書は、様々なテキストの中で適者という称号を受けるにふさわしい候補者であるように思われる。

ヒュージ・パイパー『利己的なテキスト――聖書とミーム学』

アリが、細長い葉を上へ上へと懸命に登って行く。たえず頂上を目指して岩を転がすシジフォスのように、アリは高く高く落ちるまで登り、何度も何度も登り続ける。なぜアリはこんなことをしているのだろうか？　このような骨の折れるありえない活動をして、アリはどんな利益を求めているのだろうか？　これは、明らかに間違った問いである。いかなる生物学的利益も、このアリにもたらされはしない。たとえば、自分の縄張りをもっと良く見ようとしているのでもないし、食べ物を探したり、伴侶となりうる存在に自分を見せつけているわけでもない。その脳は、自らの再生産循環を完了するために羊や牛の胃の中に入り込まなければならない鋭尖吸虫という小さな寄生虫によって、コントロールされているのである。この小さな脳に寄生する虫は、アリのではなく、自分の子孫の利益になるような位置に向かうように、アリを駆り立てている。これは、この寄生虫だけに見られる現象ではない。同様の操作型寄生虫は、他の生物種、魚やネズミにも寄生する。こうしたヒッチハイカーは、宿主のではなく宿泊客である自分の利益のために、普通ではありえない仕方で——自殺的でさえある仕方で——自分の宿主が行為するように仕向ける。[1]

これと似たようなことが、そもそも人間に起こるだろうか。まったくその通り、起こるのである。私たちは、しばしば、人間が自分の個人的な利益や、自分の健康や子供を持つ機会を顧みず、自分の脳の中に寄宿している観念の利益を増加させることに全人生を捧げるのを見る。イスラームというアラビア語は「服従」を意味し、良きイスラム教徒(ムスリム)は皆、証人(あかしびと)となり、一日に五回祈りを捧げ、施しを与え、ラマダンの期間には断食し、メッカへの巡礼の旅をしようと努力する。すべて、アラーという観念のため、そして、アラーの言葉を伝えるマホメットという観念のためである。もちろん、キリスト教徒やユダヤ教徒も、同様のことをする。彼らは、〈御言葉〉を広めるために生涯を捧げ、一つの観念のために多大な犠牲を払い、苦しむことを厭わず、命を危険にさらす。シーク教徒もヒンドゥー教徒も仏教徒も同じだ。さらに、〈民主主義〉や〈正義〉、さらに明白な〈真理〉のために自らの命を捧げた、何千もの世俗のヒューマニストも忘れてはなるまい。そのために死ねるような観念は、たくさんあるのである。

私たちが自分の個人的な幸福よりも、あるいは、子孫を持てという生物学的命令よりも、大切だとみなすものに命を捧げることができるというこの能力は、人間を除く動物の世界から私たち人間を区別する事柄の一つである。母親グマは餌場を勇敢に守ろうとし、どんなに残忍なことをしてでも、小グマを、また何もない巣穴さえも、守り抜く。だが、人間の場合、食料品店や自分の子供や家を守ろうとして死んだ人より、聖なる場所と聖典を守ろうとして死んだ人の方が、おそらくその数は多いだろう。私たち人間は、他の動物たちと同様に、再生産欲求と、再生産という目標に達するために必要なことはどんなことでも懸命に行なうという欲求とが、本来備わっている。しかし、私たちは、様々な信念も持っており、私たちの遺伝子から発せられる命令を超越する能力も、備えている。この事実こそ、私たち人間を異質な存在にしているのだが、とはいっても、それは自然科学にとっては明白な生物学的事実にすぎず、自然科学によって説明されるものなのだ。それにしても、ホモ・サピエンスというただ一つの種だけが、自分自身の人生に対するこのような尋常ならざる見方を、どのようにして獲得してきたのだろうか？

　人間の場合、人生においてもっとも重要なことは自分のライバルより多くの孫をもつことだ、などと言う人はほとんどいないだろうが、しかしそれこそ、すべての野生動物にとっての既定（デフォルト）の最高善である。彼らはそれ以上のことを知らない。知ることもできない。彼らは動物にすぎない。一つの興味深い例外があるように思われる。犬である。この「人間の最良の友」は、人間の友と肩を並べるほどの、深い愛情を示すことはないだろうか？　犬は、飼い主を守るために、必要とあれば、死ぬことさえ厭わないのではないだろうか？　確かにそうしたことはあるし、このすばらしい特徴が、飼い馴らされた動物種に見られるというのは、偶然ではない。今日の犬は、私たちの祖先が、過去においてもっとも愛し賞賛した犬の子孫である。彼らは、忠誠心のために子を産むという努力をするわけではないが、実際そうしてきたし、人間の相棒としての動物の中で（彼らから見ても、また私たちから見ても）最上のものを世に送り出してきた。[2]
私たちは、無意識のうちに、私たちの神への献身を手本にして、飼い主へのこのような献身を、理解してきたのだろうか？　それとも、私たちが、私たちに似せて犬を作り上げてきたのだろうか？　おそらく後者が正しいのだろうが、しかしそうなると、私たちは、神への献身をどこで手に入れたのだろうか？

アリの脳を侵略する寄生虫と人間の脳を侵略する観念との間で行なった比較は、こじつけのようにも乱暴のようにも見えるかもしれない。寄生虫とは違って、観念は生きていないし、脳を侵略しているわけではない。観念は心によって創造されたのである。これらの主張はどちらも正しいが、だからといって、そう見えるほどの反論にはなっていない。確かに、観念は生きていない。観念は、自分がどこに向かっているのかを知ることはできないし、たとえ知ることができたとしても、宿主の脳を操る手足を持っていない。なるほどその通りである。しかし、鋭尖吸虫にしても〔ロケットを操る〕ロケット学者では、もちろんないのだ。本当は、わずかニンジンくらいしか賢くはない。脳すら持っていない。鋭尖吸虫が持っているのは、アリの脳と接触するといつでも有効な仕方でアリの脳に影響を与えるような特徴を授けられているという、幸運だけなのである（こうした特徴は、蝶の羽にある目玉模様に似ている。それは、蝶を捕食する鳥を欺して何か大きな動物が自分を見ていると思わせるようなものである。鳥はおびえて立ち去り、蝶は命拾いをするのだが、だからといって少しも賢いわけではない）。自ら動くことのない観念も、申し分なくデザインされていれば、自分がしていることを知ることなしに、脳に対して有効な効果を与えるかもしれないだろう！　そしてもしそのような有効な効果を与えるなら、その観念は成功したということになるが、その成功の理由は、申し分なくデザインされていた、ということである。

神の〈御言葉〉を鋭尖吸虫にたとえることが、正しいこととか間違ったことかはまだ確定していないが、観念を生き物にたとえるという考えは、新しいものではない。私は、一六世紀半ばに羊皮紙に書かれた楽曲の一頁を持っている。それは、半世紀も前にパリの本屋でみつけたものだ。それには、〈種撒く人〉の寓話（『マタイによる福音書』13）が持つ教えが（ラテン語で）書かれている。すなわち、神の〈御言葉〉が種であり、種撒く人はキリストである。まかれた種は、個々の人間に根づき、人間にこの種を遠く広く撒くように仕向ける（そのお返しに、宿主（ホスト）となった人間は永遠の生を手に入れる）。

観念というものは、どのようにして心によって創造されるのだろうか。奇跡的な霊感（インスピレーション）によってかもしれないし、もっと自然な手段によってかもしれないが、いずれにせよ、様々な観念は、心から心へと広がり、異なる言語間の翻訳で生き残り、歌や聖像や彫像や儀式に乗ってヒッチハイクし、特別な人々の頭の中で思いがけない結合状態を作り出す。この結合状態において、観念は、自らを刺激した諸観念と親和的類似性を持つことによって、しかしまた、新しい特徴と前進する新しい力を持つことによって、さらに新しい「創造」を成し遂げる。そしておそらく、私たちの心を最初に侵略した「野生の（ワイルド）」観念のいくつかは、私たちがその観念の主人、あるいは少なくともその観念の管理者、また飼い主になろうと努力するにつれて、飼い馴らされ手なずけられた子孫を生み出してきた。今日流布している飼い馴らされた観念の先祖とは、何だろうか？　それはどこで生じ、またなぜ生じたのだろうか？　さらに、私たちの祖先が、これらの観念を抱くだけではなくそれらを慈しみ、それらを広めるという目標を立てた時、その観念を信じることに価値があるという確信は、流布される観念を、どのように変えていっただろうか？

宗教の偉大な諸観念は、――記録された歴史よりも長いが生物学的時間からすればほんの短い期間にすぎない――何千年もの間、私たち人間を魅了し続けてきた。もし、今日の宗教の本性（ネイチャー）を、自然（ナチュラル）現象として理解したいなら、今日どうであるかだけではなく、過去においてどうであったかを見なければならない。以下の七つの章でなされる宗教の起源に関する説明は、最後の三つの章で、今日宗教とは何なのか、また、宗教はかくも多くの人々にとって重大な意味を持つのはなぜなのか、さらに、宗教的な人々の自己―理解において正しかったり間違っていたりするのは何についてなのかを考えるための新しい視点（パースペクティヴ）を、提供するだろう。そうすることによって、近い将来において、この惑星上での私たちの将来において、宗教がどこに向かうのかをより良く知ることができる。これこそ、私にとって、探求すべきもっとも重要なテーマである。

2　宗教の定義を試みる

哲学者たちは、言葉の意味を、そのもともとの語義がほとんど残らないくらいに拡張する。彼らは、自分で造り上げた何か漠然とした抽象物を「神」と呼ぶことによって、世間に対して理神論者、信徒を気取る。彼らは、神というより高尚でより純粋な観念を獲得したことを自慢さえするかもしれない。ところが、彼らの神は、実体のない影でしかなく、もはや宗教的な教えを説く強力な人格ではない。

ジークムント・フロイト『幻想の未来』[1]

宗教は、どのように定義されるだろうか？　精神性（スピリチュアリティ）、世俗組織への関与、民俗集団（あるいはスポーツチーム）への熱狂的な献身、迷信といった、（おそらく）宗教ではないが宗教に近接する諸現象も、私は検討し議論しようとしているので、宗教をどのように定義するかだけが問題なのではない。したがって、「線引き」をしたところで、いずれにせよその線を越えてしまうことになるだろう。以下で見るように、普通私たちが宗教と呼ぶものは、多種多様なきわめて異なった諸現象で構成されている。それらの諸現象は、様々な情況から生じ、いろいろな含意を持ち、ゆるい結びつきで結ばれた現象集団を形成しているのであって、化学元素や種（しゅ）のような「自然な種類」を形成しているわけではない。

　宗教の本質とは何か？　このような問いには、不信の目が向けられるべきである。世界の宗教の多くに、あるいはほとんど宗教に、深く重要な共通性があるとしても、「本質的な」特徴を欠きながらも宗教に典型的に見られる特徴を共有している変種が確かに存在しているのである。二〇世紀、進化生物学が発達したおかげで、――海綿は動物であるとか、鳥はカエル以上に恐竜とずっと近い関係にあるとかいった仕方で――、徐々にではあるが、生き物を分類する確かな根拠を認めるようになってきたし、驚くべきことが、まだ毎年のように発見されつつある。したがって、宗教のような多様で複雑な事柄についての定義が、いかなる反証にも耐えうるものになるには、かなりの困難があると予想すべきであるし――またそれに耐えるべきである。サメとイルカは外見上とても良く似ており、同じように行動するが、同じ種類ではない。おそらく、考察領域全体がもっと良く理解されるなら、仏教とイスラム教とは、多くの類似点を持っていても、まったく異なった種類の二つの文化的現象であるとみなされるべきだということが分かるだろう。常識と伝統から見て、両者ともに宗教であるとみなすことはできる。しかし、私たちのこの最初の分類が、さらに多くのことを学んだ分だけ是正されなければならないかもしれないという可能性に、目をつむるべきではない。子に乳を飲ませることが、なぜ海で生きることよりも、根本的な変化なのか？　背骨を持つことが、なぜ翼を持つことよりも、根本的変化なのか？　今では自明の理かもしれないが、生物学の黎明期にはそうではなかったのである。

　動物に対する残虐行為を規定する英国の法律は、その動物が脊椎動物かどうかという点で、重要な道徳的線引きを行なっている。この法律からすると、生きている虫やハエやエビに対しては、好き勝手なことして良いということになるが、生きている鳥やカエルやネズミに対しては、やってはいけないことになる。脊椎動物かどうかという点で線引きをするのは、うまいやり方かもしれないが、法律とは修正されるものである。まさにこの法律がそうだった。——タコ、ヤリイカ、コウイカのような——頭足類は、最近、名誉脊椎動物とされた。その理由は、それらがハマグリや牡蠣（かき）のような親戚の軟体動物とは違って、驚くほど洗練された神経システムを持っているということである。これは、見当違いの政治判断による修正であるように、私には見える。というのも、この法と道徳にとって重要であった類似点は、生物学の奥深い原理を拠り所にしたものではまったくなかったからだ。

文化的諸現象において、宗教という現象とその近接現象との間に境界線を引くことには、似てはいるがそれ以上に悩ましい問題がつきまとっているように見える。たとえば、（少なくともアメリカ合衆国において）法律は、本当は違っていたとしてもこれまで宗教とみなされてきたものには、学問的関心以上の関心が向けられるべきだと宣言し、宗教にだけ特別な地位を与えている。ウイッカ（魔女の宗教（ウイッチクラフト））や他の新世代の〔宗教的〕現象は、その信者たちによって宗教であると声高に主張されているが、それはまさに、宗教が伝統的に享受してきた法的・社会的地位にまで、それを高めようとするためである。さらに別の方向から語る人々もいる。彼らは主張する、進化生物学は、実は「もう一つの宗教にすぎず」、それゆえ、その教えを公立学校のカリキュラムに入れてはならない、と。法的な保護、名声、威信、そして、ある種の分析と批判の伝統的な免除——宗教に対するこのような厚遇がどうなるかは、私たちが宗教をどのように定義するかにかかっている。このデリケートな問題を、私はどう扱うべきなのか？

ためしに、宗教を次のように定義してみよう。存在すると認められるべき一つの超自然的行為主体、ないし、いくつかの超自然的行為主体を信じている人々からなる、一つの社会システムである、と。もちろんこれは、神ないし神々のいない宗教は、背骨を持たない脊椎動物のようなものだ、という考えを示す間怠(まだる)っこしいやり方である。[3] このような間怠っこしい言い方をする理由のいくつかは、まったく明白である。他の理由はおいおい明らかになるだろう――さらに言えば、定義というものは修正を受けるものであり、それは出発点であって、石に深く刻まれたもののように消滅の危険から守られているものではない。先の定義に従えば、熱烈なエルヴィス・プレスリー・ファンクラブは宗教ではない。なぜなら、そのメンバーは確かにエルヴィスを崇拝しているかもしれないが、エルヴィスを文字通り超自然的なものとは考えてはおらず、とりわけ素晴らしい人間だったと考えているからである（そしてもしも、エルヴィスは真に不死なるもの、神的なものであると判断するファンクラブが現われるなら、その時には、そのファンクラブはまさに新しい宗教への歩みをはじめたことになる）。超自然的行為主体は、人間の形をしている必要はない。『旧約聖書』のエホバは、確かに一種の神的な（女性ではない）男性(マン)であり、目で見、耳で聞き――そして、その場(リアル・タイム)で語りかつ行為する（神は、まず、ヨブが何をするのかを見て、それから彼に語りかけた）。現代の多くのキリスト教徒、ユダヤ教徒、イスラム教徒は、神もしくはアラーは全知であるから感覚器官のようなものを持つ必要はないし、永遠であるからその場(リアル・タイム)で行為することはない、と主張する。これは、ちょっと分からない。なぜなら、彼らの多くは、神に祈り続け、神が明日にでも祈りに答えてくれるであろうという希望を抱き、宇宙を創造したことに対して神に感謝を表明し、「神が私たちにさせようとしていること」とか「神は慈悲深い」といったような言い回しを使い続け、神はまったく人間の形をしていないという主張と完全に矛盾するように思われる振る舞い方をしている。長きにわたる伝統に従えば、行為主体としての神と永遠不変の〈存在〉としての神との間の、このような緊張関係は、単に人間の理解を超えた事柄の一つにすぎず、それを理解しようとすることは愚かなこと、傲慢なことなのだ。そういうこともあるかもしれないが、これは後で注意深く扱うテーマとして残しておこう。とはいえ、私の定義（実は他のどんな定義でも良いのだが）をたずさえて前に進むためには、人間には理解できないという謙虚さに満ちた信仰の霧の隙間からうっすらと見える、様々な見解を（とりあえずその見解だけを）少しばかり明らかにしておかなければならない。人間には理解できないということをどう解釈すべきかを考えた後に、はじめて、そのように考える人々が信奉する教えをどのように分類すべきかが判断できるのである。

ある人々にとって、祈りは、文字通り神に語りかけることではない。そうではなくてむしろ、それは「象徴的」行為、つまり自分の奥深くにある思いを自分自身に語りかける仕方であり、それが隠喩的に表現されたものなのだ。これは、「親愛なる〈日記〉様」という言葉で日記を書きはじめるのとかなり似ている。このような人々が神と呼んでいるものが、彼らの目から見て、行為主体ではないとしたら、つまり、祈りに答えることができたり、是認したりしなかったりできたり、捧げ物を受け取ることができたり、罰や許しを与えることができるような存在ではないとしたら、この〈存在〉は神と呼ばれているかもしれないが、また、それに対する（〈彼〉に対するではない）畏敬の念が抱かれているかもしれないが、私の定義に従えば、彼らの教義がいかなるものであれ、それは宗教ではない。それはおそらく、宗教のすばらしい（あるいはひどい）代用物である。それは、昔の宗教の子孫の、多くの類似物を宗教にもたしてきた本物の宗教の子孫の代用物であり、宗教とはまったく別の種である[4]。宗教とは何であるかを明確にするためには、もはや宗教ではないものに変化してしまった宗教があるということを、予め心しておく必要がある。これは、かつては本物の宗教の一部をなしていた特定の実践や伝統に、確かに起こっていることなのだ。ハロウィンという儀式は、もはや宗教的儀式ではない。少なくともアメリカではそうである。それゆえ、ハロウィンのような儀式に参加し出費を厭わない人々は、宗教を実践しているのではない。たとえ彼らの活動が明らかに宗教的実践の子孫であっても、そうなのである。サンタクロースへの信仰もやはり、宗教的信仰としてはその地位を失ってしまった。

また、別の人々にとっては、祈りは本当に神に語りかけることであり、その人（who）（それ（which）、ではない）は本当に耳を傾け、そして許す。このような人々が、一つの宗教集団（コングルゲイション）の一員にすぎないのではなく、より大きな社会システムやコミュニティの一員であるならば、私の定義からして、彼らの教義は宗教である。この点に関して言えば、私の定義は、ウィリアム・ジェイムズの定義と根本的に対立している。彼は、宗教を「個々の人間が孤独の状態にあって、いかなるものであれ神的な存在と考えられうるものと自分が関係していることを悟る場合だけに生じる感情、行為、経験である」と定義していた（James, 1902, p.31）[2]。彼は、孤独な信仰者（ビリーバー）を宗教を持つ人とみなすことに、何の困難も感じなかったのだろう。彼自身が、明らかにそのような人であった。このように個人を、私的（プライヴェート）な宗教的経験を中心に置くことは、ジェイムズにとって、戦略的選択であった。彼にとって、「組織化された」宗教の教義、儀式、式服そして政治的位階組織（ヒエラルキー）は、根本現象からの逸脱したものだった。戦略的に切り開かれた道にはすばらしい果実が実ったが、しかし、社会的で文化的な要因が、個人の経験の内容と構造に非常に影響を与えることを、彼はほとんど否定することはできなかった。今日、いくかの理由から、ジェイムズの心理学的な顕微鏡に代わって、――時間・空間双方の広大な広がりを見渡し、個々の宗教的な人々の経験や行為を形作っている様々な要素に目を向ける――広角の社会的で生物学的な望遠鏡が、用いられている。

とはいえ、ジェイムズが社会的・文化的要因を否定し難かったのとまさに同じように、私的（プライベート）な宗教と呼んでも良いものを、たった一人で伝えようと本気で、そしてまじめに取り組んでいる人々の存在を、私はほとんど否定することはできなかった。このような人々は、たいてい、一つまたはそれ以上の世界宗教についての相当な経験を積んでいるが、その一員になるという選択をすることはなかった。彼らの存在を無視したくないので、数の上で彼らより断然多い典型的な宗教的人々――他の多くのメンバーともに特定の教義ないし教会と自分自身を同一化している宗教的人々――と、彼らを区別する必要がある。そこで、私は、彼らを宗教的ではなく精神的な（*spiritual*）人々と呼ぶことにしよう。彼らは、言ってみれば、名誉脊椎動物である。

　他にも――いずれ考察されるべき――多くの変種がある。たとえば、祈りを捧げ、祈りの効力を信じているが、この効力が、文字通り祈りを聞く神という行為主体を通じてもたらされる（チャネルド）とは信じていない人々がいる。これらの問題を考察するのは、このような教えがどこに由来するかをもっと明確に理解するまで、延期しておきたい。私の考えでは、宗教現象は、その中核において、その場で（リアルタイム）効力を発揮する神々を、自分が何をすべきかを考える際に中心的な役割を果たす神々を、呼び求めて（インヴォウク）いる。私がここで「呼び求める」という一見すると曖昧な言葉を使うのは、後半の章で見るように、「信仰（ビリーフ）〔信じること〕」という型通りの言葉を使うと、宗教のもっとも興味深い特徴のいくつかが歪められたり、偽装されたりすることがあるからである。挑発的な言い方をすれば、宗教的信仰（ビリーフ）は、必ずしも信仰〔信じること〕ではないのだ。さらに、超自然的な行為主体ないし複数の超自然的な行為主体が、なぜ想定されなければならないのだろうか？　それは、いろいろ種類の黒魔術から、宗教を区別するためである。ある種の不浄な同盟を形成している悪魔たちに、自分たちは命令を下すことができると考えている人々が――ごくわずかに、しかし現実には、「悪魔崇拝」についての興味深い都市伝説からすると、ごくわずかとは言えない人々が――がいる。このような（かろうじて存在している）社会システムは、宗教との境界線上にあるのだが、私は無視した方が良いと思っている。なぜなら、この種のつまらぬものに関係している人々が敬虔な人々という特別な地位に値するなどと考えたら、私たちの企ては頓挫してしまうからだ。あらゆる種類の宗教には一般的に敬意が払われているが、それを明らかに支えている認識は、宗教的な人々は、道徳的に立派な生活を送ろうと努力しているので善良であり、自らの罪を償おうと努力しているので邪悪なことを行なうまいという熱意をも持っているということである。自分の思い通りに振る舞いたいために、邪悪な超自然的行為主体と契約を結ぼうとするような、欺されやすいばかりか利己的でもある人は、漫画が描き出すような迷信の世界に生きているのであり、宗教に払われているような敬意には、まったく値しない(5)。

3 解くべきか、解かざるべきか

科学は、結末を話して映画を台無しにしてしまうおしゃべりな人のようなものだ。
ネッド・フランダース『ザ・シンプソンズ』に登場する架空のキャラクター[3]

最後の解散ツアーを行なっているあなたの大好きなミュージシャンたちの演奏を、あなたはあるコンサート会場で息を殺し、感激しながら聴いている。素敵な音楽は、あなたを高揚させ、あなたを別の場所へと運び去っていく……。ところがその時、誰かの携帯電話が鳴りはじめる！　せっかく陶酔(スペル)しているのに、興ざめだ。いまいましく、不快で、許し難い。この思慮のない一撃は、あなたの大切なコンサートを台無しにしてしまい、もはや決して取り戻すことのできない貴重な瞬間を奪い去った。せっかく浸っている陶酔感（スペル）を台無しにするなんて、ひどすぎる！　私はこの携帯電話の持ち主ではありたくないが、多くの人々には、私がこの本を書きはじめることで、まさにこれと同じ状態になるかもしれないことを、良く承知している。

問題なのは、良い陶酔もあれば悪い陶酔もある、ということである。常軌を逸したジム・ジョーンズが、陶酔状態（スペルバウンド）にある何百人もの信者に自殺を命じた一九七八年、ちょうど良い時間に電話の呼び出し音がなって、それがガイアナのジョーンズタウンで進行していた出来事を妨げることができたなら！　日本のカルト・オウム真理教に東京の地下鉄で、数十人を殺し数千人に傷を負わせることになる毒ガス・サリンをまくように仕向けた陶酔感を、さますことができたなら！　何千人もの貧しく若いイスラム教徒を、狂信的なマドラス〔宗教学校〕に招き入れ、そこで、現代社会や民主主義や歴史や科学を教えるのではなく、人殺しにも等しい殉教者という地位を手に入れる準備をさせるようになる、陶酔感をさます術（すべ）を今にも突き止めることができるなら！　中絶手術を行なうクリニックを爆破するように神によって命じられていると、我が同胞市民に確信させる陶酔感を、さますことできるなら！

宗教的なカルトと政治的な狂信だけが、今日の悪しき陶酔感の運び手ではない。麻薬中毒、ギャンブル中毒、アルコール中毒、さらに児童ポルノ中毒になっている人々のことを、考えてみよう。彼らには、手に入れうるあらゆる支援が必要であるが、このような状態にはまり込んだ人々にわざわざ救いの手を差しのべて、「しー！　陶酔感をさまさないでやってくれ」と誰かをいさめる人がいるかどうかは、疑問だ。このような悪しき陶酔感をさます最善の方法は、陶酔状態にある人々を良い陶酔感（グッド・スペル）へと、神への陶酔（ゴッド・スペル）へと、福音（ゴスペル）へと、導くことかもしれない。そうかもしれないし、そうでないかもしれない。私たちは良く考えてみるべきである。それを考えながら、もし仕事中毒を指弾したり治療することできれば、世界がより良い場所になるかどうかも、考えてみるべきなのだろうが、私は今、いろいろな議論が渦巻く状況に身をおいている。多くの仕事中毒の人は、自分たちの中毒は、社会にも、自分の愛する人たちにも役立つ良い中毒だ、と主張するだろうし、さらに、誰にも危害を与えないかぎり心が導くところへ、どこへでも進んでいくのは、自由社会における自分たちの権利である、と言い張るだろう。このような主張を攻撃することは、できない。というのも、他人である私たちは、彼らが他人を傷つけていないと確信できるかぎりにおいて、彼らの私的な行為を邪魔する権利など、持っていないからだ。とはいえ、他人を傷つけていないとどうして言えるのか、ますます確信が持てなくなっていることも、事実である。

人々は、多くの物事に自分を依存させている。新聞やフリー・ペーパーなしには生きていけないと考える人もいれば、タバコなしには生きていけないと考える人もいる。音楽のない生活は送るに値しないと考える人もいれば、宗教のない生活は送るに値しないと考える人もいる。これらは、中毒なのだろう？ それとも、私たちが犠牲を払っても大切にすべき、本物の必要性（ニーズ）なのだろうか？

結局のところ、私たちは究極の価値についての問いに至らなければならないのだが、そのような問いには、どんな事実的な探求も答えることはできないだろう。その代わりに私たちができることは、みんなで落ち着いて、お互いに教え合い説得し合うという——それ自体誠実に行なわれるよう努力すべき——政治的な過程を辿ることだけだ。しかし、そうするためには、私たちがどんな選択肢を前にして選択しているかを知らなければならないし、関係者の様々な見解に対して提起される賛成理由や反対理由を明確に説明する必要がある。関与することを拒む人々（なぜなら、彼らは、彼らの心の中にある答えをすでに知っているからだ）は、私たちから見れば、問題の一部をなしている。彼らは、私たち人間の間で合意に至ろうという民主主義的努力に協力しないのだから、処理されるべき障害物リストの中に、敢えて自分たちを位置づけているのだ。エル・ニーニョや地球温暖化と同じように、彼らと話し合って合意に至ろうと努力すること自体、無駄なことであるが、彼らが好もうと好むまいと、彼らを根気良く研究する理由なら、いろいろある。彼らが心を入れかえて、私たちの政治的な集まりに参加するかもしれないし、彼らの態度や実践の根拠を探求するのを手助けしてくれるかもしれない。しかし、彼らが実際そうしようとしまいと、彼らについてできるかぎりすべてのことを学ぶ必要がある。というのも、私たちが大切だと愛（いとお）しむものを、彼らは危険に晒すからである。

今や、世界的現象としての宗教は、この惑星上の叡智を結集して行なうことのできる徹底的な学際的研究に、委ねられるべきである。なぜか？　なぜなら、宗教は、私たちにとってあまりにも重要であるために、それについて無知のままでいることはできないからである。宗教は、私たちの社会的、政治的、そして経済的な紛争に影響を与えるばかりではなく、私たちが自分の人生に見出すまさにその意味にも、関係している。多くの人々にとって、おそらく地球上の大部分の人々にとって、宗教以上に重要なものは、何もない。まさにこの理由から、私たちには、宗教についてできるかぎり多くのことを学ぶことが、絶対必要なのである。クルミの硬い殻で守られているような問題であるが、これこそ、この本の論点にほかならない。

土足で上がりこむような仕方で徹底的に検討することは、宗教という現象それ自体にダメージを与えないだろうか？　そんなことをしても、陶酔をさます（*break the spell*）ことにならないかもしれないではないか？　それは良い問いであるが、私もその答えを知らない。誰もその答えを知らない。まさしくそういうわけで、（1）取り組まない方がずっとうまくやって行けるような探求に、向こう見ずに飛び込まないが、（2）より良い生活に導いてくれるような事実から、目を背けることはないように、問題を提起し、それを注意深く調べることにしよう。この惑星の人々は、――貧困、飢餓、戦争と犯罪の暴力等々の――一連のひどい問題に直面している。しかし、二一世紀の今日、私たちには、これらすべての問題について何かを行なうことのできるずば抜けた力がある。しかし、何をしたら良いのだろうか？

善意だけでは、十分ではない。というのも、私たちは、この上ない善意で、とてつもない間違いを犯してきたからだ。二〇世紀の最初の数十年、共産主義は、思慮深い善意ある何百万もの人々にとって、誰もが知っているひどい不公正さに対するすばらしい解決策、自明でさえある解決策のように思われた。しかし、彼らは間違っていた。ぞっとするほどの犠牲を生んだ、間違いだった。禁酒法も、自分の〔酒嫌いという〕嗜好を同胞市民に押しつけようとする権力的で上品ぶった人たちにとってだけではなく、アルコール中毒が生み出す惨状を見て全面禁止くらいしなければだめだと判断した多くのまっとうな人々にとっても、当時は良い考えであるように見えた。彼らが間違っていたことは証明されたし、私たちは依然として、善意の政策が生み出したすべての悪い結果から立ち直ってはいない。多くの誠実な人々にとって、黒人と白人を別々の機関を持つ別々のコミュニティに分離して置くという考えは、人種間の争いという切迫した問題への合理的な解決策だった時代があったが、それはそんな昔のことではない。善意ある人々が信じてやってきたことが、どれほど間違っていたかが示されるためには、アメリカ合衆国の公民権運動が必要だったし、さらに南アフリカにおける人種隔離（アパルトヘイト）政策という辛く恥ずべき経験とその政策が最終的に崩壊することが必要だった。恥ずべきことだと、あなたは言うかもしれない。もっと分別を持つべきだった、と。私の言いたいことも、それだ。私たちは、最善の努力をして知ろうとするなら、分別を持つようになることができるし、その努力をしない口実など、どこにもない。それとも、口実はあるのだろうか？　何らかのテーマは、その結果がどうであれ、触れてはならないのだろうか？

今日、何十億もの人々が平和のために祈りを捧げており、そのほとんどの人たちが、世界中に平和をもたらす最善の道は――キリスト教であれ、ユダヤ教であれ、イスラム教であれ、ヒンドゥー教であれ、仏教であれ、また何百とある他の宗教システムであれ――特定の宗教的制度を通過する道であると、心底信じている。だとしても、私は驚かないだろう。事実、人類にとっての最大の希望は、世界中のすべての宗教を結集し、互いを尊敬し合う会話を行ない、お互いにどう接するかについて究極的な合意に至ることだ、と多くの人々が考えている。彼らは正しいかもしれないが、彼らは知らない。信仰の情熱があっても、それが、彼らが正しいことを示す確固とした証拠になるわけではないし、この美しい希望が正しいという圧倒的な証拠が、あるわけでもない。実は、それはまったく説得力を持つものではない。なぜなら、世界平和は、自分たちの宗教が競争に全面的に勝利することに比べれば、短期的にも長期的にも、さして重要ではないと、本気で信じ込んでいる多くの人々がいるらしいからである。宗教を、平和のための最善の希望、ひっくり返ってみんなが死んでしまわないように揺り動かしたりしてはならない救命ボートだとみなす人もいれば、宗教に自分のアイデンティティを見出すことが、世界の紛争と暴力の主たる源泉であると考え、宗教的確信は、情報に基づく落ち着いた推論に取って代わる恐ろしいものと、やはり本気で信じている人もいる。これら二つの道は、どちらも、善意によって舗装される。

正しいのは誰か？　私は知らない。情熱的な宗教的確信を持つ何十億の人々も、やはりそれを知らない。すべての宗教が絶滅すれば世界はもっと良い場所になるだろうと信じている無神論者たちも、やはりそれを知らない。一つの非対称性が、存在している。すなわち、一方の側にいる無神論者は、一般に、自分たちの見解や実践や推論が徹底的にまた客観的に検証されることを歓迎する（実際のところ、彼らの検証してほしいという絶え間ない要求には、辟易してしまうほどだ）。他方の側にいる宗教的な人々は、それとは反対に、自分たちの見解を検証したがっている人々が暗に示す、無礼や尊敬の欠如そして冒瀆に対して、しばしば喧嘩腰になる。私だったら、礼儀正しく言うだろう、あなたたちが拠り所にしている古くからの伝統は確かに事実存在しているが、それは間違ったものであり、存続を許すべきではない、と。このような呪縛状態（スペル）から解放されなければならないし、今、解放されなければならない。宗教が人類の最善の希望であると信じている宗教的な人々が、私たちのような懐疑的な人間に、懐疑の表明を控えるように期待できるのは、たとえ気が進まなくても、彼ら自身が自分たちの確信を顕微鏡の下におく場合だけだ。もし彼らが正しいとすれば――とりわけ、さらなる反省を加えた上でも、彼らが明らかに正しいとすれば――、私たち懐疑論者は、このことを素直に認めるばかりではなく、熱心にその大義に与（くみ）するだろう。彼らが望んでいると彼ら（のほとんど）が言っているもの、つまり、耐えられる程度の最小限の苦痛しかない平和な世界、自由と公正と福祉があり、万人にとって有意義な平和な世界を、私たちだって望んでいるのである。もし彼らの道は支持できないという主張がなされる場合、彼ら自身が知ろうとするべきことは、まさにこの主張である。彼らは、道徳こそが大事だと主張する。言葉通りかもしれないし、そうでないかもしれない。調べてみることにしよう。

4　深淵をのぞきこむ

哲学は答えることを決して許さない問いである。宗教は問われることを決して許さない答えである。

筆者不詳

解放されなければならないと私が語っている呪縛（スペル）は、宗教を、多くの自然現象の一つとして、妨げを受けず率直に科学的に探求することを許さないような、タブーである。とはいえ、宗教を科学的に探求することに抵抗する、もっとも切なる、またもっともまことしやかな理由の一つは、――宗教が明るい照明の下におかれ顕微鏡で観察されるなら――、陶酔（スペル）がさまされてしまうということである――宗教が持つ人生を豊かにするという魔法のような、もっとずっと重要な陶酔感（スペル）が、危険に晒されるということである。もしも科学的探求の介入によって、人々から能力が奪われ、宗教的経験や宗教的確信の土台となっている精神状態を維持できなくなってしまったら、それこそ大惨事**かもしれない**。純潔（ヴァージニティ）さはたった一度で失われてしまうし、あるテーマに過剰な知識を押しつけることは、人々から純真無垢を奪い、見聞を広げるという装いの下で、心が損なわれてしまうのではないか、と恐れる人もいる。その問題を考えるためには、何百もの言語と文化を数世代で消滅へと追いやった西洋の世俗の技術と文化に対する、最近の世界中からの猛攻撃について考えてみれば良い。〔科学の介入によって〕あなたの宗教にも同じことが起こらないと言えるだろうか？　私たちは、万が一にそなえて、手出ししないでおくべきではないのか？　何と傲慢な戯言（たわごと）かと、嘲笑う人たちもいることだろう。〈神の世界〉は、お節介な科学者たちの取るに足らない侵略には、びくともしない。詮索好きの不信仰者は、信仰者を邪魔しないようにつま先で歩き回る必要があるという考えは、滑稽であると、彼らは言う。しかし、だとすれば、調べてみても、悪いことはあるまい。そうすれば、私たちは何か重要なことを学べるかもしれない。

第一の呪縛(スペル)――タブー――と、第二の呪縛――宗教それ自身――は、互いに結びつき、奇妙な合体状態を形成している。宗教の持つ強さの一部は――おそらく――タブーによる庇護であるかもしれない。しかし、誰がそんなことを知っているだろうか？　もし、私たちが、あるかもしれないこの相互関係の絆(リンク)を探求してはならんと、第一の呪縛によって命じられたとすれば、第二の呪縛は――必要であろうとなかろうと――扱いやすい楯(シールド)を持つことになる。これら二つの呪縛の関係は、ハンス・クリスチャン・アンデルセンの魅力的な童話『はだかの王様』中で、生き生きと描き出されている。嘘と神話が、「万人の知恵」として、際限もなく生き残り続けることがある。理由は簡単で、正体が暴かれる可能性それ自体が、タブーによって、生まれないように押さえ込まれるからなのだ。思い込みであることが明白であるのに、その思い込みが何年もの間また何世紀もの間、この上なく大切にされることがあるが、それは、その思い込みを大事にしなければならない理由を知っている人がいるはずだと、各人が思い込み、誰も敢えてそれをどうこうしようとはしないからである。

今まで、科学者や他の分野の研究者には、宗教には手をつけないでおこうとか、ちょっと触れるだけにしておこうといった、合意事項のようなものがあったが、合意事項とはいっても、ちゃんと検討されたものではなかった。なぜなら、徹底的な探求ということを考えるだけで、世の中に波風を立てそうだからである。私は、このような思い込みを打ち壊し、検討を加えようと思う。宗教のすべての内部と外部すべてを研究するべきではないとすれば、私は、なぜそうなのかを知りたいし、私が拒絶している伝統にただ単に訴えるのではなく、事実に支えられた十分な理由を知りたい。秘密（プライバシー）や「聖域（サンクチュアリ）」という仮面をかぶった伝統が残されなければならないとしても、なぜそうなのかを私たちは知るべきである。なぜなら、力ずくで無知の状態におかれることの代償は、きわめて大きいからである。以上のことから、やるべき事の順序が決まる。第一に、私たちは、最初の呪縛——タブー——が解かれるべきかどうかという問題を、考えなければならない。もちろん、私は、この本を書き出版することで、一足早く行動しており、第一の呪縛に飛び込みその呪縛を解こうと努力しているのだが、まずどこかを出発点にしなくてはならない。探求を続けて行って、事態が思わしくない方向に向かいそうな場合、その呪縛を解こうという努力を一時的に中断するつもりである。それからまた、計画をはじめるために再び決心という馬に乗って、再開するつもりである。もちろん、この企て全体の動機となっている大問題に答えることによってではなく、できるかぎり注意深く問題を立てることによってであり、その問題の答え方について私たちが何を知っているかを指摘することによってであり、なぜ私たちがその問題に答えることが必要なのかを示すことによって、である。

　私は哲学者であって、生物学者でも人類学者でも社会学者でも歴史家でも神学者でもない。私たち哲学者は、問題に答えることよりも、問題を立てることの方が得意である。これを聞いて、自分は無駄なことをしている人種なんだと、滑稽な告白をしていると思われるかもしれない——「自分の専門が問題を立てるだけで、問題に答えることではないと言っている。何てつまらない仕事なんだ。そんなことのために金が支払われているのか？」——。しかし、本当にやっかいな問題に取り組んだことのある人なら、立てられるべき正しい問題と、問題を立てる際の正しい順序を発見することが、もっとも困難な作業の一つであることを知っている。発見しなければならないのは、知られていないことだけではない。知る必要があることや、知る必要がないこと、さらに、知る必要があることを発見するために知る必要があること等々も、発見しなければならない。問題の立て方によって、道が開かれることもあれば閉ざされることもあるのであって、まったく見当違いなことをして、時間と労力を無駄にしたくはない。哲学者たちは、このような努力をすることで、役に立つことができるが、もちろん、しばしば行く手を阻むこともあった。そんな時には、別の哲学者がやって来て、掃除をしてきれいにする努力をしなければならない。私が好きなのは、ジョン・ロックが『人間知性論』の冒頭「読者への手紙[4]」の中で主張している哲学者の在り方である。

> ……地面を少し掃除して、知識への道に落ちているゴミをいくらか片づける下働きの仕事をやろうとすることだけで、もう十分です。もしも、野暮で気障（きざ）な分かりにくい用語が、学問的にではありますが軽薄な形で使われることによって、聡明で勤勉な人々の努力がそれほど妨害されることがなかったとしたら、知識への道は世界中でもっとずっと先まで進んでいたことでしょう。そのような用語を使用することが学問の中に導入され、そうすることが一つの技術であるとされたため、物事の真の知識以外の何ものでもない〈哲学〉は、上品な会合や洗練された会話に持ち込まれるのは不適切であるとかよろしくないとか考えられるまでになってしまいました。

私のもう一人の哲学的ヒーローは、ウィリアム・ジェイムズである。彼は、抽象概念や論理的議論という哲学者の主食を、獲得した事実の大いなる助けを借りて豊かなものにしていくことの重要性を、どの哲学者よりも認識していた。彼は、わずか百年ほど前に、古典的研究『宗教的経験の諸相』を出版した。この著作は、この本の中でたびたび引用されることになる。というのも、近年見過ごされがちであるが、この著作は、洞察と論証の宝庫だからである。そこで私は、彼が出会った以下の古い物語を再利用することからはじめようと思う。

信仰復興運動（リバイバリズム）の説教者たちがしばしば話す物語に、夜、自分が断崖からすべり落ちていく夢を見た男の話がある。結局、その男は一本の枝をつかんで墜落を免れたが、その枝をつかんだまま、悲惨にも数時間を過ごした。しかし、ついにその指が支えきれなくなったので、人生に絶望の決別を告げると、彼は落ちていった。彼は六インチ落ちただけであった。もし彼がもう少し早くその奮闘をやめていたとしたら、彼の不安も少なくてすんでいたことだろう（James, 1902, p.111）。[5]

信仰復興運動の説教者のように、私は、タブーを破ることを恐れるあなたがたに、宗教的な人々に、向かって言おう、さあはじめよう、と。あなたがたは、落ちたことにほとんど気づくことはないだろう。私たちが科学的に宗教を研究するのに取りかかるのが早ければ早いほど、あなたがたの奥底にある恐怖はすぐに和らげられるだろう。しかし、これはお願いであって口論ではないので、私は私なりの論拠をもって粘り強くやっていかなければならない。私がお願いするのはただ、広い心を保ち、私が神なき哲学者だからだといって、私が語ることを先走って判断しないようにしてほしいということだけだ。私もあなたがたを理解するために最善の努力をする（私はブライト〔bright〔明るい、聡明な〕である。二〇〇三年七月一二日付けの「ニュー・ヨーク・タイムズ」掲載の私のエッセー「明るいもの（The Bright Stuff）」は、不可知論者や無神論者や他の〔超自然的なものを排除する〕自然主義の支持者たちが、私たち非信仰者を指すための新語を造り出そうと努力していることに、注意を向けたものだった。このエッセーに対する広範囲の肯定的な反応は、この本を書こうという私の決心の手助けになった。もちろん否定的な反応もあった。その大部分は、ブライトという語が（私によってではないが）選ばれたことで、他の人たちがにぶい（dim）とか、まぬけだ（stupid）ということを意味してしまうのではないかという、異論だった。しかし、この語は、普通の言葉「ゲイ（gay〔陽気な〕）」が同性愛者（ホモセクシャル）の人たちに見事に乗っ取られた（ハイジャック）ことを手本にしているのだから、そういう意味合いを持っていると考える必要はない。ゲイではない人々は、かならずしも陰鬱（glum）ではない。彼らは、ストレート（*straight*〔同性愛者ではない人〕）である。ブライトではない人々は、必ずしもにぶくはない。ブライトではない人々は、独自に名前を選びたいのかもしれない。彼らは、私たちブライトとは違って、超自然的なもの（supernatural）を信じているから、たぶん自分たちをスーパー（*supers*）と呼びたいのかもしれない。それは、ゲイやブライトやストレートと同様に、肯定的な意味合いのある素敵な言葉である。明らかにゲイである人と進んでつき合いたくない人々もいるだろうし、明らかにブライトである人によって書かれた本を進んで読みたくない人々もいるだろう。しかしながら、何ごとにも最初がある。試してほしい。もしあまりにも不愉快になったら、後でいつでも手を引くことができるのだから）。

すでにお分かりのように、これから、〔信仰者と非信仰者である〕私たち二人が、同じジェットコースターに乗るような事態になるだろう。私はここ数年、深い信仰心をもつ多くの宗教的な人々にインタヴューしてきたが、ボランティアとして参加してくれた人のほとんどが、そのようなテーマについて私のような者と会話したことは、それまで一度もなかった（私も、このように私とは異なった人々とそのような微妙なテーマを持ち出して話そうとは一度もしたことがなかった）。だから、驚いて気まずい気分になったり、コミュニケーションがうまく行かず、当惑することも少なからずあった。私は多くを学んだ。しかし、私が最善の努力をしても、疑いもなく読者の一部を憤慨させるだろうし、彼らが一番大切だと考えている事柄について、私は自分の無知を晒すだろう。このことは、納得できないのは私の本のどの論点なのか、そしてそれはなぜなのかを考えることすらせずに、私の本を捨ててしまう便利な理由を、彼らに与えることになろう。私がお願いしたいのは、このような口実の後ろに隠れようとせず、がんばってほしいということである。彼らは何かを学ぶだろうし、そうすれば、彼らは、私たちみんなに何かを教えることができるかもしれない。

この本を読もうかなと思うことすらまったく道徳的はないと考える人々がいる！　彼らにとって、この本を読むべきかどうかを考えるだけで、ポルノビデオを見ようかどうしようかと考えるのと同じように、恥ずべきことなのだろう。心理学者フィリップ・テットロック（Tetlock, 1999, 2003, 2004）によれば、価値が神聖なものとみなされるのは、その価値が、それを奉じている人々にとってきわめて重要なため、それを考えるという行為そのものが侮辱的であるとみなされる場合である。コメディアンのジャック・ベニーは、けちで有名だった――つまり、ラジオやテレビでそう演じていた――。彼の一番おもしろいものの一つは、次のようなコントである。強盗が彼の背中に銃を突きつけて叫ぶ、「金をよこすか命をよこせ！」。ベニーは黙ったままそこに立っているだけだ。強盗は、いらだった様子で、「金をよこすか命をよこせ！」と繰り返す。「今考えている、今考えている」とベニーは答える。これはおかしな話である。なぜなら、――信仰を持とうと持つまいと――私たちの大部分は、そんな取引について誰も考えることすらしないはずだ、と思うからである。それは、思考不可能なもの、「〔簡単すぎて〕考える必要のないもの」[6]であるはずだ。命は、神聖なものであり、どんなにお金を積んでも、公正な取引として命と交換するということは、ありえない。たとえそのことを知識として知らなくても、考えることもなく金と命の交換なんかしないのだから、それはそれでよいではないか？　「この境界を越えること、金銭的価値と友情や子供と結びつけること、金銭的価値と自国への忠誠心を結びつけること、これは、生活に伴う社会的ルールに関して、自分を不適格者にしてしまうことである」(Tetlock et al., 2004, p.5)。命を神聖な価値しているのは、これである。

テットロックとその仲間たちは、巧みな（時としてびっくりするような）実験を行なった。被験者たちは、「タブーとされる取引」について――価値ある目的のために人体の部品（パーツ）を購入して良いのか良くないのか、お金を払って自分が育てる子供を買っても良いのか良くないのか、お金を払って自分に代わって誰かに兵役を努めてもらって良いのか良くないのかといったことを――考えるように求められる。予想されたとおり、多くの被験者は、「絶対許せない」という態度を示す。彼らは、適正な選択を行なっている時でさえ、罪悪感を感じ、そのようなひどい選択について考えることに誘い込まれたことについて怒りをあらわにすることもある。きわめて意味のあることなのだが、タブーとされる取引について考えなければならないという経験をした被験者たちは、実験者によって「道徳磨き（モラル・クレンジング）」に参加する機会を与えられると（たとえば、ボランティアとしてコミュニティの奉仕活動に参加すると）、比較対照用の（掃除人を雇うべきか、何かを買わずに食料を買うべきか、といった純粋に世俗的な取引について考えるように求められていた）被験者に比べて、――実際――、そのような良いことを、進んで引き受けようとするようになった。だから、この本は、読んだ結果罪悪を感じた人々の思いやりレベルをちょっと上げることで、いくらか良いことをするかもしれない！　この本を読んで悪影響を受けたと感じたら、たぶんあなたは、憤慨するだろうが、読まなかった時と比べて、その憤慨を鎮めるために道徳磨きに熱心に参加しようとするだろう。私はそうあってほしいと思っているし、あなたに何か良い影響を与えたとしても、私に感謝する必要もない。

神聖な価値という言葉は、宗教的なものを含意しているにもかかわらず、無神論者や不可知論者でさえ、使うことができる。その場合、神聖な価値とは、単に再検討されることがまったくない価値のことである。私も、神聖な価値を持っている――ただし、正当かどうかについて考えることだけで漠然とした後ろめたさを感じてしまうという意味での神聖な価値を、道徳的ジレンマを解決する途上で捨ててしまおうとは決して考えない（私は考えることが好きなので）という意味での、神聖な価値である――。私の神聖な価値は、明白で、どこでも通用するようなものである。（アルファベット順で言えば）民主主義、公正さ〔正義〕、生命、愛、そして真実〔真理〕が、それである。とはいえ、私は哲学者なので、目眩（めまい）や当惑を引き起こす術を学んできたし、結局何がそれらの価値を支えているのかとか、それらの価値がしばしば悲劇的な争いを繰り返すように、両立不可能な場合どうすべきかとか、もっと良い選択肢があるかどうかを、自問する術を学んできている。どんな考え（アイディア）にも心を開くというのが、伝統的な哲学者たちのやり方である。そのような考えの中には、ある人々がそれ自体道徳に反する考えだとみなすものも、含まれている。そうした人々は、特定のテーマが問題になると、心を閉ざすべきだと考えている。彼らは、自分たちと意見が違う他者たちと共にこの惑星で暮らしていることを知っているのだが、その他者たちと対話したいとは思わない。彼らは、その他者たちの信用を失墜させたり、その他者たちを抑圧したり、殺そうとさえする。私は、多くの宗教的な人々が、この本のような本を、読もうという気には決してなりえないだろうということ――それもこの本が照らしだそうとする問題の一部である――を、知っている。とはいっても、できるかぎり広範囲の信仰者の耳に、私の声をとどけたいと思っている。最近、研究者たちが、宗教の科学的分析に関する著作や論文を書き上げたが、それらは、主に仲間の大学教師に向けられたものである。ここでの私の目標は、そうした文献の主たる考え方を紹介する（さらに特徴づけ、批判したり弁護したりする）使節（アンバサダー）の役割を果たすことである。私の神聖な価値を活用させるのは、まさにこの点にある。つまり、私は、世界の諸問題の解決を、できるかぎり民主的で公正なものにしたい。また、民主主義も公正さも、万人ができるかぎり多くの真実を見ることができなければ意味はない。さらに、真実は人の心を傷つけることがあるので、真実が明らかになると苦しむような人々への愛から、その真実を隠したままにしておくべき時があるということを、心に留めておく。しかし、もちろん、別の諸価値も検討するし、それらが私の価値より優れているかどうかも考える。

5　自然現象としての宗教

宗教に関するすべての論考はきわめて重要なのであるが、とりわけ二つの問題があり、私たちの注意を引く。すなわち、理性における宗教の基礎に関する問題と人間本性における宗教の起源に関する問題である。[7]

デヴィッド・ヒューム『宗教の自然史』

宗教を自然現象として語るとき、私は何を言おうとしているのだろうか？

宗教が——おいしいだけではなく、健康的（ヘルシー）で、混ぜ物のない、無農薬（オーガニック）の——自然食（まあ、それは神話なのだが）のようなものだ、と言おうとしているのかもしれない。だとすると、私は、「宗教は健康的だ。君の体のために良い！」とでも言おうとしているのだろうか？　それはそうかもしれないが、私が言いたいことではない。

私は、宗教は人工物ではない、人間の知的活動の所産ではない、と言おうとしているのかもしれない。クシャミをしたりゲップをすることは、自然であるが、十四行詩（ソネット）を暗唱することは、自然ではない。裸の状態であること――**ありのまま**（*au naturel*）であること――は、自然であるが、服を着ることは、そうではない。しかし、宗教がこのような意味で自然的であるということは、明らかに間違っている。宗教は、遺伝子によってではなく、言語と象徴性を通じて、文化的に伝達されてきた。あなたは、遺伝子を通じて、父親の鼻の形と母親の音楽的才能を受け継いでいるかもしれないが、宗教を両親から受け継ぐにしても、言語を通じて、しつけを通じて、受け継いでいるのである。だから、これも私が**自然**ということで言いたいことではない。

今のとは少しばかり違った形で、宗教は、獲得された好み（テイスト）や人為的に仕込まれたり教育された分別（テイスト）ではなく、**自然に生まれること**〔自ずからわき上がってくること〕を**行なうこと**だ、と言おうとしているのかもしれない。この意味からすれば、話すことは自然であるが、書くことは自然ではない。ミルクを飲むことは自然であるが、ドライマティーニを飲むことは自然ではない。調性音楽を聴くことは自然であるが、無調音楽を聴くことは自然ではない。日没を見つめることは自然であるが、晩年のピカソの絵画を見つめることは自然ではない。宗教は非自然的な行為ではない〔自然な行為である〕ということには、幾分か真理がある。これは、この本で探求されるテーマになるだろう。しかし、私が言いたいことは、これではない。

宗教は、**超自然的なもの**と対立するという意味で自然的であり、様々な出来事や有機的組織や対象や構造や様式で形成されている人間的現象であり、人間的現象と言いうるものすべてと同様に、物理学や生物学の法則に従っており、それゆえ奇跡を含んでいない、と言おうとしているのかもしれない。実はこれこそ、私が言いたいことである。気をつけてほしいのは、たとえ神が現実に存在し、神が私たちの愛すべき創造者であり、知的で意識的な創造者であることが、たとえ真実であったとしても、それでもやはり、宗教それ自体は、諸現象の複雑な集合体として、完全に自然的な現象であるということである。『自然現象としてのスポーツ』とか『自然現象としてのガン〔癌〕』といったサブタイトルのついた本を書く前提は、無神論である、などとは誰も思わないだろう。スポーツにしてもガンにしても、いろいろなプロモーターによって有名な誇張された表現がなされるにもかかわらず、超自然的なものではなく、自然現象として認知されている（私が考えているのは、世界中の研究者やクリニックによって毎週のように吹聴されるあれやこれやの「奇跡的な」ガン治療のことだけではなく、たとえば、〈アベマリアへの祈り〉そして〈無原罪の宿り〉として知られている二つの有名なタッチ・ダウン・パスのことである）。

スポーツとガンは、多くの分野で働き多種多様な宗教的見方を持っている研究者たちにとっての、ちゃんとした科学的研究の対象である。彼らは皆、科学のためにとりあえず、自分たちが研究している現象は自然現象である、と仮定している。科学のためにとりあえず仮定しているからといって、自然現象であるという判断が損なわれるわけではない。実際に自然法則に反するようなスポーツの奇跡が、あるかもしれないし、何らかのガン治療が、奇跡であるかもしれない。たとえそうであったとしても、疑り深い世間に対してそれが奇跡であるということを証明する唯一の可能性は、いかなる奇跡もないと仮定して科学的方法を用い、科学によってはその現象をまったく説明できないと示すことであろう。奇跡狩り（ミラクル・ハンター）をする人は、誠実な科学者でなければならず、もしそうでなければ彼らは時間を浪費しているだけだ――これこそ、聖なるものの代表的候補として主張される奇跡を、客観的な科学的調査に服させようとする動きを少なくとも受け入れているローマ・カトリック教会が、長い間認めている主張である。したがって、どんなに深い信仰心を抱く人でも、宗教は完全な自然現象であると推定する宗教の科学的研究を、拒むべきではない。もし宗教が完全に自然現象であるわけではなく、本当に奇跡が含まれているとすれば、それを疑り深い人たちに示す最善の方法――事実上唯一の方法――は、科学的にそれを証明することだろう。このようなルールに従うことを拒絶するなら、宗教は超自然的なものだとは本当は信じられていないのではないかという疑いしか生まないだろう。

宗教は自然現象であると仮定するからといって、人間の生に対する宗教の価値が決して損なわれるわけではない。宗教は、愛や音楽と同じように自然〔普通にあるもの〕である。しかし、タバコを吸うこと、戦争そして死も自然〔普通にあること〕である。この意味で自然を使うとすれば、人為的なものはすべて、自然だということになる！　アスワン・ハイダムは、ビーバーが作るダムと同様に自然であり、摩天楼の美しさは、日没の美しさと同様に自然である。自然科学は、そのテーマである〈自然〉の中で、すべてをとらえる。その〈自然〉の中には、ジャグルも都市も、鳥も飛行機も含まれているし、さらに良いものも悪いものも、醜いものも、取るに足らぬものも含まれているし、きわめて重要なものも含まれている。

二〇〇年以上も前、デヴィッド・ヒュームは、宗教に関する二冊の本を書いた。一つは、自然現象としての宗教に関するもので、本節のエピグラフ〔題辞〕はその冒頭部分である。もう一つは、宗教の「理性(リーズン)における基礎」についてのものであり、かの有名な『自然宗教に関する対話』(1779)がそれである。ヒュームは、神の存在を信じるのに十分な理由(リーズン)――私たちに言わせれば、科学的理由――があるかどうかを、考察しようとした。ヒュームにとって、自然宗教は、ニュートンの重力理論や平面幾何学と同じように、証拠と証明に十分支えられた〔啓示の助けをかりない〕教義であれば良い。彼は、それを啓示宗教と対比させた。啓示宗教は、神秘的経験やその他の確信に至る超(エクストラ)-科学的な道の啓示に、依存している。

私は、一九九五年の著作『ダーウィンの危険な思想』の中で、このヒュームの『対話』を名誉ある地位に置いた――ヒュームは私のヒーローの一人である――ので、この本でもさらにこの問題を追及しようとしていると思われるかもしれないが、実のところそれは私が意図するものではない。今回は、ヒュームの別の道を、私は追求しているのである。哲学者たちは、二〇〇〇年以上も費やして、〈デザインからの証明〉や〈存在論的証明〉のような神の存在証明をでっち上げたり、〈悪からの証明〉のような神の存在を否定する証明を作り上げ、神の存在証明を批判したりしてきた。私たちブライトの多くは、人生のある時点で、神の存在に賛成する議論と反対する議論を研究するのに、かなりの時間と労力を注いできたし、たくさんのブライトは、この問題を追及し続け、まるで信仰者たちがライバルである科学的理論を否定する努力をしているのと同じように、信仰者(ビリーバー)たちの議論に精力的に切り込んでいる。しかし、私はそういうことはしない。私は、しばらく前に、神の存在に関する議論が実りあるものではなくなりつつあると考えたし、そもそも〔賛成・反対の〕いずれの側にも、大発見があるかどうか疑わしい。その上、深い信仰心を抱く多くの人々は、――いずれの側からなされたものであっても――そうした議論のすべては、単に宗教の要点を見逃しているにすぎないと主張している。そのような議論に関心がないということを示してくれたことによって、私は彼らが誠実であると確信した。結構なことだ。そうなると、宗教の要点とは何であるのか？

　きわめて多くの人々にとって重要な意味を持つ宗教という現象、また現象集団とは何であるのか、そして、なぜ――また、どのようにして――それは忠誠を求め、多くの人生をかくも強力に方向づけるのか？これこそ、ここで提起しようと思う主要な問いである。この問いに対する答えの対立を、〔決着させるのではなく〕整理し明確化できれば、神の存在を信じる十分な理由があるかどうかという問題を、唯一の哲学的問題であると主張する人さえもいる伝統的な哲学的問題を、簡単に検討できる新しい視点が得られるだろう。神が存在することを知っており自分はそれを証明できると主張する人々にも、反論する機会が与えられるだろう。(6)

第1章の要旨

宗教は、この惑星におけるもっとも強力な自然現象の一つである。もし情報に基づいて正当な政治判断を下さなければならないとすれば、私たちはそれを良く理解する必要がある。危ないことも不快なこともあるが、私たちは心の準備をして、宗教的現象を科学的に探求することに対する伝統的な嫌悪感のようなものを取り除くべきである。そうすれば、私たちは、どのようにしてまたなぜ宗教があれほどの献身を育むのかを理解し、二一世紀においてあらゆる宗教とどのように付き合うべきかを見つけ出すことができる。

第2章の要旨

宗教の科学的研究に立ちはだかる障害があるし、対処しておく必要のある懸念もある。予備的考察が示しているのは、私たちが宗教に強力なサーチライトを当てることは可能であるし、そうすべきだということである。

第2章　科学に関する諸問題

1　科学は宗教を研究できるのか

確かに、ヒトは動物学的にいって動物である。しかし、ヒトはユニークな動物であり、ヒトだけを扱う別個の科学を必要とするほどの根本的な意味で、他のすべての動物とは違っている。

エルンスト・マイヤー『生物学的思考の発達』

地球上での宗教の出現が〈自然〔の出来事〕〉の一部とみなされるべきかどうかについて、若干の混乱があったし、今もある。宗教は、科学で話題にできないようなものなのだろうか？　それは、結局、宗教ということで、何を言おうとするかにかかっている。ホモ・サピエンスの宗教的経験、信仰、実践、聖典、人工物、制度、紛争そして歴史のことを指すのであれば、疑いもなく、大規模な自然現象だということになる。薬物によって引き起こされた幻覚と宗教的な高揚感（エクスタシー）が、心理状態とみなされるなら、それらはともに、神経学者と心理学者の研究の対象になりうる。元素の周期表を記憶することが、認知能力の遂行とみなされるなら、それは〈主の祈り〉を記憶するのと同じ種類の現象である。吊り橋と大聖堂が、工学技術の実例とみなされるなら、それらはともに、重力の法則に従っており、同じ種類の力と圧力の影響を受けている。ミステリー小説と〈聖書〉が、製作された良く売れる商品とみなされるなら、それらは経済学の規則性の下にあることになる。聖なる戦争（ホーリー・ウォー）の兵站技術（ロジスティックス）[1]は、世俗的な戦争の兵站技術と、まったく異なってはいない。第二次世界大戦中の歌で歌われているように、「主を称え、弾薬をわたせ！」である。十字軍や聖戦〔ジハード〕は、人類学や軍事史から栄養学や冶金学に至る、多数の分野の研究者の研究対象になりうる。

晩年のスティーヴン・ジェイ・グールドは、『神と科学は共存できるか？』[2]（Gould, 1999）の中で、科学と宗教は、二つの「非重複的な教導権」[3]であるという政治的な仮説を、つまり、互いの領土を侵害しないかぎり平和に共存できる二つの関心と探求の領域であるという政治的仮説を、を擁護している。彼の主張によれば、科学の教導権は、あらゆる事柄の事実的な真理にあり、宗教の教導権は、道徳の分野と人生の意味にある。宗教と科学というしばしば争い合う視点の間に、平和をもたらそうというグールドの望みは、賞賛に値するが、彼の提案は、どちらの陣営からもほとんど支持されなかった。なぜなら、それは、宗教的な人々の側から見れば、（神は宇宙を創造したとか、奇跡を行なうとか、祈りに耳を傾けるという主張を含む）あらゆる宗教的な主張を、事実的な真理と自然的世界についての理解に委ねよ、という提案に思われたし、それに対して世俗主義者〔政教分離主義者〕から見れば、倫理や意味といった事柄に関して、宗教にあまりにも多くの権限を認めよ、という提案に思われたからだ。グールドは、これら二つの陣営に見られる傲慢な愚行について、いくつかの明確な事例を提示している。しかし、二つの視点の間の紛争のすべてが互いの陣営に対する侵害のためだという主張には、信憑性が欠けるし、そのため、ほとんど読者を納得させられなかった。グールドの提案の正当性を立証しうるかどうかは別に、私の提案は、グールドのそれとは異なっている。なるほど、宗教だけが支配できる領域、つまり、科学は適切に扱うことができないが宗教は扱うことのできる人間の活動分野が、あるかもしれない。しかしそれは、科学はこの事実的なものを研究することができないとか、すべきではないということを、意味してはいないのである。グールドの著作は、おそらく、かなり変則的なやり方ではあるが、そのような科学的な探求の所産だった。彼は、科学者の目で宗教を見ていたし、人間の活動の二つの領域を明確に分かつ境界線を、自分は見ることができると考えていた。彼は正しかっただろうか？　これは、おそらく科学的で事実的な問題であって、宗教的な問題ではない。私が提案しているのは、科学は、宗教が行なうことを行なうように努力するべきだということではなく、宗教が行なうことを科学的に研究するべきだということである。

　現代心理学の驚くべき発見の一つは、自分自身の無知を知らないでいることが、いかに容易かということである。あなたは、通常あなた自身の盲点に気づいていないし、私たちが周辺視野では色を見ていない〔周辺視野では色覚が失われる〕ということを知って、人々はたいていビックリする。見えているように見えるのだが、実は見ていない。視野の端で色のついたカードを小刻みに動かしてみれば、すぐ分かる——動きは、くっきり見えるのだが、動いているカードの色が何色なのか、言うことはできない。情報がないということが私たちに明らかになるためには、このような刺激的なことが特に必要である。そして、宗教についての情報がないということこそ、すべての人々に注意してほしいことである。私たちは、私たちにとって大きな重要性を持つものについての情報を、たくさん集めることを怠ってきたのだ。

　これは、驚くべきことかもしれない。私たちは長い間、宗教を注意深く見つめてこなかった、ということなのだろうか？　もちろん、そうではない。宗教的現象の歴史や多様性についての、洞察にみちた大切な学術的研究は、何世紀も積み重ねられてきた。ダーウィン以前の献身的なバード・ウォッチャーや他の自然愛好家によって収集された贈り物と同様に、このような研究は、明らかに、現代科学の目で宗教という自然現象の研究を本当にはじめて開始したばかりの開拓者にとって、きわめて価値のある財産である。生物学におけるダーウィンの大発見は、ダーウィン以前の、あるいはまったくダーウィン的ではない何百人もの自然史家たちによって丁寧に集められた豊富な経験的情報を、ダーウィンが良く知っていたからこそ可能になった。彼らが理論的な事柄について知らなかったということ自体が、ダーウィンがおおいに喜んだ重要なことの一つだった。彼らがダーウィンの理論が正しいと証明する目的で事実を収集したわけではないということが、ダーウィンにはありがたかったのと同様に、私たちにとってありがたいのは、今日まで蓄積されてきた「宗教の自然史」のほとんどすべてが、たとえ理論的な無知の状態にないものであっても、それによって支えられ形成されるような理論に、まったく気づいた様子がないことである。

　しかしながら、今日までの研究は、中立的だとは言えないしろものだった。私たちは、宗教的現象に近づくだけではなく、野にある化石や大豆を研究するように適正な距離で、宗教的現象を研究するつもりである。ところが、研究者たちは、礼儀正しく、丁重で、如才なく、ためらいがちになるか、敵対的で侵略的で軽蔑的になるかの、いずれか一方になる傾向がある。多くの人々は、中立性それ自体を、敵対的とみなしてしまうのだから、宗教へのアプローチにおいて中立的であることは、ほぼ不可能なことである。あなたが私たちの味方でないのなら私たちの敵だ、というわけである。したがって、宗教は、非常に多くの人々にとって、きわめて重要であることは明らかなのに、研究者たちが中立的であろうとしたことは、ほとんど一度もなかった。研究者たちは、〔神聖なものを扱うときにはめる〕子ヤギの皮の手袋（キッド・グラブ）をしなければならないかのように敬意を払いすぎたり、それとは反対に、敵意をあからさまにする傾向にあった。そのため、これまでなされてきた研究には、不幸なパターンがあった。宗教を研究したいと思っている人々には、決まって心に何か考えがある。その考えは、自分の大好きな宗教を批判から守りたいという考えか、宗教の非合理性と無益さを示したいという考えかのいずれかであり、このような考えが、彼らの方法を偏見（バイアス）で汚しがちになっていた。そのような歪みは、もちろん、避けられないものではない。どの分野の科学者も、裏づけたいと願っているお気に入り（ペット）の理論や、やっつけたいと思っている攻撃目標としての仮説を、かかえている。彼らは、このことを知っているので、偏見が彼らの証拠集めを汚さぬように、二重盲検法、[4]同分野の専門家からの評価、統計的仮説検定、さらにそれ以外のすぐれた科学的方法の多くの標準的な制約のような、確立された段階をちゃんと踏んでいく。しかし、宗教の研究においては、リスクはいっそう大きいと考えられてきた。何らかの宗教的現象についての仮説が裏づけられないということが、理論の基礎に望ましくない罅（ひび）を入れるばかりではなく、道徳的な大問題を引き起こすと考えられる場合、科学が求める検証のための制約に従わない状況が生まれてくる。少なくとも、外から見るかぎり、しばしばそのように思われてきた。

正しいにせよ間違っているにせよ、そうした印象があるために、積極的なフィードバック・ループ[5]が、作られてきた。科学者は、凡庸な同僚について論じたがらないし、結局月並みな研究しかできないようなテーマを避ける傾向がある。このような自主的選択は、学生が大学で「専攻選び」について考える時のイライラとしてすでにはじまっている。たいていは、良い学生であればあるほど、あれこれ比較検討し、もしある研究分野の最初の授業で紹介された研究に好印象が持てないと自分のリストから永久に削除する。私が学部の学生だったとき、物理学は依然として魅力的な研究分野だったし、当時は、〔米ソの〕月着陸競争が、必要以上の才能を物理学に引き込んでいた（「おい、それは難しくなんかないぞ（It's not rocket science）」という言い回しは、すっかり時代が変わったことを物語っている）。次に来たのがコンピュータ・サイエンスで、その時代はしばらく続いたが、——ここ半世紀以上の間は——生物学、とりわけ分子生物学が、優秀な学生の多くを引きつけてきた。今日では、認知科学と——生物情報学（バイオ・インフォマティックス）、遺伝学、発生生物学といった——進化生物学の様々な構成要素が、人気度を増している。とはいえ、このような時代すべてを通じて、社会学と人類学、社会心理学と私のホーム・グラウンドである哲学は、この研究分野にマッチした関心を持つ人々——その中にはとても優秀な人たちもいる——を引きつけながら、有り難くない評判と戦いつつ、どうにか生き残ってきた。私の古くからの友人で以前同僚だった——宗教哲学者として尊敬されている——ネルソン・パイクは、かつて悔しそうに次のように書き記してる。

様々な職業の人たちが集まる場にいて、仕事は何ですかとたずねられ、大学教授ですと言うと、白い目で見られる。様々な学部の教授たちが集まる場にいて、研究分野は何ですかとたずねられ、哲学ですと言うと、白い目で見られる。哲学者の会議に出席していて、研究しているのは何ですかとたずねられ、宗教ですと言うと……（Bambrough, 1980 で引用されている）。

これは、宗教哲学者にとってだけの問題ではない。宗教社会学者や宗教心理学者にとっても、——経済学者や政治学者といった——他の社会科学者にとっても、また、自分の商売道具で宗教的現象を調べようと決意した少数の勇気ある神経科学者や他の生物学者にとっても、等しく問題なのである。その要因の一つは、宗教について知る必要があることはみんなすでに知っていると、人々が思っていることである。すでに知っているとされるものの内容は、あまりに穏やかすぎて、否定的な議論やさらなる展開を呼び起こすほど刺激的ではない。科学者と、研究が十分になされていない現象の間に、バリアーをデザインしようと思うなら、そんなことをすれば名誉に傷がつくとか、悪口を言われるとか、あいまいな結果しか得られないとかいった——現在、宗教というテーマを包み込んでいる——どんよりしたオーラを作れば、それで十分だろう。それを研究するのは、タブーを冒すことだ、少なくとも、これまでずっと個人的な事柄であったことに無礼にも干渉することだ、と多くの人々が考えるのが分かっているので、どんな分野であれ、宗教というテーマに触れようとする良い研究者がほとんどいない。これは驚くにあたらない。私自身、最近まで同じように感じていたのである。

こうした障害を乗り越えることはできる。二十世紀、人間的現象や社会的現象をどう研究すべきかについて、たくさんのことが学ばれてきた。次から次に現われる研究や批判は、データ収集における先入見や研究者が関わることによって生じる様々な効果のような、特に陥りやすい落とし穴についての、またデータの解釈についての、私たちの理解を深めてきた。統計技術と分析技術は、ずっと洗練されてきたし、私たちは、人間の知覚や情緒や動機づけ、また行動の統御についての、あまりに単純化された古いモデルを捨て、もっと生理学的で心理学的な現実的モデルに置き換える作業をはじめている。心についての諸科学（精神科学〔*Geisteswissenschaften*〕）と自然についての諸科学（自然科学〔*Naturwissenschaften*〕）とを分離していると見られてきた大きな裂け目に、まだちゃんと橋が架けられたわけではないが、溝を越えてたくさんの交流がなされつつある。このような連結路の上で、様々な洞察をやりとりしようという努力がなされているとはいえ、ほとんどすべては、純粋な理論的論争によってだけではなく、相互不信や職業的嫉妬心によって、揺さぶりをかけられ続けている。しかし、交通量は現実には日々増加している。問題なのは、自然現象としての宗教についての本物の科学が可能かどうかではない。可能なのである。問題なのは、私たちがそれをすべきかどうかということである。

2　科学は宗教を研究すべきなのか

実行する前に熟慮せよ〔転ばぬ先の杖〕

イソップ『きつねとやぎ』

研究にはお金が掛かるし、時として有害な副次的効果をもたらすという側面もある。二〇世紀に学んだことの一つは、科学者たちは、飽くなき好奇心に突き動かされており、自分がやりたい仕事を正当化するために、滔々（とうとう）と語り続けるということである。事実上、宗教についての自然科学を展開しようとする十分な理由は、純然たる好奇心以外に、何かあるのだろうか？　私たちはどんなことがあっても、それをやる必要があるのだろうか？　政策を選択したり、問題に答えたり、世界を良くするのに、役に立つだろうか？　私たちは、宗教の未来について何を知っているのだろうか？　まったく異なる次の五つの仮説を考えてみよう。

一、**啓蒙思想はもう昔のことだ。二世紀もの間期待されていた近代社会のゆっくりとした「世俗化〔脱宗教化〕」は、私たちの眼前で消えつつある。**この潮流は強まっており、宗教は、以前よりますます重要になっている。このシナリオでは、宗教は、一七世紀の近代科学の台頭以前に持っていた社会的・

道徳的な指導的役割を、再び担うことになる。科学技術と物質的な豊かさにのぼせ上がっていた状態から覚醒するので、精神的（スピリチュアル）アイデンティティーがその人のもっと価値ある特質になり、人々は、キリスト教、イスラム教、ユダヤ教、ヒンドゥー教、あるいは他のいくつかの多国籍の大宗教組織にいっそう明確に分かたれ帰属することになる。――さらに千年かかるかもしれないし、大惨事（カタストロフィ）によって早められるかもしれないが――最終的には、主要な一つの信仰が、この惑星を制する。

二、**宗教は、断末魔の苦しみの中にある。今日の熱狂と狂信の爆発は、宗教がせいぜい儀礼的な役割しか演じることのない真の現代社会への、短期的なぎこちない移行状態を表しているにすぎない。**このシナリオでは、局地的で一時的な回復や何らかのひどい大惨事すらあるかもしれないが、世界の主要な宗教は、人類学者たちが記録するよりも早く消えていった何百もの小さな宗教と同じように、すぐに絶滅することになる。私たちの孫の時代までには、バチカン市国は、〈ローマ・カトリック・ヨーロッパ博物館〉になり、メッカは、ディズニーの〈アラーの魔法王国〉へと様変わりする。

三、**宗教は、この惑星上で以前見られたのとは違った制度へと、変化する。つまり、基本的には教義のない団体になる。その団体は、自助自立を促進し、道徳的協力関係が生まれるようにし、団体内の関係性を強化し「ファンの長期的な支持」を得るために、儀礼と伝統を使う。**このシナリオでは、宗教のメンバーは、ボストン・レッドソックスのファンやダラス・カウボーイズのファンと、似かよったものになる。別々のシンボルカラー、それぞれ異なった応援歌と声援、シンボルマーク、そして――君はヤンキース・ファンと自分の娘と結婚させたいのか「と問いかけたくなるほどの」――激しい競争がある。しかし、熱狂的な少数のファンを除けば、〈宗教の世界リーグ〉の中で平和的に共存していることの重要性を、誰もが認めている。宗教芸術と宗教音楽が栄え、友好的な競争関係は、ある程度の専門性を生み出す。ある宗教は、環境保護活動を自慢し、何十億人もの人々に清潔な水を供給する一方で、他の宗教は、社会正義と経済的平等を決然と守ることで名声を馳せる、という具合に。

四、**宗教は、喫煙とかなり似たような形で、評判が悪くなり、視界から消えていく。それなしには生きていけないと言う人々がいる以上、黙認される可能性はあるが、思い留まるように説得される。感化されやすい子供に宗教を教えることは、ほとんどの社会では好意的には受け止められず、実際非合法化される社会もある。** このシナリオでは、依然として宗教的実践を行なっている政治家でも、他の点で価値ある人物であることが明らかであるならば選挙で当選する可能性はある。しかし、自分が宗教団体に加入していることや宗教的に苦悩していることを声高に語ることは、政治的に適切なことではないので、そのことをわざわざ語る政治家はほとんどいない。誰かの宗教に注意を向けさせることは、彼の性的嗜好や彼女が離婚した経験があるかどうかについて公衆の面前でコメントするのと同じくらい、無礼なことである。

五、**最後の審判の日がやって来る。反キリスト者は打ち負かされ、祝福されし者たちは体ごと天国へ昇り、他の者たちは取り残され地獄の亡者として苦悶する。** 聖書の様々な預言で伝えられていたように、一九四八年のイスラエル国家の再生と現在進行中のパレスチナ紛争は、キリストの再臨によって他のすべての仮説がすっかり無効になった時、〈終わりの時〉の明確な徴(しるし)であったことが、明らかになる。

もちろん、他の可能性も述べることはできるが、これら五つの仮説によって、本気で考えるべき極端な事態がきわだってくる。これらの仮説に関して注目すべきことは、ほとんど誰もが、少なくともこれらの仮説の一つを馬鹿げているとか、迷惑だとか、ひどく不愉快だと考えるだろうが、どの仮説にも、期待するだけではなく、それを求めている人がいる、ということである。人々は、自分が求めているものに従って行動するものだ。控え目に言っても、宗教についての意見はいろいろ異なっているのだから、幸運であれば、無駄な努力と逆効果を招く運動という程度の問題から、幸運でなければ、総力戦と大量虐殺といった諸問題まで、予想することができる。

これらの仮説の（せいぜい）一つくらい正しいことが、明らかになるかもしれない。そうなれば、残りの仮説は誤りであるばかりか、まったくでたらめだ、ということになる。多くの人々は、どれが正しいかを知っていると思っているが、誰も知らないのである。もうその事実だけで、科学的に宗教を研究する十分な理由になるのではなかろうか？　宗教が繁栄してほしいと望もうと、滅んでほしいと望もうと、変化すべきだと考えようと、現状のままに留まるべきだと考えようと、生じることはどんなことでも、この惑星にとってとんでもなく重要であるということを否定するのは、ほとんど不可能である。何が起こりそうなのか、なぜ起こりそうなのかをより良く知れば、あなたの希望に――それがどんな希望であれ――役に立つだろう。この点に関して言えば、五番目の仮説をかたく信じている人々について、指摘しておくべきことがある。それは、彼らが、預言の実現の証拠を求めて、世界中のニュースに何とも根気強く目を配っている、ということである。彼らは、預言についての様々な解釈のプラス面とマイナス面について議論を交わし合い、情報源を整理し評価し合っている。彼らは、宗教の未来を研究する理由があると思っているが、未来がどうなるかは、人間の判断力次第だとは、考えさえしない。自己満足と無知は、良いと思われる方向に宗教を向かわせるチャンスをなくしてしまう可能性を高めるので、それだけに一層、この宗教という現象を研究しなければならないのだ。

先を見通すこと、未来を予想すること、これは人類の最高の獲得物である。人間は、わずか数千年で、量に関するたくさんの基準を作ることによって、この惑星に関する未来予想を増加させるのに成功した。人間は、いつ〔太陽や月の〕食が起こるのかを、数世紀にわたって予め知っている。発電のやり方を調整することが、大気にどのような効果を及ぼすのかを予言することができる。石油資源が以後数十年で徐々に減少するにつれて何が起こるかについて、大筋で予想することができる。私たちがこういうことをするからといって、奇跡的な予言力を使っているのではなく、基本的な理解力を使っているだけである。私たちは、感覚を用いて環境から情報を収集し、科学を使ってその情報に基づいて予想を立てる。鉱石を採掘し、何度も精錬するという行為が、――不確かで、ぼんやりとしたものであるが、行き当たりばったりよりはるかにましな仕方で――私たちに未来を想像させる。人間のどんな関心領域でも、かつては不意を突いて起こっていた大惨事を、どうすれば予想できるのか、そしてどうすれば避けられるのかを、学んできた。(1) 先見の明がある化学者たちが、製造されたある化合物が問題を引き起こしているのを証明できたおかげで、オゾン層にできた穴が大きくなることによって起こる地球規模の災害を、最近未然に防いでいる。経済モデルが差し迫った問題を示してくれたおかげで、近年経済破綻を免れた。

大惨事が避けられると、明らかに、期待はずれという気分になるので、先を見るという私たちの能力にどれほど価値があるのかを、きちんと評価しないことが多い。「備えろだって。結局何も起こることはなかったじゃないか」と、私たちは不平をもらす。二〇〇三年から二〇〇四年の冬のインフルエンザの季節、例年より早く流行がはじまったので、深刻な事態になると予想されていた。しかし、予防接種を受けるようにという勧告が広く行き渡り、多くの人々がそれに従ったため、大流行ははじまるより早く終息した。なーんだ、という感じである。テレビで気象予報士が接近中のハリケーンや嵐について注意しろ、注意しろと繰り返しているが、現実の嵐がやって来てみると大したことはなかったということが、近年伝統のようになっている。しかし、冷静な評価が示しているように、多くの人命が救われ、被害は最小限になっている。私たちは、気象予測をもっと正確にできるように、エル・ニーニョや海流の循環について熱心に研究することに、価値があると思っている。私たちは、経済の動きをより正確に予測できるように、多くの経済的出来事を網羅的に記録している。同じ理由から、同様のきちんとした調査を、宗教的現象にまで広げるべきである。世界中で、宗教ほど強い影響力を持つものは他にほとんどない。認識しておかなければならないのは、現在この惑星の姿を醜くしているひどい経済的・社会的不平等を解消し、眼前の暴力と下劣な行為を最小限にしようという努力がなされていても、もし宗教について気づいていない点があるなら、このような努力はほとんど確実に失敗するだろうし、事態を悪くしてしまうかもしれないということである。世界の食糧生産利権によって、農業と栄養学の研究が妨げられることを決して許してはならないし、私たちが学んできたように、銀行‐保険業界がきちんとした継続的な調査を免除されるなどということは、ないのである。影響はあまりに大きすぎるので、単純に信頼されるということは、ありえないのである。だから、私が強く求めているのは、宗教が――あらゆる宗教が――科学的研究の適切な対象になれるような相互の合意に達しようという努力を、協力して行なうことである。

しかしながら、この点で意見が分かれてくる。良い考えだとすでに確信している人々もいれば、そんなに価値があることなのかと疑ったり、不信感を抱く人々もいれば、この提案を悪しきもの――攻撃的で、危険で、愚かしいもの――とみなす人々もいる。私は、改宗者に説教をしたいわけではないので、むしろ、この考えを嫌悪する人々に——嫌悪感を抱くのは間違ったことなのだと思ってもらえる希望を持ちながら——特に話を聞いてもらいたいのである。これはいささか勇気のいる仕事である。私は、ガンの兆候がある友人の女性に対して、今すぐ医者に診てもらうべきだと説得する努力をする。それというのも、彼女の心配が誤りであるかもしれないし、彼女が事実を知るのが早ければ早いほど、彼女はすぐにでも人生に立ち向かうことができるからであり、実際ガンを患っているとすれば、時宜を得たお節介が、状況を良くするかもしれないからである。事態はこれと同じである。たとえ友人でも、最初から拒んでいるのにさらに口出しすれば、ひどくむっとするかもしれない。結局、根気が求められているのである。そう、私は宗教を検討のテーブルの上におきたいと思っている。敬虔な信者の多くが主張しているように、もし宗教が根本的に良いものであるなら、検討した結果として、それがとても素敵なものであることが明らかになるはずだ。疑いに終止符が打たれるだろうし、そうであるならば、他のあらゆる自然現象と同じように、宗教にも取り憑いている少数の周辺的病理に、関心を集中することができる。もし良いものでなければ、問題を見つけ出すのが早ければ早いほど良い。調査することそれ自体が、不快感や困惑のようなものを生み出すだろうか？　確かにその通りかもしれないが、それはわずかな代償にすぎない。そのような踏み込んだ調査が、健康な宗教を病気にしたり、重い障害を負わせさえするような危険があるだろうか？　もちろん、ある。いつも危険はある。危険を覚悟する価値があるのだろうか？　たぶん、ない。しかし、その価値がないと納得させられる論証に、私はまだ出会ったことがない。さっそく、そうした論証で一番良いものを考えてみよう。（一）宗教は人類に純粋な利益を与えるものであり、（二）そのような利益があるのだから、これ以上調査を続行しても意味がない、ということを示すことである。これだけが唯一、注目に値する論証である。私が個人的に恐れているのは、もし今宗教をそのような調査に委ねないで、どんな改善と改革が要求されているかを理解しないならば、私たちは子孫に、ますます有毒化した宗教形態を遺産として残してしまうことになるだろう、ということだ。私はそれを証明することはできないし、そんなことは決して起こらないと信じ切っている人々は、彼らの確信が何によって支えられているかを自信を持って語り、これは伝統への忠誠心ではなく、言うまでもないこと、当たり前のことだと言うのだが、どうだろうか？

一般的に言って、より多くを知ることは、価値あると考えられているものを手に入れるチャンスを高める。これは、論理学的真理というわけではない。なぜなら、不確かさだけが、目標に達する可能性を下げる唯一の要因ではないからだ。（知るためにやって来ることにかかるコストのような）知ることにかかるコストを、計算に入れておかなければならないし、そうしたコストがとてもかかるかもしれないので、「ぶっつけ本番！」が良いアドバイスだったりすることもある。私たちにとって良い知識量というのは決まっていて、あるテーマに関する知識量がどれくらいまで私たちに良いかについては、限度というものがある、と仮定してみよう。もし限度があるなら、限度に達した時はいつでも（もしもそれが可能ならば、である——何らかの理由で限度に達することはできないかもしれない——）、それ以上知ることが私たちにとって良くないことなのだから、そのテーマに関する知識をそれ以上求めることを、反社会的行為と同じように禁じるか、少なくとも思い留まらせるべきである。これは、決して現実化することのない原理かもしれないが、私たちには分からないのだから、その原理をきちんと受け入れるべきである。だとすれば、今日世界中で生じている主な意見の相違のいくつかは、私たちがそのような限度に達してしまっているかどうかについてであるかもしれない。このように考えてみると、西洋科学は悪いものだというイスラミスト（*Islamist*）[2] の確信の別の側面が見えてくる。つまり、それは、無知に基づく誤りではなく、「それを越えると人間にとって良くないという」限界の置き方が根本的に違うのかもしれないのである。無知は、時として至福の喜びでもある。私たちは、このようないろいろな可能性について、注意深く考察する必要がある。

3　音楽は体に良くないのだろうか

音楽、道徳が知る最高の善
地上に持つ天国

ジョセフ・アディソン

羊の内臓が人間の体から魂を引っ張り出しても不思議ではない

ウィリアム・シェークスピア〔『十二夜』〕

私の提案に抵抗する人々の嫌悪感が、分からないわけではない。私の提案に対するこうした人々の情緒的な反応はどういうものなのかと思いを馳せている時、効果的であるように思えるが、いささか人騒がせな思考実験を思いついた（私が今話しているのは、私と同じようにこうした思考実験をやってみることに対して驚かないように人々に向けてである）。『ニューヨーク・タイムズ』の科学欄で次のような記事を読んだ時、どうか感じるかを想像してみよう。その記事には次のよう書かれている。ケンブリッジ大学とカルテック〔カリフォルニア工科大学〕で行なわれた新しい研究によれば、長い間人間の文化の至宝とみなされてきた音楽が、実は健康に良くないことが明らかになった。音楽は、アルツハイマー病と心臓病を引き起こす重要な危険因子であり、目立たないとはいえ明らかに有害な仕方で判断力を損なう情緒不安を引き起こすものであり、攻撃的傾向と外国人嫌いと意志力の低下を引き起こす重大な一因である。演奏するにせよ聴くにせよ、早いうちから、また習慣的に音楽にさらされることは、深刻な鬱病を発症する危険度を四〇％以上引き上げ、IQを平均一〇ポイント引き下げ、人生のある時期に暴力行為に荷担する可能性を二倍近く上げる。研究者グループは、（テレビ〔や街頭など〕で流れているBGMから交響楽団によるコンサートを含む）音楽に接する機会を、一日わずか一時間に制限し、広く行なわれている子供に対する音楽教育はただちに削減されるべきだと勧告している。

そのような「発見」の報告に接した時に私が抱くであろう完全な不信感とは別に、私自身の反応を想像してみると、音楽を守りたいという気持ちが次のような形で腹の底から湧いてくるのが分かる。「ケンブリッジとカルテックにとっても、良くない。彼らは音楽について何を知っているというのか？」。「本当であるかどうかなんて気にしない。私から音楽を奪おうとする奴らは、戦いの準備をした方が良い。なぜなら、音楽のない人生は、生きるに値しないからだ。それによって私が傷ついても気にしないし、他人を傷つけることになっても気にしない――これからも音楽と共にいる、それだけのことさ」。私だったらこんな風に言い返したくなるだろう。私は、音楽のない世界で生きたくはないのだ。「でも何で？」と誰かがたずねるかもしれない。「ギーギー音を立てたり、騒がしい音を立てたりするのは、愚かなことにすぎない。飢えた人に食料を与えるわけでも、ガンを治療するわけでもないし……」。私は答える。「しかし音楽は、何億人もの人々にこの上のない安らぎと喜びをもたらしている。もちろんやり過ぎもあるし、議論もいろいろある。でもやはり、音楽が全般的には良いものであることを疑える人がいるのだろうか？」。「もちろん、いる」という答えが返ってくる。音楽を悪しき娯楽、禁止されるべき一種のドラッグであるという考えを抱いている宗派がある——たとえば、タリバンがそうであるが、キリスト教でもヨークシャーのピューリタンがそうだし、おそらく他にもある——。こうした考えは、決して異常なものではないので、それが誤りであることを示す知的責務を負うべきなのは、むしろ、私たちなのである。

私が音楽について感じていることと同じことを、多くの人々が宗教について感じていることは、分かる。彼らは正しいかもしれない。調べてみよう。つまり、タバコやアルコールに関して行なわれてきた科学的探求を、宗教に対しても行なってみよう。そのついでに、音楽も。なぜ人々が宗教を愛するのか、それが何に良いのかを、解明してみよう。そしてその際、私たちは、喫煙行為の安全性についてのタバコ会社のキャンペーンを、額面通り受け取らなかったように、問題を解決しようとする既存の研究も、額面通り受け取るべきではない。もちろん、宗教は、命を救う。タバコもそうだ——第二次世界大戦中、朝鮮戦争の最中、ベトナム戦争の間、タバコは、宗教よりずっと大きな慰めだったことについて米軍兵士（ＧＩ）に聞いてみるが良い。

音楽のプラス面とマイナス面を、精一杯調べてみよう。もし音楽が、ガンや民族的憎悪や戦争を引き起こすことが明らかになるなら、音楽なしにどうやって生活していくかを、私は真剣に考えなければならないだろう。明確な自覚を持って音楽を楽しむことができるのは、音楽がそんなに有害ではないと、私が完全に確信しているからにすぎない。いろいろと検討してみたら音楽は世界にとって有害かもしれないと、信頼できる人々から万一言われたら、できるだけ冷静にその証拠を検証するという道徳的責任を感じるだろう。もしちゃんと調べないなら、音楽への愛にむしろ、私は罪悪感を抱くだろう。

しかし、宗教の損失がその利益よりも大きいという仮説は、音楽についての狂信的な主張よりも、はるかにずっと滑稽ではないだろうか？　私は、滑稽だとは思わない。音楽は、マルクスが宗教について語っていたもの、つまり労働者を服従状態におく民衆のアヘンかもしれないし、社会階級を鮮明にして、万人を勇気づけるような団結を促す、革命歌でもあるかもしれない。この点で、音楽と宗教は、きわめて似かよった相貌を示す。別の観点から見ると、音楽は、宗教よりもはるかに問題がないように思われる。千年以上もの間、音楽は、数回の大騒動を引き起こしたことがあるし、カリスマ・ミュージシャンが、驚くほどの数の多感な若いファンに性的な虐待を加えたり、家族（そして分別）を捨てるように、多くのファンをそそのかしたことがあったかもしれない。しかし、音楽的伝統の中では、立場の違いから、十字軍やジハードが起こったことはなく、ワルツや［インドの伝統的旋律に基づく］ラーガやタンゴの愛好者に反対する計画が、練られたこともない。人々が、音階（スケール）演奏を強制的にさせられたり、コンサート・ホールに最高の音響効果と楽器を提供するために、無一物に甘んじていたこともない。音楽団体から音楽活用に反対するファトワー[6]が下されたミュージシャンは、アコーディオン奏者をふくめ、これまでにいない。

宗教を音楽にたとえることは、ここでは特に役に立つ。なぜなら、音楽は、何百年もの間、学者によってちゃんと研究されてきたとはいっても、私が推し進めているような科学的研究の対象になりはじめたばかりの、もう一つの自然現象だからである。——ハーモニー、対旋律、リズムについての——音楽理論や、音楽演奏の技法や、あらゆるジャンル、あらゆる楽器の歴史についての専門的な研究は、豊富に存在している。民俗音楽学者は、社会的、経済的また他の社会的要因との関係で、音楽のスタイルと演奏法の進化を研究しているし、神経科学者と心理学者は、音楽経験や音楽記憶、またそれに関連したテーマに関わりのある脳の活動パターンを明らかにする最新技術を用いて、ごく最近、音楽知覚と音楽創造の研究をはじめた。しかしながら、こうした研究のほとんどは、やはり音楽という存在を認めている。なぜ音楽が存在するのかと問われることは、めったにない。音楽が存在するのは私たちが大好きだからで、だから私たちはより多くの音楽を生み出し続けているのだという短い答えがあるが、それが通用するかぎり、それは正しい。でも、なぜ私たちは音楽が大好きなのだろうか？　なぜなら、音楽は美しい（ビューティフル）、と思っているからである。しかし、なぜ音楽は、私たちにとって美しいのだろうか？　これは完全に生物学的な良い問い（グッド・クエスチョン）であるが、まだ十分な答えは出ていない。この問いを、たとえば、なぜ私たちはスイーツが大好きなのかという問いと比較してみよう。今の時点でも、私たちは進化論的答えを幾分詳細に知ってるが、その答えには、奇妙なねじれのようなものがある。私たちが甘い物を好きになるのは偶然ではなく、もし将来甘い物とうまく付き合うためにはどうしたら良いのかを考えたいなら、甘い物の魅力の進化論的基盤を、理解しておいた方が良い。飼っているロバが餌を食べないように訓練して、その訓練に成功したまさにその時に、その愚かな動物が突然死んでしまったことに愚痴をこぼす男が古いジョークに登場するが、私たちは、この男の過ちを犯してはならない。

　人生に必要不可欠なものがある。また、少なくとも人生を豊かにしたり生きることができるようにするので、危険を覚悟で手を出したくなるものがある。そうしたものの役割と必要性を見つけ出さなければならない。一八世紀の啓蒙思想以来ずっと、多くの博識で聡明な人々は、宗教は、別の手段によっても満足が得られる人間の嗜好の対象なので、すぐに消えてなくなるだろうと、自信をもって考えてきた。多くの人々は、幾分自信をなくしながらも、依然としてそうなることを期待している。宗教は、それが私たちに何を与えようとも、多くの人々がそれなしには生きていけないと考えているものである。今度は、彼らのことを真剣に受け止めよう。というのも、彼らが正しいかもしれないからだ。とはいえ、彼らのことを真剣に受け止める方法は一つだけしかない。つまり、彼らを科学的に研究するのである。

4　無視した方が良いこともあるのだろうか

自然がもたらす知恵は快い。
人間のおせっかいな知性は、
物の美しい姿を壊してしまう
分析することで傷つけるのだ。

ウィリアム・ワーズワース「反論」[7]

それではいったいなぜ、科学や科学者が専門的世界の中でも外でも、恐怖によって――世論の恐怖、社会的影響の恐怖、宗教的不寛容の恐怖、政治的圧力の恐怖、そして何よりも偏狭と偏見の恐怖によって――支配され続けなければならないのだろうか？

ウィリアム・マスターズ、ヴァージニア・ジョンソン『人間の性的反応』[8]

また真理を知るであろう。そして真理はあなたがたに自由を得させるであろう。

ナザレのイエス「ヨハネによる福音書」第八章三二

今や不安について考えてみるべき時だ、つまり、このような調査研究が、内的な本性を発見するという名目で大事なものを壊してしまい、あらゆる標本を実際殺すことになってしまうのではないかという不安について、考えてみるべき時だ。そもそも、手を付けず放っておいた方が、分別のある態度ではないだろうか？　もしそうなら、すでに指摘したように、私たちの好奇心を押さえつけようとする主張が正しいのだと示されなければならない。その主張は、（1）宗教は人類に純粋な利益をもたらしており、（2）この純粋な利益は、調査研究されれば、壊れてしまうようなものだ、という二つの部分からなるが、その両方とも正しいことが示されなければならない。まず第一点に関して言えば、それが正しいと示されるためには、実際に調査研究に関わる以外に方法はない。宗教は、多くの人々に、たくさんの素敵なことの源であるように思われているが、説得力のある理由からこれに疑いを抱く人々もいるのであり、伝統に対する誤った尊敬を指摘するだけですますわけにはいかない。おそらく、まさにこの誤った尊敬こそ、私たちの免疫システムから致死性のウィルスをしばしば隠す保護外殻のように、必要とされるたくさんの批評を免れさせる、一種のカモフラージュになっている。したがって、私たちがせいぜい言いうることは、第一点はまだ証明されていないということである。しかしながら、試みに前進するために、宗教が本当に大きな価値を持つものであると議論のために仮定した上で、第二点はどうなるかを考えてみよう。つまり、第一点については、——法体系が運用されるのとまさに同じように——、有罪であると証明されるまで無罪であると仮定しておこう。

さて、その第二点はどうであろうか？　調査研究が行なわれると、最悪の場合、どれほどの損害が与えられるのだろうか？　調査研究がなされても、呪縛を解くことも魔法から解放されることも、永遠にないかもしれないではないか？　こうした懸念は、何世紀もの間、科学的好奇心を拒む、大いに好まれている理由であり続けている。しかし、素敵なもの、たとえば、植物、動物、楽器などを、ばらばらに分解すると、再生できないほど破壊されてしまうことがあるのは否定できない。しかしながら、他の素敵なもの、たとえば、詩、交響楽、理論、法体系などは、分析が加えられ続けながら繁栄しているし、植物や動物や楽器の場合も、少数の標本を解体することで、他の植物や動物や楽器に利益がもたらされてきたことを、ほとんど否定することはできない。何世紀にもわたって手を出さない方が良いという警鐘が繰り返されてきたにもかかわらず、科学的な探求によって実際破壊されてしまったり、深刻なダメージが与えられてしまったような価値ある現象の事例を、私は見つけ出すことができない。

フィールドワークをする生物学者は、絶滅の危機に瀕した生物種を研究する時、しばしば深刻な板挟みを経験する。つまり、生きたまま捕獲し生きたまま解放するといった自分たちの善意ある調査の試みが、実際にはその種の絶滅に拍車をかけるのではないか、ということである。他方、人類学者がこれまで外界との接触をもたず孤立していた人々のもとを訪れる時、どんなに慎重で巧みな接触の仕方をしても、人類学者が知りたがっている文化が、調査活動そのものによって素早く変化してしまう。前者のケースに関しては、汝研究することなかれ（*thou shalt not study*）というのが、確かに時と場合によっては得策であり、賢明なやり方であるかもしれない。しかし、後者のケースに関しては、事実上彼らを文化動物園のような形で孤立させ続けることは、支持されるかもしれないが、調査という観点から見れば得策ではない。そもそも、彼らと分かち合っているより広い世界について彼らを無知の状態に留めおく権利は、私たちにはない（彼らが自分自身を無知の状態に留めおく権利を持っているかどうかは、この本の後の方で考察する悩ましい問題の一つである）。

近代医学の黎明期、勇気ある先駆者たちが、人体解剖に反対する強力なタブーを克服するのに、何年もかかったことを思い起こしてほしい。さらに、指摘すべきは、激しい怒りと嫌悪感があったにもかかわらず、解剖への嫌悪という伝統は克服されたのだが、道徳と良識の崩壊は生じなかったということである。

私たちは、遺体が、当然の敬意と礼儀をもって――解剖がいかがわしいものであるとされた時以上の敬意と礼儀をもって――取り扱われる時代に、生きている。そして、ワーズワースが遺憾に思っていた侵略的な小賢しい科学によって可能になった医学がもたらした利益を、捨てるという選択を誰がするだろうか？

もっと最近、もう一つのタブーが破られ、さらに大きな抗議を巻き起こした。アルフレッド・C・キンゼイは、一九四〇年代と五〇年代にアメリカにおける人間の性行為に関する科学的研究を開始し、その成果が、かの悪名高い〈キンゼイ・レポート〉、『人間に於ける男性の性行為』（Kinsey, 1948）『人間に於ける女性の性行為』[9]（Kinsey, 1953）である。キンゼイの研究には重大な欠陥がないわけではなかったが、彼が集めた多量の証言は驚くべき結論にいたり、その結論は、その後のより方法論的に適切な研究による微調整が必要なだけだった。少年と男性がはじめて知ることができたのは、アメリカ人男性の九九％以上がマスターベーションを行ない、およそ一〇％がホモセクシュアルであるということだった。少女と女性が学ぶことができたのは、オルガスムスは正常なことであり、性交においてもマスターベーションにおいてもオルガスムスに達することができ、――今から考えれば驚くべきことではないが――レズビアンは、男性よりも女性の方が上手にオルガスムスに導くことができるということだった。

キンゼイの調査手段はインタビューとアンケート調査だったが、すぐにウィリアム・H・マスターズとヴァージニア・ジョンソンは大胆にも、性行為を行なうボランティアの生理的反応を記録し、カラー・シネマトグラフィ[10]（まだビデオテープが使えなかった）を含むあらゆる科学的手段を用いて、人間の性的興奮を、実験室での科学的研究対象にした。彼女たちの先駆的研究『人間の性反応』（Masters, 1966）は、敵意と激しい怒り、好奇の目や猥褻な関心――そして医科学学会から慎ましげな賞賛といったものが入り交じった複雑な反応を引き起こした。これまで（人に知られることなく恥じらいを持って）暗闇でなされてきたことに、科学の明るい光を照射することによって、彼女たちは、一群の間違った通念を一掃し、ある種の性機能不全の医学的理解を改め、自分の嗜好や行為が社会的には受け入れられないと繰り返し教え込まれてきた、おびただしい数の不安を抱く人々を解放し、そして――何より驚くべきことに――何百万人もの人々の性生活を改善した。少なくともこの場合、呪縛を解く（ブレイク・ザ・スペル）ことができると同時にまだできないということが、明らかになる。――解かれた呪縛（スペル）があるのだから――ある現象の公正な研究に反対するタブーを破ることができるのだが、――この上のない幸せに身を任すことのできる陶酔感（スペル）があるのだから――研究の過程でそれを破壊することはできないのである。

しかし、どれほど損失があるというのだろうか？　私は、依然として物議をかもす、マスターズとジョンソンの研究に、意図的に注意を向けた。なぜなら、この研究は、この本が関わることになる困難な問題を鮮やかに具現しているからである。キンゼイやマスターズとジョンソンの先駆的研究のおかげで、私たちが獲得してきた知識は、性を破壊しなかったばかりか、それをより良いものにしたと私が言えば、多くの人々は私の意見に同意してくれるだろう。しかしながら、科学的探求は、キンゼイたちが性のために行なったことを、宗教のために行なうだけかもしれないのに――私たちにとって良いより多くのことを私たちに教えてくれるだけかもしれないのに――、このような性と宗教の比較対照を責め立て、だからこそ宗教についてのどんな科学的研究にも反対なのだ、と言い張る多くの人々もまた存在するのである。彼らだったら、次のように言うだろう。

たとえ、恥ずかしがらずにマスターベーションを行なうことや、ホモセクシュアルに対する寛大さ、そしてオルガスムスへの導き方についてのより多くの知識が、科学が私たちにもたらすことのできる利益の実例であるとしても、科学はそれと同じだけの、より悪いものをもたす。性を（何ら恥ずかしいものではないという意味で）自然的なものとして取り扱うことによって、科学は、ポルノや下劣なものを急増させ、夫婦間で子供をもうけるという神聖な行為を汚すことに貢献してきた。私たちは、これらすべての事実を知らない方が良かったし、こうした悪影響を与える情報から子供たちを守ることができるあらゆる手段を使うべきである。

これは、とても重大な反論である。科学的研究によって培われた性に対するあけすけな状態は、同胞市民を餌食にする手段をいつも探し求めている人々に、新しく豊饒な開拓地を示すことでひどい副次的効果を生んできた。一九六〇年代の性の革命は、しばしば描き出されるのとは違って、すばらしく良い解放ではなかった。「自由恋愛（フリー・ラヴ）」と「（夫婦以外の性的関係を認める）自由結婚（オープン・マリッジ）」を追い求めることは、多くの人々の心に苦痛を与えてきたし、性を単なる感覚的快楽とみなすという浅はかな見方を蔓延させることによって、性的関係は大切なものだという道徳感覚を、多くの若者から奪い去った。性の革命が、性病感染の危険度を高めた自由奔放さと気軽な性行為とを助長したと、広く信じられてはいるが、おそらくそうではないだろう。ほとんどの証拠が示唆しているように、性に関する情報が広く行き渡ると、性的行動は、責任あるものになる（Posner, 1992）。とはいっても、今日子供を育てている人なら誰でも、現在私たちを取り巻いている性に関する情報過多を心配しないわけにはいかない。

良い意味でも悪い意味でも、知識が力であるというのは本当だ。知識は、古いタイプの信念や行為をやめさせる力を、権威を覆す力を、心変わりさせる力を、持っている。それは、望ましいかもしれないし望ましくないかもしれない風潮を、妨げることができる。リチャード・ニクソン大統領への有名な（悪名高い」覚書の中で、ダニエル・パトリック・モイニハンは次のように書いている。

人種問題が、「穏やかな無視」の時代が到来し、そこから利益を得ることができる時が来たのかもしれない。人種問題は、あまりにも多く語られすぎてきた。公開討論の場は、ヒステリー、被害妄想、そして裏で利益を手にする人々によって、乗っ取られてきた。黒人の躍進が続き、人種を語る美辞麗句が消え去る、そんな時代が必要なのかもしれない。行政は、ことさらに注目しないことによって、また他方で、——私たちが現に行なっているように——両人種の過激派が殉教的な行為や英雄的な行為、また芝居がかった行為を行なう機会が生まれない状況を作ることによって、このような時代を生み出すことができるだろう（Moynihan, 1970）。

モイニハンが正しかったかどうかは、おそらく分からないのであるが、正しかったかもしれないのである。彼が正しかったことに疑いを抱いている人たちでも、今度は、私たちが彼の助言に従って、宗教に対して活発な注意を向けることをできるだけ先延ばしにし、研究を回避し、事態がうまく収まっていくことを、期待しているかもしれない。しかし、こんなやり方で、どんな場合でもうまく行くと考えるのは、難しい。啓蒙思想以来、すでに二百年以上も、私たちは、宗教に対して、丁重で抑制のきいた好奇心を抱き続けてきたが、宗教を語る美辞麗句が消え去ったとは思えない。近年の歴史は、宗教がますます多くの注目を集めることになるだろうということを、はっきりと示しており、近い将来でもそれは変わらない。もし宗教が注目を受け入れるなら、ヒステリー、被害妄想、そして裏で利益を手にする人々が関わるようなものではなく、質の高い注目の方が良いだろう。

問題は、秘密を保持することが、今日きわめて難しいということである。大昔、無知はほとんどの人類が最初に置かれた境遇だったし、広い世界について学ぶには、相当いろいろなことを調べることが必要だった。しかし、今日、マスターベーションから核兵器の作り方とアル・カイーダまで、あらゆるテーマに関する正しい情報と誤った情報が渦巻く海を、私たちは皆泳いでいる。イスラム世界のある宗教的指導者は、少女や女性に教育を受けさせず、世界についての情報を与えないようにしている。これには断固反対である。私たちが暮らす場所で、このように知識を禁止するようなやり方には、賛成することはできない。

それとも賛成できるだろうか？　この点での意見の相違がおそらく、二つの異なる判断をする人々を生み出す。一方では、自分たちの最高の希望はパンドラの箱に蓋を釘付けにし、永遠に無知の状態でいることだと考える人々がいる。他方では、これは政治的に言っても不可能であり、そもそも道徳的ではないと考える人々がいる。前者は、すでに、自らに課した事実的な〔知識の〕欠乏状態に、重い代償を支払っている。というのも、彼らは、彼ら自身が選んだやり方でいくと、結局どうなるのかを細かく思い描くことができないからである。無知の状態が維持できるのは、調査研究を禁止し知識の流布を禁じる法律でいっぱいの警察国家のような国家によってでしかない、あるいは、住民を閉鎖的世界に閉じこめることによってでしかないということに、彼らは気づいていないのだろうか？　保守的なマラでさえ思いつかないような方法を知っていて、情報を開示するという変えようのない潮流を止めることができるとでも、思っているのだろうか？　もっと考えてみよう。[11]

先を見通せない人々を待ち受けている罠が、ここにある。純真無垢（イノセンス）が子供から失われたのをはじめて知った時、残念に感じない親はおそらくいないだろうし、下品な世界から子供を守らねばという気持ちにすぐになるのだが、ちょっと考えれば、そんなことはうまく行かないと誰でも気づく。私たちに必要なことは、知識で武装して、私たちが彼らの年齢の時に持っていたものよりずっと多くの知識で武装して、世界と対峙できるように子供を育てることでしかない。これは少し勇気のいることであるが、他の選択肢は、事態をいっそう悪くする。

結果を見通す必要なんかないと得意げに語る——おそらく何百万人もの——人々がいる。細かいことはさておき、正しいやり方はこれだ、というのを彼らはちゃんと知っているというわけだ。〈最後の審判の日〉が、もうすぐそこに来ているのだから、将来についてあれこれ考える必要はない。もしあなたがこうした人々の一人なら、できるだけ真面目に考えてほしいことがある。あなたは今まで、自分はたぶん無責任かもしれないと考えてみたことがあるだろうか？　あなたは、自分の愛する人々の命や将来の幸福だけではなく、私たち全体の命と将来の幸福も、——躊躇や当然なされるべき努力もなしに、何らかの啓示や、確かにそうだと確認できない確信に導かれて——、進んで危険に晒している。「おおよそ、賢き者は知識によって事を行ない、愚かな者は自分の愚を見せびらかす」（「箴言」第一三章一六）。その通り、私も知っている。聖書には、それと対照的なテキストもある。すなわち、「聖書には、わたしは知者の知恵を滅ぼし、賢い者の賢さをむなしいものにする、と書いてある」（「コリント人への第一の手紙」第一章一九）。誰でも聖書を引用して、どんなことでも示すことができるが、だからこそ、自信過剰を憂慮すべきなのだ。

あなたは今まで、自分が間違っていたらどうなるのだろうと自問したことがあるだろうか？　もちろん、あなたのまわりにはあなたの確信を共有しているたくさんの仲間たちがいるだろう。これが責任の所在を分散し——そして、悲しいことに、責任を軽くしている。だから、これからあなたが後悔の言葉を口にする機会があっても、簡単に言い訳をすることができるだろう。自分は狂信者たちに引きずられただけだ、と。しかし、あなたは、悩ましい事実にきっと気づいていたはずだ。歴史は、お互いに扇動し合って破滅への道を突き進んだ勘違いした大集団のたくさんの実例を、教えてくれる。あなたがそのような集団に属しているのではないと、どうして確信を持って言うことができるのだろうか？　私個人としては、あなたの信仰に畏敬の念を抱いてはいない。私は、あなたの傲慢さに、すべての答えを知っているという無責任な確信に、本当に驚かされる。〈終わりの時〉を信じる人々は、この本を読み通す知的な誠実さや勇気を持てるだろうか？

恐ろしい結果になるのではないかと想像していると、その想像は、現実からかけはなれて、悪い方へ、悪い方へ向かっていくことがある。情報の奔流を押しとどめることができないことを嘆く前に、私たちは、それによって起こりそうな結果について、静かに思いを馳せるべきである。起こりそうな結果は、そんなに悪くないかもしれないのだ。サンタクロース神話がまったく存在せず、クリスマスは、〈棕櫚の聖日（パーム・サンデイ）〉や〈聖霊降臨祭〉のような世界中で祝われているが、すべての人が参加するわけではない、キリスト教の祝祭の一つにすぎない、と想像してみよう。さらに、J・K・ローリングの『ハリー・ポッター』のファンが、最初の『ハリー・ポッター』が出版された日を記念して、フクロウ〔ヘヂウィッグ〕と一緒に魔法のほうきに乗って窓から飛来するハリー・ポッターから、毎年子供たちが贈り物をもらえるという新しい伝統を作ろうとした、と想像してみよう。〈ハリー・ポッターの日〉を世界中の子供たちのための記念日にしよう、というわけである。オモチャ・メーカー（やローリングの本の出版担当者）は、おそらく皆それを支持するだろう。しかし、災厄予言者は、次のように言ってそれに反対する、と想像してみよう。

なんてひどいアイデアなんだ。子供たちが、大人たちのとんでもない共同謀議によって、自分たちの無知と信用する気持ちを食い物にされたと知った時——必ずそうなるはずだ——、結果的に子供たちの心に傷を残すことになるのを、考えてみたまえ。そのような大がかりなペテンは、子供たちを死ぬまで苦しめるようなシニシズム、絶望、被害妄想や悲嘆を、その心理的・社会的代償として引き起こすことになるだろう。魅力的な嘘の塊を故意にでっち上げて、それを子供たちに広めること以上に悪いことが、何かあるだろうか？　彼らは、私たちをひどく憎むだろうし、私たちが彼らの激しい怒りの対象になるのは当然なのだ。

もしきわめて説得力のあるこの懸念が、進化するサンタクロース神話の初期段階に実際表明されていたら、一九八五年〔のサンタクロースが大活躍する映画〕『サンタクロース』が引き起こした災厄（カタストロフ）をちゃんと防げたかもしれない！　でも、私たちはそんなに馬鹿ではない。そんな災厄は、起こらなかったし、これからも起こらないだろう。サンタクロースはいないということを知って、比較的短い期間ではあるが、困惑し辛いと感じる子供たちはいるだろうが、名探偵（シャーロック・ホームズ）である自分たちの発見の勝利を、誇りに思う子供たちもいるだろう。彼らは、〈情報通〉の仲間入りしたことを楽しみ、来年は計略に積極的に参加しようと考えるし、自分の妹や弟の無邪気な質問に、真面目に答えるだろう。

私たちが知るかぎり(3)、サンタクロースがいないと分かっても、何の害もない。もっとはっきり言えば、（まだ研究されてはいないが、私の知識の範囲では）サンタクロース神話が永続的に語られるというのは、大人たちが、サンタが来るのを待つという無邪気な喜びをもはや直に体験できないので、自分の子供たちが興奮しているのを見て、ワクワク感を想像して満足している、ということのようだ。人々は、サンタクロース神話を存続させるために、実に多くの努力をするし出費もする。なぜなのだろうか？　失われた子供時代の無邪気さを取り戻そうとしているのだろうか？　直接の動機は、気前よさというよりも、自分たちの満足感なのだろうか？　あるいは、コミュニティが許してくれる（たとえば、不倫や横領や脱税の共同謀議に伴う罪によって汚されていない）共同謀議が楽しいので、自分でかなりのコストを支払う気になるのだろうか？　このような無礼とも見える考え方は、宗教はなぜそんなに人気があるのかということについてのもっと混乱を招きかねない問いに私たちが向かう以下の章で、大きな意味を持つことになるだろう。それらの問いは、うわべだけの問いではない。やる気になれば答えることができる問いなのである。

多くの読者が私のここでのやり方を深い疑いの目で見るだろうということは、私も分かっている。彼らを言葉巧みに欺して、彼らの確信のいくつかを捨てさせようとする、よくいる自由主義的（リベラル）な教授の一人にすぎないと、私のことを考えるだろう。彼らは、その点に関して、まったく正しい――私は、そうした人間だし、それこそ私がしようとしていることである。それではなぜ、彼らが私の見方に注目すべきなのか？　彼らは、いろいろな場面で目にする道徳的腐敗にぞっとしており、彼らの宗教をあらゆる調査研究や批判から守ることが情勢を変えるもっとも良い方法だと、心底確信している。私と彼らとの意見が一致しているのは、道徳的危機があること、そして、私たちが現在抱えているジレンマから脱出する術を発見するために協力し合うことが何より大切であること、である。しかし、もっと良い方法があると、私は思っているのだ。それを証明しろと、彼らは言うだろう。やってみようと、私は答える。この本は、まさにそれについての本である。広い心でこの本を読んでほしいと、願うばかりである。

第2章の要旨

宗教は、様々な発信源から反対だという宣伝がなされているにもかかわらず、科学が立ち入ってはならない領域ではない。さらに、科学的探求は、私たちのもっとも重要な政治的決断についての情報を得るために必要である。危険はあるし、苦痛さえあるが、それを無知の口実として使うのは無責任だろう。

第3章の要旨

もし私たちの愛するものの価値評価を行なうことがなぜ必要なのかを知りたいなら、この惑星の進化の歴史を探究する必要があるし、私たちの宝であるすばらしいものを生み出してきたいろいろな力や制約を、明らかにする必要がある。宗教も、このような探求を免れることはできない。私たちは、さらなる研究へ向かうために見込みのある道筋を概略的に示すことができるし、それによって、信条の違いにもかかわらず万人が共有しうる探求的視点にどうすれば到達するのかを理解できる。

第3章　なぜ良いことが起こるのか

1　良いところを引き出す

宗教にまつわる寓話は現実を構成する一部となっている。そうした現実を生きることで、多くの人々がより良い暮らしを築けるわけだ。

ダン・ブラウン『ダ・ヴィンチ・コード』のヒーロー、ラングドン[1]

私がこの本に取りかかりはじめた時、少なからぬ人々にインタビューを行ない、彼らの人生において宗教が果たしている様々な役割を理解しようとつとめた。これは（もちろんそれに類したこともやっていたとはいえ）科学的なデータ収集ではなく、むしろ理論や実験を脇に置いておいて、直接現実の人間に向き合い、自分にとってなぜ宗教がそれほど重要なのかを自分の言葉で語ってもらおうという試みだった。これは、ほとんど一対一の外部に知られることのないインタビューであり(1)、私は絶えず質問し続けたが、私に情報を提供してくれる相手に反論したり、言い争うことはなかった。このインタビューにおいて、控え目に言っても、私はしばしば心を動かされたし、多くのことを学んだ。乗り越えることなど想像すらできないような苦難に耐えてきた人々もいたし、ほとんど英雄的とも言える決断を下しそれを守り続ける強さを、自分の宗教のうちに見出している人々もいた。印象的というより非常に感銘を受けたことがあった。それは、インタビューを受けてくれたそれなりに才能も教養もある人々が、何らかの意味で、期待以上に**はるかに良い人々**だった、ということである。彼らの人生は、彼らにとって意味がある——もちろんこれは確かに本当なのだが——というだけではなく、自分の人生が自分の好きなように使って良いような、自分だけのものではないという確信に動かされて、実際に世界をより良いものにしようと努力しているのである。

確かに、宗教は、その人の良いところを引き出すことができる。しかし、宗教は、そうした特性を持つ唯一の現象ではない。子供を持つことには、その子の親をすばらしく成熟させる効果がしばしば見られる。有名なことだが、戦時は、洪水やハリケーンといった自然災害の場合と同様に、人々に難局に対処する機会をたくさん与える。もし一生涯支えてくれるものが他にない場合には、おそらく宗教ほど効力のあるものは何もない。つまり、宗教は、強い力を持ち才能のある人々を、謙虚で忍耐強いものにするし、平均的な人々をより高めるようにし、酒や麻薬や犯罪に関わらないために必死に助けを求めている多くの人々に、支援を提供する。また、自分のことしか頭にない人々や、浅はかな人々、未熟な人々、また単に怠け者にすぎない人々は、しばしば宗教によって気高くなり、人生に対する視点が与えられることで、賞賛できるような難しい決断も行なうようになる。

もちろん、そのような限定された非公式の調査に基づいて、すべてに関する価値評価を行なうことはできない。疑いもなく、宗教は、こうしたすべての良いことや、もっと多くの良いことを行なう。しかし、私たちが考案できる何か別のものも、良いことを行なうかもしれないし、もしかしたらもっと良いことを行なうかもしれない。そもそも、道徳の問題に献身的に取り組んでいる、好奇心の強い賢明な多くの無神論者や不可知論者がいる。調査すればおそらく明らかになることだろうが、無神論者と不可知論者は、全体として見れば、宗教的な人々より、法律を遵守し、他人の要望に敏感であり、またより倫理的である。そうではないということを示す、信頼に足る調査はまだなされていないということは、確かである。宗教について言いうることはせいぜい、ある人々にとって、ブライトにたいてい見られるような市民的行動や道徳性のレベルに達する一助となる、ということかもしれない。もしこうした推測を不愉快に思うのであれば、あなたの視点の調整が必要である。

私たちが客観的に考察する必要のある問いの中には、人々を麻薬や酒から守るのに、イスラム教は、キリスト教より効果があるのかないのかという問い（そして、それぞれの宗教がもたらす副次的効果は、利点よりも損失が多いのかどうかという問い）、性的虐待は、モルモン教徒よりシーク教徒の方が重大問題になるのかならないのかという問いなどが、含まれている。あなたの宗教が行なう良いことすべてを広く知らせることができるのは、まずあなたの宗教が生み出す害をすべてきちんと取り去り、もっと良いことをする他の宗教があるのか、それとも全然ないのかという問いを真面目に考える場合だけである。第二次世界大戦は、確かに多くの人々から良いところを引き出したし、それを生き抜いた人々は、それは自分の人生において最も重要なことであり、それなしには自分の人生に意味はなかっただろうと、しばしば語っている。しかし、これは、また世界大戦をすべきだということを、まったく意味していない。あなたの宗教あるいは他の宗教の美点についてなにがしかの主張をするために支払わなければならない代償は、あなたの主張が率直に吟味されるのを進んで見守るという自発性である。宗教の否定的な側面が——明らかなことを挙げれば、偏執、人を殺しかねない狂信、弾圧、残虐な行為、強いられた無知が——どんなにひどいものであっても、宗教を人生においてもっとも重要なものとみなす人々がいる。まず重要なことは、彼らにはそう考える十分な理由があるのだということを理解できるほど、私たちはすでに宗教について知っているかどうかである。

2　コレカラ利益ヲ得ルノハ誰カ

日々われらの荷を負われる主は褒むべきかな。
神はわれらの救である。

「詩篇」第六八篇一九

私たちが自然のプロセスの詳細を知れば知るほど、これらのプロセスがそれ自体で創造的であることがますます明らかになる。〈自然〉自身と同じように〈自然〉を超越するものは何もない。

ロイヤル・ルー

良いことは、偶然に起こるだけではない。「思いがけない幸運」はあるが、良いことが続くのは、幸運のおかげだけはない。もちろん、それは〈神意〉かもしれない。神が良いことが起こることを保証し、神の介入がないと続かない時、良いことを続くようにしてくれるのは、神なのかもしれない。しかし、そのような説明はどれも、ガン研究者が、予期せぬ小康状態を、もはや研究の必要のない単なる「奇跡」として扱いたくないのと同じ理由で、さらなる説明を待たなければならないだろう。一群の非奇跡的な自然的過程がきわめて価値のあるこのような現象を生み出し維持することができるのだろうか？　奇跡という仮説を真摯に受け止める唯一の方法は、非奇跡的な説明方法を排除することである。〈自然〉がケチであるのは、探してみればどこでも見つけることができる。たとえば、冬の夜不気味な遠吠えをするコヨーテは、ニューイングランドの野生生物にとってなくてはならない存在であることが明らかになりつつあるが、この美しくずる賢い捕食動物は、人間を警戒してめったに見られることがない。雪上のコヨーテの足跡と同じ犬科である飼い犬の足跡とを、どのようにすれば見分けることができるだろうか？　間近で見ても、コヨーテの足跡と同サイズの犬の足跡とを区別することは、——わずかな時間しか穴掘りすることがないために、犬の爪の方が若干長い傾向にあるが——、なかなか難しい。しかし、遠くから見さえすれば、コヨーテの行跡と犬の行跡とを、簡単に区別することができる——前脚にほぼ完全に導かれた後脚でコヨーテの足跡は、驚くほどまっすぐ一列になっているが、飼い犬はいろいろな好奇心に身を任せて、元気いっぱいあちこち歩き回るので、その足跡は明らかに乱雑である（Brown, 2004）。飼い犬は、十分栄養が与えられており、何であれ食事にありつけることを知っているが、コヨーテは、たいへん厳しい食糧事情で生きており、なすべき仕事——自己保存——のために、カロリーの消費を押さえる必要がある。その移動方法は、効率のために厳しく最適化〔最善化〕されてきたのである。しかしそうなると、コヨーテの群れに特徴的な遠吠えは、何によって説明されるのだろうか？　エネルギーの派手な消費から、何か良いことがコヨーテに生じるのだろうか？　これは、彼らの生存にとって良くないことかもしれないのだ。遠吠えを行なうことは、自分たちの食料となるものを怖がらせて逃がし、自分たちを食料にする捕食者の注意を引きつけることにしかならないのではないだろうか？　そのようなコストは、簡単に取り戻せそうにない。このような問題は、良い問題である。生物学者はこれらの問題に現在取り組んでおり、たとえまだ決定的な答えを見つけていなくても、答えを見出そうとすることは、まったく正しいことである。(2) 何であれ派手な支出がなされれば、会計上の説明が求められる。

たとえば、世界中で〔砂〕糖に捧げられている人間の努力という支出を考えてみよう。サトウキビやテンサイ〔糖大根〕を栽培し収穫し、この基本産品を精製し輸送するだけではなく、キャンディを作ったり、デザートのレシピ満載の料理本を出版したり、ソフト・ドリンクやチョコレートの宣伝をしたり、ハロウィンを金儲けの手段にしたり、さらにこのシステムのバランスを支えるもう一方の側、肥満クリニック、若年性糖尿病に関する政府主導の調査、歯医者、歯磨き粉にフッ素を入れることや水を飲むことといった、より広範囲な世界が、この努力の支出先である。一億トン以上の糖が、毎年生産され消費される。この巨大なシステムは、何百万人もの人々の雇用を生み出し、社会のどのレベルにもその姿を見つけ出すことができるものなのだが、このシステムの何千もの特徴を説明するためには、様々な方向からのたくさんの科学的・歴史的研究が必要である。わずかながら、生物学的研究も必要である。糖の化学、結晶化とカラメル化の物理学、人間の生理学、農業の歴史だけではなく、生産技術、輸送、銀行業、地政学、公告その他の歴史を、私たちは研究する必要があるのである。

受粉した種を撒き散らす手段を盲目的に探し求めていた植物と、自分たちの再生産計画を推進する効率的なエネルギー源をやはり探し求めていた動物の間で、およそ五千万年前になされた取引がなかったら、このような糖に関わる時間とエネルギーの出費は、どれも存在しなかっただろう。風に乗って飛ぶグライダーや回転木馬のような具合に、種を撒き散らす手段は他にもあるが、どの方法にもそれ相応のコストと利益がある。糖で満たされた果肉の多い重いフルーツは、投資額の高い戦略であるが、思いがけない見返りが生まれる場合がある。つまり、動物は、種を遠くへ運んでくれるだけではなく、いっぱいの肥料で覆われた地面の適切な場所にその種を置いてくれるのである。この戦略は、ほとんどと言って良いほどうまく行かない——千回のうち一回も成功しない——が、植物が生きている間に一度か二度うまく行けば良く、それだけでこの惑星上に自分の後釜が生まれ、家系は続いて行く。これは、方法への馬鹿げた乱費を含めた最終的な会計結果から見れば、〈母なる自然〉がケチであることの良い例である。十億の精子の中の一つの精子だけが——ありがたいことに——自分の生命的任務を成就するわけではなく、どの精子も、まるですべてがその精子の成功にかかっているかのように、きちんとデザインされ整備されている（精子(スパーム)は、スパム・メールに似ており、とても安価に作製・配布できるので、極めて低いリターン率でも、かまわないのである）。

植物と動物との間の取引は、共に進化する中で支持され、「甘さ」で糖を見分ける私たちの祖先の能力を、磨いていった。つまり進化は、動物が食べるものの中にある高エネルギーの糖の集合体に反応する特殊なレセプター分子を動物に与え、大雑把に言えば、探索装置にこれらのレセプター分子を組み入れた。私たちがあるものを好むのはそれが甘いからだと、一般には言われているが、本当は逆に言うべきである。あるものが甘いのは私たちがそれを好むからだと言う方が、ずっと正確である！（そして、私たちがそれを好むのは、それを好むように仕組まれた私たちの祖先が、残念ながらそのように仕組まれなかった同類のものたちより、多くの再生産エネルギーを得たからである）。糖分子は、（いかなる意味においてであれ）「本質的に甘い」何ものかを持っているわけではなく、エネルギーを必要とする有機体に本質的に価値があるのである。それだから進化は、高エネルギーを探知するという特殊な目的を持つ装置に反応するものに対して必ず大好きになるという性向を、有機体に植えつけたのだ。そういうわけで、私たちはスイーツに対する本質的な嗜好を備えて生まれ——一般的には、甘ければ甘いほど良いのである。

植物と動物という当事者たちは共に利益を得、このシステムは非常に長い期間をかけて改良された。

（初期の植物と動物の素質の）デザインと製造すべてに貢献したものは、果物を常食とする動物や雑食性の動物と、食用果実を生み出す植物の差異化的再生産だった。[3] すべての植物が食用果実を生産するという取引を「選んだ」わけではないが、それを選んだ植物は競争に勝つために果実を魅力的なものにしなければならなかった。それは、経済効率的にまったく理に適っており、非常に長い期間をかけてゆっくりした歩調でなされた合理的な解決策だった。もちろん、このシステムが栄えるために、植物にせよ動物にせよ、以上のいかなることも理解する必要などなかった。これは、私が浮動的原理と呼ぶものの一例である（Dennett, 1983, 1995b）。[4] 盲目的で方向性を持たない進化の過程は、有効に働くデザインを「発見する」。そのデザインが有効に働くのは、そのデザインが様々な特徴を持ち、それらの特徴を回顧的に見れば、あたかもデザインの原理を予め考案していた知的なデザイナーが意図的に生み出したものであるかのように記述でき評価できるようなものだからである。これは、異論の余地なく、普通の事例に当てはまることだ。たとえば目のレンズは、その働きを遂行するために見事にデザインされており、細部の組み立て原理に過ちを見つけることができない。しかし、目が科学者たちによって組み立てられるまで、いまだかつて組み立て原理を表明したデザイナーはいなかった。共に進化することの中で行なわれた取引のようなものの経済的合理性は過ちのないものである。しかし、ごく最近まで、そのような〔動物と植物との取引のような〕良い取引の原理は、数千年前に人間の交易が出現しても、誰の心にも浮かぶことはなかった。

余談

進化という理論が自然選択〔陶太〕によっていかにうまく立証されているかさえ、まだ十分に認識していない人々がいる。そのような人々がひっかかるのは、この点である。最近の調査によると、水がH_2O

であるという事実とほとんど同じくらい、進化が立証されているということを理解している合衆国国民は、人口の四分の一しかいない。他の科学先進国は同じような状態ではないので、この困惑をおぼえるような統計には、いくつか説明が必要である。いったい、そんなにも多くの人々が誤るなどということがありうるのだろうか？　考えてみれば、地球は丸く太陽のまわりを廻っていると信じていたのは、地球上の住民の少数派（マイノリティ）でしかなかった時代があった。これは、そんなに昔のことではないので、多数派（マジョリティ）が完全に間違っていることもあるということを、私たちは知っている。そうは言っても、きわめて明瞭な裏づけや強力な科学的証拠があるにもかかわらず、これほど多くのアメリカ人が進化を信じないのはどういうわけだろうか？　単純なことである。彼らが科学者以上に信頼をおいている人々によって、進化という理論は誤りである（あるいは少なくとも証明されていない）と真面目に説かれてきたからである。このような誤った情報を広く人々に流布した責任は誰にあるのかという、興味深い問いがある。あなたが信じている宗教の聖職者――賢明で善人である聖職者――が、進化は誤りで危険な理論であるとあなたに信じ込ませた、と仮定してみよう。あなたが一般信徒であるなら、彼らの言葉を真に受けて、あなたの子供に威厳を持ってそれを伝えても罪はないかもしれない。私たちは皆多くの事柄について専門家の意見を信じているし、あなたにとっての専門家は彼らなのである。しかし、それでは、聖職者たちはこの誤った情報をどこで手に入れたのだろうか？　もし彼らが科学者からそれを手に入れたと主張するなら、このような主張をする立派な科学者はいないのだから、彼らが欺かれてきたのである。もっとも、世の中にはたくさんの詐欺師やペテン師がいる。ご存じのように、私はあからさまにものを言う。大々的になされるキャンペーンで声高に主張を繰り広げている〈科学的創造論者たち〉や〈知的デザイン〉の支持者たちはどうだろうか？　良心的な科学者たちは、注意深くまた忍耐強く彼らを論駁してきた。科学者たちは、宣伝による偽装工作を手間をかけて見破り、彼らの粗雑な論証と明らかに意図的な歪曲やはぐらかしを暴いてきた。[3] もしあなたが完全に不当なこうしたやり口に心底同意できないのであれば、考えてほしい二つの良い選択肢がある。

一、進化論とその批判についての教育を受け、訴訟手続きをする前に私が語っていることが正しいかどうかを自分自身で考えること（本章の註にあなたが手はじめに読む必要があるすべての文献が書かれており、一生懸命読めば数ヶ月しかかからないはずだ）。

二、一時的に不信を棚上げし、進化論者が自然現象としての宗教をどう思うのかを学ぶこと（おそらく、あなたが懐疑に使う時間とエネルギーを、致命的な欠点を求めて進化論者の視点の核心に至ろうとするために使った方が良い）。

あるいはまた、進化は嘘だと「聖書に書いてある」のだから科学的証拠を検討する必要はない、それだけのことだ、とあなたは考えているかもしれない。これは、時々見かける立場以上に非常に極端な立場である。たとえあなたが、聖書があらゆるテーマに関する最終的で完全な言葉であると信じているにしても、あなたの聖書解釈には同意しない人々が世界中にいるということを、あなたは認めなければならない。たとえば、聖書を〈神の御言葉〉と理解するが、それを、進化を排除するものとして読まない、多くの人々がいる。したがって、聖書が万人に向かって明瞭に過ちなく語りかけているわけではないというのが、ごく普通の事実なのである。そうであるのだから、聖書は理性的な対話の中でさらなる議論がなされることもなく共有されなければならない共通の基盤なのではない。もしあなたが聖書はそういうものだと言い張るのであれば、あなたはこの研究全体を鼻で笑っていることになる（さようなら、いつかまたお会いしたいものですね）。

しかし、今ここで私の反創造論が正当だと私に論じさせないから、聖書無謬論者を追い出して理性的な議論のルールに則って振る舞えなくするということに、不公正な取り扱いはないだろうか？　それはない。なぜならあらゆる異論に反対して創造論は却下すべきであるということが正当だと論じている文献を、私は誰にでも示してきたが、無謬論者はそのような義務を負うことさえ拒んでいる。以上のような取り扱いをやめるためには、無謬論者は、聖書が事実〈神の御言葉〉であり、それは進化を認めていないということを、あらゆる異論に反対して証明したと主張する文献がもし存在するなら、私にそれを調べるように勧めるべきである。私はまだそのような文献を読むように指示されたことはないし、ウェブ上でも発見していないが、もし存在するなら、――創造論とその批判と同じように――後日、別の機会に必ず検討するつもりである。本書を読み続けている読者は、私が創造論をこれ以上検討することを求めてはいないだろう。なぜなら、私が提案する答えを、良かれ悪しかれ、どこで見つけるべきかをすでに述べてきたからである。余談終了。

法律家は、*cui bono?* というラテン語の決まり文句を使う。これは「コレカラ利益ヲ得ルノハ誰カ」を意味し、法律以上に進化生物学では中心的な問いである（Dennett, 1995b）。[5] 生物の世界において機能を超過する（エクシード）ように見えるどんな現象も、説明を必要とする。何かを見逃しているにちがいないというのが、つねに抱くべき疑いである。余計な出費は、一言で言えば、不経済であるし、経済専門家（エコノミスト）が年がら年中私たちに警鐘を鳴らしているように、ただほど高いものはないのだ。ひっきりなしに鼻で地面を嗅ぎ廻っている動物を見ても、私たちは驚かない。というのも、私たちは、その動物が餌を探していると判断するからである。しかし、その嗅ぎ廻る行為を規則的に中断して宙返りをするとすれば、なぜそんなことをするのかを知りたくなる。偶発事は起こるものだから、無益な過剰（エクセス）行為を行なっているように見えるこの生物の特徴は、（私たちには理解し難い、ゲーム中の一手というよりも）文字通り無益である可能性が、常にある。しかし、進化は、無益な偶発事を、その場からものの見事に取り除くことができる。したがって、恒常的なパターンとして不経済な機構や活動が発見された場合、進化が重んじている棚卸し——差異化的再生産——が行なわれてもなお残っているのだから、何かがそれから利益を得ているにちがいないと、私たちは確信することができる。利益を得たものを探す場合、見逃してしまうことが多いので、網を広く投げなければならない。猫の目の前で自分の命の無駄遣いをしそうになっているネズミを発見したと仮定して、コレカラ利益ヲ得ルノハ誰カと問うてみよう。この無謀な行動からネズミが得るどんな良いことがあるのだろうか？　交尾相手になりそうなネズミに良い印象を与えるために、格好をつけているのだろうか、それともこの無駄な行動が良い食糧供給源へうまく誘導してくれるのだろうか？　ひょっとするとそうかもしれないが、利益を得ているものを誤った場所で探している可能性が高い。この本の最初で触れた活発に活動するアリに居を構えた鋭尖吸虫のような寄生虫、トキソプラズマがいるのかもしれない。この寄生虫はいろいろな種類の哺乳類の中で生存できるが、再生産を行なうためには猫の胃の中に入り込む必要がある。ネズミに寄生すると、ネズミの神経系に干渉しネズミを超活動的にし、比較的恐怖心を持たない状態にするという有用な能力を発揮する——したがって、近くにいる猫に食べられる可能性がずっと高くなる——。コレカラ利益ヲ得ルノハ誰カ？　利益を得るのは、トキソプラズマが寄生したネズミではなく、トキソプラズマであり、それによって目的——再生産——を達成するのである（Zimmer, 2000）。

自然のどんな取引にも原理があるが、今のところ、この惑星で進化した唯一の原理‐提示者である人間によって考案された取引である場合を除いて、その原理は浮動的である。自然のどんな取引にも原理があるとはいっても、ある原理が廃れてしまうということはありうる。環境変化によってチャンスがなくなったり危機が去るように、良い原理であっても、それが終わることもある。進化がこれを「認知する」には、時間がかかわる。スイーツへの人間の嗜好が、良い例である。コヨーテと同じように、狩人の集まりである私たちの祖先は、厳しいエネルギー予算で生きており、緊急用のカロリーを蓄積するチャンスがあれば、それを利用しなければならなかった。スイーツへの飽くことなき欲求が、その時、意味を持つものとなった。過剰なほどの糖を生産する手段を発達させた現在では、スイーツへの飽くことなき欲求は、デザインの重大な欠陥になった。この欠陥の進化論的な源泉を知ることによって、それとの付き合い方を、私たちは理解することができる。スイーツへの嗜好は、他の点では優れているシステムの、単なる偶然のバグや無益なバグではない。それはそのようにデザインされたのであり、この嗜好のもつ巧みさや、変化や抑圧に抵抗する力をみくびると、この嗜好に対処する努力は、逆効果を生み出しがちになる。私たちが糖を愛する理由はあるのであり、それはとても良い理由である――あるいはかつては良い理由だった――。注目に値する時代遅れの嗜好も、他に見つけられるかもしれない。

私は前章で音楽に言及した。進化論的にありそうなその源泉についてのより詳細な説明をいずれ行なうつもりであるが、ここでは私たちが愛好するいくつかの手近なもので準備運動(ウォーム・アップ)をしたい。アルコールは、貨幣(マネー)は、セックスはどうだろう？ セックス〔生殖〕[6]は、進化論の最も興味をかき立てるおもしろい問題のいくつかを提示してくれる。なぜなら、有性生殖は、表面的には実に悪い取り決めだからである。――しばらくの間――人間が行なうような生殖（色っぽいセックス）は忘れ、生物界の最も基本的な有性生殖——ほとんどすべての多細胞生物の有性生殖だけではなく、昆虫や二枚貝やリンゴの木、さらには多くの単細胞の有機体さえも行なう有性生殖——について考えてみよう。偉大な進化生物学者フランソワ・ジャコブはかつて、あらゆる細胞の夢は二つの細胞になることだ、と語っていた。[7] 細胞が二つに分裂するたびにごとに、細胞のゲノムのコピーが子孫へと移される。言いかえれば、親が自分自身のクローンを作る。分裂の結果生じた有機体は、親の遺伝子を一〇〇％共有している。もし、遺伝子的に完全な自分自身のコピーを作れるとしたら、わざわざ有性生殖しなければならない理由があるのだろうか？　有性生殖では、相手を見つけなければならないし、それだけではなく、もっと重要なことはあなたの遺伝子の半分しか子孫に受け継がすことができないのである。(4)（遺伝子の観点から見た）五〇％の減少は、減数分裂（クローンをつくる有糸分裂とは区別される生殖細胞で起こる分裂）のコストとして知られている。何かでこのコストを回収しなければならないし、しばらく後ではなくその場で、回収しなくてはならない。なぜなら、進化は先を見通したものではなく、投機的な予測を立てていずれ最終的な収益(リターン)を得るという取引を行なうことなど、進化にはできないからである。

したがって有性生殖は、コストのかかる投資であり、短期でそのコストを回収しなければならない。このテーマについての理論や実験の詳細は、魅力的である（たとえば、Maynard Smith, 1978；Ridley 1993 を見よ）が、私たちの目的からすれば、最近の先駆的な理論のいくつかの重要部分だけで、十分ためになる。（少なくとも私たちのような脊椎動物の）生殖〔五〇％の減少〕のコスト回収は、子孫の誕生とともに送り込まれる寄生虫にとって、比較的謎めいた存在になっている子孫を作ることである。寄生虫は、宿主と比べれば短い生存期間しか持っておらず、たいていは宿主の生存期間に何度も再生産を行なう。たとえば、哺乳類は、何兆もの寄生虫の宿主である（どれほど健康で清潔であろうと関係がない。腸、血液、皮膚、口、さらに体の各部分に住み着いている何千種類の寄生虫が、何兆もいる。寄生虫は、人間が生まれたときから、人間の防御機構の猛攻撃をくぐり抜けて生き残るべく、絶えず進化している）。女性が生殖〔再生産〕年齢まで成熟する以前に、彼女の寄生虫はどんな手袋よりもぴったりと彼女に適応するように進化する（他方で、彼女の免疫システムも寄生虫と戦えるように進化する。――彼女が健康であるなら――軍拡競争さなかの膠着状態のようなものである）。もし彼女がクローンを生むとすれば、彼女の寄生虫は、そのクローンに飛び移り、最初から安楽の地を見つけることになる。寄生虫は、新しい環境にすでに最適化されたものになっているからだ。ところが、もし彼女が有性生殖を行ない、子孫に遺伝子の混合物（半分はその配偶者のもの）を授けるとすれば、これらの遺伝子の多く――もっと直接的に言えば、子孫の体内の防御機構においてその遺伝子によって生み出されたもの――は、移り住んできた寄生虫には、未知のものや不可解なものであるだろう。寄生虫が見出すのは、楽しき我が家ではなく、未知ノ大地である。子孫は、こうして、軍拡競争できわめて有利なスタートをきることができるのである。

そのような取引で、コストを回収できるのだろうか？ それは現在の進化生物学の中心にある問題であり、もしできるという答えがさらなる研究にふさわしいのであれば、巨大なシステム――生殖（セックス）について考えるとき通常考えられる行為や生産物からなるシステム、結婚という儀式、不倫に対するタブー、衣服やヘアースタイル、口臭除去剤、ポルノグラフィ、コンドームやＨＩＶなどからなる巨大なシステム――の、大昔からあって今なお存在し続けている源を、進化において発見したことになるだろう。この巨大なシステムを構成しているものすべてに関して、なぜ存在するのかを説明するためには、なるほど、様々な種類の、また様々なレベルの――そのすべてが生物学的というわけではない――理論に拠り所を求めなければならないだろう。とはいえ、もし人間が有性生殖を行なう生物でないならば、このどれもが存在することはないはずだから、まず有性生殖の生物学的な土台を理解する必要があり、そこから、何が人為的選択や単なる歴史的偶然で、何が変化に強く抵抗するもので、何が利用できるもののなかについて、もっと明確な視点を持てるようになるだろう。私たちが性（セックス）を愛するいくつかの理由があるが、その理由は、考えられているよりずっと複雑である。

アルコールを考えると、幾分異なった見方が出てくる。ビール醸造会社、ブドウ園とワイン製造所、この惑星に住むほとんどの人間がアルコール飲料を簡単に手に入れることができるようにしている巨大な配達システムのコストは、何によって回収されるのだろうか？　アルコールが、ニコチンやカフェインやチョコレートの活性成分と同様に、脳のレセプター分子に特殊な効果を与えるということは、知られている。まず、こうした効果は偶然にすぎないと仮定してみよう。何らかの植物の何らかの大きな分子が、動物の脳に変調を引き起こす働きをする大きな分子と、たまたま生化学的に似ているということがまず間違いなくあると、仮定してみよう。進化は、つねに偶然という要因によってはじまらなければならない。しかしそうであるからこそ、人間という種や他の種が、何百万年にもわたる予備的な摂取を行なって、植物に、精神に作用する成分を発見し、それを好む性向や嫌う性向を発達させても、何ら驚くべきことではないのだ。ゾウ――そしてヒヒや他のアフリカの動物――が〔リキュールの原料にもなる〕マルーラの木から発酵している果実を食べて倒れそうになるまで酔っぱらうのは有名で、果実が熟すまさにその時に、ゾウがマルーラの木に向かって長い長い旅をするという証拠もある。どうやら、果実に住むイースト菌が増加しすぎると、果実は糖を消費し二酸化炭素とアルコールを排出してゾウの胃の中で発酵するらしい。アルコールは、私たちの脳の中と同じように、ゾウの脳の中で快感を生み出しているのである。

果樹と果実を常食とする動物との間で交わされた取引――糖を与えるかわりに種子を広める――は、

イースト菌と果樹の付加的な協力関係で強化されている、と言って良いかもしれない。この付加的な協力関係によって生み出されたアルコールという魅力的なものは、さらにイースト菌と果樹の再生産の可能性を高めるだろうが、これも野生の世界の単なる偶然かもしれない。いずれにしても、もう一つの種、ホモ・サピエンスは、イースト菌と果実の関係だけを取り出し、両者の進化上の取引を、まさに人為的に支援した。すなわち、イースト菌と果実の双方を飼い馴らし（ドメスティケイト）、何千年もの間、私たちが愛好する効果を最も生み出すものを、人為的に選択し続けてきた。イースト菌は、サービスを提供する一方で、保護され栄養を与えられてきた。これが意味するのは、ビール醸造会社やワイン製造所やパン屋によって注意深く管理され培養されたイースト菌は、腸の中に住む大腸菌とちょうど同じように、人間の共生者であるということである。ネズミと猫の体の内部に侵入しなければならないトキソプラズマのような内部共生バクテリアとは違って、イースト菌は、大きな魚の体をきれいにする「掃除」魚と同じような、一種の外部共生者であり、他の種である私たちに依存しているが、体内に入り込む必要はない。イースト菌は、――気まぐれな掃除魚と同じように――、偶然私たちに食べられてしまうかもしれないが、繁栄するために私たちの内部に達する必要があるのは、実際のところイースト菌の排出物〔アルコール〕だけである！

まったく異なった種類の良いものについて考えてみよう。貨幣（マネー）である。今まで考察してきた良いものとは違って、貨幣は、（今のところ）人間という唯一の種に限定され、そのデザインは、遺伝子によってではなく、文化によって受け継がれている。後の章で、文化的進化についてもっと多くのことを語らなければならない。ここではその前置き的概観として、今まさに検討した「より生物学的な」財宝と貨幣との、いくつかの驚くべき類似性だけを指摘しておきたい。視力や飛行と同じように、貨幣はかつてより進化し(5)、したがって、私が〈妙技（Good Trick）〉と呼ぶものの魅力的な候補の一つである――〈妙技〉とは、デザイン空間の中の動きであり、多くの様々な適応への道がそれに通じ、そのことによってそれを支持しているという単純な理由から、盲目的な進化の過程によって再三「発見される」ものである――(Dennett, 1995b)[8]。貨幣の原理に関しては、経済専門家は、それをかなり詳細に作り上げてきた。

貨幣(マネー)は、明らかに、人間という賢明なる種のもっとも効率的な「発明」の一つであるが、その原理は、つい最近まで浮動的だった。私たちは、お金(マネー)を使い、お金に依存し、お金を価値あるものとみなしてきたし、貨幣価値の原理が明確に考えられる以前は、時には、お金のために殺したり、死んだりした。貨幣は、特定の発明者や立案者のいない唯一の文化的発明だ、というわけではない。特定の誰かが言語を発明したわけではないし、音楽もそうである(6)。硬貨や紙幣という形態の貨幣を表す古い言葉が(種(*species*)と同じラテン語源の)正貨(*specie*)であるのは、おもしろい巡り合わせであり、多くの人々が指摘しているように、正貨の浮動的原理がそう遠くない将来消滅する可能性があり、そのきっかけは、クレジットカードや資産の電子化への移行だろう。正貨は、ウィルスと同じように軽快に旅をするが、自分自身の再生産機構を持っていないので、正貨という種が存続するには、高価な再生産機構(印刷機、圧断機や金型)を使って宿主(ホスト)(私たち)にコピーを作らせる必要がある(7)。個々の硬貨や紙幣は時とともに摩滅するので、さらに多くのものが作られ通貨として採用されなければ、システム全体は絶滅する(ひと山のタカラガイの貝殻でボートを買おうということにでもなったら、これは裏づけられるかもしれない)。しかし、貨幣は〈妙技〉であるので、なくなった正貨(*specie*)によって穿たれた隙間を、他の種(*species*)の貨幣が埋めてくれるのを期待しよう。

貨幣を持ち出す隠れた意図が、もう一つある。探求されているもの――糖、性、音楽、貨幣(マネー)――はどれも、私たちを夢中にさせ、良いことを過度に渇望させるので問題含みであるが、おそらくお金(マネー)は、良いものとはいっても、評判は最悪である。アルコールは、多くの人々――とりわけイスラム教徒――によって非難されている。しかし、――たとえばローマ・カトリックのように――その良さが分かっている人々の間では、適度にそれを愛好する人は、恥ずべき者や愚か者とはみなされない。ところが、お金は、それ自体として軽蔑すべきものとされており、それは手段としてしか評価されない。お金は、「(守銭奴の)銭」であり、それを享受して良いのは、それによって得られる、有益なより価値あるもののためにだけ、「内在的」価値を持つもののためにだけ、である。[8] 完全に信じられているわけではないが、古い歌にあるように、生活においてもっとも良いことは、無料であることである。お金は「人工的」で、お金以外(糖・性・音楽)は皆「自然的」だから無料なのだろうか？　おそらく、そうではない。弦楽四重奏やシングルモルト・ウィスキーやチョコレート・トリュフは、金貨に比べて人工的ではないのだろうか？

人間の文化においてこのテーマをどう考えるべきかというのは、おもしろい問題であり、後に述べることになろう。しかしその前に、今まで見てきたもので「内在的」価値について語るための唯一の基点になるのは、脳の中できわめて直接的に選択反応を引き起こすことのできる何ものかである。苦痛は、「内在的に悪い」ものであるが、しかしこの否定的な価値づけは、満たされた空腹という「内在的に良いこと」とまさに同じように、進化の原理に依存している。バラは、それがどんな名前で呼ばれようと、甘い香りがするだろう。なるほど、その通りであるが、もし腐敗したゾウの死骸を漁ることが、コンドルと同じように私たちの再生産の可能性にとって良いことであるとすれば、死んだゾウも、私たちにとってのバラと同じように、甘い香りがするだろうということもまた、本当である。[9] 生物学は、「内在的」価値という見かけのさらにその下を探求し、なぜ「内在的」価値が存在するのかを問うと、主張している。事実に支えられた答えはどれも、「内在的」価値は、たとえ私たちがそう考えなくても、本当は手段であり――あるいはかつては手段であり――内在的ではないということを示す結果になる。真に内在的な価値があるのであれば、もちろん今のような説明はできない。それが良いのは、それが良いからにすぎず、何かにとって良いからではない、ということになるだろう。真剣に考察すべき仮説は、すべての「内在的」価値は、もともと手段的価値であり、それ本来の目的が少なくとも私たちの目には見えなくなってしまったために、好きだから好きなのだと言えるようなものになった、というものである（これは、私たちがそれを好きなのは間違っているということを、意味してはいない。それが意味しているのは——定義上——私たちがそれを好きになるのに、それを好きになる秘められた理由など必要としない、ということである）。

3　何が宗教のコストを回収するのかと問うこと

しかし、何が利益なのだろうか？　いったいなぜ人々は宗教を欲するのだろうか？　人々が宗教を欲するのは、宗教が普遍的で尽きることのない要求の対象である何らかの褒賞の唯一有望な源だからである。

ロドニー・スタークとロジャー・フィンク『信仰という行為』

宗教は、どんなものであれ、いわば人間的現象であり、非常にコストがかかる努力であるが、進化生物学が示すところでは、そんなにコストがかかるものは、どんなものであれ生じない。時間とエネルギーの不断の消費は、それがどんなものであれ、獲得される「価値」的なものによって、バランスが取られなければならないし、進化における「価値」の究極的な尺度は、適応度、すなわち、競争相手よりもうまく自己複製できる能力があることである（これは、私たちが何より自己複製に価値を置くべきだ、ということを意味していない。それはただ単に、もし競争相手よりもうまく自己複製を行なえなければ、厳しい世界の中で進化したり、長い間存在し続けることはできない、ということを意味している）。貨幣は、なるほど、進化の歴史という視点から見るとごく最近生まれた革新的なものなので、貨幣の進化に関して、生物学的特徴のコストは何が回収するのかと問うことは、時間的観点から見ておかしなことだ。しかし、コストとその回収という比喩は、自然の至るところで観察されるバランスを、諸々の力の根本的なバランスを、見事にとらえており、その規則に例外がないことは知られている。したがって、感情を害する危険を冒して、しかし、その危険をかえりみず、タブーのもう一つの側面をやぶるために、私は問う、何が宗教のコストを回収するのか、と。もし嫌悪したければ嫌悪すれば良いが、それによってこの問いを無視するどんな理由も与えられない。宗教は、――あなたの信じている宗教であれ、いかなる宗教であれ――、生命圏（バイオスフィアー）を越えたものであり、このような要求に応える必要はないという主張がなされても、そんなものは虚仮威し（こけおどし）にすぎない。神は、神を崇拝したいと熱望する不死の魂を、個々の人間に植えつけている、ということはあるかもしれない。もしそうなら、なされた取引は、人間の時間とエネルギーと宗教との交換として説明されるだろう。このような主張あるいはそれと同じような主張を弁護する唯一の誠実な方法は、宗教が存続しまた好意的に受け入れられていることを説明する別の理論を、公正に検討し、その理論は宗教という現象を説明することができないということを示し、その理論を拒絶することである。さらに、人間が進化して神への愛を持てるようになるという具合に、神は宇宙を設計したという仮説を弁護したいと思うかもしれない。もしそうなら、そのような進化がどのようにして起こったのかを、私たちは知りたい。

　甘さやアルコールや性〔生殖〕や貨幣の神秘の解明に挑戦した探求は、宗教の多様な側面についても、手を付けることができる。この惑星に、宗教が存在しなかった時代があった。これは、進化の基準から見れば、そんなに昔のことではない。しかし、今やたくさんの宗教が存在している。なぜだろうか？　進化において主要な源が一つあるかもしれないし、多数あるかもしれない。また、宗教を進化論的に分析することが、ふさわしくないのかもしれない。しかし、調べてみるまで、分からない。そもそも、このようなことについて本当に問う必要があるのだろうか？　宗教は、人間的現象であり、人間は哺乳類である、つまり、進化の所産であるという明確な事実だけを受け入れて、宗教の生物学的土台くらいでやめておくことくらいしか、できないのであろうか？　人々は、宗教を作る。しかし、自動車も文学もスポーツも作る。セダン型自動車と詩とテニス・トーナメントとの違いを理解するために、生物学的前史まで調べる必要は、確かにない。探求を必要とする宗教的現象のほとんどは、文化的、社会的——イデオロギー的、哲学的、心理学的、政治的、経済的、歴史的——で、したがって、ともかくも生物学的レベルを「越えている」のではないのだろうか？

　これは、社会科学や人文科学の研究者の間で良く知られている仮説である。彼らはしばしば、こうしたすばらしく重要な現象の生物学的基礎について問いを立てることさえ還元主義的だ（きわめて悪い問いの立て方だ）、とみなしている。「なんてことだ！　必要とされていないところでも口出しするダーウィンがまた現れた！」と言って、軽蔑のまなざしを向ける文化人類学者や社会学者がいる。また他方で、「次は何？　カトリック遺伝子の探求ですか？」と、宗教の進化論的な土台について真正面から問うている者の「無教養さ」[9]を嘲笑う、宗教史家や宗教哲学者や神学者がいる。このような否定的反応は、たいていは軽率なものであるが、愚かなことではない。それは、文化的複合体という茂みに生物学者がむやみやたらに十分な知識もなく手を突っ込むという、かつて失敗した運動の苦々しい記憶を、その原因としている。社会科学と人文科学——精神科学（*Geisteswissenschaften*）あるいは心の科学——が、自然科学に依存しない「自律的な」方法論とテーマを持っているということを示す証拠がある。しかし、こうした考えに有利なこと（後ほどその最も有力な根拠を見るために幾分か時間を費やそうと思う）がいろいろ言いうるにもかかわらず、それによって引き起こされた学問的孤立化は、良い科学的実践に対する重要な障害、無知に対する浅ましい言い訳、イデオロギー的支柱になったが、それらこそ取り除かれるべきなのだ。(10)

とりわけ今、宗教の生物学的基盤の探求をどうしても行なわなければならない理由がある。時々——あるいは、まれに——宗教は、堕落し、狂気の集団やヒステリー集団のようなものに変質する。世界的な大惨事を引き起こすことができるような科学技術が創造された今、危険度は最大限にまで達している。つまり、有害な宗教的誇大妄想（マニア）が、人間の文明をたちまち終わりにしてしまうことも可能なのである。私たちは、何が宗教を動かしているのかを理解する必要があるし、そうすることで、宗教がおかしくなるような状況から、十分情報を持って身を守ることができる。宗教を構成しているものは何か？　構成要素はどのように組み合わさっているのか？　構成要素はどのようにしてうまく噛み合っているのか？　どの結果がどの原因に基づいているのか？　互いに排除し合うのはどれか？　宗教的現象の健全さと病理を作り上げているのは何か？　このような問いは、人類学、社会学、心理学、歴史学、さらにお好みの他の様々な文化研究によっても、提起することができる。しかし、これらの分野の研究者たちが、「科学的帝国主義」に対する学問的嫉妬や恐怖を利用して、重要な根本的制約や条件を見えないようにするイデオロギー的な鉄のカーテンを作り上げることは、許し難いことである。

栄養摂取と日常の食事に関する現在の論争を、考えてみよう。スイーツと脂肪を過剰に摂取するように私たちを仕向けている身体の合理的な機構のデザイン原理を理解することは、現実に有効な矯正手段を発見するためのカギである。栄養学者は、何年もの間、肥満を防ぐポイントは単に日常の食事で脂肪を摂らないことだと考えていた。しかし今や、この単純すぎるダイエットのやり方が逆効果であることが、明らかになりつつある。すなわち、がんばって脂肪‐要求システムを不満足な状態にしておくと、身体の代償的努力を強化し、炭水化物の過剰摂取に至ってしまうのである。進化論的には洗練されていないこのような考え方が、低脂肪人気を引き起こし流行させ、低脂肪食品の製造者や広告主の熱心な保護の下でこの人気は定着した。しかし、最近この人気も過去のものになりつつある。トーブス（Taubes, 2001）の本は、この「低脂肪福音書（ゴスペル）」を作り上げ支えてきた政治的なプロセスの目を見張るような報告であり、私がここで行なっている企てに対するタイムリーな警鐘となっている。「これは、公衆衛生政策の要求――そして大衆からの単純なアドバイスの要求（傍点引用者）――が、現実の科学のややこしい曖昧さにぶつかる時、どんなことが起こりうるのかについての物語である」（p.2537）。たとえ宗教の科学が（最初は）うまく行っても、次の段階でも誠実な歩みを進めなければならず、研究の複雑な結果を政治的決断へと集約する必要がある。これは、決して生やさしいことではないだろう。低脂肪食品についてさっさと判断を迫られた栄養学者の一人ベイジル・リフカインドは、簡潔に次のように述べている。「決断しないと、結果も重大になってしまう時が来る。アメリカ人に必要なカロリーの四〇％を脂肪から消費続けさせるだけで、結果は重大なことになる」（Taubes, 2001, p.2541）。意図が良ければそれで十分、というわけではない。これは、私たちが宗教の有害な不摂生〔行き過ぎ〕とみなされるものを正そうとする時、避けなければならない見当違いのやり方である。宗教を渇望（ハングリー）する人々に見当違いの「過激ダイエット」をさせた時に起こりうる結果を考えると、ぞっとしてたじろいでしまう。

そもそも私たちの食生活に、知ったかぶりの栄養学者が干渉しなければ、私たちは皆もっと良い状態にいただろうと、言いたくなるかもしれない。私たちは、他の動物がしているように、進化を通じて形成された本能だけに頼って、私たちにとって良いものだけを食べていたことだろう、というわけである。しかしこれは、食生活と宗教のいずれの場合でも、明らかに間違っている。文明——特に農業や技術一般——は、ごく近い祖先と比べても、私たちの生態学上(エコロジカル)の状況を急激にそして大きく変化させ、これによって私たちの本能の多くは、時代遅れなものになっている。旧式であるにもかかわらず依然として価値がある本能もあるかもしれないが、むしろ有害なものになってしまった本能もありそうである。私たちは、動物としての過去の至福の無知状態に、もはや帰ることはできない。私たちは、知識を持つ種になってしまっている。これが意味しているのは、生物学的命令に対処するための方策や実践を改善していくために、できるかぎり上手に知識を使わなければならないだろう、ということである。

4　火星人の理論一覧

あなたがもし神なら、あなたは笑いを発明しただろうか?
クリストファー・フライ『レディズ・ノット・フォー・バーニング』

宗教があまりに間近にあるために、私たちは最初それをはっきり見ることができないのかもしれない。

これは、芸術家や哲学者の間では、以前から当たり前になっているテーマである。彼らが自らに課した仕事の一つは、「当たり前なものを、当たり前でなくする」ことであり、[11]創造力に富んだ天才たちの努力のおかげで、私たちは、過度の馴染み深さという外皮を突破し、普通で自明な事柄を、新鮮な目で見ることができるようになった。科学者たちが賛成できる、これ以上のことはないだろう。アイザック・ニュートン卿には、なぜリンゴは木から下へ落ちるのかという奇妙な問いを自らに提起した、伝説的な瞬間があった（普通の凡人は「え、どうしてそうなるかだって、重いからさ」と答える——まるでそれが十分な説明であるかのように）。アルバート・アインシュタインは、同じような奇妙な問いを立てた。「今」とはどういう意味なのか誰でも知っているが、アインシュタインは、私たちがお互いから光速に近い速さで離れて行っている時、あなたと私は「今」ということで同じことを言っているのか？　と問うた。生物学には、さらに変な問いがある。今は亡き偉大な進化生物学者ジョン・メイナード＝スミス（Maynard Smith, 1977）は「動物の雄はなぜ乳を分泌しないのか？」と問うている。これは私たちを惰眠から目覚めさせ、好奇心をそそる展望を開いた。もう一人の偉大な進化生物学者ジョージ・ウィリアムズ（Williams, 1992）は、「私たちが両目で同時にまばたきをするのはなぜか？」と問うている。良い問題だが、生物学はまだ答えを出していない。もっとたくさんある。何かおかしなことが起こると、なぜ笑うのか？（耳を掻くとかゲップをするとは違って）笑いがユーモアへのふさわしい反応であることは、まったく明らかだと思うかもしれないが、しかし、なぜそうなのか？　女性の体形は色っぽい（セクシィ）のに、他はそうでもないのはなぜか？　それは当たり前なんじゃない？　見れば分かるって！とでも言いたくなるかもしれない。しかし、それで終わりというわけにはいかない。世界に対する私たちの反応に規則性と傾向性があり、それらが「人間の本性」の一部をなしているのだと、一応答えることができる。しかし、なぜという問いが依然として残る。おもしろいことに、それこそまさに進化論での問いの立て方の特徴であり、何と、芸術家や哲学者でさえ、しばしば嫌悪感を抱きながらこの問いの立て方を見ている。哲学者ルートヴィヒ・ヴィトゲンシュタインは、うまいことを言っている。説明はどこかで止めなければならないが、しかし、この否定し難い真理は、それが問いを立てることを止めさせたり、私たちの好奇心を未熟なまま終わらせるのであれば、私たちを間違った方向に導いて行く、と。たとえば、なぜ音楽が存在するのかという問いに、「それが自然だからさ！」という日常的な独りよがりの答えがある。しかし、科学は、自然なものなど何もないということを、当たり前のように認めている。世界中の人々は、多くの時間を――しばしば職業上の生活を――、音楽を作ることに、音楽を聴くことに、音楽で踊ることに捧げている。なぜか？ コレカラ利益ヲ得ルノハ誰カ？ 音楽はなぜ存在するのか？ なぜ宗教は存在するのか？ それが自然だと言うことは、答えの始まりにすぎず、終わりではない。

注目すべき自閉症の著作家にして動物の専門家であるテンプル・グランディンは、神経学者オリヴァー・サックスの特異（アンユージュアル）な人間の事例研究（ケーススタディ）集『火星の人類学者』(Sacks, 1995) で取り上げられて、知られるようになった。このタイトルは、グランディンがこの地球上で人と付き合うときに感じたことそのものである。通常そのような疎外感（エイリアンネイション）は、障壁になってしまうのだが、日常的世界から少し距離をとるということは、あまりに当たり前で気がつかないことに私たちの注意を引きつける、非常に有効な手段である。この地球という惑星で観察される現象に馴染みがないと想像される異星人（エイリアン）研究者チームの一人である「火星人」の（三足のライトグリーンの）靴を履いて、一時的に火星人になりきってみるとすれば、なおさら有効であるだろう。

異星人の研究者たちが今日目にするものは、六十億人を越える人々のほとんどが、時間とエネルギーの重要な部分を何らかの宗教活動に捧げている、ということである。その宗教活動には、（人前や内々での）日々の祈りのような儀式や式典へ頻繁に出席することだけではなく、大事なものを犠牲にするというコストのかかるものがある――たとえば、たとえ差し迫った危機に迅速な対応が迫られても、特定の日には働かないとか、盛大な儀式で価値のある財産を故意に破壊するとか、宗教団体の専門家をサポートしたり、素晴らしい建築物の維持のために寄付をしたりすることや、さらに、ある食品を食べない・ヴェールを着用する・当たり障りがないように見える他人の行動に腹を立てるといったことを含む、厳しく保持されてきた多くの禁止や要求に従って行動することなどである――。火星人は、これらすべてのことはある意味「自然」であると、きっと考えるだろう。なぜなら、火星人は、自然の中で、言葉を話す二足動物という一つの種において、ほとんど至るところでそれを観察できるからである。他の自然現象と同様に、それは、驚くほどの多様性も顕著な共通性も、うっとりするほど精緻な（リズミカルで、詩的で、建築学の法則に適う、社会的な……）デザインを示していると同時に、当惑を覚えるほどの不可解さも、示している。このデザインのすべてはどこから来たのだろうか、またそれを支えているのは何なのだろうか？　時間と労力が同時に支出されているだけではなく、それに先立つ暗黙のデザイン作成作業がある。デザイン作成作業――研究開発（リサーチ・アンド・ディヴェロップメント）（R&D）――もコストがかかる。

火星人は、研究開発のいくつかを、直接観察することができる。たとえば、自らの宗教の正統的教説に含まれる不都合な要素を捨てるかどうかについて宗教指導者たちの間でなされる論争、新しい寺院に関する建築上の魅力的な提案を受け入れるという建築委員会による決定、新しい聖歌の作曲要請を実行する作曲家たち、［宗教上の］小冊子を執筆する神学者たち、広告代理店と交渉するテレビ伝道師たち、次期の放送番組を立案するコンサルタントたちなどである。発展した世界では、時間とエネルギーが宗教を維持するのに使われているだけではなく、宗教のあらゆる側面に関する公的もしくは私的な批判と擁護、解釈と比較という膨大な作業もある。もし火星人がこの点にだけ注目するならば、宗教は、科学や音楽やプロスポーツと同じように、社会的活動のシステムで構成されており、そのシステムは、なされるべきことの要点や目的も、解決されるべき諸問題も、さらにリスクやコストや利益も自覚している、意識と意図を備えた行為主体によって、デザインされたりデザインし直されたりするものだ、という印象を持つだろう。ナショナル・フットボール・リーグ〔NFL〕は、一定の人間的目的を満たすため、名の知れた人々によって作られデザインされた。〈世界銀行〉もそうだった。これらの制度は、デザインされたという明らかな証拠があるが、「完全なもの」ではない。人々は間違いを犯すし、誤りは発見され、時間をかけて訂正され、そのようなシステムを維持する力と責任がある人々の間で深刻な意見の不一致がある時は、妥協点が探し求められ、しばしば妥協に至る。宗教を形作りまた依然として形作っている研究開発のいくつかは、明らかにこのカテゴリーに入る。極端な事例は〈サイエントロジー〉であろう。この宗教全体は、L・ロン・ハバードというたった一人の立案者によって慎重にデザインされた産物（ブレインチャイルド）である。もちろん、彼は、現存する様々な宗教の様々な要素を借りてきているのだが。

　別の極端な事例を挙げれば、世界中で見出される同じように複雑で同じようにデザインされた民俗宗教や部族宗教は、〈トレント公会議〉や〈第二ヴァチカン公会議〉によって認証された「デザイン審査委員会」の審議に委ねられたことは、疑いもなく一度もない。民俗音楽や民俗美術と同様に、これらの宗教は、その美しい特性やその他のデザイン上の特徴を、ほとんど自覚されていない影響関係のシステムによって獲得してきたのである。このような影響関係が現在あるいは過去においてどのようなものであろうと、深い共通性と傾向性（パターン）を示している。どのくらい深いのだろうか？　遺伝子と同じくらい深いのだろうか？

世界中の様々な宗教の類似性「に関わる遺伝子」は、あるのだろうか？　それとも、問題になっている傾向性（パターン）は、遺伝学的というよりも地理学的あるいは生態学的なものなのだろうか？

　火星人は、赤道地方の人々がなぜ毛皮のコートを着ないのかを説明するために、あるいは、世界中の船舶が（ベニスのゴンドラやある種の特殊な船は別にして）なぜ縦に長く左右対称であるのかを説明するために、遺伝子を持ち出す必要はない。すでに世界中の言語をマスターしている火星人は、世界中の船大工の間には教養という点ではひどく違いがあることに、すぐに気づくだろう。船が左右対照的であることがなぜ必要なのかを、工学博士号を持つ造船技師が賞賛する程明確で正確に説明できる船大工もいるし、俺たちはいつもこういうやり方で船を造ってきたからこういうやり方で船を造ると、単純に答える船大工もいる。彼らは、ずっと同じ事をしてきた自分の父や祖父から学んだデザインを、コピーしている。火星人は、この多かれ少なかれ無造作なコピー作業が、彼らが確認した他の伝達媒体である遺伝子に、驚くほど似ていることに気づくだろう。船大工や陶工や歌手が古いデザインを「几帳面に」コピーすることを習慣にしているとすれば、何百年・何千年にわたってデザインの特徴が保持されているかもしれない。人間のコピー作業は変化を生むことがあるので、コピーにはかすかな変化がしばしば現われ、そのほとんどは、不具合であるとか「二級品」だとみなされ、いずれにしても消費者に気に入られないので、即座になくなるかもしれない。しかし、コピー作業において生まれた変種が、新しい血筋を生み出すことがある。それは何らかの意味で「市場のすき間」をうめる改善品や技術革新とみなされる。かなり長い時間にわたるこのような比較的無造作な過程が、**誰かが実現しようとか意図しているとかということがまったくないのに**、局所的条件に最適化された実に見事なレベルのデザインを作ってしまうことがあるのである。

　このように、文化的に伝達されるデザインは、遺伝子的に伝達されるデザインとまったく同じように、浮動的原理を持っている。船大工と船の所有者は、船が左右対称である理由を理解している必要がないのと同じように、果実を常食とするクマが、森で排泄することで野生のリンゴの木を各地で繁殖させるという自分の役割を理解している必要はないのである。このように、人間のデザイナーがおらず、立案者や発明家もおらず、編集者や批評家を知ることさえなく――遺伝子レベルではなく文化レベルで伝達される――人工物のデザインがある。(12) そのような過程がうまく行く理由は、遺伝学においても人間文化においても、まったく同じである。つまり、差異化的自己複製である。何らかの変化を伴ってコピーがなされ、その変種がほんのちょっとした意味で「より良い」（次の段階で、その変種のより多くのコピーが作られる理由になるくらい「より良い」）場合、これは、ダーウィンが自然選択による進化と呼んだ徐々になされるデザイン改善の過程と同じ過程を進むことになる。コピーされるものは、遺伝子である必要はない。ダーウィン流アルゴリズム[10]の基本的な必要条件を満たしていればどんなものでも良い。(13)

文化的自己複製子――繰り返しコピーされる〔情報〕単位（アイテム）――という概念は、リチャード・ドーキンス（Dawkins, 1976）によって、ある名前が与えられた。彼は、それを最近論争の的になっている用語、ミーム（*meme*）と呼ぶように提案した。しばらくの間、私は、異論の余地のないはずのこの主張の正しさを述べておきたい。その主張とは、文化レベルの伝達は、遺伝子レベルの伝達を時として模倣（ミミック）することがあるのであり、競争している様々な変種を異なった割合でコピーされるようにしたり、そのような文化的〔情報〕単位の特徴を徐々に変更させるのだが、しかも、このようになされる変更には熟慮し先を見通す立案者はいない、というものである。もっとも明確で十分に研究されてきた事例として、自然言語がある。ロマンス語――フランス語、イタリア語、スペイン語、ポルトガル語、その他いくつかの変種――は、どれもラテン語に由来し、基本的な特徴の多くを保存しながら、他の特徴に変更が加えられている。このような変更は、適応なのだろうか？　つまり、このような変更は、環境に見合った形での、ラテン語の先祖に比べて、何らかの意味で改善されたということになるのだろうか？　この問題については言うべきことがたくさんあり、「言うまでもない」という主張は、短絡的で誤りがちである。しかし、少なくともこれだけは明らかである。すなわち、ある地域でひとたび変化が起こりはじめると、一般に地域住民は、相互理解のために、その変化に同調することが必要になる、ということである。ローマにいるときは、ローマ人のように話せ、さもなければ無視されるか誤解される、のである。そのようにして、発音の特異性や俗語的慣用句やその他の目新しいものは、遺伝学者が語るように、地域言語に「定着するようになる」。こうしたことはどれも、遺伝子のレベルではない。コピーされるのは、何かを言う言い回しであり、行動であり、日常的行為である。

ラテン語が、フランス語やポルトガル語や他の子孫的言語になって行くという徐々になされる変形は、誰かによって意図されたり、計画されたり、予見されたり、望まれたり、命じられたりしたものではない。希な場合、特定地域のセレブの変な発音や音声の出し方が流行し、その流行の話し方がいつの間にか決まり文句のようになり、ついには、その地域言語の一部にまでなるということが、あるかもしれない。こうした事例では、「その言語の」特徴を表す語系図のルーツに、「アダム」や「イブ」を確認できるかもしれない。もっと希な場合、個人が単語や発音を発明しようと企て、ついには、当該言語の一部になるような新語を作ることに成功するかもしれない。しかし、一般的には、変化は蓄積されるのであり、その変化には、意図的なあるいは不注意な、これだと言える立案者はいない。[11]

民俗芸術、民俗音楽、民俗医療、またそのような民俗的産物は、しばしば、きわめて先進的で特殊な目的用途に見事に適合〔適応〕している。しかし、文化レベルの進化のこのような果実がどれほどすばらしいものであっても、神秘的な民俗的天才や民衆が共有する神秘的な意識のようなものを仮定したくなる強い誘惑に、打ち勝たなければならない。このような見事なデザインは、その制作途上で、その特徴のいくつかを、確かに個人による熟慮された改善に負うている場合があるが、そのような改善は、自然選択によって有機体の見事なデザインを生み出してきた盲目的で機械的で先の見通しを欠いた選別と複製の過程でも、まったく同じように起こりうる。〈母なる自然〉は、差異化的自己複製に関して、直接的な見返りしか関心のない無教養な会計士である。同世代の競争を勝ち抜くことができない候補者に対しては、どんなに有望でも容赦しない。音痴で忘れっぽい歌手がいて、この歌手はたいてい音をはずし聴いた歌のほとんどを忘れてしまうのだが、記憶に残る一曲だけ覚えていられる。その場合、彼は、最高の才能を持つ作曲家と同じように、（競争している他のすべての歌を犠牲にして、この古典（クラシック）の卵を複製することによって）民俗音楽の在り方を質の高いものにしておくことができるのである。

単語は、存在する。それは何で作られているのだろうか？ 圧縮された空気だろうか？ インクだろうか？ 具体的に言えば、「猫」という単語は、インクで作られていることもあるし、大気中での音エネルギーの破裂音で作られていることもあるし、コンピュータの画面上の点（ドット）の模様（パターン）で作られていることもあるし、沈黙のうちに思考の中で発生することもある。それらに共通しているのは、まさに、言語として知られる象徴（シンボル）システムの中では「同じ」とみなされるということである（「同じ」というのは、哲学者が言うように、同じ種類の代用硬貨（*tokens*）[12]ということである）。単語は、言語でおおわれた私たちの世界において、あたかも――ティー・カップや雨粒と同じくらい実在的（リアル）で――何の問題もない自明なものだと考えがちになるほど、身近かなもの（アイテム）である。しかし実際には、単語は極めて抽象的なものであり、声や歌や散髪や好機（そして単語は何で作られているか〔という問い〕）よりも、はるかに抽象的である。単語とは何であるか？　言葉は、基本的には、一つの小さな情報の束（パケット）であり、極めて特殊な方法での音声装置と耳（あるいは手と目）――そして脳――の使い方である。一つの単語は、一つの音や綴り以上のものである。たとえば、*fast* は、英語とドイツ語で同じ音であり同じ綴りであるが、意味はまったく異なっており、[13] 両言語での役割も異なっている。この二つの言葉は、外面的特性しか共有していない。単語は、存在する。ミームは、存在するのだろうか？　その通り、単語が存在するのだから、ミームも存在する。単語は、発音されることが可能なミームなのだ。単語以外のミームは、〔単語と〕同じ種類のもの――小さな情報の束（パケット）や、発音するのとは別の何かをする時のレシピ――であり、握手をしたり、特に無礼な仕草をしたり、家に入る時靴をぬいだり、ライトを点けて車を運転したり、船を左右対称にしたりするような、行動である。これらの行動は、明確に記述され教えられるということが可能であるが、そうされる必要はない。人々は、誰かがやっている行動を見るだけで、模倣することができる。発音における変種が広がって行くことがあるが、料理方法や洗濯の仕方や穀物の植え方の変種も、同じである。

ミームの境界についての悩ましい問題がある――野球帽を前後ろにかぶるのは一つのミームなのか、それとも（野球帽をかぶると前後ろにかぶるという）二つのミームなのか？――。同じような問題は、単語の境界でも起こる――「逃げ出す」は、一つの単語とみなすべきか、二つの単語とみなすべきか？――。それにしてももちろん、遺伝子でも起きる。境界の条件は、DNAの単位や、ヌクレオチドあるいはコドン（AGCやAGAのような、ヌクレオチド三個の塩基の組み合わせであるトリプレット）のようなDNAを構成する部分に関しては、[14] はっきりしているが、遺伝子は、このような境界を持ちながら明確に配列されているわけではない。遺伝子は、時々ばらばらになり、いくつかの部分に分かれるが、生物学者は、あくまでも、一つの遺伝子の、一連のコドンから成る紐を、イメージしている。その理由は、言語学者が「（私の、彼の、彼女の）気持ちをくすぐる（tikle［my, his, her］fancy）」と「（私を、彼を、彼女を）きつく叱る（read［me, him, her］the riot act）」とを、いくつかの単語で構成された単なる語群ではなく、主要な慣用句（イディオム）とみなす理由と、まったく同じである。諸部分をどう結びつけて考えるかは、遺伝子の数を数えようとするどんな人にも問題となる――克服不可能というわけではないが、明らかにできるというわけでもない。そして、ミームと遺伝子のどちらの場合でも、コピーされ伝達されるものは、情報である。

私は、後の章において、ミームについてさらに述べるつもりである。しかし、ミームの熱狂的ファンとミームの正体を暴こうとしゃかりきになっている人々によって、このテーマは、論争を呼ぶ問題になっている。私としては、ミームの友と敵から、この概念の（比較的！）ありのままの姿を守ってあげたいと思っている。しかしながら、このような概念の衛生状態管理にすべての人が関与する必要はないので、私が書いた基本的なミーム入門を、――二〇〇二年オックスフォード大学出版刊行の『進化百科事典』の「新しい自己複製子」の項から――、この本の巻末の「補論A」に再録しておく。[14] 今の私たちの目的に照らして、ミームという視点を本気で取り入れる主な理由は、宗教のあらゆるデザインされた特徴に対する問いを、つまりコレカラ利益ヲ得ルノハ誰カ？という問いを、考えることができるようにしてくれることであり、それによって、遺伝子レベルの進化について述べているのか、それとも文化レベルの進化について述べているのかという問題や、デザイン的特徴の原理は浮動的なものなのか、それとも明確に何者かの原理なのかという問題に、対して早まった判断をしなくてすむからである。こうすることで、進化論が存在しうる空間は拡張され、多様なレベルの混合的な過程を考察する余地が与えられ、「宗教の遺伝子」や「聖職者たちの共謀」という両極端の短絡的な考えに陥らずにすみ、宗教はどのようにそしてなぜ進化するのかについての、ずっとおもしろい（そしてかなり正しいものである可能性のある）説明の仕方を考えることができるようになる。進化論は、〈たった一つのおいしい料理しか作れない料理人〉ではない。火星人が〈地球宗教〉について理論化しようとするなら、当然、調査すべき多種多様な事柄がある。私も、この多種多様な事柄について、すこし極端なやり方で概観し、後の章でもっと注意深く探求される風景がどのような感じのものになるのかだけ、お伝えしたいと思う。

スイーツへの嗜好という理論。[15] まず、私たちが摂取することが好きな、あるいはまた体内に挿入（インサート）することが好きな様々なものについて考えてみよう。まず、糖、脂肪、アルコール、カフェイン、チョコレート、ニコチン、マリファナ、アヘンといったものである。いずれの場合も、身体の中に進化したレセプター・システムがあり、そのシステムは、大好きなものにとりわけたくさん含まれている当該物質（摂取される物質、もしくはエンドルフィンや体内生成したモルヒネの類似物のような体内で作られる物質）を感知するように、デザインされている。人間という賢明な種は、何世代もかけて、環境に存在するあらゆるものを探し出し試食し、何千年もの試行錯誤の末、こうした特別な物質を集めたり凝縮する方法を発見することに成功した。その結果、私たちは、それを私たちの内部システムを刺激する（刺激しすぎる）のに、使うことができるのである。もし火星人だったら、人間の身体の中には、宗教が提供する**何もの**かに反応するようにデザインされた、遺伝子的に進化したシステムがあるのかしら、と考えるかもしれない。多くの人々は、そう考えてきた。カール・マルクスが、宗教を大衆のアヘンと名づけた時、自分で思っている以上に正しかったのかもしれない。だとすると、私たちは、脳の中に、スイーツへの嗜好と並んで、神中枢を持っているということなのだろうか？　それは何のためなのだろうか？　そのコストは何が回収するのだろうか？　リチャード・ドーキンスは、次のように述べている。「もし神経科学者が脳の中に『神中枢』を見つけるなら、私のようなダーウィン主義の科学者は、神中枢がなぜ進化したのかを知りたいと思う。神中枢を育む遺伝子的傾向を持った私たちの祖先が、なぜそうではなかった競争相手よりもうまく生き残れたのだろうか?」(Dawkins, 2004b, p.14)。

もしそのような進化論的説明が正しいとすれば、神中枢を持つ者たちは、持たない者たちより、うまく生き残るだけではない。彼らは、より多くの子孫を持つ傾向にあったはずだ。しかし、私たちは時代錯誤から注意深く脱すべきであり、それには、このような「神中枢」として仮定された内的システムについて考えることも含まれている。なぜなら、この内的システムのもともとの対象(ターゲット)は、今日姿を見せているものすごいもの〔神〕とはまったく違っていたかもしれないからだ——結局、私たちの脳には、〔たとえアイスクリームやタバコが好きでも〕内的なチョコレート・アイスクリーム中枢やニコチン中枢は、ないのである。もしかしたら神は、きわめて多くの人々が持つなんとか中枢を刺激する、もっとも新しい強烈な糖菓のようなものにすぎないかもしれない。なんとか欲求を満足させた人々にどんな利益が生じたのだろうか? 実際のところ、世界の中にこのなんとか欲求の現実的な対象(ターゲット)は存在しないし、今までも一度たりとも存在したことはなく、単に想像上の対象ないし仮想的対象しかなかったということさえ、ありそうである。適応度を高めるのに有利に働くのは、得ようと努めることであって、手に入れることではない。いずれにしても、このようないまだ未確認の宝物(トレジャー)への欲求あるいは少なくともそれに対する嗜好が、たとえ人間の本性の遺伝子レベルで伝達された部分になっているにしても、私たちは〔それが未確認なのだから〕危険があると思ってその未確認なものへの欲求や嗜好を抑制しなければならない。

この種の様々な理論は、いくつかの興味深い可能性を提起する。糖もサッカリンも、ともに私たちの〈スイーツへの嗜好〉システムを刺激する。宗教には、精神工学者(サイコエンジニア)によって発見されたり作り上げられたりする〔サッカリンのような〕代用物はあるのだろうか? あるいは——さらに興味深いことだが——宗教それ自身が、脳にとってはサッカリンのようなものであり、もともとの潜在的に有害なものに比べれば、太らせなかったり、弱らせなかったり、興奮させなかったりするのだろうか？　宗教は、何千年もの試行錯誤の末練り上げられた治療法で自分の健康管理をする民間医療の亜種なのだろうか？　最近人間に発見された味覚と嗅覚の遺伝的差異のような、宗教的感受性の遺伝的差異があるのだろうか？　コリアンダーに耐えられない人々は、コリアンダー好きの人々が持っていない嗅覚受容体の遺伝子を持っている。コリアンダーは、アメリカ人である私には、石鹸の「味がする」。ウィリアム・ジェイムズは、百年前、すべての人々というわけではなく、自分が、宗教に対して生々しい欲求を抱いていることについて、思索していた。「もしよければ、これを私の神秘的な細菌と呼んでも良いです。それは、とても普通の細菌です。それは、一般信者たちを生み出します。それは、私の場合でさえ、純然たる無神論的な批判に持ちこたえているのですから、ほとんどの場合、それに持ちこたえることでしょう」（ジェイムズの解説文で引用されているロイバ宛の手紙）。ジェイムズの神秘的な細菌は、実際には神秘的な遺伝子かもしれない。あるいは、まさに彼が述べている通り神秘的な細菌で、（親から子へという具合に）「垂直的に」ではなく、感染によって「水平的に」人から人に広がって行くものなのかもしれない。

共生者という理論。[16]つまり、宗教は、人間の宿主から宿主へ渡り歩くことでうまく繁栄している文化的共生者という種であるかもしれないということ。宗教は、腸内のバクテリアと同じように、――人間の適応度を高め、人間が生活できるようにさえしている――相利共生者であるかもしれない。あるいは、――私たちにとって良くも悪くもない、ただ同伴しているだけの、当たり障りのない――片利共生者なのかもしれない。あるいはまた、宗教は、寄生者なのかもしれない。つまり、有害な自己複製を繰り返す存在で、――遺伝子の利益に関するかぎり――それがない方が私たちには具合が良いのだが、私たちの防御機構に対抗し、自分たちの繁殖力を高めるように進化したので、なかなか排除し難いものであるかもしれない。微少な寄生虫（パラサイト）のように、文化的寄生者は、予め存在するシステムを役立つかぎり何でも利用する、と予想することができる。たとえば、クシャミ反射は、何より、外部の刺激物を鼻に入らないようにするためのものであるが、しかし細菌がクシャミを引き起こす時は、重要な利益を得るのは、クシャミをする人ではなく、細菌である。なぜなら、それによって細菌は、近隣へと放出されるエネルギーを手に入れ、他の潜在的な宿主に入り込めるかもしれないからである。細菌の広がりとミームの広がりは、同じようなメカニズムを利用しているのかもしれない。たとえば、宿主となりそうな他人との出会いの頻度と時間と濃密さを高める伝統によって強化された、物語や様々な情報を他人に伝えたいという抗し難い衝動を、利用しているのかもしれない。

このような視点から宗教を見た場合、コレカラ利益ヲ得ルノハ誰カ？という問いは、劇的に変化する。宗教によって高められると考えられるのは、（ホモ・サピエンスという種を再生産するメンバーとしての）私たちの適応度ではなく、（クルトゥス・レリギオスス〔*cultus religiosus*〕という共生者属の――再生産し自己複製する――メンバーとしての）宗教自身の適応度である。[17] もちろん、宗教は、宿主に直接的に利益をもたらして、相利共生者として栄えるかもしれないし、寄生者として繁栄するかもしれない。後者の場合、〔寄生虫と同じように〕元来弱いのでなかなか広がっていけないが、宿主を悪い状態にしてしまう深刻な疾病で、宿主を悩ませるかもしれない。最初に明らかにしておかなければならない重要なことは、このうちのどれがより真実に近そうかを言いうるためには、注意深い客観的な研究をしなければならないということである。おそらくあなたの宗教は、明らかに良さそうにあなたには見えるが、他の宗教はその宗教に汚染されている人々にとって明らかに有害でしかないとあなたに見えることだろう。しかし、外から見ただけでは、分からない。そんな彼らの宗教が、あなたには分からない利益を彼らに与えているかもしれないし、あなたの宗教が、あなたが一度も考えたことのないやり方であなたに毒を盛っているかもしれない。あなたが内部から見ても、分からないのだ。それが、寄生者のやり方である。静かに、目立たずに、必要以上に宿主を困らせることもなく、である。もし（いくつかの）宗教が文化レベルで進化した寄生者であるなら、宿主からその真の本性を隠すようにとても上手にデザインされていると考えられる。なぜなら、これこそ、自分がさらに広がっていくための適応だからである。

スイーツへの嗜好と共生者というこれら二つの理論は、互いが互いを排除するものではない。私たちがすでにアルコールを排出するイースト菌の事例で見たように、いくつかの現象が結びついて共生者になる可能性は、つねにある。相利共生者と寄生者という二つの姿を同時に持つ文化的共生者が、最初の渇望を利用することがあるかもしれない。比較的有益なもしくは無害な共生者が、何らかの条件下で突然変異し、毒性を持つばかりか致死的でもあるものになるかもしれない。何千年もの間、人々は、自分たちのとは違う宗教は一種の疾病や病気のようなものだと思ってきたし、棄教者は、しばしば過去の日々を、何とか乗り切ってきた苦しみの時代とみなしてきた。しかし、進化論的視点に立つと見えてくるのは、ひとたび文化的共生者として宗教を考えはじめると、否定的なシナリオとちょうど同じくらいの肯定的なシナリオがあるということである。友好的な共生者は、どこにでもいる。人間の身体は、百兆もの細胞で構成されているが、その九割は人間の細胞ではない（Hopper et al., 1998）！　何兆もの微少な宿泊者（ゲスト）のほとんどは、無害であるか有益であるかのいずれかである。心配に値するのは、少数派にすぎない。実際その多くは、私たちが母親から相続し、それがなければひどい無防備状態になってしまうような価値ある助力者（ヘルパー）である。こうした相続は、遺伝子レベルのものではない。母親と胎児が共有する血流を介してなされるような相続があるし、身体的な接触や接近によって行なわれる相続もある（代理母は、子宮に移植された胎児に対して遺伝子レベルの貢献を行なわないが、幼児が生涯持ち続けるような腸内細菌に関しては、とても貢献している）。

文化的共生者――ミーム――は、やはり遺伝子レベルではないやり方で、子孫に伝えられる。「母国語」を話すこと、歌うこと、礼儀正しいことといった多くの「社会化する〔社会に順応する〕」技量（スキル）は、親から子へ文化レベルで伝達されるのであり、こうした相続資産を奪われた子供は、しばしばひどい障害を抱えることになる。良く知られているように、〈親と子〉の結びつきは、主要な宗教伝達手段である。子供たちは、両親の言葉を話しながら、そしてほとんどすべての場合、両親の宗教を理解しながら成長する。宗教は、遺伝子レベルのものではないので、子孫ではない者たちに「水平に」広がることができるのであるが、しかし、そのような伝達は、ほとんどの場合取るに足らぬ役割しかない。水平には広がりにくいという[18]ぼんやりした認識が、過去において、とんでもない「衛生」計画を生み出したことがある。次のように考えてみよう。宗教は、あらゆる事柄を考慮すると、人間文化のきわめて有害な特徴である、長引く後遺症を遺す幼児疾病である、そう考えてみよう。これに対処する公衆衛生政策は、政治的には思い切ったものとなるだろうが、しかし、そのやり方は、予防接種と隔離という、きわめてシンプルなものになるだろう。親が子に対して宗教教育をさせるな！というわけである。この政策は、かつてソ連で大規模に実施されたが、ひどい結果になった。ソ連の後を受けたロシアでの宗教の過剰回復（リバウンド）が示唆しているのは、宗教には、このような単純な見方では考えられないような果たすべき役割と豊かな資源を持っているということである。

まったく異なった進化の可能性は、性的選択理論によって提示されている。それによれば、宗教は、ニワシドリ（bowerbird）のバワー〔と呼ばれる建造物〕のようなものである。雄のニワシドリは、手の込んだ構造物を作り飾り立てるのに膨大な時間と労力を費やすのだが、この構造物は、競争相手のパワーも注意深く吟味した後でしか相手を選ばない雌の気を引くために、デザインされている。これは、好みのうるさい雌が重要な選択的役割を演じている自然選択の下位区分、競争的な性的選択〔生殖相手の選択〕の実例である。この種の雌の好みは、雄クジャクに豪華な——とても不経済で不便な——尾羽を生えさせる雌クジャクの気まぐれのように、何世代にもわたってきわめて特異でやっかいな要求にまで、ふくれ上がっていくかもしれない（概要としてすぐれたものは、Cronin, 1991 を見よ）。雄鳥の明るい色彩は、もっとも良く研究されている性的選択の実例である。性的選択から見ると、雌の生得的な気まぐれの最初の嗜好が、黄色より青へ向かう場合、正のフィードバックによって、いっそう青い雄を増やすことになり、青ければ青いほど良いことになる。もし孤立したある種の集団の大部分の雌が、たまたま青より黄色を好んでいたとしたら、競争的選択は、最終的に明るい黄色をした雄に有利には働くことになるだろう。青色より黄色が良いとしたりその逆が良いとするようなものは、強力な、専制的ですらある選択圧力を行使する雌の支配的な好み以外、環境には何もない。

競争的な性的選択の過程のようなものが、どのようにして、宗教がはびこることを可能にしていると考えられるだろうか？　いくつか考えられる。まず、心理的質を高めてくれる宗教を基準に、人間の雌〔女性〕が率直な性的選択を行なってきた、と考えられるかもしれない。女性は、すばらしい歓喜へを盛り上がっていくような音楽と儀式に対する感受性を誇示する人間の雄〔男性〕を、好んだかもしれない。このような好みを持った女性は、自分たちがなぜそういう好みを持ったのかを、知る必要なかっただろう。それは、単なる気まぐれ、そのような男性を選ぶように仕向ける盲目的な個人的嗜好でしかありえなかっただろう。しかし、もし、彼女たちが選んだ相手が、たまたま働き者で家庭を大事にする人であったら、このような母親たちと父親たちは、他人よりも多くの子供や孫を、育て上げることになるだろうし、儀式に対する感受性と儀式を愛する人たちの嗜好とを、広げることになるだろう。また、ただ単に多くの女性がその気まぐれを共有していたという理由だけで、その気まぐれが選択上優勢に働いたとすれば、儀式に対する生き生きした感受性を欠いた息子たちは、選択を行なう女性たちに相手にされないということもあっただろう（そしてもし、祖先の女性で影響力のある人々が、たまたま、何の理由もなしに、雨の中で飛び上がったり飛び降りたりする男性への嗜好を持っていたとしたら、男性たちは今日、雨が降っている時はいつでも、じっとしていられない自分を発見することだろう。少女たちは、このような状況で飛び跳ねるという性向を共有していようといまいと、そういうことをしている男性に、きっと熱を上げることだろう――これが、古典的な性的選択仮説が含意していることである）。音楽的才能は、女性にもてるための王道であるという考えは、もちろん良く知られている。おそらくそのために、毎年百万本のギターが売れる。そのような考え方にも一理あるかもしれない。それが重要な変化を伴いながら遺伝子レベルで伝達されてきた傾向性である可能性はあるが、私たちとしては、性的選択の文化的類似物も考察すべきである。アメリカ北大西洋岸のネイティヴ・アメリカンの間で見られたポトラッチという儀式は、気前よさをことさら表現するものであり、個々人は誰が一番多くただで物をあげることができるかを競争し合い、時には破産しそうにまでなる。こうした習慣は、クジャクの尾羽とオオツノジカの巨大な枝角が示しているような、正のフィードバックによるエスカレート傾向によって創造された[19]という特徴を持っている。他の社会的諸現象も、費用がかかるが本質的に根拠のない競争のインフレスパイラルを示している。たとえば、一九五〇年代の車のテールフィン[20]や、十代のファッション、クリスマスの時の屋外の電飾は、多くの人々の間でしばしば議論されることであるが、もちろん他にもある。

百万年以上もの間、私たちの祖先は美しい「〔石器時代の〕アシュール期手斧」を作ってきた。それは、見事に作り上げられた様々な大きさの洋ナシ型の石器で傷みもほとんど見られない。明らかに私たちの祖先は、これらの石器を作るのに膨大な時間とエネルギーを費やし、そのデザインは非常に長い間ほとんど変化しなかった。数百さらには数千にものぼるこれらの石器が隠されているのが発見された（Mithen, 1996）。考古学者トーマス・ワイン（Wynne, 1995）は、「近代文化の生産物と比較すると、この石器がどれほど奇妙かをいくら強調しても強調しすぎることはないだろう」という意見を述べている。ある考古学者は、新語を造って「それらはバイオファクト（*biofact*）である」[21]と言ったが、それをきっかけにサイエンス・ライターであるマレック・コーン（Kohn, 1999）は、おもしろい仮説を思いついた。人工物のように見えるが実はそうではない石を呼ぶ時に、考古学者によって使われるジオファクト（*geofact*）[22]は、何らかの地質学的過程で生み出されたもので、意図的に作られたものではない。コーンが提唱するのは、それらの石斧は、人工物というよりはバイオファクト、つまり、狩人の弓矢というよりはニワシドリのバワーのようなものかもしれないということである。言いかえれば、百万年もの間生殖（セックス）をめぐる争いを支配してきた伝統の中で、男性としての自分の優位性を手間をかけて知らせるものとして、遺伝子レベルではなく文化レベルで伝達されてきた〔競争相手を出し抜いて女性を手に入れる〕手だてかもしれない、ということである。この競争に参加してがんばるヒト上科類（ホミノイド）は、この競争を動かしている原理を理解する必要はなかった。それは、求愛行動中、虫をつかまえてきちんと糸で包み「結婚の贈り物」として雌クモにプレゼントする雄クモが、自分の行動の原理を知る必要がないのと同じである。これは、概ね憶測に基づいており、物議をかもす主張ではあるが、誤りであるとまだ証明されてはいないし、この主張がなければ思い浮かびもしない可能性に、私たちの注意を向けさせる点でとても役に立つ。人間の祖先は、その理由が何であれ、可能な時はいつでも、どうも使われたことがなさそうな人工物を作るのに惜しげもなく時間と労力を費やした。これは、墓や寺院や教義に労力を惜しまないことに驚きを覚える時、思い出す価値のある先例である。

文化レベルの伝達と遺伝子レベルの伝達との相互作用も、検討すべきである。たとえば、大人におけるラクトース耐性[23]という、良く研究されている事例を考察しよう。大人の多くは、牛乳を難なく飲めるし摂取できるが、赤ん坊の時牛乳を難なく摂取することができても、幼児期を過ぎるともはや摂取できなくなる人たちもたくさんいる。その理由は、彼らの体が、乳離れした後、哺乳類にはごく普通に存在しているはずの必須酵素ラクターゼ[24]を作る遺伝子のスイッチを切るからである。誰がラクトース耐性で、誰がそうではないのか？　遺伝学者に認められている明確なパターンがある。ラクトース耐性は、酪農文化の系譜に属する人々に集中的に見られ、それに対してラクトース不耐性は、中国人や日本人のように、祖先が一度も搾乳動物の飼い主でなかった人々に共通である(15)。ラクトース耐性は、遺伝子レベルで伝達される。しかし、牧羊傾向は、――遺伝的特徴に依存する――動物の群れを世話したがるという傾向性を土台にしているが、文化レベルで伝達される。もちろん、遺伝子レベルで伝達された可能性はあるが、私たちの知るかぎり、そうではない（〔イギリスの牧羊犬種〕ボーダーコリーは、〔スペインの牧羊犬種〕バスクシェパードの子供たちとは違って、結局群れを集める本能を自分たちの中に生み出すに至った（Dennett, 2003c, d））。

それから、貨幣理論がある。それによれば、宗教は、金融システムにかなり似ている文化的人工物、すなわち、文化レベルで進化を繰り返し、公共的に発達したシステムである。それがどの文化にも存在するということは、簡単に説明できるし、理由づけさえできる。それは、何度も何度も再発見されうる〈妙技〉であり、社会的な収束〔収斂〕進化[25]の実例である。それでは、コレカラ利益ヲ得ルノハ誰カ？　ここでいくつかの答えを、考察することができる。

A　社会的利益を享受するすべての人々。なぜなら、宗教は社会生活を安定的にし調和的で効率の良いものにするからである。ある人が他の人より多くの利益を得ることがあっても、賢明にも、全体の利益がなくなれば良いと考える者は誰もないだろう。

B　このシステムをコントロールしているエリートが、他者を犠牲にして利益を得ている。宗教は、金融システムというよりはむしろ、ピラミッド型である。宗教は、情報を持たない無力な人々を食い物にして繁栄する一方、それから利益を得ている人々は、遺伝子レベルの相続人ないし文化レベルの相続人に、進んでその宗教を受け渡していく。

C　社会が全体として利益を得ている。個々人が利益を得ようと得まいと、彼らの社会的集団ないし政治的集団の永続性は、ライバルの集団を出し抜くことで強められている。

集団選択〔群陶太〕というこの最後の仮説は、微妙である。なぜなら、純然たる集団選択を存在しうるような諸条件は、特定し難いからである。[16] たとえば、魚や鳥が群れることは、確かに集団化に関わる現象であるが、集団－選択現象としては説明されない。個体（あるいは個体が持つ個々の遺伝子）が群れる傾向性によってどのようにして利益が与えられるのかを知るためには、集団の生態学を理解しなければならない。ところが、集団は、第一の受益者ではなく、集団を構成する個体こそが、第一の受益者なのである。集団選択のように見えてしまう生物学的現象はあるが、（集団化のような）何らかの環境現象に依存する個体レベルの選択の事例として、あるいはまた、共生者－選択の現象として、扱った方が良い。すでに指摘したように、ミームという共生者は、新しい宿主へと広がる必要があるが、もしもこの共生者が（トキソプラズマがネズミを猫の口へと駆り立てるように）、人々に集団を作るように駆り立て、そこですぐ別の宿主を見つけられたとしても、それは集団選択による説明ではまったくない。

もし火星人が、これらの理論のどれも事実に合わないと考えるなら、真珠理論とでも呼べるような既にある（デフォルト）理論を、考察すべきである。その理論によれば、宗教は、〔貝の内部で生成される真珠のような〕美しい副産物にすぎない。宗教は、何らかの刺激や侵入物に反応するように（〈母なる自然〉によって、進化によって）仕組まれている遺伝的に統御されたメカニズムによって、あるいはそのメカニズムの集合体によって、創造された。これらのメカニズムは、何らかの目的のために進化によってデザインされたのだが、ある時、斬新な何ものかが、あるいは、異なった諸要因の新しい集合状態が、つまり、以前に出会ったこともなければ進化によって予見されもしない何ものかが生じ、それがたまたまこの驚くべき人工物〔宗教〕を生み出す活動を開始させる、というわけである。真珠理論によれば、宗教は、生物学の視点から見ても、何のためのものでもない。それは、遺伝子にも個人にも集団にも文化的共生者にも、利益を与えない。しかし、それがひとたび存在すれば、それは、めっけ物や斬新なものや好奇心をそそるものを楽しむことができる――際限のない――力を持つ人間の心を、とらえるものになることができる。真珠〔の生成〕は、無意味な異物（あるいは寄生虫のようなもの）の侵入からはじまる。牡蠣によって美しい積層が繰り返されると、ある種に属するメンバー〔人間〕にとって、たまたま価値があるものになることができる。とはいえ、そのメンバーは、偶然そのようなものを尊んでいるだけであって、それを欲しがることが生物学的適応度という観点から見て賢明なのかどうかは、別である。良かろうと悪かろうと、浮動的であろうと明確であろうと、ともかくも何らかの理由で現われるかもしれない、別の価値基準もある。牡蠣が最初の刺激物に反応し、次のその反応の結果に反応し、さらにその反応の結果に反応するということを絶えず続けるのと同じように、人間は、自分自身の反応に反応するのを止めることができないので、何らかの生産物に手の込んだ形で積層を繰り返し、そのためその生産物は最初の控え目な状態からは想像することができないような形状や特徴を備えるのかもしれない。

何が宗教を説明するのだろうか？　スイーツへの嗜好だろうか、共生者だろうか、バワーだろうか、貨幣だろうか、真珠だろうか、それともそれらのどれでもないのだろうか？　宗教は、遺伝的進化の中にかすかな類似物さえもない人間の文化現象を含んでいるかもしれない。しかしそうであるならば、私たちはやはり、コレカラ利益ヲ得ルノハ誰カ?という問いに、答えなければならないだろう。なぜなら、宗教という現象がかなりの程度デザインされていることを否定できないからである。でたらめであったり、誰かの独断が働いたということはほとんどありえないのだから、差異化的自己複製が、デザインの責任を負っている〈研究開発〉のコストを回収しなければならない。これらの仮説が、すべて同じ方向に向かっているわけではなく、宗教の真実は、これらの仮説（またさらに別の仮説）のいくつかの混合物なのかもしれない。もしそうなら、これらの可能性をきちんと見きわめ、検証してはじめて、なぜ宗教が存在するのかについての明確な見解を持つことができるだろう。

もしあなたがどの理論が正しいか知っていると思っているのなら、あなたは世界中のまだ発表されていない膨大な研究を隠し持っている偉大な科学者か、望んでいる意見と、知識とを混同しているかのいずれかである。おそらく、なぜあなたの宗教が存在し当該の特徴を持っているかについての明確な説明を、私がわざと無視しているかのようにあなたには見えるだろう。宗教は存在する、なぜならそれが、神が存在するという明確な事実を知っている人間の不可避的な答えだからだ！　私たちが宗教的実践に関与するのは、神がそうするように私たちに命じているからだ、あるいは神を喜ばせることが私たちの喜びだからだ、と付け加える人もいよう。それでおしまい、というわけである。しかし、それでおしまいであるはずはないだろう。あなたの宗教がどの宗教であれ、世界中にはあなたの宗教ではない宗教を信じている人々がまだたくさんいるのだから、なぜそんなにも多くの人々が間違ってしまったのかを説明し、また、（もしいるとすれば）知っている〔と思っている〕人々がどうしてうまく分かったのかを説明する責任が、あなたに（実際には私たち全員に）ある。あなたにとって明らかなことでも、すべての人にとって明らかというわけではなく、さらに言えば、ほとんどの人にとって明らかではないのだ。

　あなたは、遠くの方からこの本にまでやって来たのだから、他の宗教の出所や理由を喜んで調べてみるだろう。しかしそうなると、あなたの宗教には触れてはならないと主張するとすれば、それは独善的だということにならないだろうか？　あなた自身の知的好奇心を満足させるためだけでも、私たちが他の宗教に行なっているような調査に対して、あなたの宗教がどう答えるのかを見ておいた方が良い。しかし、あなたが次のような疑念を抱くのは、もっともなことだ。すなわち、科学は本当の不偏不党でありうるのか？　実際には、科学は「別の宗教にすぎない」のではないか？　あるいは、逆に言えば、宗教的視点は、まさに科学的視点と同じように妥当性を持つのではないだろうか？　私たちの調査を行なうための共通の客観的な基盤を、私たちはどうやって見つけることができるのか？　これらの問いは、多くの読者に関わっているし、とりわけ、それへの答えに多大な投資を行なってきた学問研究者に関わっている。しかし、すべてというわけではないが、関係者の中にはこれらの問いに耐えられない人たちがいるのを、私は知っている。これらの問いは重要である――実のところ、私の企て全体に決定的である。なぜなら、これらの問いは、まさに私がこのような研究を行なっていることの可能性そのものを、問題にするからである。しかし、理論の概略を示し終わるまで、後回しにすることはできる。もしそれが嫌だと言うのなら、第4章に進む前に、「科学に関する諸問題」という「補論B」をただちに読んでほしい。そこでは、先の問いが扱われ、より詳しい説明がなされ、どうやって前進し、何が問題なのかについてのお互いの意見の一致に至るために、共に進んでいける方向を示している。

第3章の要旨
私たちが価値あるとみなすものはすべて——糖、性、貨幣から、音楽、愛、宗教まで——、何らかの理由で価値あるとみなされている。私たちが考えている、背後にある他とは区別される理由は、進化上の理由であり、自然選択によって支持されてきた浮動的原理である。

第4章の要旨
すべての動物の脳と同様に、人間の脳は、人間の行動の場である環境の一定の諸問題に対処するために進化してきた。人間の脳と共に進化した社会的・言語的環境は、他の種が享受できない力を人間に与えている。しかし同時に、いろいろな問題も生み出した。民俗宗教は、そのような問題に対処するために、進化したように見える。宗教の外見上の華々しさは、進化生物学の慎ましい用語で説明可能である。

第2部　宗教の進化

第4章　宗教のルーツ

1　宗教の誕生

すべてのものはそうなるべくしてそうなっている。

ダーシー・トンプソン

ヒンドゥー教徒の間では、シヴァ神とヴィシュヌ神とではどちらが最高神かに関して意見の相違があり、多くの人々が、この問題についての信念のために殺されてきた。「〔ヒンドゥー教の聖典〕リンガ・プラーナ」は、シヴァ神を罵る者を殺したりその舌を引き抜く者に、シヴァ神の楽園（ヘヴン）を約束している」(Klostermaier, 1994)。

〔南アフリカの〕ズールー族の人々の間では、妊婦がまさに出産しようとする時、「〔〔霊能者・宗教的指導者である〕シャーマンによれば〕老女のヘビの精が怒りの表情をすることがあるのだが、これは、山羊や他の動物を部族の祖先に捧げなければならず、そうすれば子供が健康に生まれてくるという (Lawson and McCauley, 1990, p.116)。

エクアドルの〔首狩り族である〕ヒバロ族は、人には三つの魂があると信じている。一つ目は、(人が死ぬとその誕生の地へと帰り、悪魔の中に入る。それから悪魔が死ぬと大きな蛾になり、それが死ぬと霧になる) 生まれた時から持っている本当の魂である。二つ目は、アルタムと呼ばれ、断食し滝に打たれ幻覚誘発性の飲み物を飲むことで獲得される (人を無敵にするが苦境に陥ると残念ながら離れていってしまう) 魂である。三つ目は、ムシアクと呼ばれ、敵の頭から逃れ出てその敵を殺した者を殺そうとする、復讐する魂である。敵の頭を乾燥させ縮ませなければならないのは、そのためである (Harris, 1993)。

こうした奇妙な信仰と実践は――敬虔な信者が何と言おうとも――「永久に」存在し続けることはない。マルセル・ゴーシェは、「私たちの知るかぎり、宗教は例外なくいつでもどこでも存在した」と指摘して宗教の政治的歴史に関する著作を書きはじめている (Gauchet, 1997, p.22)。しかしこれは、歴史家の狭い見方であり、単なる間違いである。宗教的信仰や実践を、誰も思いつかなかった時代があった。そもそも、信仰者のようなものが、この惑星に存在しなかった時代があった。(歴史家の基準から見て) 本当に古くから存在している宗教的信仰はあるし、その宗教的信仰の出現について、新聞保管所で読むことができるものもある。とはいえ、そのようなものは、どのようにして生じたのだろうか?

とりわけ近い過去の信頼しうる歴史的記録があるので、その答えは十分明らかなように見えることがある。一八世紀、はじめてヨーロッパ人が壮麗な帆船で南太平洋の島々を訪れた時、これらの島々に住むメラネシア人は、壮麗な帆船やその帆船に住む白人がくれた珍しい贈り物に驚き、畏敬の念を抱いた。鋼鉄の道具、何反もの布、透明なガラス、そして他の積み荷(カーゴ)も、彼らの理解を超えたものだった。宇宙からの訪問者が、私たちを意のままにできる圧倒的な力を持ち私たちが夢にも思わなかったテクノロジーを生み出すことができるのを見た時の私たちの反応と同じように、彼らは反応したことだろう。つまり、「自分たちのためにこの積み荷の一部を手に入れなければならないし、訪問者たちの不思議な力の利用方法を学ばなければならない」、という具合に。〔この訪問者と出会ったという〕状況を何とか収拾し、安心感を取り戻し、今一度自分たちの力を確認するためにできるかぎりのことをするという私たちのささやかな努力は、圧倒的なテクノロジーを持つこの異星人たちを楽しませるだろう。それとまったく同じように、ヨーロッパ人は変装して死の国から莫大な富を持って帰ってきた自分たちの祖先にちがいない、崇拝しなければならない半神半人にちがいない、というメラネシア人が下す結論は、私たちにとってもおもしろいものだ。一九世紀終わり、ルター派の宣教師がメラネシア人をキリスト教に改宗させるためにパプア・ニューギニアを訪れた時、この変装したしみったれた祖先は、なぜ積み荷をくれないで、賛美歌ばかり歌わせようとするのだろうと疑惑の目を向けられた。

積み荷信仰（カーゴ・カルト）は、太平洋で何度も出現した。第二次世界大戦中、アメリカ軍が〔現在のヴァヌアツ共和国の〕タンナ島にやって来て、〔現在首都がある〕隣島エファテに飛行場と軍事基地建設のために一千人の人々を集めた（リクルート）。労働者が島に帰り、タンナ島の人々が夢にも思わないようなものを持っている白人や黒人の話をすると、社会全体が混乱に陥った。島民たちは、その多くがすでにイギリスの宣教師によってキリスト教に改宗していたのだが、

教会に行くのをやめ、エファテ島でアメリカ人のために役だったのだから、タンナ島の住民にも役立つだろうという信念の下、竹で滑走路や倉庫や電波塔を作りはじめた。アメリカの戦闘機やヘルメット、ライフルのフィギュアが竹で作られ、宗教的偶像（イコン）のように使われた。島民たちは、胸や背中にUSAという文字をペイントしたり皮膚に刻み込んだり入れ墨をして歩き回りはじめた。ジョン・フラ

ムが救世主（メシア）の名前として浮上した。ところが、その名前はアメリカ兵の記録にはなかった。

終戦を迎え最後のアメリカ軍兵士が去った時、島民たちは、ジョン・フラムが再臨すると預言した。この宗教運動は、繁栄しつづけ、一九五七年二月一五日ジョン・フラム教〔ジョン・フラムという宗教〕を宣言するためにシュルプール湾にアメリカ国旗が掲げられた。毎年この日に、ジョン・フラムの日が祝われる。島民たちは、ジョン・フラムがタンナの人々に積み荷を配るために戦士とともにヤスール火山で待っている、と信じている。祭りの間、年配者は、軍隊をまねて、伝統的な踊りと混じり合った一種の軍事教練を行ないがら行進する。竹で作られた摸擬ライフルを持つ者もいるし、帽子やTシャツやジャケットのようなアメリカ軍の思い出の品々を身につける者もいる。島民たちは、毎年この儀式を行なえば、神ジョン・フラムが火山から下りてきて、繁栄に必要な積み荷を島民皆に配ってくれるだろうと信じている（MotDoc, 2004）。

もっと最近では、パプア・ニューギニアのニューブリテン島で一九六〇年、ポミオ・キヴング信仰が発見された。これは今も繁栄している。

ポミオ・キヴングの教義では、〈十の法〉（〈十戒〉の修正版）を遵守し、免罪目的の寄進を含むたくさんの儀式を誠実に行なうことが、祖先の再臨を早めるための道徳的・精神的（スピリチュエル）改善に、絶対必要だとされる。これらの儀式のもっとも重要な目的は、神の指令下にあるいわゆる「村政府」を構成している祖先たちを、慰めることである。この〈村政府〉には、神に許され完全なものにされた祖先たちが、含まれているのである。

ポミオ・キヴングの精神的指導者(スピリチュアル・リーダー)は、創設者コリアム、副指導者バーナード、そしてコリアムの先祖コルマンだった。信奉者たちは、この三人を皆すでに〈村政府〉のメンバーであるとみなし、したがって神格化していた。彼ら三人は、肉体的には地球上に（特にポミオ地方に）住んでいたが、彼らの魂ははじめから祖先とともに暮らしていた。すべての人々が十分に清められることが、祖先の再臨を含む「会社の時代」がはじまるための、決定的な条件である。〈会社の時代〉は、空前の繁栄の時代であり、西洋世界と同じような驚異的なテクノロジーと物質的豊かさを生み出すための知識と産業インフラの移送によって、開始される（Lawson and McCauley, 2002, p.90）。

こうした事例は、例外かもしれない。あなたの宗教は、その根本的な真理が誰かに対して神によって啓示され、その誰かがその真理を他の人たちに受け渡して行ったのだと、あなたは信じているかもしれない。あなたの宗教が今日栄えているのは、あなたと、またあなたと信仰を同じくする人々が、それが真理であることを知っているからで、神があなたがたを加護し、信仰を守るよう励ましてきたということを、知っているからである。あなたにとっては、それほど単純なことなのだ。それでは、他のすべての宗教は、なぜ存在するのだろうか？　そのような宗教を信じている人々が、間違っているにすぎないとしたら、彼らの教義が、農法に関する間違った考えや時代遅れの建築法がすぐになくなってしまうのに、なぜすぐになくならないのだろうか？　それらはすぐになくなるだろうし、唯一の本当の宗教であるあなたの宗教だけは存続していくと、あなたは考えるかもしれない。確かにそう信じる理由はある。今日世界中に主要な宗教は数十ある――それぞれ数十万、数百万の信者がいる――が、それに加えて、あまり知られていない宗教が数千ある。毎日二つ、三つの宗教が生まれるが、その生存期間は十年より短い。(1)ここ十年、五十年、あるいは十万年の間に、いろいろな宗教がいくつ、一定期間栄えたのかを知ることは、不可能である。千くらいあったのかもしれないが、その痕跡はすべて、永遠に消え去ってしまった。

数千年さかのぼるような歴史を持つと実証されてきた宗教もある——ただし、私たちが線引きをゆるく使うという条件がつく。モルモン教会は、〈末日聖徒イエス・キリスト教会〉という公式名称から思い出されるように、できてから二百年たっていない。[1] 新教（プロテスタンチズム）は、できてから五百年弱、イスラム教は、千五百年弱、キリスト教は、二千年弱である。ユダヤ教は、その二倍まで古くはなく、今日のユダヤ教は、確認可能なもっとも初期のユダヤ教から著しく進化してきた。とはいえ、ここ二千年の間あれこれの新種を生み出してきたキリスト教に比べれば、ユダヤ教の種類は、それほど多くはない。

これらの時間は、生物学的に言えば、短い期間である。人間文化の他の代表者の年齢と比べても、長いとは言えない。書くことは、五千年以上の歴史を持つし、農業は、一万年以上、言語は、——誰も分からないが——おそらく「たった」五万年の歴史か、それより十倍、二十倍古いかもしれない。これは研究続行中のテーマであり、十分に分節化した自然言語が、（それ自体数十万年をかけて進化してきたのかもしれない）ある種の原始（プロト）言語から発達してきたにちがいないということは、広く認められている。しかし、何を言語の誕生とみなすのかについてさえ、意見の一致はない。言語は、宗教より古いのだろうか？　言語は、どのような形でその始まりの年代を確定しようとも、どんな宗教よりも、それに関する歴史的ないし考古学的知識がすでに存在している宗教よりも、ずっとずっと古い。宗教のもっとも古い印象的な考古学上の証拠は、チェコ共和国にあるクロマニヨン人の丹念に作られた埋葬場であり、およそ二万五千年前のものである。(2) 確かなことは言えないが、宗教のようなものが、言語が生まれた時にすでに存在していたのかもしれないし、その前に存在していたのかもしれない。宗教のようなものが存在する以前、私たちの祖先は、どのようなものだったのだろうか？　チンパンジーの集団のようなものだったのだろうか？　いずれにせよ、彼らは、食料や捕食者や交尾とは別に、何について話したのだろうか？　天気だろうか、うわさ(ゴシップ)だろうか？　宗教がはじめて根を下ろした(テイク・ルート)心理学的・文化的土壌とは、何なのだろうか？

　私たちは、根本的な生物学的制約を道案内にして、過去に戻ってみることができる。この根本的な生物学的制約とは、新しい革新的な一歩を踏み出すたびに、その一歩は、それが生じた環境の中で、その一歩がその後の環境においてどんな役割を果たそうとも、「コストを回収し」なければならない、ということである。それでは、世界中で見られる宗教的諸観念(アイデア)の多様性と類似性とを共に説明できるのは、何なのだろうか？　類似性は、すべての宗教的観念が共通の祖先となる一つの観念(アイデア)から生まれ、何世代も受け継がれ、地球上の人々に広まっていったということによって、説明できるのだろうか？　それとも、宗教的観念は、純然たる真理であるし、またともかくも人々の心に浮かぶほど明確であるので、ほとんどすべての文化によって再発見されるのだろうか？　これらは、明らかに、単純化のしすぎである。とはいえ、これらは少なくとも、宗教の目的や機能がいったん発見されて、人々がそれを受け入れてしまうと、興味が失われ、検討されず放置されるような問いを、今一度明確な問いとして立て、それにちゃんと答えようとする試みなのであり、確かに、宗教が要求する時間とエネルギーという支出を説明してほしいという、かなり大きな「人間の要求」に応えるものである。さて、宗教には、たいへん好まれている三つの目的ないし存在理由があるが、それが次である。

　苦しみの中にいる時私たちを慰め、死の恐怖を和らげること

　宗教なしには説明できない事柄を説明すること

試練や敵に直面した時、集団的な共同行動を助長すること

何千もの本や論文が、これらの主張を擁護するために書かれてきたし、このような人の心を引きつけ親しみが持てる観念（アイデア）は、少なくとも部分的には正しいのかもしれない。しかし、そのうちの一つだけを信じても、三つとも信じても、未熟な好奇心の満足を求める人文科学や社会科学でしばしば出会う混乱ぶりに、呆れてしまうだろう。語るべきことはもっとたくさんあり、理解しなければならないこともはるかに多くあるのだ。なぜこれらの宗教的観念（アイデア）は、人々を慰めるのだろうか（また、なぜ、慰めているのだろうか？　もっと良い慰め、もっと多くの慰めを与える観念は、見つけられないのだろうか）？　なぜこれらの観念は、説明の難しい出来事の説明として、人々に訴えかけるのだろうか（また、このような説明は、どのようにして生まれたのだろうか？　科学者の元祖（プロト）を自称する人が、超自然的理論を思いつき、それを信じるように人々を熱心に説得したのだろうか）？　これらの宗教的観念は、疑惑や離反に直面した時、実際どのようにして共同行動を強化できるのだろうか（また、共同行動を強化するという観念は、どうやって生じることができたのだろうか？　賢い部族長が、敵の部族より優勢になる協力行動（チームワーク）を自分の部族に行なわせるために、宗教を発明したのだろうか）？

遠い昔にはじまるこのような過程や出自について、単純な推測ぐらいしかできはしないと考える人々がいる。事実そう言い張る人々がいて、彼らの熱心さがむしろ、自分が間違っているのかもしれないと心配しているという事実を、さらけ出している。まさに、彼らは間違っている。今日、様々な分野の科学の進歩のおかげで、私たちはより突っ込んだ問いを立てることができるようになり、それに答えはじめることもできるようになっている。本章そして次の四つの章で私が述べようと思うのは、もっとも良い最新版の

ストーリー・サイエンス[2]が、宗教がどのようにして現在のようなものになったのかについて語ることができる、ということである。科学が宗教についてすでに立証したことはこれだ、などと言うつもりはまったくない。この本の主眼は、こうした重要な問いの答えをまだ知らないが——努力を集中させさえすれば——答えを発見できるという主張を、展開することである。私が述べるストーリーの一部は間違っているといずれ明らかになるかもしれない。ストーリーの多くが誤りかもしれない。今ストーリーの全貌を概観しようとするのは、検証可能であると同時に検証に値するものを、議論のテーブルに乗せるためである。普通、ゼロから何かを作るより、欠陥があるものを作り直す方がやさしい。私たちの知識には、それぞれの領域を隔てる溝がある。その溝を埋めようとすることによって、私たちは、今までやったことのないやり方で問いを立てることができるし、さらに突っ込んだ問いを立てたり答えたりできるような観点の下に、問題を置くことができる。また、このような努力それ自体が、それは人間の理解を超えた神秘的事柄だ、と主張する敗北主義を打ち破ることができる。多くの人々は、先の様々な問いは答えのない問いである、と思いたいかも知れない。そのような人々の受け身の悲観主義に挑んでみると何が起こるのか、これから見ることにしよう。

2　宗教の原料

それゆえ、多神教を信奉したあらゆる国民において宗教の最初の諸観念は、自然の仕組みの静観からではなく、人生の出来事に関する関心および人間精神を動かす不断の希望や恐怖から発生したと結論しても良いであろう。

デヴィッド・ヒューム『宗教の自然史』[3]

私の導き手になるのは、創造力と自制心を共に備えて先の問いに挑みはじめている先駆的な科学者たちである。一つの宗教だけは良く知っていて（私たちのほとんどと同じように）他の宗教についての（誤った）情報を少しか持たない進化生物学者や心理学者は、ほぼ確実に、問題を整理する段になると、自分がとりわけ良く知っていることから一般化しすぎてしまう。世界中の人々の信仰や実践についてたくさん知っているが進化についてあまり知らない社会歴史学者や人類学者は、やはり、問題をうまく整理できない。幸いなことに、少数ではあるが、情報に精通した研究者がおり、彼らは最近〔進化論や人類学などの〕隔たりのある様々な観点をまとめつつ、興味をそそる結論を出しはじめている。彼らの著作や論文は、どれも十分読むに値するものであり、そのもっとも印象的な部分を紹介することで、きっと何かが得られるだろう。

ジャレド・ダイアモンドの『銃・病原菌・鉄』（Diamond, 1997）は、世界の様々な時代、様々な地域の初期の農業の発達に、地理学的なものや生物学的なものが特殊な効果を与えているという、目を見張るような探求である。最初の農業家たちが動物を家畜化した時、当然、その動物の間近で生活しはじめたが、このことが、その動物の寄生虫が他の種へと移り住む可能性を高めることになった。天然痘やインフルエンザのような人類に良く知られている深刻な伝染性の病気はすべて、家畜動物に由来するものである。農業を営んでいた私たちの祖先は、この恐ろしい殺戮行為に耐えながら生き、人間にとってはじめての病気で実に多くの人々が倒れたが、何らかの自然な免疫を持っていたために、再生産ができる幸運な人々だけを残していった。何世代にもわたって行なわれるこのような進化の通行制限によって、この幸運な人々の子孫たちは、毒性の強い寄生虫の子孫たちに対する免疫力を持ち、高い耐性を持つということが保証された。主にヨーロッパに住んでいたさらにその後の子孫たちは、航海技術を発達させることで、病原菌も運び出すことになった。その土地で出会った人々の多くを殺したのは、銃や鉄よりもむしろこの病原菌だった。農業が伝染性の病気を生み出すという役割や、また、農業の初期に引き起こされた病気の惨禍を生き抜いた人々の間で発達したこの病気に対する免疫力は、現在存在している植物、動物そして細菌のゲノムからさかのぼっていろいろな推測が可能である今、ある程度正確に研究することができる。ヨーロッパ人が好スタートを切ったのは、このような地理学上の様々な偶発事のおかげであり、これこそ、彼らが後の数世紀植民地化される側ではなく、植民地化する側であったのはなぜかを説明するのに多いに役立つ事柄なのだ。

ピューリッツァー賞を受賞したダイアモンドのこの著作は当然有名であるが、彼一人だけではない。歴史学者や人類学者や考古学者の何世紀にもわたる仕事によって丹念に集められた証拠と生物学を結びつけようとする、新世代の領域横断的な研究者たちがいる。パスカル・ボイヤーとスコット・アトランは人類学者で、アフリカとアジアで大量の実地調査（フィールドワーク）を行なってきたが、進化論と認知科学も勉強している。彼らの最近の著作、『神はなぜいるのか？[4]』（Boyer, 2001）と、『我々の信じる神々』（Atran, 2002）は、彼らや他の人たちが行なってきた領域交流の大きな一歩について、きわめて調和のとれた説明を展開している。それから、デヴィッド・スローン・ウィルソンがいる。彼は進化生物学者で、近年は、人類学者たちによって編集されている世界中の文化のデータベース、世界の民族研究資料集成 Human Relations Area Files〔HRAF〕を体系的に利用する分析に努力を注いでいる。彼の最近の著作『ダーウィンの大聖堂――進化、宗教、社会の本性』(Wilson, 2002) は、宗教は人間集団の内部での (集団同士ではない!) 共同行動がうまく行くように (進化によって) デザインされた社会現象であるという仮説の、現在までのところ一番良い実例である。ウィルソンによれば、宗教は集団選択の過程で出現した。しかしながら、この集団選択という進化論的には問題含みの発想は、せいぜい付帯的な過程にすぎないとして多くの進化論学者によって退けられており、この付帯的な過程が成立する条件にしてもなかなか整うものではないし、長い間持続するものでもない。集団選択に関して、とりわけ人間という種においては疑わしいとするちゃんとした理由がある。また、共同行動を強化するものとしての宗教――というウィルソンの主張は、多くの人々にとってとても魅力的であるからこそ、私たちは願望に基づく思考法を極力避けなければならない。ウィルソンは、集団選択についての急進的な主張の正当性の立証に (まだ) 成功していないというのが、彼を批判する人々がごく普通に口にする合意事項であるが、激しい批判の対象となる科学的理論でさえ、もしそれに賛成したり反対したりする証拠が整理され丹念に集められるなら、科学的知識の着実な蓄積に多いに貢献することができる (この点に関しては、「補論B」を参照)。ここでは私は、継続的議論が必要である論点があることを認めつつ、基本的合意を得ているものの要点だけを記すことにする。いろいろと議論のある細部のほとんどは、後の「註」と「補論」にあるので、興味のある人は、そちらの方でいっそう深い考察を行なう (行ないはじめる) ことができる。

ボイヤーもアトランも、小さいが成長しつつある研究者集団の仕事を、比較的やさしい言葉で紹介している。(3) 彼らの中心的な主張は、様々な宗教的観念と実践が人々に及ぼしている影響力を説明するためには、人間の心の進化を理解する必要があるということである。哲学者や神学者は、何世紀もの間、人間の心（あるいは魂）は、非物質的・非物体的なものであると主張した。これは、ルネ・デカルトが考エルモノと呼んだものである。それは、何らかの意味で無限であり、不死であり、物質的手段によってはまったく説明できない。私たちが今知っているのは、心は、デカルトのいささか乱暴な想定とは違って、何か奇跡的なやり方で脳と交流しているのではない、ということである。心が脳なのである。もっと具体的に言えば、心は、私たちの免疫システムや呼吸システムや消化システムが進化してきたのとほとんど同じように進化してきた脳の内部のシステムあるいは機構（オーガニゼイション）である。他の多くの自然の驚異と同じように、人間の心は、自然選択による進化の先見性のない過程によって、きわめて長い時間をかけて修正に修正を加えられた妙技がたくさんつまったものである。危険な世界からの様々な要求に応えるために酷使されてきた人間の心は、効率良く祖先の再生産が行なわれるために重要なものを見つける必要があったため、その奥深くに性向（バイアス）を備えるものとなった。(4)

私たちの心の特徴のいくつかは、もっと単純な生物にも存在している基本財産であるが、他の特徴は、私たちの血統に特有であり、それゆえごく最近進化したものだ。ごく最近進化したこれらの特徴は、時として度をこし、時として奇妙な副産物を生み出し、時として他の自己複製子の絶好の利用対象になる。妙技の全体――ボイヤーが、「小道具」セットと呼ぶもの――によって生み出されるすべての風変わりな効果の中で、いくつかのものは、互いを強化するような仕方で影響し合い、興味深い変化を伴いながらもすべての文化で観察可能なパターンを作り出す。これらのパターンには、擬似宗教や原生（プロト）宗教のようにかなり宗教らしく見えるものがある。様々な小道具の副産物を、ボイヤーは概念（コンセプト）と呼ぶ。

想起とコミュニケーションを容易にするような仕方で脳内の推論システムと結びつくことがある概念もあれば、一定の仕方で私たちの情動プログラムを始動させることがある概念もある。また、私たちの社会的心と結びつく概念もある。さらに、すぐに真実味を帯び直接的行動を引き起こすように表象される概念もある。この*すべて*を行なう概念が、実際人間社会に見られる宗教的概念である（p.50）[5]。

ボイヤーは、この宗教のためのレシピに効果を及ぼす、六個以上の異なった認知システムを挙げている――行為主体探知システム、記憶管理システム、ペテン師探知システム、道徳的直観発生システム、物語と物語ることへの嗜好、そして私が指向的構えと呼ぶもの――。ボイヤーの主張では、この特定の思考道具と思考性向（バイアス）の一群を備えたどんな心も、遅かれ早かれ宗教のようなものを抱くようになる。アトランやその他の人々も、だいたい似たような説明を提示しており、その詳細を探求する価値がある。しかし、（まだ）真実だと判定されていない理論のだいたいの*形状*を見ることができるように、私は大きな図面だけ概観するつもりである。この理論に十分な保証が与えられるためには、何十もの研究が必要であるが、このようなに概観することで、どんな可能性があるのかをとらえる感覚（センス）を、したがって、私たちが答えようとすべきなのはどんな問題なのかをとらえる感覚を、手に入れることはできる。

3 自然は他者の心の問題をどのように扱うのか

私たちは月に顔を、雲に軍隊を発見する。もし経験や反省によって訂正されないなら、自然の性向から、私たちを傷つけたり喜ばしたりするすべてのものに悪意と善意を帰する。

デヴィッド・ヒューム『宗教の自然史』[6]

「私はあなたが彼とキスするのを見た！」「本当」。

「ああ、勘弁して！」「ぜったい言わないで」

彼は私が眠っていると思った。少なくとも私は知っていた。

私は眠ったと彼は思ったと私は思ったと彼は思った。

コヴェントリー・パットモア『キス』

宗教にふさわしい家としての人間の心について、私たちが最初に理解しなければならないことは、私たちの心がどのようにして他者の心を理解するのか！　ということである。動くものはどんなものでも、有害な道に入り込まずに、良いものが見つけられるよう、心のようなものを必要とする。一定の場所に留まろうとする傾向があるハマグリでさえ、心の中心的特徴の一つを持っている――危険そうなものが探知されると、害を避けるために殻の中に「足」を引っ込める。どんな振動や衝突でも普通この反応が起こり、おそらくそのほとんどが無害なのだが、転ばぬ先の杖というのがハマグリのモットー（ハマグリの警告システムの浮動的原理）である。より可動性のある動物は、識別方法をより進化させてきた。このような動物は特に、探知された動きを〈どうでも良いもの〉（葉のがさがさした音、海藻の揺れ）と、〈生命があるかもしれないもの〉とに区別する能力を持つ傾向がある。後者は、捕食者や餌や仲間や同種の競争相手かもしれない、自分とは別の行為主体の、心を持つ別の動物の「生命的な動き」（つまり生物学的な動き）である。もちろん、これは経済的な〔無駄がないという〕意味を持っている。もし探知したすべてのものに驚いていたら、夕食を見つけ出すことはできないだろうし、危険な動きに驚かなければ、他の誰かの夕食になってしまうだろう。これは、もう一つの〈妙技〉であり、――視力や飛行のような――進化上の革新であり、どんな生活様式を持つものにもきわめて役に立つので、様々な種において何度も進化している。この〈妙技〉は、時には良いことをやりすぎることがある。そこで出会うのが、ジャスティン・バレット（Barrett, 2000）が行為主体を過敏に探知する装置つまりＨＡＤＤ[7]と呼ぶものである。この行き過ぎた反応は、人間だけに限らない。軒先から積もった雪が少し落ちてきて微睡みから覚まされた犬は、飛び上がり、うなるが、この犬は自分のＨＡＤＤによって誘発された「誤った正の」方向の反応を示しているのである。

　動物の知性に関する最近の研究（Whiten and Byrne, 1988, 1997; Hauser, 2000; Sterelny, 2003; Dennett, 1996も参照）が示してきたのは、ある種の哺乳類や鳥、おそらく他の生物もまた、こうした行為主体‐識別能力をかなり繊細なレベルまで高めている、ということである。証拠が示しているように、彼らは〈生命ある動くもの〉と〈そうではないもの〉とを区別するだけではなく、〈生命的な動き〉と〈予想される起こりそうな動作の種類〉とをはっきり区別する。それは、私を攻撃するか逃げるか、左に動くか右に動くか、私が威嚇すれば逃げるのか、それは私をまだ見ているのか、それは私を食べたいのか、それとも私の隣人の後を追いかけたいのか？　といった区別をするのである。こうしたより賢い動物の心は、指向的構えをとるという、さらに進んだ〈妙技〉を発見した（Dennett, 1971, 1983, 1987）。すなわち彼らは、世

界の中に存在する他の何ものかを

・世界についての一定の信念と
・明確な欲求と
・これらの信念と欲求を考慮して合理的なことをするという十分な常識とを備えた
・行為主体

として取り扱う。ひとたび動物が指向的構えをとりはじめると、軍拡競争のようなものが起きる。そこには策略と対抗策が、見せかけの動きとその見せかけに動きについての知的探知があり、それによって動物の心は、はるかに敏感で力があるものになっていく。もし野生動物をつかまえようとしたり罠にかけようとしたことがあれば、進化した狡猾さを備えていることに、感心したことがあるだろう（反対に、ハマグリの砂堀は子供の遊びである。ハマグリは指向的構えを進化させてこなかったし、単純な触発性のＨＡＤＤしか持っていない）。

動物の行動を記述したり予想したりする時、間違いなく指向的構えを使うことは有用であるが、だからと言って、動物自身が自分のしていることについて情報を持っているということではない。低い場所に巣を作る鳥が、捕食者から巣立つ前のヒナを守るために捕食者の注意をそらそうとする場合、その鳥は、折れた羽で迫真の偽物を作り、錯覚させて捕食者をそちらへ向かわせる。しかし、鳥自身がこの賢い計略を理解している必要はない。成功に至るための諸条件を理解していることは、もちろん必要であり、それだから、今までとは違った状況に出会っても、その状況にうまく適応するように自分の行動を調節することができるのである。それでもやはり、自分の行動の深い原理に気づいている必要はない。これは、カッコウが〔ホオジロやモズの〕巣から卵を押し出して〔自分の卵やヒナを置き〕育ての親からそのヒナがたくさん餌をもらえるようにする場合、カッコウ自身が自分の行動の原理に気づいている必要がないのと同じである。

研究者たちは、指向的構えにあたる他のいくつかの用語を用いている。それを「心の理論」と呼ぶ研究者たちがいる（Premack and Woodruff, 1978 ; Leslie, 1987 ; Gopnik and Meltzoff, 1997）。しかし、そのような言い方にはいくつか問題があるので、私は私のより中立的な用語を使い続けるつもりである。(5) 動物が何ものかを、信念と欲求を持つ（知識と目的を持つ）行為主体とみなす時はいつでも、私は、その動物が指向的構えをとっている、それを指向的システムとしてとらえている、と言う。指向的構えは、動物が敵対的な世界を理解するために役に立つ観点である（Sterelny, 2003）。なぜなら、そこには、自分を欲しているかもしれないもの、自分がどこにいてどこに向かっているのかについての確信を持っているかもしれないものが、いるからである。指向的構えを進化させてきた種の間には、洗練さという点で重大な違いがある。迫り来る敵に直面した場合、多くの動物は、情報を感知して、逃げるか相手に向かっていくかを決断することができるが、自分が何をしているのかまたなぜしているのか理解しているという証拠は、ほとんどない。チンパンジーが、食べ物がバスケットの中にではなく箱の中にあるということを、別の行為主体——たとえば他のチンパンジーや人間——が知っていると信じることができるという、いくつかの（議論の余地のある）証拠はある。これは、信念についての信念（あるいは欲求についての信念や信念についての欲求など）を含む第二水準の指向性である（Dennett, 1983）。しかしながら、人間以外の動物が、あなたが右側ではなく左側の木の後ろに隠れていると思っていると、あなたに信じて欲しいと思うことができる

（第三水準の指向性）という証拠は、（まだ）ない。しかし、就学前の子供でさえ、一人の子供〔A〕がもう一人の子供〔B〕に、自分〔A〕がその子〔B〕に信じて欲しいこと――「保安官になって、強盗がどっちへ行ったのかボクにたずねて」――を知らないふりをしてほしいというゲームを楽しむ（第四水準の指向性）。[8]

人間ではない動物の状況がどのようなものであろうと、まったく疑いがないのは、――活発で熱い議論が戦わされた研究によれば[6]――、普通の人間は、自分と同じように信念と欲求を持つ行為主体だけではなく、他者の信念と欲求についての信念と欲求を持つ行為主体、さらには他者が自分たちについて持つ信念と欲求についての信念と欲求なども持つ行為主体をたくさん含んでいる世界を、どのように考えるべきかについて、教え込まれる必要はないということである。指向的構えのこの卓越した使用は、自然に生まれ、人間的環境を民俗心理学[9]であふれさせるという効果を発揮する（Dennett, 1981）。私たちが経験する世界は、動いている人間身体で満たされるだけではない。記憶力の良い人、もの忘れのひどい人、ものを良く考える人、前向きな人、悪党、欺されやすい人、約束を破る人、威嚇する人、さらに味方や敵でいっぱいの世界を、私たちは経験している。実際、このような観点から世界を知覚することが困難である人間――自閉症を患っている人々はもっとも良く研究されているカテゴリーである――は、盲目であるいは難聴で生まれた人々以上に、重大な障害を抱えることになる（Baron-Cohen, 1995；Dunbar, 2004）。

指向的構えをとるという私たちの生来の衝動は、かなり強力であるため、もはやふさわしくない時でもスイッチを切るのは実に困難である。私たちが愛する誰か、良く知っている誰かですら、その人が死んでしまうと、私たちは、認知の更新（アップデイト）に、つまりあまり馴染みのない指向的システムを備えた世界に適応するためにすべての思考習慣を改訂するという大仕事に、直面する。私たちは、「彼女は……が好きだったかな」、「彼女は私が……であること知っているのだろうか」、「ほら、彼女が欲しがっていたのはこれだ」など、いろいろ考えてしまう。死に直面した時私たちが受ける苦痛や混乱の重要な部分は、頻繁に現われ、強迫的ですらある思い出によって引き起こされる。その思い出は、ポップアップウィンドウで表示されるイライラする広告のように出現するのだが、私たちの指向的構えをとる習慣によってもたらされるものである。私たちは、記憶装置からファイルを消去することはできないし、もっとも、そんなことができてほしいとも思わないだろう。多くの習慣を変化させないのは、その習慣に身を任せている時に感じた喜びがあるからである。[7]だから、私たちは、蛾がロウソクの炎に引き寄せられるように思い出に引き寄せられ、くよくよと考える。今は亡き人たちの遺品や他の思い出の品を大切にとっておき、彼らのことを思い描き、彼らのことを話す。それが結果的に、消えそうになっていた心の習慣を蘇らせてしまう。

しかし、死体は病気の潜在的な源であるという問題がある。そのために、私たちは、死体からの距離を保つために、生まれつきの強力な嫌悪メカニズムを進化させてきた。愛する人の死体を目の前にして私たちは、思慕によって引きつけられ、嫌悪によって押し戻され、動揺する。このような危機的状況が宗教の誕生に中心的な役割を演じていたとしても不思議ではない。ボイヤーが強調しているように（Boyer, 2001, p.203）[10]、死体をなんとかするために何かがなされなければならないし、それは、横暴な力を持つ競争する〔思慕や嫌悪といった〕衝動を満足させあるいは鎮めるものでなければならない。殺伐とした状況を処理するための〈妙技〉、どの場所でも進化してきたように見えるもの、それは、手の込んだ儀式(セレモニー)である。儀式は、埋葬や火葬によって危険な身体を日々の環境から取り除くのだが、それに伴って、故人を知っているすべての人々が共有している〔その故人に対する〕指向的構えの習慣の絶えざる発動が、魂としての行為主体が見えない形で存在していることとして、解釈される。魂とは、後に残る人々の乱れた心の状態によって造り出され、生きている人とほとんど同じくらいはつらつとして力強い仮想的な人である。

このような場合、言語が演じる役割があるとすれば、どのようなものだろうか？　私たちが死体を埋葬する唯一の哺乳類であるのは、新鮮な死体を前にして共有しているものを話し合うことができる唯一の種であるからだろうか？　ネアンデルタール人の埋葬行為は、彼らが十分に分節された言語を有していたはずだということを示しているのだろうか？　これらの問いは、私たちに答えるように求められている問いの中に含まれている。世界中の言語には、〈信念‐欲求〉処理に必要な基本的なことを表現する動詞が、十分蓄えられている。私たちはたとえば、何かのふりをし、嘘をつき、さらにまた脅し、疑い、おだて、自慢し、誘惑し、思い留まらせ、命令し、禁じ、逆らう。〔指向的構えを自然にとってしまう〕自然心理学者としての私たちの名人芸が、言語的能力の前提条件だったのだろうか、それとも反対に、言語を使用することが、心理学的才能を開花させたのだろうか？　これも現在議論の多い研究領域であるが、しばしばそうであるように、才能や能力同士が養い合うという共進化の過程があったというのが、おそらく本当のところだろう。言語的コミュニケーション行為そのものが、——私が言っていることをあなたに信じてもらうために、あなたにちゃんと知らせようとしていることをあなたに分かってもらわなければならない、といった——第三水準の指向性を、何らかの形で認識していることを要求するということも考えられる(Grice, 1957, 1969; Dennett, 1978; Sperber と Wilson, 1986 も見よ)。とはいえ、カッコウの場合と同じように、子供は、まったく無知の状態から、すべての指向的コミュニケーションを支えている構造についていかなる反省的評価をすることもなく、また、自分がコミュニケーションしているということすら明確に自覚することなく、みごとなコミュニケーションを成し遂げることができる。

あなたがひとたび（他の人々と）話しはじめると、新しい言葉に浸され、その言葉のいくつかを多少とも理解するだろう。「何かのふりをする」や「自慢する」や「誘惑する」というような言葉に関しては、この言葉に相当する知覚対象が、何かのふりをすること、自慢すること、誘惑することの事例に、あなたの注意を引きつけまた注意を集中させることになるだろうし、民俗心理学のたくさんの実践を、たいした苦労もなくさせてくれるだろう。ニコラス・ハンフリー（Humphrey, 1978）が考えていたように、チンパンジーや他の哺乳類も「自然心理学者」であるかもしれない。しかし、彼らには言語がないので、他の自然心理学者たちとメモを比較したり事例を論じ合うまでには、決して至らない。言語的コミュニケーションにおいて指向的構えが明確になると、個々の民俗心理学者の感受性や識別力が高まりより器用になるばかりではなく、民俗心理学的現象が拡大し、複雑化する。狐は狡猾かもしれないが、「君は狐のように狡猾だ」と言ってあなたをおだてることができる人は、狐をはるかに凌駕するほどの企みを隠し持っているかもしれないのだ。

　言語は、もはや感覚の対象にならないものを思い出せる力を、言語がなければ分かりにくいようなテーマを良く考えさせる力を、私たちに与えた。これがあるからこそ、私たちにとって一番大切な行為主体――生きているが今は眼前にいない人々や逝ってしまったが忘れられない今は亡き人々――が住む仮想的（バーチャル）世界、想像上の世界がくっきりと現われてくるのである。現実世界では実際の出会いが続くので、〔行為主体の情報が〕修正されなければならなくなる。しかし、仮想的行為主体は、修正圧力から解放されて、私たちの心の中で自由に進化し、私たちのあこがれや恐れを増幅させてきた。不在であるがゆえに思いが募ることもあるし、――不在なものが実は幾分恐ろしいものであるなら――恐怖が増すこともある。こうして私たちの祖先は宗教に至ったというわけではないが、彼らの何らかの思考習慣は、絶えず――強迫的に――繰り返され（リハーサル）洗練されていった。

第4章の要旨

生物学的思考の助けを借りて人間の先史時代を推測してみると、生物学的進化と文化的進化の相互依存的過程によって言語が生まれたのと同じように、民俗宗教が自覚的で意図的なデザインなしにどうして生まれたのかを推定することができる。神々を人間が信じることの根底には、敏感に反応する本能がある。それは、動く複雑なものには必ず——確信や欲求や他の精神状態といった——**内的作動因**（*agency*）があるとみなす傾向性である。

第5章の要旨

動きがあればどこでも**行為主体**（*agents*）を探すという私たちの過敏な傾向性によって生み出された偽りの警告が、宗教という真珠が育つための〔核になる〕刺激物である。最上の、もっとも心にやさしい種類〔の宗教〕だけが、深い心理的で肉体的な要求に出会うことによって——出会ったと思えることによって——増殖し、選択過程で絶えず剪定されることを通じて、いっそう洗練される。

第5章　宗教、その黎明期

1　多すぎる行為主体――リハーサル空間をめぐる競争

もしもどんなひどいことでも覚えていられるなら、私はゆっくりとなだめるように繰り返すだろう、心の奥底から引き出した美しい言葉を。

ドロシー・パーカー

動きの速い世界の中で優越感を与える贅沢品として登場するものも、必需品へと進化する道を辿る。今日、電話なしに、運転免許証、クレジット・カード、コンピュータなしに生活できるかというと、疑わしい。かつて言語もそうだったし、指向的構えも同じである。〈妙技〉としてはじまったものは、私たちの祖先がますます社会的になり、言語的になるにつれて、すぐに人間生活の実践的必需品になった。さらに、HADD〔行為主体を敏感に探知する装置〕というより単純な事例ですでに指摘したように、良いことが多くなりすぎるという可能性もある。今は亡き知人の存在を幽霊として経験し続けるというのは、祖先の生活における指向的構えの単なる行き過ぎではない。環境内の動くものにいろいろな意図〔指向〕を過剰に帰属させるという態度は、アニミズムと呼ばれている。文字通り魂（ソウル）（ラテン語のアニマ）を動くものに与えることである。調子のおかしい車を愛情込めて〔帰ったら洗車するからちゃんと走ってくれよと〕おだてたり、コンピュータを〔何でフリーズするんだと〕罵る人々は、アニミズムの古い痕跡が残っていることを表している。彼らは、おそらく自分の言っていることを本気で受け取っているわけではなく、気分を良くしてくれるもので遊んでいるにすぎない。アニミズム的に発想することが気分を良くしてくれる傾向があり、どの文化に属する人々によっても実践されているという事実は、いろいろなものを、信念と欲望を持つ行為主体として扱いたいという衝動が、人間の生態にいかに深く根ざしているのかを示している。今日では、アニミズム的な発想をするにしても、せいぜい皮肉の表現にすぎないし、そもそもその発想自体消えつつある。しかしながら、海へと流れていきたいという川の欲求や、雨雲の善意ないし悪意が文字通りに本気で受け取られていた時代があった。そのような時代では、たとえば、雨の神の飽くことなき欲求をなだめるために生贄として捧げられるあわれな人々にとっては、それは生死を分かつ問題だった。

単純な形態の実践的アニミズムと呼ばれるものは、おそらく誤りではまったくない。むしろ、生き物であれ人工物であれ、デザインされたものの傾向性を把握するためにとても役に立つ方法である。自分が育てている様々な花や野菜が何を好むかを発見しようとしたり、暖かい屋内に持って行くことでハナミズキを欺いて春が来たと思わせ蕾(つぼみ)を開かせようとする園芸家も、あのペチュニアは何を夢想しているのかしらなどと考えることはない。デザインされたのではない物理的システムでさえ、指向的〔意図的〕ないしアニミズム的用語によって有益な形で記述できることがある。すなわち、川は文字通り海に帰りたいと思っているわけではないが、よく言われるように、水は自分自身の水平を探す〔水に対する外的な影響がなければ、表面は水平になる〕、あるいは、雷は地面への最善の道を探し出す。世界の中ではっきりとパターンが認められるものを説明しようとする企てが、想像し難い複雑さを持つ基本的な現象へのうまい——実は予測的な――接近手段として、アニミズムをしばしば使ってきたとしても、何ら驚くべきことではない。

ところで、指向的構えの視点を探し求めるという戦略が、日照りに出会うとどうなるのか？ 祖先たちは、天気が何を欲し、自分たちについてどんな意見〔信念〕を持っているのか思い描くことによって、天気を予想しようとしただろうが、簡単にうまく行くわけはなかった。しかしながら、うまく行ったように思えたことも確かにあったのは、疑いがない。時々、雨乞いの踊りで本当に雨が降ったこともあっただろう。それによって、どんな効果が引き起こされるだろうか？ 何年も前に、行動主義的心理学者B・F・スキナー（Skinner, 1948）は、ランダム〔不定期的〕にしか餌を与えられない鳩の驚くべき「迷信」効果を明らかにした。この鳩が何をしている時でも、時々カチッという音がして餌が与えられた。ランダムにしか餌を与えられないこの鳩は、すぐに、首を上下させたり廻したり伸ばしたりする手の込んだ「ダンス」をするようになった。この鳩の脳の中に、次のような独白を読み取りたくなる誘惑に打ち勝つのは難しい。「さあ、考えよう、最後にご褒美をもらった時、ちょうど一度くるりと廻って首を伸ばしていた。同じ事をもう一度やってみよう……だめだ、ご褒美が出てこない。たぶん回転が十分ではなかったのだ……だめだ。おそらく、回転して首を伸ばす前に一度首を上下させるべきなんだ……やったー、これで良い。でも今何をしたっけ……」。このような心をそそる幻想に身を任せるためには、私たちが言語を有している必要はない。この独白は、適応様式（ダイナミックス）をドラマ化しているものであり、求められているものは自覚的な反省ではなく給餌だけである。しかし、自分自身も他の行為主体も両方とも表象する種においては、もっと大きな効果が現われる可能性がある。〈ランダム－給餌〉という罠に鳩をはまり込ませることによって、そのような驚くべき行動上の効果が生み出されるとすれば、同様の効果が、幸運な偶発事を通じて、私たちの祖先にも生み出されたと考えて良いのかもしれない。というのも、私たちの祖先は、生まれながらにして指向的構えへの嗜好を備え、その嗜好によって、困惑をおぼえるような現象の背後に秘密の人形使いのような眼に見えない行為主体や小人のようなものがいると思いこんでしまうような傾向が持っていただろうからだ。雲は、なるほど、信念と欲求を持つ行為主体のようには見えない。しかし、雲は、実際には自動力のない受動的なものであるが、見ることができれば良いが実は見えない行為主体によって、雨の神や雲の神のような隠れた行為主体によって、操られているのだと想定しても、疑いもなく自然なことである。

（頭、目、腕そして足を持ち、おそらく特殊なヘルメットをかぶっている）人間のように見えるがそれ自体は見えないものというこの奇妙で逆説的な観念は、他の自己矛盾的結合とは異なっている。物を入れる内部空間のない箱や濡れない液体のような観念を考えてみよう。はっきり言って、これらの観念は、長い時間をかけてあれこれ考えるほどおもしろくはない。馬鹿げたこと（ナンセンス）でも、他より注目を引く馬鹿げたことがある。なぜか？　理由は一つ。私たちの記憶は、それが保存するものの内容に無関心ではないということである。他よりずっと記憶に残ると思われるものがあるし、実におもしろいためにほとんど忘れられないようなものもある。さらに、（今手元にある新聞記事の一面からアト・ランダムに抜き出した）「申し出る・トレーナー・にもかかわらず・裁判所・軍事演習」のようなランダムな語列でさえ、意識して何十回も繰り返したり、この順序で何とか意味をなすようなおもしろい物語を思いつけば、数秒間は覚えていられるだろう。

シェアの拡大を競い合う競合物があるとはいえ、私たちの注目が限定されたものにしか向かわないということを、私たちは今日痛いほど知っている。あちらこちらから降り注ぐ広告、さらにいろいろな形で気を引こうとする多くのもの、こうした情報過多の状態は、新しいものではない。私たちはそのことをすでに自覚しているし、注目される小説と、注目をあびる小説をデザインする専門家は何千人もいることも知っている。私たちは、――実際には、すべての生命体は――、たくさんのものの中から残しておく価値のあるものを選別するために、神経系内に据えつけられた濾過装置（フィルター）や偏愛傾向（バイアス）を持っていなければならない。こうした濾過装置は、ある種の例外的なものや変則的なものを好む。パスカル・ボイヤー（Boyer, 2001）は、これらの例外的なものを、反直観的なもの〔反対直観〕と呼んでいるが、この言葉をかなり限定された専門的意味で使っている。すなわち、反直観的な変則的事態は、人や植物や道具のような根本的カテゴリーについての元々の（デフォルト）基本的想定の一つか二つだけを侵犯する場合に、とりわけ注目され、記憶に残る。[1] あまりに馬鹿げているのですぐに分類できないような捏造物は、注目をあびるための競争に勝てないし、あまりに平凡な捏造物は、あまり関心を呼ばない。持ち手とまるい先端を持つ目に見えない斧は、腹立たしいほど馬鹿げているが、チーズで作られた斧なら少し刺激的である（冗談めいたものを作って生計を立てている新発想の芸術家がいる）。でも、何と言っても、話す斧である――やっと注目すべきものを手に入れた！

過敏に行為主体を探す性向と、記憶に残るものと大好きなこととが結び付くと、虚構（フィクション）を生成する変わった仕組みが得られる。何か困惑を覚えることが生じる時はいつでも、「そこにいるのは誰？」という好奇心一杯の驚きがはじまり、それに答えようとする努力が、「たぶんサムだ、たぶんオオカミだ、たぶん枝が落ちてきたのだ、たぶん……歩くことのできる木――何と歩くことのできる木かもしれない！」といった「仮説」を大量に生み出すことになる。この過程によって、おそらく、安定的な力を持つものは、ほとんどまったく生み出さないだろう――ほんの短時間の何百万、何十億もの空想がほとんど瞬間的に消えてしまい、思い出すこともできないが、ある日あることが、しかるべき瞬間にしかるべき鮮明さを備えて生じ、一回や二回だけではなく何度も繰り返される場合はそうではない。こうして、観念の血筋——歩く木の血筋——が生まれる。創始者の心が、意図的ではなくただ何となくこの奇妙な観念を再検討するたびに、この観念は、——創始者の心にこの観念が再び生じる可能性が少し高くなるという意味で——、ちょっとだけ強くなる。そしてそれが繰り返される。そうすると、この観念は、少し自己複製する力を、脳の中でこの観念と競争している他の空想よりも少し強い自己複製する力を、持つようになる。それは、まだミームではない、つまり、個人の心から逃れ人間文化を通じて広がっていくもの（アイテム）ではない。とはいえ、それは、少しばかり強迫的な——つまりしばしば再来し繰り返し現われる（リハーサル）——ちょっとお気に入りの観念となった原始（プロト）‐ミームではある。

（進化は、ほとんど起こらない過程でできている。あらゆる血筋におけるどんな誕生も、潜在的な種分化の出来事[2]であるが、種分化は、ほとんど起こらず、百万の誕生のうち一回もない。DNAにおける突然変異は、ほとんど起こらない——一兆回のコピーのうち一回も起こらない——が、進化はそれに依存している。滅多にない偶発事——ほとんど起こらないこと——を集め、幸運な偶発事、中立的な偶発事、最悪の偶発事に分類して、さらに、幸運な偶発事の効果を拡大させる——これは自己複製と競争があるかぎり自動的に生じることである——。そうすれば進化が起こる）。

ミーム学者は、ミームの「ライフ」サイクルの一部が宿主の脳の内部での他の観念との——他のミームだけではなく考え得るすべての観念との——絶えざる競争であるという事実を、しばしば見逃しているようだ。意図的であれ思わずであれ、繰り返し（リハーサル）は自己複製である。私たちは、何ものかを意図的に繰り返すことによってそれをミーム——あるいは単なる記憶——にしようとすることができる（たとえば、電話番号や従うべきルール）。あるいは、「自然の成り行きにまかせる」だけでも、私たちの脳の生来の性向（バイアス）は、その性向を刺激するものを自動的に繰り返し続ける。事実上これが、エピソード記憶の源だろう、つまり、人生の中の出来事を回想できるという私たちの能力の源だろう。前回の誕生日の時、朝食に何を食べただろうか？　おそらく思い出すことはできないだろう。結婚式の時、何を着ていただろうか？　おそらく思い出すことができる。なぜなら、あなたは、結婚式の前もその最中もその後もそれについて何度も考えてきたからだ。どんなデータも即座に分け隔てなく蓄えるコンピュータの記憶装置（メモリー）とは違って、人間の脳の記憶装置には競争があると同時に選り好み（バイアス）も働く。人間の記憶装置は、ある種類のことが他の種類のことより速く思い出せるように、長期の進化によってデザインされてきた。このようなことが生じるのは、ある意味で、重要なことを良く考え、ささいなことはたった一回で捨てられるという、差異化的繰り返し（リハーサル）によってである。人間の記憶装置は、かなり良い仕事をする。過去において重要だとされていたことに、それにたまたまぴったりする特徴を結びつけ、固定するのである。潜在的ミームへの良いアドバイスは、何度も繰り返されたいなら（複製されたいなら）、重要であるように見えるべく努力せよ！というものである。

　人間の記憶装置は、重要な組み合わせのために選り好み（バイアス）をしているが、他のすべての動物の脳にみられる記憶装置も、やはり同じだろう。しかし、動物の記憶装置は、比較的空想の影響を受けないものである。理由は簡単だ。動物の脳は、言語を欠いているために、自然的環境には見出されない組み合わせの爆発で自分をあふれさせるような術（すべ）を持たないからである。心配性のサルが、歩く木や目に見えないバナナのような反直感的組み合わせを、どうやって作り上げるというのだろうか——もちろん、これらの観念を実際にサルが表象することができたとしたら、サルの脳はその虜になるのかもしれないが。

　空想生成過程のようなものが何千年もの時間をかけて、人間という種に（人間という種にだけ）生じてきたということを、私たちは皆知っているだろうか？　答えは、ノーである。だからこそ、さらなる研究の重要な可能性が開かれるのである。他の目的のために進化によってしかるべき場所に配されてきたような素材だけを使って、この仮説は、神秘的な生物や悪魔のような世界中の珍獣たちを生み出してきた驚くほど豊かな想像力を、説明することができるだろう。化け物（モンスター）は一度も存在したことがなかったのだから、それは（言語が発明されたのと同じように）意図的にであれ何気なくであれ、「発明され」なければならなかった。それはコストのかかる創造行為であり、この仕事のために要求される研究開発（R&D）は、そのコストを回収できるようなものによって主導されなければならなかった。私は、この仮説についての判断を、しばらくの間曖昧なままにしておくが、この仮説のもう少し制約された形態はすぐにでも利用可能であり、それらからは検証可能な帰結が得られるという点で優れている。世界の神話から、このような形態の仮説のいくつかだけが予測できるパターンを探し出すことができる。

さらに、人間という種に限定して語らなければならない理由はない。鳩における迷信というスキナーの刺激的な主張に沿った実験は、ニコ・ティンバーゲン（Tinbergen, 1948, 1959）がカモメを使った有名な実験でカモメの知覚的偏向（バイアス）を明らかにしたのと同じように、サルの記憶メカニズムに偏向や欠陥ある回線を発見することになるかもしれない。大人の雌カモメのくちばしにはオレンジ色の斑点があり、ヒナは本能的にそれを突っつき、親鳥が食べ物を吐き出して自分に与えてくれるように刺激する。ティンバーゲンは、ボール紙で誇張した形のオレンジ色の斑点――いわゆる〔自然に存在する刺激を誇張した〕普通以上の刺激――をヒナがただちに突っつくことを示した。パスカル・ボイヤー（Boyer, 2001）は、人間は長い年月をかけて普通以上の刺激を発見し、それを利用してきたと指摘している。

音楽的伝統のない人間社会はない。この伝統は様々であるが、どこでも発見できる原則もある。たとえば、楽音〔音の高さが感じられる音〕はつねに、雑音より純音〔正弦波、特定の高さの音だけからなる基本的な音〕に近い。……少し誇張して言えば、楽音から得られるのは、超 - 母音〔通常の母音混合的な周波数を示すのに対して単一な周波数を示す特殊な母音[3]〕と〔リズム楽器やほとんどの楽器の出だし音(アタック)によって生み出される〕単一子音である。これらの特性が音楽を——通常よりはるかに純化され強力になった刺激を皮質が受け取る——強烈な音体験にする。……この現象は音楽だけのものではない。たとえば、身近な環境に存在する彩度の低い緑色や茶色ではなく彩度の高い色を発して視覚皮質を過度に刺激する人工物で、人間は自分の環境を埋め尽くす。……同様に、私たちの視覚システムは対象の対称性にも敏感である。とりわけ左右の対称性はとても重要である。動物や人物の左右が同じように見えるなら、彼らがこちらを向いていることを意味しており、それは人間同士ばかりではなく獲物や捕食者との相互関係において重要な特徴である。さらに、単純な化粧の仕方やヘアースタイルの整え方から織物のデザインや室内装飾に至るまで、そのような対称性を備えた視覚可能な事物を生み出さないような人間集団はない[4] (pp.132-33)。

人間以外の種には、なぜ芸術がないのだろうか？　今一度ここで——もちろん証明されたという意味ではなく証明されるかもしれないという意味で——提案される答えは、人間以外の種には言語がないので、代理刺激の働きをする組み合わせを作り上げる道具がなく、それゆえ、自分たちの感覚の組み合わせ理論(コンバイナトリックス)を開発できるようになる視点がないということである[1]。ティンバーゲンは、鋭い観察と試行錯誤の末、鳥〔あるいは他の動物〕をそそのかして奇妙な振る舞いをさせることができる〈普通以上の刺激〉を見事に考案した。疑いもなく動物は、時々欺されて、〈普通以上の刺激〉をうっかり発見してしまい、その刺激に翻弄されるのである。しかし、その動物は次に何をするのだろうか？　気持ちが良ければ再び同じことをするだろうが、デザインを真に探求するには、多様性の生成が必要なので、おそらくこの動物にはデザインを真に探求することはできないだろう。

　これまでのストーリーを要約しよう。人類のあらゆる神話に見出される聖霊（ニンフ）や妖精（フェアリィ）や鬼（ゴブリン）や悪魔（デーモン）は、私たちを困惑させたり怖がらせるものがあるところではどこでも行為主体を過敏に発見しようとする習慣の、想像上の所産である。このようにしてきわめて多数の行為主体－観念が明確な自覚なしに生み出されるのだが、そのほとんどは、あまりに馬鹿げているので一瞬しか注意が向けられることはない。うまくデザインされた少数のものだけが、〈繰り返しを勝ち取るためのトーナメント〉を、変異し改善されながら勝ち進んでいく。人々に共有され記憶されたものだけが、祖先の脳の中の〈繰り返し時間（リハーサル）〉をめぐる何百万回もの競争の最強の勝者である。これは、もちろん、新しいアイデアではなく、何世代もかけて広く知られるようになったアイデアを明確化し拡張したものにすぎない。ダーウィン自身、次のように推測している。

> ……目に見えない精神的（スピリチュアル）な行為主体を信じることは……ほとんどどこでも見られることだ。なぜそうしたことが起こるのかを理解することも、難しいことではない。想像力や不思議がることや好奇心といった重要な能力が、推理力と一緒になって、ある程度発達してくると、人間は自然に、自分の周りで起こっていることを理解したいと思うようになっただろうし、自分自身の存在についても漠然と考えるようになったことだろう（Darwin, 1886, p.65）[5]。

私たちが今まで説明してきたことは、せいぜい迷信であって、宗教ではない。庭で妖精(エルフ)を探したりベッドの下に子取り鬼(ボギーマン)を探したりすることは、（まだ）宗教を持つということではない。

何が欠けているのだろうか？　一つは、信じること(ビリーフ)！である。というのも、ダーウィンは精神的存在(スピリチュアル)を信じることについて語っているが、私たちはそれと同じくらい強力なものを確保する説明をまだしていないからである。つまり、心を通じて再活用(リサイクル)され続けるお気に入りの観念を信じなければならないということについて、まだ何も語られていないのだ。再活用されるものは、予感めいたものかもしれないし、不思議なものであるかもしれないし、まったくもって信じ難い妄想の塊でさえあるかもしれない——あるいは物語の魅力的な一部にすぎないかもしれない。「シンデレラ」や「赤ずきんちゃん」の存在を信じている人は誰もいないが、その話は何世代にもわたって（変異を伴いながらも）かなり忠実に伝えられている。多くのおとぎ話は、実話ではないし広い世界の情報でもないが、——それを語る人にもそれを聞く人にも——明らかに価値のある教訓を持っている。たとえば、絵本『ゴルディロックスと三匹のクマ』では、「ゴルディロックス」が子供たちに教えることは、他人の家に侵入するということだけではない。何らかの物語にクマの家に侵入したゴルディロックスが、ちょうど良い温度のスープを発見するのだが、この「ゴルディロックス」が子供たちに教えることは、他人の家に侵入するということだけではない。何らかの物語に教訓が欠けてしまっている場合、その物語は、わけも分からず〈伝承トーナメント〉に参加し続けなければならないことになる。進化が生じる環境では良くあることなのだが、心の状態は段階的に変化していく（森には邪悪な魔法使いが本当にいるのか？という）ぞっとするような疑問や（ちょっと想像してみて、空飛ぶ絨毯を、という）善でも悪でもない魅力的なものからはじまって、（一角獣(ユニコーン)だって？　そんなものは一度も見たことないよ、という）ぬぐいきれない不確実性を経ながら、（魔王(サタン)は、そこにいる馬と同じくらい実在的(リアル)である、という）強力な確信にさえ至る。魅力的なものはそれだけで、繰り返される力と自己複製の力を持っている。ほとんどの人々は、一角獣の存在を信じていないが、一角獣という観念のかなり明確なコピーを持っている。しかし、ほとんど誰もプドゥ[6]という観念を持っていないが、実在しているという点で（調べれば分かる）明らかに有利である。反直観的な行為主体のような存在を伴う魅力的なものは、宗教の方にはるかにたくさんある。

2　利害関係者としての神々

天にまします神様は
すべてを知っておられても
わたしにこころをお向けでない
あなたを行かせてしまうから

コール・ポーター『いつもさよならを言う時は』

祖先崇拝は、まさに祖先にならんとする人々にとって魅力的な観念で
あるにちがいない

スティーブン・ピンカー『心の仕組み』

人間以外の種は、指向的構えを限定した使い方――捕食者や獲物の動きを予測したり、さらにいじめた

り脅したりする使い方——しかしないのに、人間は、評判や履行されない約束や義務についてくよくよ考えたり、情愛や忠誠心を確かめようとしたりして、他人との人間関係で悩まされている。待ち伏せする捕食者や少なくなっていく食料源をいつも心配しなければならい他の種とは違って、人間は、差し迫った心配事を抱えながら、他者と関わっている。様々な課題を抱えつつコミュニケーションを行なう人々からなる大きな集団の中で安全に生きるための対価は、様々な課題を見失わないようにして、様々な関係性を少しずつ変化させることである。私は、誰を信用することができるか？　誰が、私を信用しているのか？　私の競争相手は誰で、友達は誰か？　私は誰に借金をしているのか、誰に貸した金を、私は忘れるべきか、回収すべきか？　人間の世界は、ボイヤーの言葉を使えば、そのような戦略的情報で一杯である。[7]（以下のカード・ゲームと同様に）戦略的情報についてもっとも重要なことは、「社会的人間関係においては、他の人々が戦略的情報を完全に入手することも自動的に入手することもないと、想定する」（Boyer, 2001, p.155）[8]ことである。彼女が夫と別れたいと思っているということを私が知っているのを、彼女は知っているだろうか？　私があの豚を盗んだことを、誰か知っているだろうか？　世界中の行為主体がすべて同じ戦略的情報を共有しているのではないからこそ、すべての大河ドラマや悲劇や小説のすべての筋書きだけではなく、すべてのシチュエーション・コメディやマンガのすべての筋書きにも、その筋書きに絶対必要な緊張感や複雑さが生まれてくるのである。

　人々はこのような複雑さをどのように処理しているのだろうか(2)？　人々が新しいカード・ゲームを習っていて、それを教えてくれる人からテーブルの上にすべてのカードを表にして置くように言われる時がある。そうすると、誰もが他人の持っているカードを見ることができる。これは、ゲームの戦略を教えるすばらしいやり方である。それによって、各人が通常どんなカードを裏にしているのかが分かるし、したがって事実に基づく推理の基礎を手に入れることができるので、〔実際のカード・ゲームで必要な〕想像力を養うことができる。また、どうすれば良いのかを考える時はいつでも、テーブルを見るだけで良いのだから、頭の中で情報を追い続ける必要はなく、そのために裏を向けているカードがあるべき場所を視覚化する技術を身につけることができる。確かに、カード・ゲームのテーブルで有効であることも、実生活では有効ではない。私たちは、生活の実際的な場面で、人々に彼らの秘密のすべてを打ち明けさせることはできない。しかしながら、私たちは話したり話を聞くことで、「直接つながっていなくても（オフライン）」で〔ある程度その秘密を〕知ることができる。また〔カード・ゲームをしている場合〕もし架空のキャラクターや歴史上の人物が描かれたすべてのカードを見ている行為主体がいたとしたら、その行為主体から〔裏を向いているカードを〕教えてもらうことができる。

すべての戦略的情報を入手（アクセス）できる行為主体が本当にいるとしたら！　何というアイデアだろう！　そのような存在――ボイヤーの用語では「すべての情報を入手できる行為主体」――が注目をあびるにふさわしい捏造であることは、容易に分かる。とはいえ、捏造であるかどうかは別に、そのような存在のどこが良いのだろうか？　そのような存在が、人々にとって他の空想より重要であるのは、なぜなのだろうか？　次に何をすべきかを決めるためには一生懸命考えなければならないが、おそらく、この〈すべての情報を入手できる行為主体〉のような存在は、考えることに伴う苦労から幾分解放してくれるからなのだろう。世界中の宗教の調査によれば、ほとんどいつも〈すべての情報を入手できる行為主体〉になるのは、死んでしまったがまったく忘れられていない先祖である。〈父〉の記憶が子供、孫、さらにその孫へと何度も語り継がれるたびに磨かれ洗練されて、時には、〈父〉の亡霊がたくさんの風変わりな特性を獲得して行くこともあるが、何と言ってもそのイメージの中心にあるのは、戦略的情報に関してその道のプロだ、ということである。あなたの考えていること、あなたが隠したい悪さなどを、父親や母親がしばしば知っているように思えたことを思い出そう。あなたは、父親や母親から、秘密の考えさえ隠すことはできないし、父親や母親だけはみんな知っている。それと同じことなのだ。祖先はみんな知っているのだから、次に何をなすべきかについての迷いから解放される。私が置かれている状況において、私の祖先は私に何をしてほしいのだろう？　と考えれば良いのである。このような鮮明に思い描かれた行為主体があなたに何をしてほしいのかを、あなたは語ることはできないかもしれないが、それが何であれ、それがあなたのなすべきことなのである。

けれども、人間はなぜいつも、自分の祖先について特に空想を作るのだろうか？　ニーチェやフロイトや他の多くの文化理論家は、人間の過去の深い部分にある神話的な闘争から生じた、潜在的な動機づけと記憶についての洗練された推論を行なってきた。進化心理学の検証可能な仮説を使って再検討すれば、このような推論の鉱脈から精製される本物の金があるのかもしれない。しかし、もっと自信を持って語れることがある。それは、このような性向（バイアス）を生じさせる基本的な心的傾向性である。もっと自信を持ってそれを語れるのは、それが人間という種よりかなり古いからである。哺乳類や鳥は、他のほとんどの動物とは違って、しばしば親としての相当な注意を子供たちに払うが、これには大きく分けて二つの種類がある。良く知られているように、早成の種は、子供のうちから普通に活動する種であり、晩成の種には、親からの世話と訓練を長い期間必要とする子供がいる。この訓練期間は、――遺伝子とはまったく関係がない――親から子への情報伝達の機会を多くすることになる。

生物学者は、――生物学的なことはどんなことでも遺伝子の働きで説明されると考える――遺伝子中心主義であると、しばしば非難される。実際、遺伝子でのぼせ上がっている生物学者たちはいる。彼らは、

〈母なる自然〉は遺伝子中心主義者ではないということを思い出すべきなのだ！　すなわち、自然選択の過程自身は、すべての価値ある情報が「生殖系列を通して」[9]（遺伝子を経由して）移動していくことを求めていないのである。〔情報伝達という〕この重責が外界の連続性によって確実に引き継がれるなら、それは〈母なる自然〉にも良いことである——すなわち、ゲノムから負担を減らされることになる。自然選択が当てにしている連続性には、いろいろある。物理学の基本的な法則（引力の法則など）によって提供される連続性、保持されることが大いに「期待される」長期にわたる環境の安定性（海の塩分濃度や大気の組成や刺激として有効な事物の色など安定性）によって提供される連続性がある。自然選択がこうした急激に変化しない安定状態を当てにしていると言うことは、安定状態にある環境においてちゃんと機能するように調整されたメカニズムを、自然選択が生み出すということを意味するにすぎない。このようなメカニズムのデザインは、火星探査機のデザインが火星の引力や地表の硬さと温度幅などを前提としている（たとえば、〔フロリダ州南部の湿地帯〕エバーグレイズで動かすようにはデザインされていない）のと同様に、このような安定状態を前提にしている。さらに、安定状態とは言っても、社会的学習によって世代から世代に伝達されるものがある。このような安定状態は、急激に変化しない環境の安定状態の特別な場合である。この安定状態は、それ自身直接・間接に自然選択を受けてきただけに、いっそう重要である。〔安定状態を提供するものとして〕二つの高速通信情報網があり、それらは長い年月をかけて改良され拡大されてきた。一つは、遺伝子レベルの情報経路であり、それは何百万年にもわたる不断の改善を受けてきたが、染色体デザインの最適化とプルーフリーディング酵素の創造と改良などのために、[10]きわめて忠実にまた大量に遺伝情報を伝達することができるようになった。もう一つは、親子の教導的経路であり、これも改善過程が繰り返されることで最適化されてきた。アヴィタルとジャブロンカが指摘しているようのに（Avital and

Jablonka, 2000)、「伝達メカニズムの伝達の進化は、学習と行動の進化にとってきわめて重要である」(p.132)。

親から子孫への伝達の量と正確さの改善するための適応の一つは、すり込みである。すり込み現象とは、生まれたばかりの子が、最初に見える大きな動くものに近づきその側にいてそれに付き添うという、すぐに発動する強力な本能的衝動を備えている、ということである。哺乳類では、乳首を見つけてそれに吸いつくという衝動が、遺伝子によって組み込まれており、それは、授乳していない時にも子供を母親の見える範囲に置いておくといった副次的効果も、このさらなる適応によって適宜利用される副次的効果も、生む。人間の子供も、この哺乳類のルールの例外ではない。親に関して言えば、親は、子供に付き添うように遺伝子レベルでデザインされている。カモメのヒナは、オレンジ色の斑点に否応なく引きつけられ、人間は、「童顔（ベビーフェイス）」の特別な均斉美（プロポーション）に否応なく心をうばわれる。頑固で気むずかしい人でさえ、「ああ、なんてかわいいんだ！」と言ってしまうほどだ。コンラート・ローレンツ (Lorenz, 1950) たちが論じていたように、子供の顔の見かけと大人の養育反応との相関関係は、決して偶然ではない。それは、赤ちゃんの顔が本質的にかわいいということではなく（一体それにどんな意味があるだろうか?）、進化が、親としての反応を発動させるシグナルとして、顔の均斉美を見つけたということであり、これが多くの血筋の中で長い時間をかけて洗練され強化されてきた。私たちは、赤ちゃんがかわいいから彼らを愛するのではない。逆に、かわいいと思えるものを愛するように、進化が私たちをデザインしたから、私たちに赤ちゃんがかわいく見えるのである。上記の相関関係は、かなり強力なものなので、ある種の恐竜が晩成であるという革命的な仮説を支持するのに、生まれたばかりの恐竜の化石の大きさ測定が利用されるほどである (Hopson, 1977; Horner, 1984)。ミッキーマウスの特徴が年月をかけて徐々にかわいくなっているというスティーヴン・ジェイ・グールド（Gould, 1980）の古典的分析[11]は、文化レベルの進化と遺伝子レベルの進化とが並行して進み、人間が本能的に好むものへと向かって行くことができるということのすばらしい証明である。

しかし、大人が童顔《ベビー・フェイス》の子に親としての反応をするという性向《バイアス》以上に、子が親の指示に従順に従うという性向の方が、はるかに強力である――これは人間の赤ちゃんだけではなく、子グマにも見られる特徴である。浮動的原理はそう遠くないところにある。それは、子供たちに情報を与える――誤った情報を与えない――という（親にならないと必ずしも発動されない）傾向性が、遺伝子レベルで親に組み込まれているので、親を信頼した方が効率的で（比較的安全で）ある、ということである（ステレルニーは、進化における認知の軍拡競争での、信頼と不信との兼ね合いについて鋭い考察を行なっている〔Sterelny, 2003〕）。親と子の間に高速通信情報網が遺伝子レベルで進化によって一度確立されると、それは、独自の課題を持った行為主体によって、あるいは、この情報網に組み込まれている性向から利益を得る特徴をたまたま持ったミームによって、すぐに利用――あるいは乱用――される。(3)

親――あるいは親と区別するのが難しい何者か――は、親の言うことを受け入れる働きをする直通回線を利用する術を心得ている。それは、催眠暗示ほど強力ではないが、時としてそれに近い。何年も前の話なのだが、私の五歳の娘が、体操選手のナディア・コマネチの平行棒の演技をまねようとしてピアノ用の椅子をひっくり返し、二本の指先にひどい怪我を負ったことがあった。このおびえた子供を何とか落ち着かせて、救急病院まで安全に運転できるように私がしたことはどのようなことか？　彼女の震える小さな手の側に私の手を置き、威厳を持ってこう命じた。「ほら、アンドレア！　君に秘密を教えるよ！　君は心を使って傷みを私の手の中に押し込むことができるんだ。さあ、やって。押し込んで、押し込んで！」。

彼女はやってみた――そしてうまく行った！　彼女は、パパの手に「傷みが入っていった」と言った。彼女の安堵（そして魅惑された状態）は一時的なものである。その効果は数分しか続かないが、この即席の催眠沈痛を途中で繰り返し行なっているうちに、救急病院に着き彼女は必要な治療を受けることができた（機会があれば自分の子供にやってみてほしい。私と同じようにうまく行くかもしれない）。私は彼女の本能を利用していた――もちろん、その原理が心に浮かんだのは、このことについて反省しはじめてから数年後のことである（このことから興味深い問題が出てくる。それは、私が試みた即席の催眠が、私を威厳ある人物としてすり込まれていない他の五歳児にも同じように有効だったかどうか、という問題である。もしすり込みが関与しているとすれば、親の有効なすり込みがなされるために、子供は何歳でなければならないのか？　私の娘が養女になったのは、生後三ヶ月の時だった）。

「自然選択は子の脳を作り上げる際、親と部族の年長者が言うことは何であれ信じる傾向性を組み入れる」（Dawkins, 2004a, p.12)。だとすれば、世界各地の宗教的指導者が「父（ファーザー）」と呼ばれて格別の権威を与えられていても、驚くべきことではない――しかし、今これを語ることは私たちのストーリーから横道にそれてしまうことだ。私たちが今いる段階は、まだ、次に何をなすべきかと途方にくれている状態から脱するために、知らず知らずのうちに自分たちの祖先についての空想を呼び寄せている（とボイヤーが主張している）段階である。ボイヤーの仮説の重要な特徴は、〈すべての情報を入手できる行為主体〉としてイメージされているものが、必ずしも全知とはみなされていない、ということである。もしナイフをなくしたとしても、誰かがそれを盗んだり、逢い引きの間に罪作りな場所に落としたというようなこと――つまり戦略的情報――ではないかぎり、必ずしも〈すべての情報を入手できる行為主体〉がナイフの行方を知っているとは想定されない。〔すべての情報を入手できる行為主体である〕祖先たちは、戦略的情報ならすべて知っている。なぜなら、それに興味があるからである。あなたとあなたの親族が行なうことは、先祖たちの関心事である。あなたが行なうことは、あなたの親の関心事であり、あなたの子供がコミュニティの中で何を行ない、どう見られているかは、あなたにとって重要であるが、それとまったく同じことだ。ボイヤーが指摘しているのは、全知という観念――あなたの車の鍵の所在（ありか）や、四兆より小さい最大の素数や、あの海岸の砂粒の数を含むあらゆることについて、すべてを知っている神という観念――は、遅まきの思いつきであり、ごく最近神学者に採用されて少し洗練されたり知的に整理されたものだ、ということである。ボイヤーの仮説を支持する証拠がある。人々は、神はすべてを知っていると子供時代から教えられ、したがってそう公言するだろうが、神について自覚的に考えていない時は、こうした考えにとらわれていない。「神学的な正しさ」について心を砕いていない時人々が現実に使っている観念、基本になる観念は（Barrett, 2000）、祖先たちあるいは神々は――秘密の願望や企みや悩みや罪悪感といった――もっとも重要なことを知っている、というものである。よく言われるように、神々は、すべての死体がどこに埋葬されているかを知っている。

3　神々に語りかけてもらうこと

決断できること以上に困難なこともないし、したがって貴重なこともない。

ナポレオン・ボナパルト

しかし、神々の知識とはいっても、それが手に入らなければあまり意味はない。どうすれば神々とコミュニケーションできるのだろうか？（生きていた時の！）私たちの祖先は、きわめて巧妙な解決策を見つけた。**占い**である。人生の重大な決断を下すことがどんなに難しいかを、私たち皆知っている。たとえば、黙秘すべきか白状すべきか、現在の地位に留まるべきかやめるべきか、戦場におもむくべきかやめるべきか、情に従うべきか理に従うべきか、といったような事柄に関する決断は難しい。このような事柄に関する決断のための十分に体系的なやり方は、まだ何も見つけられていない。難しい決断をする際の重荷を軽くしてくれるものがあるなら、それが何であれ、魅力的なアイデアであるにちがいない。たとえば、コイン・トスを考えよう。なぜそんなことをするのだろうか？　BではなくてAを選ぶ理由を**見つけ**なければならないという重荷から、解放されるためである。自分が行なうことには、ちゃんとした理由があってほしいのだが、十分に説得力のある理由が見つからないことがある。そのような場合、すぐに決断しなければならない私たちは、私たちの代わりに決断してくれそうな、私たちの外部にある小道具を作り上げることになる。とはいえ、戦場におもむくべきか、結婚すべきか、告白すべきかといった重大な事柄に関して決断する時に、コインをはじく（フリッピング）ようなことは、もちろん不真面目（フリッパント）すぎるだろう。このような場合、十分な理由なしに選択することは、判断力のなさを如実に示すことになってしまうし、それに加えて、その決断が本当に重要であるなら、コインの表が出ても裏が出ても、もう一度選択しなければならない。つまり、コインの裏表で決めるという約束を守るべきか、それとも考え直すべきか、という選択である。占いのような、より儀式的で強い印象を与えるものは、何をなすべきかだけではなく、(何かがひらめき、想像力が働くなら) その理由も教えてくれる。学者たちは、自分ではコントロールできない外在物に重要な決断を委ねる、多種多様で奇妙な古くからあるやり方を明らかにしてきた。コインをはじくのではなく、矢を投げたり (矢占い)、棒を投げたり (棒占い)、骨やカードを使ったり (おみくじ占い)、さらに、紅茶の葉を見る (紅茶占い) だけではなく、生贄にした動物の肝臓を調べたり (肝臓占い)、他の内臓を調べたり (腸卜)、溶けたロウを水に流し込んだり (蠟卜) する。ホクロ占い (ホクロ [の色や形や位置など] を使った占い) や、ネズミ占い ([ネズミやリスなどの] 齧歯類動物の行動による占い)、雲占い (雲 [の形や色や位置] による占い) があるし、何十もの他の占いの中には、古くから好まれている (数が与える影響の研究である) 数秘学や占星術がある。(4)

ジュリアン・ジェインズは、優れてはいるが風変わりで信頼し難い点もある著作『神々の沈黙——意識の誕生と文明の興亡』(Jaynes, 1976) で、いろいろな議論を展開している。その議論の中でかなり有望なものの一つは、決断を下してくれる外的なものに責任を転嫁する多様な方法の爆発的増加は、人間集団が徐々に大きくなり複雑化するにつれて、人間が徐々に自分をコントロールするのが難しくなっていったことのあらわれだ、というものである (第4章「メソポタミアにおける心の変化」pp.223-54)。[12] また、パーマーとステッドマンは最近、「占いのもっとも重要な効果は、それが意思決定における責任を軽減し、それゆえ、まずい決断から生まれるかもしれない辛さを和らげるということである」と指摘している (Palmer and Steadman, 2004, p.145)。浮動的原理は十分に明らかである。つまり、重荷から解放されたいなら、責任を逃れられないものに責任を負わせ、事態がうまく進まない時は責任を負うことのできるものに責任を託せ、ということである。また、適応では良くあることだが、利益を得るために原理が理解されている必要はない。占い――ジェインズが「精神の外部にある思考方法ないし意思決定方法」と呼ぶもの（Jaynes, 1976, p.245）[13]――の人気は、上昇していったが、その理由は単純で、占いをたまたま行なった人々がその結果に満足し、それが繰り返し起こり、さらに他人がそれをコピーしはじめ、ついには、誰も理由を知らぬままになされるべきものになった、ということだ。

ジェインズによれば（p.240）[14]、無作為（ランダムネス）や偶然という観念自体がごく最近生まれたものである。言いかえれば、大昔は何らかの出来事が行き当たりばったり（ランダム）に起こるのではないかと思うことすら、ありえないことだった。あらゆるものは、それが何であるかさえ知っていれば、何かを意味していると想定されていた。なにがしかの選択が強いられた場合、意味のない選択を敢えて行なって、自分の人生と折り合いを付けていくのは、おそらくずっと後の洗練された考え方である。たとえ、それが、なぜそうすることが人々にとって有用かを説明する原理があるとしても、そうなのである。そのような洗練された考え方のない時代において重要なことは、何が正しいかを知っているどこかにいる誰かが、自分に話しかけるということを信じることだった。［ディズニーの］ダンボの魔法の翼のように、魂の支えがうまく機能するのは、それがうまく機能すると信じる場合だけである(5)。

しかし、そのような方法がうまく機能すると言うことは、何を意味しているのだろうか？　それが意味しているのは、実際にそのような方法をとることによって、人々が苦境について考える術を手に入れ、それから――決断に至るまでの過程が十分理解されているわけではないが――それなりの決断をするようになる、ということである。これは重要なことだ。実際、そのような方法は、様々な状況下でとても助かる激励になっていたことだろう。たとえば、難しい決断を迫られている人々がいて、彼らはたいていの場合十分に根拠のある決断を行なうための必要なすべての情報を持っているのだが、持っていると実感できず、自分の判断をどうも信用しきれない、と想定してみよう。尻込みしている状態から彼らを脱出させ、決然と行為に向かわせるのに必要なものはただ……友人たちからのちょっとした手助けであり、目に見えないが近くで浮遊し何をすべきかを教えてくれる想像上の祖先である（そのような心理的資産は、もちろん、占いの信頼性を嘲笑う懐疑論者によって危険に晒されるだろうし、おそらく懐疑論者のそのような認識は、——たとえ潜在的であったり漠然としたものであったとしても——、いつも懐疑論者への敵意を醸成してきた。シー！呪縛を解くな。この人々には、行為するためにこのような支えが必要なのだ、というわけである）。

一般に、自分の持っている情報に基づいて良い決断が行なえるという保証はないので、占いによって、苦境について考える術が手に入り、実践へと向かおうという意欲が生み出されると、思われるかもしれない。占いは、見抜くことの難しいいくつかの理由から、安心感を与え、気分を良くする——これは、かなりタバコに似ている。さらに指摘しておくべきことは、こうしたことはどれも、遺伝子レベルで伝達されてきたものではない、ということである。私たちが語っているのは、文化レベルで伝達されてきた占いという実践についてであり、本能についてではない。占いミームが、宿主の適応度を実際に高める相利共生的ミームなのか、ない方がましである寄生虫ミームなのかという問題は、今は立てる必要はない。この問題には、いずれ証拠に基づく答えを与える方が良い。とはいっても、私が関心を持っているのは、まさにこの問題なのである。さらに指摘しておくべきことは、（特殊な条件の下で、発見され確認される）占いが相利共生的ミームである可能性が、依然としてありうる、ということである。というのも、占いは、万人の心の中にあるものすべてを知っていて特別な機会に何をなすべきかを人々に語る神が存在するから、真である、かもしれないからである。つまり、水があらゆる人間文化において生活に絶対必要だとみなされるのは、水が生活に絶対必要であるからだ、というわけだ。とはいえ、私の当面の主張はただ、人間文化のほとんど至るところに現われる（もちろん、先端技術を持つ西洋文化に依然として存在している占星術研究家や数秘学者を含む）占いは、それが実際信頼できる情報ないし戦略的情報あるいはその逆の情報の源であろうとなかろうと、自己複製子という生物学的コインでコストを回収する自然現象として理解できる、ということである。

4 催眠術師としてのシャーマン

精神科医に行く人は誰でも自分の頭を調べてもらうべきだ。

サムエル・ゴールドウィン

占いは、世界中で見出される儀式の一つの部類である。各地域にいるシャーマン（あるいは「呪術医（ウィッチ・ドクター）」）によってなされる癒し（ヒーリング）の儀式は、また別の部類である。『銃・病原菌・鉄』(Diamond, 1997) でジャレド・ダイアモンドは、すべての大陸のほとんどすべての文化において、人間の探求によってそれぞれの地域のすべての食べられる――無毒化するために念入りな準備を必要とする多くのものを含む――植物と動物が発見された、ということを示した。さらに人間は、家畜化しうるその地域の動物種は何であれ家畜化してきた。人間には、様々な可能性を探究し尽くすほどの時間も知性も好奇心もあった――これは、家畜化された動物種とそれにきわめて近い動物種について先端技術を駆使した遺伝子分析方法によって、証明できることである。それに加えて推論できることは、人間が、その地域で利用できる薬草（ハーブ）のすべてではないがそのほとんどを――念入りな精製と調合を必要とする薬草さえ――発見するというすばらしい仕事もやっていたはずだ、ということだ。こうした探求の方法はとてもすばらしく信頼できるものなので、製薬会社は近年、あらゆる熱帯雨林や遠い島々の土着の人々による「原始的な」研究開発（R&D）の成果を精力的に獲得している――ある場合には盗んでいる――人類学的研究に、投資を行なっている。経済に無知な人々の「知的財産権」と「企業秘密」をかすめ取ろうとすることは、どれほどひどいことであろうと、進化生物学のコレカラ利益ヲ得ルノハ誰カ?を推論するのに役立つすばらしい実例である。研究開発には、労力と時間が必要だ。長い年月、自己複製を繰り返し時間の検証に耐えてきたどんな情報も、何らかの形でコストを回収してきたはずだし、だからこそ、盗用する価値がある！（コレカラ利益ヲ得ルノハ誰カ? 歴代の詐欺師たちが客を欺す手助けをすることでコストを回収してきたかもしれないのだから、すべての利害関係者の利益になったと想定してはならないだろう）。

薬草を摂取することで症状が緩和され病気が治療されることは、不可解でも驚くべきことでもないが、それに伴う（しばしばおどろおどろしい）儀式はなぜ存在するのだろうか？ 人類学者ジェームズ・マクレノン（McClenon, 2002）が世界中の療法師（ヒーラー）の儀式の様々な様式（パターン）を調査し、有望な仮説として見出したのは、人類が繰り返し発見してきたものはプラシーボ効果である[15]――もっと明確に言えば、幻覚剤や他の精神状態に影響を及ぼす物質の助けを借りた催眠術の力である――というものだった（Schumaker, 1990も参照）。マクレノンによれば、儀式治療（ヒール）は、現実に効果がある――もちろん完全ではないが、西洋の医療機関がたいていの場合進んで認めるよりずっと大きな効果がある――ので、どこにでも存在している（ユビキタス）。実際一致して認められるのは、シャーマンの所に行って――お金を払って――楽になる程度の軽い病気は、とりわけプラシーボ効果を受け入れやすいものである、ということだ。たとえば、心理的ストレスやそれに伴う症状、さらにおそらくもっともおもしろいケースを挙げれば、分娩の苦しみである。

ホモ・サピエンスの分娩は、とりわけストレスのかかる出来事であり、もちろん分娩がはじまるタイミングは――事故や戦争の心的外傷（トラウマ）とは違って――かなり正確に予想することができるし、そのタイミングを見計らって手の込んだお祝いの準備を行なうことができる。分娩時における子供と母親の死亡率は、科学技術が発達する以前の時代においては、現代でも科学技術をまったく持っていない文化と同じくらいの高さだっただろう。したがって、死亡率を下げることができる（文化レベルで伝達される）治療（トリートメント）と（遺伝子レベルで伝達される）**治療の受け入れやすさ**とが共に進化する方向への強い選択的圧力が働く余地が、まだたくさんあった。毎日家畜番をする文化を持つ人々の中でラクトース耐性が進化したのとまったく同じように、癒し（ヒーリング）の儀式を持つ文化で暮らす人々の中で、被催眠性が進化してきた。

私の仮説では、シャーマンの儀式は催眠誘導の構成要素であり、シャーマンが行なう行為（パフォーマンス）は〔催眠術の〕暗示であり、依頼人の反応は催眠によって生み出される反応と同等であり、シャーマンの治療への反応は、患者の被催眠性と相関関係にある（McClenon, 2002, p.79）。

これらの仮説は明らかに検証可能であり、マクレノンが論じるところでは、ほとんどあらゆる場所の宗教に見出される特徴のいくつか（儀式と信頼）の源も、このあたりにありそうなのだ。おもしろいことに、被催眠性には大きな違いがあり、人口の約一五％が強い被催眠性を示すのだが、（私の知るかぎり）まだ十分研究されていない遺伝子的要素がありそうなのである。人類学の豊富な証拠に従えば、シャーマンは家族で営まれる傾向があるが、もちろんこれは（親から子へのシャーマン・ミームの）垂直的な文化伝達のためであろう。

しかし、そもそも人間はなぜプラシーボ効果を受け入れやすいのだろうか。これは人間だけの（言語と文化に基づく）適応なのだろうか、それとも他の種にも類似の効果があるのだろうか？　これは、新しい研究と論争を生み出しているテーマである。議論されているもっとも独創的な仮説の一つは、ニコラス・ハンフリー（Humphrey, 2002）の「経済資源管理」仮説である。身体は軽い病を治すたくさんの資源〔手段〕を持っている。たとえば、ケガをさらにひどくする可能性のある活動を止めさせる苦痛、感染症と闘う熱、消化系から毒素を取り除く嘔吐がそれであり、もっとも強力なものについて言えば免疫反応がそうである。これらの資源は、すべて効果があるが犠牲も大きい。身体による過剰な使用や未熟な使用は、身体を助けるよりも結局身体に害を与えてしまうということも、現実にありうる（全面的な免疫反応はとりわけ犠牲が大きく、もっとも健康な動物だけが、抗体という武器のフル装備に耐えることができる）。すぐに治るという可能性にかけて、身体は、いかなる労力も惜しむべきではないのだろうか？　そうするのが安全な時だけ、何があってもすぐに助けてもらえる時だけ、そうすべきである。そうでない場合には、犠牲の多い自己‐治療を控えた方が、身体にとって良い可能性がある。ハンフリーの仮説によれば、プラシーボ効果は、希望があるのだから最大限の努力をするように身体に語りかけることによって、身体を作動させることである。他の種においては、希望変数はおそらく、動物が自分の置かれている現在の状況から収拾できる情報（巣にいた方が良いのか、群れの真ん中にいた方が良いのか、まわりにたくさんの食料があるのかなどの情報）に一致するように、調整される。私たち人間の場合には、希望変数が権威ある人物によって操られることもありうる。これらの問題は、さらに探求されなければならない。

第3章で私は、人間の脳が「神中枢」を進化させてきたかもしれないという仮説を簡単に紹介した。しかし、その「神中枢」なるものは、当面、何らかの宗教に巧みに改造され利用されてきたなんとか中枢とみなしておく方が良いということも、指摘しておいた。今私たちには、議論の空白を埋める有望な候補者がいる。それは、被催眠‐イネーブラである。[16]さらに、神経生物学者で遺伝学者であるディーン・ハマーは、最近の著作[17]『神の遺伝子』（Hamer, 2004）の中で、この役割を担いうる遺伝子を発見したと主張している。VMAT2遺伝子は、脳の中である働きをするタンパク質の作り方（レシピ）を教える多くの遺伝子のうちの一つである。そのタンパク質の働きとは、私たちの思考と行動を作り上げるために結びつく様々な信号を伝達する分子を作り調整することである。VMAT2は、モノアミン[18]を運ぶタンパク質を作る（精神神経用剤プロザックも、ドーパミンやセロトニンのようなモノアミンの働きを調整するが、神経活動調整物質や神経伝達物質の活動を活性化したり抑制する働きをする多くの精神活性剤や精神神経用剤も、近年開発されている）。VMAT2遺伝子は、人間においては多型的である。これは、様々な人間の中で多様に変異するということを意味している。したがって、VMAT2遺伝子変異体は、同じ刺激に対して人々が違った情緒的反応や認知的反応を示すのはなぜかを説明するのに適している。また、催眠誘導に比較的免疫がある人もいればすぐに催眠状態になってしまう人もいるのはなぜかも、それによって説明できそうである。しかし、これはどれもまだ証明されるに至っていない。同じ可能性をもつ他の多型的遺伝子があるし、ハマーの仮説の展開は精巧さよりも熱意によって評価されており、真面目に受け取られれば研究者が離れてしまうような欠点もある。とはいえ、彼の仮説に類するもの（おそらくずっと複雑なもの）は、タンパク質の役割と遺伝子の処方（レシピ）がさらに分析されると、将来確認される良い見解なのかもしれない。

こうした研究のやり方で興味がそそられるのは、還元主義的ではない！ということである。マクレノンとハマーは、私が知るかぎり、それぞれ独自に研究を重ねてきた。お互いに言及したことはないし、どちらもボイヤーやアトランや他の人類学者に取り上げられたこともない。これは驚くべきことではない。ルイジ・ルカ・キャバリ＝スフォルツアと彼の同僚たちが先駆者となった、遺伝学者と神経生物学者との共同研究や、人類学者と考古学者と歴史学者との共同研究は、ごく一部の最近の流行である。そのような学際的研究の初期段階では、誤った出発点と失望の方が成功よりもずっと数が多いはずだし、マクレノンの独特な仮説もハマーの独特な仮説も将来性については約束できない。とはいえ彼らは、ありうべき可能性を生き生きとまた理解しやすく示している。第3章で引用した「もし神経科学者が脳の中に『神中枢』を見つけるなら、私のようなダーウィン主義の科学者は神中枢がなぜ進化したのかを知りたいと思う。遺伝子中枢を育む遺伝的傾向を持った私たちの祖先が、なぜそうではなかった競争相手（ライバル）よりもうまく生き残れたのだろうか？」（Dawkins, 2004b, p.14）というドーキンスの主張を思い出そう。ドーキンスの問いに対して、いつかは検証できるかもしれない答えが一つある。それは、生物学的事実だけではなく、文化人類学の世界全体を拠り所にするものだ。(6) なぜそのような遺伝的傾向をもつ者が生き残ったのか？ なぜなら、そのような遺伝子を欠いた人々とは違って、彼らは健康保険を持っていたからだ！ 近代医学が成立する以前、シャーマンの治療（ヒーリング）が、病気になった時の唯一の頼みの綱だった。シャーマンが何世紀にもわたって苦労して改善してきた看護の仕方（文化レベルの進化）に体質的に鈍感な場合、必要な医療（ヘルス・ケア）〔健康管理〕が受けられなかっただろう。シャーマンが存在しなかったとしたら、この変異した遺伝子を持つことに何ら選択上の利点はなかったことになるだろう。しかし、シャーマンによって蓄積されたミーム、シャーマンの治療（ヒーリング）の文化は、適応風景の中にそれがなければ存在しなかったような選択圧力の突出点を創造することができた。

以上のことによって、組織化された宗教に到達するわけではないが、私が民俗宗教と呼ぼうとしているもの――文書化された教義を持たず神学者も身分組織もないような宗教――には至ることができる。[7] 大きな組織化された宗教が存在する以前には、民俗宗教が存在し、それが組織化された宗教が出現することができる文化的環境を整えていた。民俗宗教には、儀式と神々や超自然的祖先についての物語があり、禁じられた行為と義務化された行為があった。民話と同じように、民俗宗教で使われる言葉の立案者は誰なのかという問いに関して、立案者は知られていないというより立案者はまったく存在しない、と言った方が良い。民俗音楽[8]と同様に、民俗宗教の儀式と歌に作曲家は存在せず、タブーと道徳的命令に立法者は存在しない。意図を持った自覚的な立案者が現われるのはずっと後になってから、である。基本的な文化的対象（アイテム）のデザインが、何世代にもわたって何ら意図なしに、ただ文化的に伝達される間の差異化的自己複製の過程によって磨かれてから、である。こうしたことはすべて、ありうるのだろうか？　もちろんありうる。言語は、とんでもなく複雑で精緻にデザインされた文化的人工物であるが、それによって賞賛されるべき人間のデザイナーは存在しない。書かれた言葉のある種の特徴は、明らかにその先祖である話し言葉の痕跡であるが[9]、それとちょうど同じように、組織化された宗教のある種の特徴は、その祖先である民俗宗教の痕跡であるということが、いずれ明らかになるだろう。その痕跡とは、民俗宗教が何世代にもわたって保持され続けるために、――容赦のない競争に直面しながら複製され続けるために――、改造〔適応〕を必要としていたという、まさにその点である。このような改造は、そもそも口承的伝統に独特なもので、(リバースエンジニアリング[19]の観点から見れば)もはや必ずしも必要ではない。しかし、競争相手に打ち勝って選択されるようにまだ十分コストをかけたとはいえないという理由だけから、存続しているのである。

5　口承文化における記憶工学装置

バクタマン族が持つ知識の全体は、謎めいた具象的な象徴(それぞれの意味は数人の年長者の意識の中にある象徴と象徴の結びつきに依存している)のささやかな集合と、いくつかの周辺のコミュニティとの限られた怪しげなコミュニケーションに支えられて、一八三人のバクタマン人の心の中に保存されている。

フレデリック・バース『ニューギニアのバクタマン族における儀式と知識』

どうやら人間だけが、共同作業の可能性を高めるために創造的でリズミカルな身体的同調(たとえば一緒に働く時歌ったり体を揺らしたりすること)に自発的に関わる動物のようだ。

スコット・アトラン『私たちが信じる神々』

どんな民俗宗教にも儀式がある。儀式は、日光に照らされた林間の空き地にいるクジャクのように、進化論者の目を引きつける。普通儀式には、驚くほどのコストがかけられる。儀式では、しばしば――人間の生贄についてはいうまでもなく——大切な食料や他の所有物が意図的に無駄にされるし、参加者の肉体的負担もあれば、参加者が傷を負いさえすることもある。しかも、たいていの場合、たいへんな準備期間と労力が必要となる。コレカラ利益ヲ得ルノハ誰カ？　このような贅沢な出費の受益者は誰かあるいは何か？　儀式がコストを回収するやり方かもしれないものをすでに二つ見た。儀式は、占いのテクニックとして心理的に必要なものであるか、あるいは、シャーマンの治療(ヒーリング)における催眠導入のために心理的に必要であるか、である。[10] 儀式が、まさにこうした目的のために確立されると、他の目的のために利用できるように作りかえられる——後にスティーヴン・ジェイ・グールドが述べるように、拡大適応される——ことになるだろう。しかし、他の可能性も探求しなければならない。

宗教に関わる人類学者と歴史学者は、たいていの場合、進化論的背景を無視した狭い視野から、何世代にもわたって行なわれる宗教儀式の意味と機能とを理論化してきた。儀式を何らかの必要性や何らかの信仰などの象徴的表現と考える前に、儀式を記憶強化手段とみなす考え方を検討すべきである。この考え方では、儀式という記憶強化手段は、ミーム伝達を確実にするコピーの正確さを改善するために、文化レベルの進化によって（もちろん自覚的なデザイナーによってではない）デザインされたものである。進化生物学のもっとも明白な教えの一つは、コピー機能が壊れたり少し質が落ちるだけでも、どんな血統も遠からず途絶えるということである。血統の中でたまたま生じたデザインの改善も、高度な再現性を備えた形でコピーされなければ、ただちに無駄になってしまう。何世代にもわたって苦労して獲得され蓄積されてきたものであっても、ほんの少しの不完全な複製のおかげで失われてしまうこともあるし、研究開発の貴重な成果もたちまち消えてなくなる。したがって、私たちが確実に言えることは、宗教的伝統になろうとするものも、何世紀にもわたってデザインがちゃんと保存される手段がないと、すぐに忘れられてしまうということである。

創生期の信奉者がもはや信頼できなくなったり、興味を失ってしまって脱会することで、数年後にはほとんど記録も残らないようなカルト集団の誕生と消滅を、今日目にすることができる。カルト集団のメンバーが集団の存続を熱烈に願う場合でさえ、複製技術を利用しないなら、その願いはかなわないだろう。今日、（ビデオテープや他のハイテク記録メディアは言うまでもなく）〈書くこと〉それ自身も、利用可能な高速通信情報網である。〈書くこと〉が開始されたばかりのころから明確に認識されてきたことは、神聖な文書を損傷や腐朽から守る必要性ばかりではかく、何度もコピーを繰り返し、多数のコピーが確実に配布されることで散逸の危険を最小限にすることの必要性である。まったく同一のコピーをはじめて大量生産可能にした活版印刷が発明されるまでの何世紀もの間、部屋一杯の写本筆写者が、筆写机に肩を並べて、朗読者の読む文章を書き取り、脆くみすぼらしくなったコピーから何十もの新しいコピーを作っていった——人間コピー機である。それまではコピーの元になるオリジナルはほとんどゴミになってしまったので、写本筆写者の努力がなければ、神聖なものであれ世俗的なものであれ古代の文学の信頼しうるテキストは存在しなかっただろうし、『旧約聖書』もホメロスもプラトンもアリストテレスも〔古代メソポタミアの〕ギルガメッシュ〔叙事詩〕も同じ運命だっただろう。たとえば、現在知られているプラトンの対話篇のもっとも古いコピーは、プラトンの死後数世紀して作られたたし、死海文書や〔初期キリスト教の〕ナグ・ハマディ福音書（Pagels, 1979）でさえ、数百年たってから作られたテキストのコピーである。

パピルスや羊皮紙に書かれたテキストは、殻を脱ぎ捨て芽を出すのに適正な条件が整うまで何世紀もの間砂の中で無傷なままでいる硬い植物の種子のようなものである。それとは反対に、口承的伝統においては、——語られる詩節（ヴァース）や歌われる反復句（リフレイン）などの——表現は数秒しか持続しないので、忘却を免れるためには、――できるだけ多くの――耳の中に入り込まなければならず、できるだけ多くの脳の中にしっかりとすり込まれなければならない。脳の中に記録されること――競争に勝ち残って聞かれ注意が向けられること――の可能性は五〇％に満たない。ただ一つの脳の中であれ、公の場でみんなで反復されるのであれ、何度も繰り返されるかどうかこそ、口承的ミームにとって死活問題である。(11)

教会の日曜礼拝での礼拝順序を記憶し直そうとしたり、〔礼拝終わりの〕祝祷の間座っていて良いのか立っているべきなのかを調べたいなら、参照できるテキストはほぼ確実に存在している。おそらく聖歌集の後ろや、祈祷書に、もしなければ司祭や牧師やラビやイマームがすぐ利用できるテキストの中に、詳細は印刷されている。すべての祈りの言葉や、すべての祈祷文、衣装や音楽の詳細、また聖なるものの取り扱い方など、それらすべては公式の記録文書などに書かれているのだから、記憶する必要はない。とはいえ、儀式は、読み書きができる人々の文化だけに存在しているわけではない。事実上、読み書きができない人々の社会の宗教的儀式は、組織化された宗教の儀式より、しばしば詳細に決められ、たいていは肉体的負担がずっと大きく、時間も長くかかる。そのうえ、シャーマンは、公のシャーマン‐神学校に通っているわけではないし、〔儀式の〕品質管理をする主教公会も〔イスラム教の最高指導者〕アーヤットラーも存在しない。こうした〔読み書きのできない人々の〕宗教のメンバーは、何世代にもわたってその詳細を記憶に留めておくのだろうか？

答えは簡単である。彼らはそんなことはしていないし、できない！　そうではないことを証明する方が、驚くほどたいへんだ。読み書きができない人々の文化のメンバーは、なるほど、自分たちの儀式と教義が「何百」世代も「何千」世代も（千年はおよそ五〇世代でしかない）完全に保存されているという確信をほとんど全員が共有しているのかもしれない。しかし、私たちは彼らの言うことをなぜ信じるべきなのだろうか？　彼らの伝統的な確信を支持している証拠でもあるのだろうか？　少しある。

〔南インドに定住したアーリア人〕ナンブーディリの儀式の伝統を学者たちが発見した時に生じた興奮の大部分は、ベーダの儀式を描写するテキストが存在するにもかかわらず、それらを使用していないという事実に向けられていた。彼らは、（何世紀も古いスラウタ・スートラによって方法化されているように）もっぱら言語を使わないやり方で、驚くべき忠実さをもってこの繊細な儀式の伝統を維持してきた（Lawson and McCauley, 2002, p.153）。

したがって、自分たちの儀式を元のまま保存してきたという確信を支える証拠があるので、ナンブーディリはこの上なく幸運な口承文化だったのだと、最初は思われる。たぶん彼らには知られていなかったり、彼らが何年も参照したことがなかったとしても、もしベーダのテキストがなければ、自分たちの伝統の古さへの信念を計る尺度もないことになろう。ナンブーディリの伝統は口承かもしれないが、彼らは読み書きができないわけではない（たとえば、彼らの司祭の一部は工学技術を教えている）ので、彼らがベーダのテキストをまったく見たことがなかったというのは、信じ難い。「現実の行事のための訓練、準備、リハーサルに費やす六ヶ月の入信式の間、すでに儀式に参加したことがある年長者によって準備されたノートが使われることは、知られている」[12]。したがって、ナンブーディリだけを取り上げて、口承的伝達がどれほど正確であり得るかを評価することはできないのである。

言語の進化についての現在進行中の研究と、ここでの問題を比べてみよう。言語学者たちは、複雑で繊細な確率論的分析を用いて、最後の話者が数千年前に死んでしまった滅んだ口承的言語の特徴を推論することができる。彼らが推測しようとしている言語のテープが残っているわけでも、テキストがあるわけでもないのに、どうしてそんなことができるのだろうか？　彼らはその後登場する言語の膨大なテキスト・データの集積を用いて、たとえば、〔標準的な〕アチカ地方のギリシャ語からユダヤ人のギリシャ語への変化や、ラテン語からロマンス諸語への変化などを跡づけている。彼らは、これらの変化に共通のパターンを発見することによって、書き言葉が登場する以前の、大昔に化石化した研究対象の言語が、いったいどのようなものでありうるのかを、推測することができたのである。彼らは、発音の変化や文法的変化の規則性を探り出すことができたし、それらを安定したパターンとして捉えることができた。その結果、たとえば、琥珀の中の昆虫のようにヒントを与えてくれる書き言葉が登場するずっと以前に、インド−ヨーロッパ語の単語がどのように発音されていたのかに関して、かなり確度が高く十分に裏づけられた推測に至ったのである。(13)

もし宗教的信仰にも同じような推論方式を使おうと思うなら、宗教的信仰の安定性と変化を測るための評価基準を、まず打ち立てなければならないだろう。しかし、今までそんなことが実現可能だと示されたことはない。初期の宗教について知られていることは、どんな細かいことでも、残されたテキストにほとんど完全に依存している。たとえばペイゲルス（Pagels, 1979）は、オリジナルのコピーのコピー……の翻訳として伝えられてきた写本が、偶然生き残ったおかげで、〈グノーシス福音書〉が、キリスト教のテキストの一部になろうとする初期の競争に参加することができたという、魅力的な視点を明らかにしている。だとすれば、現在でも世界中に存在している読み書きのできない人々の宗教的伝統が、喧伝されているくらい古いということを、信じることはできない。さらに、すでに知られているように、そのような宗教には、古い教義を強迫的に保存しておこうという伝統は**ない**。たとえば、フレデリック・バースは、バクタマン人の間に変革が生じてきたという証拠を多数発見したし、ローソンとマッコリー（Lawson and McCauley, 2002, p.83）は、「過去の実践に完全に忠実であることは、バクタマン人のゆるぎない理想ではない」とあっさり述べている。したがって、口承的伝統に属する人々が、何千年もの間ある種の宗教を持っているということは断言できるが、今日見ることができる（また記録されている）宗教が、ごく最近発明されたり作り変えられた諸要素で成り立っているかもしれないという可能性を、無視すべきではないのである。

人々は、どこでもほとんどまったく同じやり方で走り、飛び上がり、石を投げる。このような一定性は、人間の手足や筋肉組織という身体的特性と、地上の風の抵抗の均一性によって説明されるのであって、世代から世代へと伝えられてきた伝統によって説明されるのではない。他方で、そのような〔身体的・物理的な〕制約によって同じようなことが再び生じることが保証されないところでは、文化的なもの（アイテム）は、忠実にコピーを行なうメカニズムなしに――十人十色[20]――、気づかれることなく広く速やかに広がることができる(14)。そして、このように広まり方が生じるところではどこでも、人々が気にかけようがかけまいが、コピーが忠実に行なわれる可能性を高めるメカニズムの選択が、自動的になされるだろう。なぜなら、そのようなメカニズムは、文化的な情報媒体において、いいかげんにコピーを行なう別の（そしてコストがかかる）メカニズムより長く存続する傾向にあるからである。

たくさん複製されても忠実なコピーが必ず作られる最善の方法の一つは、気味が悪いほど信頼できる動きをするコンピュータの基礎である「多数決原理」戦略である。この方法を現実の工学の世界に応用する仕方を発見したのは、偉大な数学者であるジョン・フォン・ノイマンであったし、その結果、アラン・チューリングが思い描いていたコンピュータが現実のものとなり、今や、信頼を欠くことが避け難いパーツから、きわめて信頼できるコンピュータが作られるようになった。実際、「フォン・ノイマンの並列情報処理〔多重化〕」のおかげで、安価なコンピュータでさえ、何兆ビットもの情報伝達を完全に行なっている。しかしながら、この方法は、様々な種類の分野で何世紀にもわたって発明されてきたし作り直されてきた。無線通信やGPS衛星がなかった時代、航海士は、長い航海に出るとき、一つや二つではなく三つのクロノメーター[21]を持っていった。もし一つしかなかったら、その進み方が遅くても速くても、間違ってることに決して気づくことはない。もし二つ持っていて、それらが明らかに一致していない場合、どちらの進み方が遅いのか速いのか分からない。しかし、もし三つ持っていれば、誤りを積み重ねている一つはこれだ、と確信することができる。なぜなら、そうでなければ、一致し続けている二つがまったく同じ仕方で間違っていなければならないことになり、そんなことはほとんどの状況下でありそうもないからである。

このような〔並列情報処理と多数原理という〕〈妙技〉は、それが自覚的に発明されたり発見されたりするずっと以前に、ミームの適応としてすでに具体化されていた。人々が――たとえば、祈ったり、歌ったり、踊ったりするという――一致した行為を行なう宗教的ないし世俗的な――口承的伝統において、この〈妙技〉が有効であることが分かる。みんながみんな、言葉やメロディーや次のステップを覚えているわけではないだろうが、ほとんどの人は覚えており、ステップが分からない人々は、大勢の人たちのステップにすぐに合わせるようにし、自分だけで保存できるよりはるかに信頼性が高い形で伝統を保存することになる。記憶の名人があちこちにいることは求められず、誰も平均以上である必要はない。数学的に証明されているように、そのような「並列処理」の仕組みは、「ウィークスト・リンク」[22]現象を克服し、ウィークスト・リンクが存在するものよりは*はるかに強い*〔情報の〕網を作ることができる。すべての宗教に、信奉者たちが、儀式にみんなで集い、そこでみんなで同じ行為をする機会があるのは、決して偶然ではない。そのような機会のない宗教は、とっくになくなっているだろう。[15]

みんなで行なう儀式こそ、きわめて忠実に内容を保存していくとても良い方法なのである、とはいえ、そもそもなぜ、人々は儀式に参加したがるのだろうか？　一種の社会的なコンピュータ・メモリを作って、そこに自分たちのミームのコピーを忠実に保存しておこうとしているわけでは*ない*のだから、何が彼らを参加するように促しているのだろうか？　これに関しては現在、対立しあう仮説があり、解決にはしばらく時間と研究が必要であり、実際いろいろありすぎて選ぶのが難しい。[16]〈シャーマン‐広告〉仮説と呼ばれるものを、検討してみよう。世界中のシャーマンは、公開の儀式で医療行為の多くを行ない、地域住民に、自分や顧客がトランス状態になっているのを見せるだけではなく、太鼓を打ち歌い詠唱し踊ることで、参加するように巧みに誘導する。人類学者エドワード・エヴァンズ＝プリチャードは、古典的著作『アザンデ人の世界――妖術・託宣・呪術』（Evans-Prichard, 1937）の中で、こうした一連の出来事を生き生きと記述している。シャーマンが、実際は〈さくら〉である知り合いの見物人に協力させて、この儀式のデモンストレーションが斬新な光景に見える未経験者に感銘を与えるそのやり方に、彼は気づいたのである。

> おそらく、儀式に立ち会わせることは、とても重要である。子供たちは、必ず出席し、見物人や合唱の一員としても参加するので、儀式は、その心に妖術を信じる気持ちを強くする働きをする。儀式は、子供たちが自分の信仰を示す最初の機会であり、その信仰は、他のいかなる状況よりも、ドラマチックに、また、より多くの人々を前にして、是認されるのである（Evans-Prichard, 1937〔簡約版, 1976, pp.70-71〕）。

歌やリズミカルな舞踏、その他「感覚に訴える祭典」(Lawson and McCauley, 2002) のいろいろな形態によって刺激された、生まれつきの好奇心は、合唱に参加する最初の動機づけを説明し、とりわけ人間が生まれつきの所属欲求を進化させてきたとすれば、最近多くの人々によって論じられているように、他者の側(そば)に、とりわけ年長者の側にいようとする最初の動機づけも説明する (これは次章の話題の一つである)。さらに、「集団催眠」や「集団ヒステリー」という現象がある。これはまだ十分に理解されていないが、人々が群衆となり刺激的な何かに反応しなければならない時に見られる、明らかに強力な効果を備えている。人々がいったん合唱に加われば、引き続き別の動機づけが生じることがある。不参加によって生じる損失(コスト)を大きくしてしまうものがあれば、それで参加を促すのに十分だろうし、コミュニティのメンバーが、他のメンバーに参加を促すだけではなく、参加責任を避ける人々に損失を負わせようという考えに至った場合には、儀式参加という現象は、存続して行くことができる (Boyd and Richerson, 1992)。

運営を助ける誰かがいる必要はないのだろうか？　儀式的伝統をスタートさせたいと思っている何者かや行為主体がいないとすると、これは最初どのようにしてはじまるのだろうか？　このような推測をめぐらすこと自体が、たいていの場合、進化論的な想像力の失敗をさらけ出してしまう。もちろん、コミュニティの指導者や他の行為主体が特定の目的に奉仕する儀式をデザインするということはありうる――ある事例では確かにそのようであるらしいし、そうであることが証明される。しかし、すでに見たように、そのような創始者は、必ずしも必要ではない。人々が繰り返す精緻でコストのかかる儀式でさえ、自覚的なデザインなしではじめられた初期の実践と習慣から出現することはありうるのである。[17]

人々が繰り返すということが記憶強化の中心的過程であるが、それだけでは十分ではない。繰り返されるものの特徴も、調べなければならない。というのも、そのような特徴は、より記憶しやすいものであるようにデザインされている可能性があるからだ。重大な革新は、伝達されるべきものを、アルファベットのようなものに、産生の基準を持つ小さな持ち駒（レパートリー）に、分解することである。私は「補論A」で、DNA複製そのものの信頼性が、A・C・G・Tのような一種のアルファベットである諸要素の有限なコードつまり組み合わせが存在していることに、いかに依存しているかを述べている。これは、一種のデジタル化であり、かすかな変動や変化が生じても、次の段階でそれは吸収されたり一掃されたりすることが可能になる。デジタル化というデザインのアイデアは、コンピュータ時代に有名になったが、デジタル化の初期の応用形態は、──舞踏や詩や言葉そのものと同様に──宗教的儀式が、簡単に認知できる諸要素に分解されるその仕方のうちに、見ることができる──これらの諸要素は、ダン・スペルベル（Sperber, 2000）が「刺激産生」と呼ぶものとぴったり一致する（「補論A」と「補論C」を見よ）──。二人の人間がお辞儀をしたり挨拶したり頭を下げたりする時、厳密に同じやり方でしていなくても、どれも、お辞儀、挨拶、頭を下げることとして同じ集団に属する人々によって明確に認知されるだろう。そのようにして集団に属する人々は、動きの中のノイズを取り除き、本質的な骨組みだけを、動きの綴り方だけを、将来に伝達する。世俗的な民俗舞踏においてであれ民俗宗教的な儀式においてであれ（そのような区別は、ある種の文化においては、勝手に設けられたものか、まったく存在しないかのいずれかである）、年長者がある動きをしているのを子供たちが注視している時、子供たちは行動のアルファベットを学んでおり、誰が一番威勢の良い〈動き－A〉を、一番滑らかな〈動き－B〉を、一番声の大きい〈歌－C〉をできるのかについて、張り合うこともあろう。しかし、その動きが何であるかについて、みんな同じ意見を持っている。ここにあるのは、伝達されなければならない情報の圧縮である。この種の圧縮は、［スキャナーで読み込まれた］一頁のテキストの（あらゆるドットを見事に表現しているが、アルファベットの文字と紙の汚れやインクのシミとを区別することはない）ビットマップと、[23] 同じ頁の〔OCRでテキスト化された〕驚くほど小さなサイズのテキスト・ファイルとを比べてみれば、簡単に理解できる。

　記憶すべきことの「標準」セットの構成物を、「アルファベット」にたとえて語るのは、二重の意味で時代感覚がずれているかもしれない。というのも、まず、立案者のいない伝達方法に見られる初期の様々な革新が持つデザイン上の強さを分析するために、後の技術（テクノロジー）を用いている（つまり、書かれた言語を用い、意識的・自覚的に高みに登りその高みから、一定の確信と一定のテキストからなる「標準」なるものを限定している）からである。伝達方法は、リズムと韻によっていっそう強化されたのだが、こういう言い方をするのもまた、時代感覚のずれである。なぜなら、これらの「技術的（テクニカル）」用語は、リズムや韻という特性の有効性が、文化的選択という盲目の時計職人[24]によって「認知されて」からずっと後になって、発明されたものにすぎないからである。（とはいえ、時代感覚がずれたままにして、やって行くと）リズムと韻とピッチ〔音高〕はすべて、付加的な支えとなり（Rubin, 1995）、記憶するのがたいへんな一連の言葉でさえ、決め文句として記憶できるようになる。

　明確さに欠けるデザイン特徴とは、理解不可能な要素が含まれているもののことだ！　これがなぜ伝達に役立つというのだろうか？　伝達者に「直接的引用」を強制することによって、である。さもないと、伝達者は「間接的引用」を使いたい、「自分なりの言葉で」そのつど要点だけを伝えたい、という衝動にかられてしまう——これは危険な変異の源となる。この基本的アイデアは、（普通は推奨されないが有効性のある）教育方法として、十分馴染み深いものになっている。つまり、丸暗記である。「これらの言い回しを理解しようとするな。ひたすら記憶しなさい」というわけである。これらの言い回しあるいはその一部を理解できなくても、叱られることはない。何も頼らず記憶することが重要で、それこそ、正確な繰り返しに基づく信頼性を強化することであり、アルファベット誤謬訂正の才を向上させる。しかし、叱責もあった方が良い。それも記憶強化に役立つという特徴を持つからである。その言い回しを正確に言いなさい！　あなたの命がかかっている！（たとえば、「おまじないを正しく言わないと、ドアは絶対開かない。言い間違えると悪魔に連れ去られる」という具合である）。すでに慣れ親しんだ決まり文句を繰り返すこと、これは、参加している儀式の原理を理解する必要がないということ、その儀式のコピーの正確さに関して修正を加えたいと思うことすら必要がないということ、である。このような特徴をたまたま備えた儀式は、どんなものであろうとも、それを欠いた競争相手の儀式に比べて、はるかに複製されやすいという利点を持っている。

　宗教の生き残りに貢献してきたであろうと思われる適応形態は、それだけでは、私たちが受益者かどうかに関して、その答えにはなっていないということを指摘しておこう。適応形態は、——進化の必要条件である——伝達の忠実さを確かなものにするためにデザインされた媒体（メディア）であって、メッセージではなく、また、伝達されるものが良いもの（相利共生的なもの）なのか、悪いもの（寄生虫的なもの）なのか、その中間的なもの（片利共生的なもの）なのかに関して、ほとんどまったく決定するものではない。シャーマンの癒しの儀式の進化は、おそらく良性のあるいは相利共生的な発展であり、私たちの先祖を欺す単なる悪しき習慣ではなく、占いにしても、決断をせまられた先祖にその決断の手助けを（ただ単にそう思われたということではなく）現に行なってきた可能性があると、なるほど私たちは仮定した。しかしこれらは、依然としてまだ答えの出ていない問題であり、もし証拠によって保証されれば、理論を破綻させることもなく私たちの見解を修正できる類のものである。この点に関して、宗教が行なうすべての良いことについてまだ語りはじめてさえいないと言って、不服を唱えるべきではない。私たちはまだ、しかるべき仕方でこの問題に立ち向かう必要がなかったのである。この問題に関して適切に考察するための基礎を打ち立てるために、ごく小さな選択肢まで論じ尽くすべきなのだ。

第5章の要旨

民俗宗教に見られる贅沢さは、生物学への挑戦なのだが、まだ確証されてはいないが検証可能な仮説によって、説明できる。おそらく、ＨＡＤＤ〔行為主体を敏感に探知する装置〕によって生み出された、過剰な数の想像上の行為主体が、たとえば占いにおいては決断の手助けをし、健康維持においてはシャーマンの共犯になるといった働きをする候補者を生み出していった。それから、これらの選ばれた、あるいは拡大適応された心的構築物は、選択的圧力の下で、すぐれた再生産力を持つために大規模なデザイン改訂がほどこされてきた。

第6章の要旨

人間の文化が成長し、人々がより反省的になるにつれて、民俗宗教は組織化された宗教へと変わっていった。初期のデザインの浮動的原理は、宗教が飼い馴らされる（ドメスティケイティド）につれて注意深く作られた理屈によって補強され、時としてそれに取って代わられた。

第6章　管理運営の進化

1　宗教音楽

スウィングしなけりゃ意味はない。

デューク・エリントン

本章の中心的な主張は、民俗宗教が組織化された宗教になっていったというものである。これは、民俗音楽が——プロの音楽家と作曲家、〔音符の〕記譜と様々なルール、コンサート・ホール、批評家、代理人（エイジェント）などを備えた——組織化された音楽とでも呼ぶべきものを生じさせたのとまったく同じである。どちらの場合にも変化は多くの理由から起こったのだが、主な理由としては、人々が自らの実践とその反応の両方にますます反省を加えるようになるにつれて、様々な可能性を探求することで、ますます創意に富むようになった、ということがあげられる。音楽も宗教もますます「技巧的」ないし洗練されたものになり、より手の込んだ、より生産性に富むものとなっていった。これは、必ずしも絶対的意味でより良いものになったということではない。そうではなくて、生物学的には遠い祖先とほぼ同じであるが、文化的にはより教養を備えまたなすべきことも多くなっていった人々からの、ますます複雑になった要求により良く応えることができるようになった、ということである。

ぎこちなく行なわれた宗教儀式に出席したことがある人なら誰でも分かるように、宗教的実践のデザインとその実行には、技巧というものがある。普通のことを詰まりながら話す聖職者、退屈な典礼、聖歌隊のへたくそな歌、いつ立ったら良いのか何を話し何をすべきなのかを忘れている人々――そのような欠点だらけの出来栄え（パフォーマンス）では、誠実な信徒たちでさえ離れて行く。見事に執り行なわれれば、信徒たちはすばらしい歓喜（エクスタシー）へと導かれる。文学や音楽や舞踏や建築やその他の芸術における技巧を分析できるのとまったく同様に、宗教のテキストや儀式における技巧を分析することができる。音楽理論にたけた教授は、モーツァルトのシンフォニーやバッハのカンタータを分析し、様々なデザイン的特徴がどのようにしてその「魅力（マジック）」を作り上げているかを示すことができる。手品（マジック）の種明かしを知りたくない人々がいるように、こうした事柄が探求されるのを好まない人々もいる。彼らにとって、説明は「驚嘆（ワンダー）」を減少させてしまうのだ。おそらくそう〔驚嘆を減少させる〕なのだが、音楽的教養のない人々がシンフォニーを聴いてむやみにありがたがるという事態は、サッカーのルールもすばらしさも知らないで、ボールが前後に蹴られたり選手が盛んに走り回るのを見ているだけの人が試合に関して浅はかな評価を下す事態と同じだ。「素晴らしい！」と彼らは心から叫ぶかもしれないが、眼前で行なわれている素晴らしいことのほとんどを見逃しているのだ。モーツァルトとバッハ――そしてマンチェスター・ユナイテッド――は、もっと価値がある。宗教のデザインと技術もまた、同じ偏りのない好奇心をもって研究することができるし、価値ある結果を引き出すことができる。

同じ好奇心の強い態度を宗教に対して、とりわけあなたが信じている宗教に対してとると、考えてみよう。それは、華々しい振る舞い（プレイ）と戦略から見事に調合された合成物（アマルガム）であり、人々を夢中にさせ、全身全霊従うようにし、利己性と平凡な在り方から人々を解き放つことができる——音楽もしばしば同じことをするが、宗教は音楽以上である。宗教がどのように機能しているのかを理解することは必要で、それがあってはじめて、宗教を分解してみることもできるし、宗教をもっときちんと評価したり、今よりももっとうまく機能するようにすることもできる。そして、私が主張している分析は、結局のところ、宗教を今ある状態にしてきた反省の過程の延長上にあるものでしかない。ジャズ・ミュージシャンは、愛されているスタンダードの名曲を今まで演奏されてきたであろうように演奏して伝統に生命を与え続けるだけではなく、聴衆の心を掴むために、絶えず判断と決断を繰り返し、テンポを下げ上げし、意のままにフレーズを削除し付け加え、まさに正しい比率で馴染み深さと斬新さを混合する。どの宗教のどの聖職者も、これとほとんど同じことをしている。最上の出来栄えは、良い音楽に似ているというだけではない。それは一種の音楽なのである。たとえば、C・L・フランクリン師（〔歌手〕アレサ・フランクリンの父、アレサがヒット曲を出す以前から福音伝道者として有名だった）やバプテスト派牧師ジョン・シャーフェイの録音されている説教を聞いてみると良い(1)。

このような音楽の作曲家－演者（コンポーザー・パフォーマー）は、ヴォーカリストだけをやっているのではない。彼らは楽器も使い、その楽器は信徒団である。彼らは、ストラディヴァリウスを携えたヴァイオリニストのような情熱的であるが知識豊かな芸術的技量で、その楽器を演奏する。この演奏には、——微笑み、「アーメン」、「ハレルヤ」といった——今日の直接的効果や、——来週の日曜日も教会に来ること、献金皿にもう一ドル寄付することといった——短期的効果だけではなく、長期的効果もある。聖職者は、今週〈聖典〉のどの一節を複製する〔使う〕かを選択することによって、礼拝の秩序を整えるだけではなく、礼拝者の心を方向づける。あなたがめったにいないものすごい学者でないかぎり、あなたは自分の宗教の聖典の断片しか個人的な記憶装置（メモリー）に入れて持ち歩いてはいない。それらは、子供の頃から何度も聞かされてきたものだろうし、記憶しようと思おうと思うまいと、時には信徒団と一緒に唱えてきたものだ。古代ローマのラテン的気質（マインズ）が、フランス的、イタリア的、スペイン的気質に取って代わられたのとちょうど同じように、今日のキリスト教的気質は初期のキリスト教徒の気質ときわめて異なっている。今日の音楽が、古代ギリシャやローマの音楽と異なっているように、今日の主要な宗教は、祖先の宗教形態とは異なっている。生じてきた様々な変化は、決して無秩序（ランダム）なものではない。それらは、文化された人間という種の飽くなき好奇心と変化する要求（ニーズ）に応えてきたものなのである。

反省を加えることができるという人間の能力は、（「なぜ私はそんなことに関わり続けているのだろう？」「その時は良い考えだと思えたんだが、しかし、なんでそう思えたんだ？」……などと反省することによって）自分自身の行動の諸形態に注意を向けそれを進化させることができるという能力を生み出す。この能力は、将来の見通しと可能性を思い描くことができるという能力を強化するが、その能力は、それはそれで、そのような懐疑的な態度を許さない——十分な根拠を持たない——社会的実践の安定性を脅かすことになる。人々がひとたび「理解し」はじめると、何世代にもわたって「機能してきた」システムですら、一晩で自壊する。伝統は石塀やスレート製の屋根よりもすみやかに損なわれることがあるので、教義と実践から構成される制度の予防的保全管理（メンテナンス）はその道のプロが従事する専門職となりうる。もちろん、あらゆる制度がそのような保全管理をしたりそれを要求するものではない。

2 実践的専門知識（ノウハウ）としての民俗宗教

〔スーダン南部の〕ヌアー〔ヌエル〕族にとって、牛を生贄に捧げることが特に良いことなのだが、牛はとても貴重なので、ほとんどの場合キュウリで十分だとされている。

E・トーマス・ローソン、ロバート・N・マッコリー『儀式の想起』

デザインされたものはどんなものも、消耗が避け難いので、更新（リニューアル）されたり複製されないと、長期間存続できない。人間文化の様々な制度と習慣は、生物学上の有機組織や器官や本能と同じように、この原理つまり熱力学第二法則[1]に従わなければならない。しかしながら、文化レベルで伝達される実践のすべてが、管理を必要としているわけではない。たとえば、言語は、――なるほどヨーロッパでは正確な言語を守るための監視人を自認する人々がたくさんいたのだが――、用法監視人や文法家の助けを求めることはない。前章の主要な主張の一つは、民俗宗教は、この点に関して、言語に似ているというものである。すなわち、民俗宗教は、みごとに〔管理を受けることなく〕自立している。存続している儀式は、その儀式を維持する努力を懸命に行なう人がいようがいまいが、自らを永続化させている儀式である。ミームは、自分の血脈が永続化される保証となる新しい方策を、――それが明確に理解されていようとされていまいと――、手に入れることができた適応形態である。したがって、民俗宗教が人々に明確な利益を与えてきたかどうかという問題――儀式を構成している様々なミームが相利共生的で、片利共生的なものや寄生的なものではないかどうかという問題――は、しばらくの間答えを出さないままにしておこう。民俗宗教の利益は——言語の利益が明らかなように——、明らかであるように見えるかもしれない。しかし、人間の遺伝的適応度への利益は、人間の幸福や福利への利益と同じではないということを、私たちは思い出す必要がある。私たちを幸せにするものは、私たちをより多産的にしないかもしれないが、多産であることこそ、遺伝子にとってもっとも重要なことなのだ。

言語にしても、できるだけ中立的な観点から見られるべきである。ことによったら、言語は、たまたま広まった悪い習慣にすぎないかもしれない！ いったいどうしてそう言えるのだろうか？ たとえば、次のようにである。私たちの祖先の間で言語が流行りはじめると、即座に言語をのみこめなかった人々は、生殖行為からいっさい閉め出された。おしゃべりをしろ、さもないと子供が持てないぞ、というわけである（これは、言語の性的選択理論ということになろう。口達者、これがホモ・サピエンスにとってのクジャクの尾羽のようなものだ。この理論によれば、もし誰も言語を持ったことがなければ、子孫に関してもっとうまくやっていただろうに、言語という優劣のつく贅沢な条件が女性の間で流行したがために、言語を持たない男性は、子孫を残さず死ぬ傾向が強くなり、そのため男性は、どんなに生活が困難になろうと、投資をしないわけにはいかなくなった、ということになる）。とはいえ、親によって授けられた素質がどんなものであれ育成していかなくてはならない尾羽とは違って、言語は、水平的ないし文化的に広がる。したがって、言語は、再生産されるという願いを持つものとして、考察されなければならない。この理論では、私たちが話すことが好きな理由は、トキソプラズマに寄生されたネズミが猫に挑みたがるのと同じ理由である。つまり、言語は、人間のかわいそうな脳を虜にして、人間を言語自身の増殖のための熱心な共犯者に仕立て上げた、というわけである。

これは、まったく突飛な仮説である。なぜなら、遺伝的適応度に対する言語の貢献は、明らかだからである。この惑星を埋め尽くしその資源を独占する六十億を越える人間がいる一方で、私たちともっとも近い関係にある種であるボノボやチンパンジーやオランウータンやゴリラは、言語を欠いているために、絶滅の危機に晒されている。人間の走る能力や体毛のなさが人間の成功の秘密であるという仮説は、とりあえずおくとしても、言語というミームが適応度を高める相利共生者であって寄生的なものではないことは、まったく確実である。とはいえ、そのような突飛な仮説を組み立てることによって、遺伝的進化が直接的に幸福や福祉を促進するわけではないということを、私たちは思い起こすことができる。遺伝的進化は、子孫やさらにその子孫を生み出すために生き残る子孫の数だけに、関心があるのである。民俗宗教もホモ・サピエンスの増殖に重要な役割を演じてきたのかもしれないが、私たちはまだそれについて何も知らない。私たちが知るかぎり、すべての人間は何らかの民俗宗教を持っていたが、その事実によって民俗宗教にはそのような役割があるのだと、確定されるわけではない。周知のように、人間は風邪を経験してきたが——私たちが知るかぎり——風邪は相利共生者ではないのである。

反省によって民俗宗教が変形されはじめる以前に、民俗宗教は、私たちの祖先による影響を、どのくらいの期間受けてきたのだろうか？　他の種を調べることで、この問題に対する何らかの展望が開けるかもしれない。まったく明らかであるように、鳥は、自分の翼の形を規定する航空力学の原理を理解する必要はない。鳥が——「自然のナイトクラブ」と呼ばれることもある、交尾相手を探すための集い——レックのような洗練された儀式に参加するのだが、自覚的にそうしているかどうかは別にして、そのような儀式が存在し鳥がそれに参加していることは事実なのである。レックにおいて、その地域に住む生物種の雌は、良い格好をする雄たちが競い合って演じるパフォーマンスを観察するために集まる。ある種の哺乳類や魚、さらに昆虫にさえ見られるレックの原理は、明らかである。レックは、特定の条件の下で交尾相手を選択する有効な方法であることによって、コストを回収しているのだ。しかし、レックに参加する動物たちは、自分たちが行なうことをなぜ行なうのかについて、理解している必要はない。雄たちが次々現われ、雌たちはそれに注意を払い、何世代にもわたって自然選択によって知らず知らずのうちに形成されてきた「心の命ずるところ」にしたがって、〔交尾相手を〕選択する。(2)

宗教儀式に参加するという私たちの性癖に関しても、同じような説明が可能だろうか？　人間の儀式が遺伝子ではなく文化によって伝達されているという事実は、この〔同じような説明が可能かもしれないという〕見通しを完全に拒むものではない。周知のように、特定の言語は、遺伝子ではなく文化によって伝達されているが、言語を上手に獲得しうまく利用するために人間の脳を調節してきた遺伝子レベルの進化というものもまた、存在してきたのである。(3) 人間の脳は、効率的なワード・プロセッサーになるように進化してきたし、文化的に伝達された民俗宗教の習慣をもっとうまく実行できる者になるようにも、進化してきたのである。被催眠性がどのようにして才能となることができ、その才能のために第3章で想定されたなんとか中枢が形成されたのかを、すでに見た。儀式（そして音楽）への感受性は、以上のパッケージの一部であろう。

実際のところ、動物たちが、本能的に行なうことをなぜ行なうのかについて、何となく分かっている、と想定する理由はない。そして、人間もその例外ではない。人間の「本能」の奥深い目的は、人間にはほとんど分からない。人間と他の種との違いは、人間がこのような無知の状態を気にする唯一の種であるということである！　他の種とは違って、人間は理解したいという一般的な要求を感じているのだ。したがって、私たちが知っておくべきなのは、民俗宗教を創造したデザイン革新を誰も理解する必要もなければ、ましてや、それを企てる必要もないとしても、生まれつき好奇心旺盛で、思索を企て、問いを立てたり立て直したりするための言語を持つ人間は、――鳥とは違って――自分たちが行なう儀式がいったい何のためにあるのかを自問する傾向が強かったであろう、ということだ。もちろん、好奇心のむずがゆさをあまり強く感じない人々もいるようである。今日私たちの周辺を見回して判断すると、私たちの祖先のほんのわずかな人たちだけが、親族や隣人たちと共に参加している活動について、時間をかけて問題にしたり、またそのような問題を立てることを好んだというのが、正当な見解である。

一万年以上前農業が発明され、人口が爆発的に増えて以来、生活していくために求められた重労働と比較すると、旧石器時代の狩猟採集民族であった祖先は、食料が豊富で自由な時間もあるような比較的安楽な生活を送っていたかもしれない（Sahlins, 1972）。新石器時代がはじまってから、生物学的時間の尺度では比較的最近――二百世代前――まで、ほぼすべての祖先たちの生活は、ホッブズが述べていたように、不潔で獣のようなもので、寿命も短く、たとえば理論的なことを手に入れるための時間的余裕はほとんどなかった。したがって、現実の重さによって祖先たちの視野の拡大が阻止されてきたと考えるのが、おそらく正しいだろう。世界中で見出される民俗〔民衆〕の知恵という宝石の一つは、わずかな知識は危険なものでありうるというアイデアがある。それゆえ、あまり指摘されてこなかったが、不完全な知識を使うより、説得力のある神話を使う方が安全だ、ということもある。ロイ・ラパポートが最後の著作で次のように述べている。

……世界の物理的諸要素を支配している過程があまりあるいはほとんど知られていない世界では、そのような過程についての不安定な経験的知識が、多少とも神秘的であろうともそれ自体で完結している知識への尊敬に取って代わることはできない。そのような過程を、経験的には確かでも不完全で素朴な理解によって引き起こされる誤解に晒すよりも、超自然的なヴェールで覆う方が、適応性が高い――つまり、適応という視点から正しい（Rappaport, 1999, p.452）。

生活上の困惑をおぼえる断片を上手に組み立てる方法を考案するという実践的要求は、科学の実践的要求とは同じではないし、ダンバー（Dunber, 2004, p.171）が述べているように、「収穫逓減の法則[2]は、つねに、ある点を過ぎると、根本的な現実を見つけ出すことに、より多くの時間と努力を投資する価値がなくなる、ということを意味している。伝統的な社会では、うまく結果を出すものであれば、とりあえず何でも良いのである」。

したがって、私たちの祖先は、どれほど好奇心が強い気質を持っていようと、今日私たちが依然として行なっていることを、程度の差はあれ行なっていたと推測することができる。つまり「誰もが知っていること」を頼りにすることである。あなたは、あなたが知っている（と思っている）ことのほとんどを、信用（フェイス）して受け入れている［うのみにしている］にすぎない。これによって私が言おうとしているのは、宗教的信仰の信用（フェイス）のことではなく、ずっと単純なことである。つまり、最初に心に到来して、かつ、なぜそうなのかを悩む必要のないものを、単純に信じるという実践的な――そして、つねに変更可能な――方策のことを言っているのである。どんな恩恵があって、「誰もが」、単に間違って、あくびは体に悪いとか風呂に入る前には手を洗うべきだと考えるだろうか（かつて誰もが欲しがっていた「健康的な小麦色の肌」を思いだそう）？　私たちは皆、驚くような研究が発表されないかぎり、年長者や他人から獲得する一般的な知識が正しいと、普通に考えてしまう。そしてそうすることは、賢明なことなのだ。なぜなら、人生を歩んでいくために必要な一般的な知識があまりに膨大であり、静かにその一つ一つを検証して仕分けする時間がないからである。[4] だからこそ、健康な体を手に入れるためには山羊を生贄にする必要があるということを「誰もが知っている」部族社会では、かならず山羊を生贄にするのである。転ばぬ先の杖。

　このような特徴は、民俗宗教と組織化された宗教との根本的な違いを示している。すなわち、民俗宗教を実践する人々は、自分たちが宗教を実践しているとはまったく考えていない。彼らの「宗教的」実践は、狩猟や採取、耕作や収穫と同じ、現実生活と連続性を持つ部分なのである。そして、彼らが生贄を捧げる神々の存在を本当に信じていることを示すのは、まさに、彼らがどれほど神々の存在を信じているかについてまったく語らない、ということである。これは、私たちが病原菌や原子の存在を信じているということを互いに確認し合わないのと同じである。周りで疑いが語られなければ、信じていると敢えて語る必要もないのだ。

　私たちのほとんどは、原子や病原菌について知っているとはいっても、伝聞で知っているにすぎないし、もし火星人の人類学者にそのようなものが存在しているとどうして知ったのかと尋ねられても、恥ずかしいことにちゃんと答えることはできないだろう——なぜなら、それらを見ることも聞くことも味わうことも感じることもできないのだから。もし答えるように急かされたら、私たちはおそらく、こうした見えない（しかし重要な！）ものについてひどく間違った話をでっち上げてしまうだろう。私たちは、専門家ではない。部族民が行なっているのと同じように、「誰もが知っていること」に同調しているにすぎない。専門家が間違えてしまうことも、たまには起こる。[5] 多くの人類学者によって観察されたことだが、——神々の所在やその特異な歴史や世界に働きかける方法といった——「神学的な」詳細について尋ねられると、現地の情報提供者たちは、そのように質問全般に困惑してしまう。彼らはそのようなことについて知っているはずだとか、気にかけているはずだと、期待されてしまうのはなぜなのだろうか？　このような反応が広範囲に見られるという報告からすると、何年もかけて人類学者によって掘り起こされた実に風変わりでひどく一貫性のない教義の多くが、調査によって作られた人工物であって、現地に以前から存在する教義ではないとする辛辣な仮説を拒むべきではない。人類学者たちの質問攻めによって、情報提供者たちとの無邪気な共同作業による虚構が、新たに作られ結晶化された教理が、生み出されたのかもしれないのだ。つまり、話の噛み合わない質問者と情報提供者が、やっと合意できる話の結末に辿り着いた時、そのような虚構や教理が生み出されたのかもしれないのだ。情報提供者たちは、自分たちの神々の存在を心底信じている――「神々が存在していることは誰もが知っている！」――が、細かいところまで一度も考えたことがないのかもしれない（おそらくその文化の中で誰も考えたことがないだろう）。これこそ、なぜ彼らの信念が不確定的で漠然としているのかを、説明するだろう。きちんと答えることを強制された彼らは、提起された質問に合わせて答えを作り出しているのである。(6)

次章では、こうした方法論的問題が意味しているものの中で、とりわけ目を引くものを調べるつもりであるが、その前に、検証を行なう上で役に立つ説明をもう少ししておく。さしあたり、人類学者に情報を提供する者の立場に立ってみると良いだろう。部族民の扉が特異な複雑さを持つ現代世界へと開かれつつある現在、彼らは自分たちの自然観を大改訂しなければならなくなっており、何ら驚くべくことではないのだが、この可能性は彼らを脅かしている。「不可能だ」と思われてきた驚くべき科学技術を持つ火星人がやって来て、原子や病原菌などもはやどうでも良く、自分たちのプログラムをしっかり実行すべきだと地球人に語ったとしても、如才のない科学者しか、喜喜として即座にそのプラグラムを実行することはないだろう。それ以外の人間は、できるだけ長く古くさい原子や病原菌にしがみついて、以前からいつも聞かされていたことを、つまり水は水素と酸素からできていると子供たちに語り続け、安全のために病原菌に注意するようにと言うだろう。個々人の人生において重要なことは、今何をすべきかという問題であり、もし理解困難な斬新なものに出会ったなら、何をすべきかで頭を悩まし、どう考えるべきかが分からず途方に暮れてしまうというストレスの多い苦痛を抱え込む。そんな時、私たちはみな、慣れ親しんだものへと逃げていく。今まで確立されてきたものは、もしかしたら本当でないかもしれないが、少なくとも確立されていたのだから、それは、私たちに何をすべきかを教え、私たちもそのやり方を知っている。そして、たいていの場合、今までもそうであったように、それでうまくやって行けるのである。

3　ゆっくりと進む反省と宗教における秘密の誕生

すべての人々を一時的には欺すことができ、一部の人々をずっと欺すことができるが、すべての人々をずっと欺すことはできない

エイブラハム・リンカーン

その言葉が啓示された人々は、モーセのように、いつも遠い場所にいて孤独だった。ムハンマドがその言葉を得た時も、まわりには他に誰もいなかった。モルモン教のジョセフ・スミスやクリスチャン・サイエンスのマリー・ベイカー・エディは、一人で神の言葉を聞いた。私たちは、彼らをレポーターとして信用すべきである――でもレポーターというのがどういう存在かはご存じだろう。彼らはストーリーのためなら何でも語る。

アンディ・ルーニー『敬具　アンディ・ルーニー』

民俗物理学、民俗生物学、民俗心理学は、いわばルールとして日々十分機能しており、これは民俗宗教についても同じである。しかし、時々疑いが頭をもたげる。人間が探求的な反省を行なうと、疑いが雪だるま式に大きくなっていく。それが日々の平穏無事を脅かす場合、総意(コンセンサス)を支えてくれる答え、疑念をしずめる答えが見つかれば、何であれそれに飛びつくだろう。好奇心が予期せぬ出来事につまずけば、何かがなされなければならない。「誰もが知っていること」に反する事例が出てきたなら、疑いは発見となり、それによってその地域の知識の疑わしい部分が放棄されたり消し去られることになるか、あるいは、疑わしいものがその場で修繕されてそのまま残るか、あるいはまた、痛烈な懐疑論でさえ攻撃しきれないものと結びついて生き残るか、そのいずれかがなされなければならないのである。(7)

このような疑わしいもののふるい分けには、――人間社会のほとんどどこでも見出されることであるが――、文化的なものの特殊な一部を、それへの反証に対して、その仕組みからして耐えうるようなヴェールの背後に隔離するという効果がある。多くの人々が力説するように(たとえば、Rappaport, 1979 ; Palmer and Steadman, 2004を見よ)、虚偽証明などに負けないようにデザインされたものをそれだけ切り離しておくことは、自然に切れ目を入れて、仮説的に二つに分けることである。まさにここで、(原(プロト))科学と(原(プロト))宗教が分かれる。もちろん、この二種類の知識は、多くの文化において完全に混じり合っている場合が多い。当該地域の宗教の詳細な自然史は、きちんと観察されてきた様々な動物種の習性や特性と関係しており、――どの神がどの鳥について教えてくれるのか、どの生贄がどの獲物を狩る前に供せられる必要があるのかといった――様々な動物種に関わる神話と儀式とたいていは混じり合っている。さらに、〔科学と宗教とを分かつ〕切れ目が、実践において不明確になる場合がある。たとえば、ある父親がその息子に、ムクドリはイノシシに聞き耳を立てられている仲間にどうやって警告音を発するのかを教えるのに、別の父親がその息子に、イノシシがどのようにしてムクドリのことを学ぶのか分からないが、おそらく神がメッセージを送るのだと教え、その息子が自分の息子に、カモシカではなくムクドリとイノシシを守護する神の物語を語るといった場合が、それである。

科学者になろうとする人は、ある誘惑に気づいている。その誘惑とは、大好きな理論が誤りであるかもしれないと予測される時はいつでも、仮説を少し変えて、同一条件下では都合良く検証不可能にしてしまおうという誘惑である。科学者は、このように仮説を論駁から遠ざける行為を用心して行なわないようにしていると考えられているが、懲りない科学者もいるのである。仮説にしがみつくことも、仮説を事実の判断に委ねることも、自然になされる行為ではないので、それなりの覚悟を持って行なわなければならない。シャーマンは、別のやり方をする。シャーマンはその場で人を癒し忠告を行なおうとするが、予期せぬことが起こった場合これ幸いに神秘に逃げ込むことができる（風刺画にあるように、患者の死体を前にして落胆して立ちすくむ呪術医は、悲しみにくれる未亡人に「まだ私たちに分からないことがたくさんある！」と語るのである）。

見ることも見つけることもできない〈影響を与える存在〉を想定することは、〈原子や病原菌と違って〉その仕組みからして真実証明からも虚偽証明からも逃れているのだが、そのような〈影響を与える存在〉は、宗教に共通に見られるものなので、宗教にとって決定的なものだと解される場合がある。つまり、そのような存在を欠いた宗教は存在せず、もしそれを欠いたものがあっても、それがどれほど宗教のように見えようとも、それは本当は宗教ではないのだ。たとえば、神々への凝った捧げ物は、どこでも見られるが、もちろん神々が見えない状態から出現し、座って、おいしいロースト・ポークを食べたりワインを飲んだりすることはない。むしろ、ワインは、神々が見えない状態でそれを楽しんでいるかもしれない地面にまかれたり、やはり神々がいる火に注がれたりする。神々の食事という行為が完結するのは、食べ物を燃やして灰にすることによってであるか、神々の代表者としてそれを食べる義務があるシャーマンに渡すことによってであるかの、いずれかである。「コメディアン・俳優の」ダナ・カーヴィーが演じる女性聖職者が説明しているように、「何て都合が良いのでしょう！」である。通常、シャーマンが、個人的にあるいは仲間内で、この原理を考案したと考える必要はない。なぜなら、この原理は、儀礼の差異化的複製によって出現するにすぎないからである。とはいえ、シャーマンがかなり愚鈍でないかぎり、このような脚色を認識しているし、脚色に注意が向けられないようにする必要性さえ理解している。ある文化では、平等という観点から、もっと都合の良いことが生み出された。それは、見た目では手がつけられていないが目に見えぬ仕方で神々が食べた食べ物を、誰もが食べることができる、というものである。神々が食べることのできるものを、私たちも食べることができる。このような見え透いたあまりのご都合主義は、危険ではないだろうか？　その通り、危険である。だから、ほとんどいつも、第二のヴェールによって守られている。つまり、これは理解を超えた神秘なのだ！　それを理解しようとさえしてはならない！　さらに、第二のヴェールほど多く見られるわけではないが、第三のヴェールもある。それは、こうした神秘についてあれこれ問題にすること自体が、禁止されるということである。

シャーマン自身は、どうなのだろうか？　彼ら自身の好奇心は、こうしたタブーがあるために弱められるのだろうか？　そうとも言えないのは、明らかである。すべての誠実な労働者と同様に、シャーマンは、自分のパフォーマンスの欠点に気がつき、他の方法を試してみるはずだと推定することができる。「客があのシャーマンに取られつつある。私がやっていないどんなことを彼はやっているのだろうか？　癒しの儀式をやるもっと良い方法があるのだろうか？」などと考えるはずだ。催眠術に関する良く知られた通俗的な見方は、催眠術師は、被験者の衛兵を無力化する〔警戒心を解くこと〕、語られたことが信用できるかどうか調べる懐疑的防御機構のようなものを無力化する（おそらく催眠術師はガードマンを眠らせるのだ！）というものである。もっと良い見方がある。それは、催眠術師は衛兵を無力化するのではなく、むしろ衛兵を仲間にし、味方にすることによって、催眠術師の正しさを立証させる、というものである。そのやり方の一つは、衛兵にちょっとした事実を――衛兵が確実に調べることができすぐに確認することができる事実を――投げかけることである（たとえば「あなたはだんだん眠くなっています。まぶたが重く感じられます」といったことである）。もし被験者が、なぜ催眠術師がこのような事実を知っているのか理解できない場合（「どのようにして彼はそれを知ったのだろう？」）、催眠術師を予期せぬ力についてのちょっとした幻想が生み出され、衛兵の賛同を味方にした催眠術師は、成功を収めることができる。

　秘密にされているこのような民衆の知恵の一面は、次のような事実によって裏づけられる。すなわち、催眠術師が被験者をうまく催眠状態にできるかどうかは、その催眠術師が初心者であるか熟練者であるかを被験者に予め伝えられているかどうかによって、重大な影響を受けるのであり（Small and Kramer, 1969；Coe et al., 1970；Balaschak et al., 1972）、この影響の重大さは、シャーマンによって発見され、シャーマンはその影響を戦略的に何度もの利用してきた。どこのシャーマンも勤勉であり、顧客になるかもしれない人物についてのあまり知られていない事実を慎重に収拾する。しかし、それだけに留まってはいない。予想外のすごさを見せつけるいくつかの方法がある。マクレノン（McClenon, 2002）が指摘しているように、敷きつめられた熱いもの〔石炭や灰〕の上を火傷せずに歩く儀式は、世界中で――たとえば、インド、中国、日本、シンガポール、ポリネシア、スリランカ、ギリシャそしてブルガリアで――見られる。シャーマンによって広く行なわれてきたものとして、他に「心霊手術」がある。動物の内臓を隠し持っていて、それを苦しんでいる人の腹から奇跡的に「取り出した」ように見せる手品である。さらには、テントの中にシャーマンが手足を拘束されている状態でいるのに、そのテントがなぜか激しく揺れるという手品もある。様々な可能性からなる広大なデザイン空間において、これら三つは、どこでも発見されてきたものなので、顧客を釘づけにする驚くべき「超自然的」効果を生み出すもっとも簡単な方法のようである。「様々な文化にほとんど同じようなものがあるということは、単なる偶然ではすまされないように思われる。なぜなら、シャーマンたちは、同じような形態の手品をするにしても、いかなる公の訓練を受けているわけではないし、同じ奇術を使う他のシャーマンと接触したわけでもないからである」とマクレノンは主張する。したがって、「〈伝播による〔類似性の〕説明〉はどれも本当ではないように思われる」(p.149)。

こうした明らかに人を欺す行為に関して、もっともおもしろい事実の一つは、こうした行為を行なっているシャーマンは、人類学者に質問攻めにされると、ある一定の答え方をするということである。自覚的に顧客を欺す手品を使っていると素直に認めることもあれば、神学者パウル・ティリッヒが語っている(大義のための)「聖なる不正」のようなものだと弁解することもある(「補論B」を見よ)。さらにおもしろいことに、自分たちの害になるような質問から身を守るために、不可解と神秘という「聖なる霧」で身を包むことがある。これらのシャーマンが、完全にペテン師かというと、そうではない——少なくともシャーマンがすべてペテン師というわけではない——。しかし、彼らの癒しの効能には企業秘密があることは分かっており、効果が減じないようにするためには、シャーマンではない人にその企業秘密が明かされてはならないということを十分承知しているのである。良い医者なら誰でも知っているように、

「入院患者に対する医者の接し方（ベッドサイド・マナー）」の簡単な演出で〔治療の上の〕大きな違いを生むことがある。(8) これは、実際のところ、不正というわけではないだろう。司祭や牧師、イマームやラビ、そして〔ヒンドゥー教の〕グルもみな同じことを知っている。シャーマンに見られたのと同じ自覚状態の違いは、今日の信仰復興伝道師の実践にも見出すことができる。このことは、映画『マージョー――史上最年少宣教師の素顔』の中で生々しく明らかにされている。この映画は、若きカリスマ福音伝道師マージョー・ゴートナーを追った、一九七二年にオスカーを受賞したドキュメンタリーである。彼は、信仰を失ったが、例の企業秘密を暴露するために伝道師として戻ってきた。この波紋を呼んだ忘れ難い映画の中で、彼は、〈手かざし〉をして人々を気絶させる時のやり方や、イエスへの愛を情熱的に宣言するように人々を扇動するやり方、献金箱にお金を入れさせるやり方を、明らかにしている。(9)

4　宗教の飼い馴らし（ドメスティケイション）

植物のある品種がひとたび、かなり良く固定されると、それからは種苗家は最良の植物を選抜するのではなく、決められた標準からはずれていて「ならずもの」と呼ばれている植物を、抜き捨てる。

チャールズ・ダーウィン『種の起源』[3]

私たちがキリスト教と呼ぶもの――そしてキリスト教的伝統として認めるもの――が、実は、何十もの資源から特定の資源が選ばれ、さらにそれから選ばれたものを表しているということが、理解されはじめている。誰がそのような選択を行なったのか、そしてどんな理由から？　なぜ他の文献が「異端」として排除され禁止されたのか？　そうした文献がなぜそんなに危険なのか？

エレーヌ・ペイゲルス『ナグ・ハマディ写本』

民俗宗教は、小さな集団で暮らす人々の日々の生活から生まれ、世界中どこでも共通の特徴を持っている。民俗宗教は、どのようにしてまたいつ、組織化された宗教に変わったのだろうか？　この大きな変化の原因が、農業の出現と、それによって可能になると同時に必要になったより大きな集落であるというのが、研究者の間で合意されている一般的な見解である。しかし、この大変化において何が強調されるべきかに関しては、意見は一致してない。持ち運び不可能な食料の貯蔵、またそれに伴う定住化が、以前には存在しなかった分業を出現させ（Seabright, 2004 は、これに関してとりわけ明快に述べている）、分業は分業で市場と、ずっと専門化された職業のチャンスを生み出した。このような人間関係の新しい在り方は、新しいチャンスと需要を生み出した。親類ではない人々と日常的につき合わなければならないとしたら、つねに提示される可能性は、――〔親戚を含む〕拡大家族とはまったく異なった仕方で――、同じ目的を持った少数の人々が連携して行くことであり、これは多くの場合魅力的な選択肢になる。民俗宗教から組織化された宗教への移行は、何よりもこうした市場現象の一つであると論じているのは、何もボイヤー（Boyer, 2001）一人ではない。

歴史を通じて、ギルドや他の職人や専門家の集団は、共通の価格と規格を設定し、メンバーではない者が同等のサービスを提供するのを阻んできた。ほぼ独占的な状態を確立することによって、すべての客を確実に迎え入れることになる。また、共通の価格と規格を維持することによって、特に腕が良かったり有能だったりするメンバーが他のメンバーに安い価格で売るのが困難になる。したがって、ほとんどの人々は、少額を支払って、その市場の最小の分け前を全員に保証する集団のメンバーになる[4] (p.275)。

そのような組織化への第一歩は、確かに大きな一歩である。しかし、司祭やシャーマンのギルドから、(フランチャイズやブランド名を伴う) 会社のようなものへの次の一歩は、最初にギルド形成に参加した個々人が、自らの立場を自覚し市場に関する実際的知識を蓄えて行くことから、ほとんど必然的に踏み出される。コレカラ利益ヲ得ルノハ誰カ？ 自分が作り上げた組織を強化し維持していく最善の方法は何かと問いはじめると、問題の重点が根底的に変化し、新しい選択圧力が姿を見せることになる。

ダーウィンはこのことを認識しており、彼の傑作の第一章で自然選択というすばらしい考えを説明するために、「無意識的」選択と呼ばれるものから「方法的」〔組織的〕選択への移行を教育上の架け橋として用いている（傑作とはもちろん多くの読者を得た『種の起源』である。無神論者は、しばしば「『聖書』を文学として」読み、それに含まれている詩情と洞察力に深く感銘するが宗旨替えをすることはない。それとまったく同じように、進化論を信じるに至っていない創造論の信奉者などのような人々も——進化論に対する見解を変える変えないは別として——現代の進化論の基本文献を読んで、わくわくするかもしれない）。

現在では、すぐれた育種家（ブリーダー）は、はっきりした目的を視野に入れて、方法論的選択によって、その国に現存するものより優秀な新しい品種や亜品種を作り出そうと努力している。しかし、私たちの目的にとっては、〈無意識的〉と呼ぶことができるような種類の〈選択〉、つまり誰もがそれぞれ最良の動物を所有しそれを繁殖(ブリード)させようとする結果として生じる〈選択〉の方が、重要である。たとえば、ポインター種の犬を飼おうとする者がまずできるだけ良い犬を所有し、次に自分の所有する犬のうち最良の犬に子を産ませようと努力するのは、当然のことであり、品種を恒久的に変えてしまおうと望んだり期待したりしているわけではない。にもかかわらず、このような過程が何世紀も続けられていけば、疑いもなく、どんな品種も改良され変化させられるはずである。……〔イギリス産の小型犬〕キング・チャールズ・スパニエルは、〔この犬を愛した〕チャールズ王の治世以来、無意識的な大きな変様を受けてきたと信ずべき理由がある(pp.34-35)。[5]

植物と動物の双方における飼い馴らし〔家畜化〕は、種や繁殖用動物の管理者の先を見越した明確な意図も創意工夫もなしに、起こった。しかしながら、飼い馴らされることになったものたちにとっては、思いがけない幸運だった。今日の穀物の祖先のなごりは、すべて類縁の野草に細かく分散されて残り、すべての飼い馴らされた動物にもっとも近い親戚は、絶滅を免れた。もっとも見事に適応を果たした野生の羊、つまり羊飼いを得た野生の羊は、なんと賢明だろう！　羊は、ホモ・サピエンスとの共生関係を形成することによって、生き残るために必要な重要な仕事――食料の発見と捕食者からの回避――を、外部委託できるようになった。おまけに、手厚い庇護と救急医療さえ手に入れた。羊は支払った代償――生殖相手の選択の自由を失うことや、捕食者に殺されない代わりに屠殺されること――は、子孫の生き残りを確保できたことに比べれば、ささいなことであった。このような仕組みの浮動的原理を承認したのは、〈母なる自然〉の洞察力のない盲目的な賢明さだった。羊や他の飼い馴らされた動物たちは、その野生の親類たちに比べてかなり愚かである。脳は（体の大きさや体重に比べて）かなり小さいが、その理由は筋肉量（肉）のために飼育されてきたということだけではない。飼い馴らされた動物も飼い馴らしを行なってきた者も、どちらもその数の（一万年前の地上の脊椎動物の生物量の一％未満から今日の九八％以上へ――「補論B」を見よ）爆発的増加を享受したのだから、疑いもなく共生は――双方の側の適応度を高める――相利共生だった。

ここで指摘しておきたいのは、動物と植物の飼い馴らしと共に、民俗宗教という野生の〈自活する〉ミームが徐々にしかし徹底的に飼い馴らされる過程があった、ということである。ミームは、管理者を獲得したのである。伝播を助長し敵から保護するために懸命に働き知性を使う人間という管理者を幸運にも手に入れたミームは、自らの血統を存続させるという重荷からほとんど解放される。極端な場合、注意を引く、つまり感覚的な本能に訴えかける必要さえもはやなくなってしまう。たとえば、微積分－ミームは言うまでもなく、九九（くく）－ミームにしても、人々を楽しませるものとは言い難いが、これらのミームがきちんと受け継がれることに責任がある熱心な教師――羊飼いならぬミーム飼い――によって、伝播される。言いかえれば、言語と民俗宗教という野生のミームは、――私たちが好もうと好むまいと私たちと共に暮らし私たちを利用するほどまでに見事に適応した――ネズミやリスや鳩や風邪ウィルスと同じようなものである。それとは対照的に、飼い馴らされたミームは、存続していくために人間という守護者の援助を必要としている。

人間は、農業実践と農業制度に改良を加えてきたのとほとんど同じくらいの期間、自分たちの宗教的実践と宗教制度を入念に観察してきた。このように観察を行ない反省を加えてきた人々には、なにがしかの案が――何が価値がありなぜ価値があるのかについての個人的考え方や共有されている考え方が――あった。世の中には賢明な者もいれば愚かな者もいるし、情報に精通している人もいればそうではない人もいる。また純粋で高潔な人もいれば邪悪で不道徳な人もいる。今も昔も変わらない。私たちの祖先が間近にいる飼い馴らし可能な種を一生懸命に探したというジャレド・ダイアモンドの（第5章で論じられた）仮説を、さらに拡張することができる。好奇心の強い実践家たちは、宗教になりうるもので満たされた〈デザイン空間〉の中で、すぐに手の届く〈妙技〉を、何か発見したことだろう。ダイアモンドは、百人より少ない人数からなる小規模血縁集団から数百人からなる部族社会へ、さらに数千人からなる首長社会へ、さらにまた五万人以上からなる国家への移行を、「平等主義から泥棒政治」への、つまり盗人による統治への、容赦のない歩みだとみなしている。首長社会に関して、彼は次のように指摘している。

首長社会は、費用がかかりすぎて個人では得ることのできないサービスを提供する。その反面、首長社会は、いとも簡単に、平民から富を上位階級〔首長〕に吸い上げる泥棒政治として機能する。……なぜ平民は、自らの重労働の成果が泥棒階級に吸い上げられるのを、我慢しているのだろうか？　この問題を提起したのは、プラトンからマルクスに至る政治理論家たちだけではない。現代においても選挙のたびごとに、有権者によって提起されている（Diamond, 1997, p.276）。[6]

ダイアモンドは、泥棒階級が権力維持のために行なってきた四つの方法があると指摘している。（一）民衆を非武装化し、エリートを武装させる、（二）集めた富を再配分することによって大衆を喜ばせる、（三）独占的な力を利用して、暴力を減らし公共の秩序を維持することによって、民衆の幸福を増進させる、（四）泥棒政治を正当化するイデオロギーや宗教を作り上げる（p.277）[7]、という四つの方法である。

宗教がどのようにして泥棒政治を支えることになるのだろうか？　もちろん、政治的指導者と聖職者との同盟関係によってであり、この同盟関係において、まず、指導者は神性であるとか神々と血縁関係があるとか、あるいはダイアモンドが主張しているように、少なくとも「神々との直接対話能力（ホットライン）」を持っていると宣言される。

> 制度化された宗教は、泥棒階級への富の移行を正当化するだけではなく、中央集権的社会〔首長社会〕にさらに二つの重要な利益をもたらす。第一の利益は、イデオロギーや宗教が共有されると、そのイデオロギーや宗教は、――血縁に基づかない絆を提供することによって――〔同じ社会の中で〕関係性を持たない個人同士が殺し合うことなく平和に暮らすにはどうすれば良いのかという問題を解決する一助として機能することである。第二の利益は、このイデオロギーや宗教は、遺伝子的な利己性とは異なる、他人のために自分の命を捧げる動機を人々に与えることである。兵士そして戦闘で死ぬ少数のメンバーを犠牲にして、社会全体ははるかに効率的に他の社会を征服し攻撃に抵抗できるようになるのである（p.278）[8]。

そういうわけで、ほとんどすべての宗教だけではなく、さらに非宗教的組織体においても、同じ装置が繰り返し発明されてきた。こうしたことは、――一世紀以上も前に〔イギリスの政治家〕アクトン卿が「すべての権力は腐敗しがちである。絶対的権力は絶対に腐敗する」と語っていたように――、今日では新しいものではなくなっている。しかし、私たちの祖先がはじめてデザインを改訂しもっとも力強い制度を探求していた昔においては、新しかった。

たとえば、目に見えぬ神よりも劣っているということを受け入れることは、巧妙な戦略である――それを思いついた人々がその巧妙さをはっきりと認識していたかどうかは、問題ではない。この巧妙な戦略を拠り所にする人々は、戦略を自覚していようといまいと、繁栄するだろう。地位の低い者たちの誰もが知っているように、誰かの命令がより容易に実行に移されるのは、もし従わなければボスに言うぞという脅しが伴う場合である（この戦略の変化形は、マフィアの子分も中古車セールスマンも良く知っている。「そのような値引きをする権限は、私にはありません。上司と相談しなければなりませんので、ちょっとお待ち下さい〔そんな取引をする権限は俺にはない。ボスと話をするから、ちょっと待ってろ〕」などと言うのである）。

これは、別の意味で、ある種の謎を解く手がかりを与えてくれる。どんな独裁者も、――数人の側近でいとも簡単に打ち倒されてしまう可能性があるという単純な理由で――、側近の忠誠心を当てにしている（いくら独裁者でも、いつなんどき何かが起こりそうな状態で、生涯を過ごすことはできない）。独裁者は、自分に取って代わろうという考えではなく、自分への忠誠心を側近が持っていると、どのようにして確信するだろうか？　より強い力への恐怖を側近に植えつけることは、とても良いやり方である。疑いもなく、宗教的最高指導者と王との間の緊張緩和（デタント）は良く起こる――お互いに自分の権力のために他方の権力を必要としているし、ともに神々を押し戴く必要があるからだ――。ヴァルター・ブルケルトは、このような戦略がどのようにして儀礼的賛美という制度を生み出して行くのかについて、マキャベリ風の説明を行ない、その複雑であるが有用である側面を指摘している。

巧みな言葉の力によって、〔聖職者は〕想像の上で上位の地位に昇るばかりではなく、注目の構造を逆転させることに成功する。下位の者の賛美の歌や賛美の言葉に注意が向くように仕向けているのは、上位の者の方なのである。賛美は、上位の者の前で騒ぎ立てることの承認された形式である。それは、うまく構成されれば、音楽にもなっていく。賛美は、香の煙のように高みへと昇っていく。こうして、上下の間の緊張は、下位の者が断固として受け入れるシステムの内部に自分の位置すべき場所が定まるにつれて、強められると同時に弱められる（Burkert, 1996, p.91）[9]。

宗教的最高指導者と王のどちらか一方でも逆らえば、神によって罰が与えられる。すでに指摘したように、ミームの伝達の正確さを高めるのに、個人によって反復され集団によって誤りが訂正される儀式が、重要な役割を果たしており、不参加者に何らかのペナルティが課せられることによって、儀礼はますます強化される。さらに、ジョセフ・バルバリアは、次のように指摘している。「宗教的儀式は、宗教的コミュニティがおのずから備えている力を誇示するものであり、自分が関与しているものから離脱したいと思っている者にとっては、恐怖を引き起こすものでしかない」（Bulbulia, 2004, p.40）。しかしながら、そもそもコミュニティ精神（スピリット）を動かしているのは、何なのか？　集団を束ね続けようという企図は、おもに、自分の羊〔追従者〕を飼い続けるために泥棒階級が発明した方法の問題にすぎないのだろうか？　あるいは、発見しなければならないもっと適切なストーリーがあるのだろうか？

第6章の要旨

人間の中に入り込み人間を飼い馴らす観念の管理者に、人間自身がなるにつれて、宗教の伝達を通じて、先を見越した洗練された大幅な改訂が生じてきた。秘密、詐欺的行為、虚偽証明への組織的な抵抗は、改訂がなされる時に出現した特徴であり、コレカラ利益ヲ得ルノハ誰カ?という問題に対する新しい答えに敏感に反応する過程によって——管理者の思惑が入り込む過程によって——デザインされてきた。

第7章の要旨

なぜ人々は集団に参加するのだろうか? これは、単に人々が理性的に決断しただけのことなのだろうか、それとも、比較的無意識的な集団選択の力が働いているのだろうか? どちらの予想にも言うべきことは多々あるが、永続的な忠誠心を持ちたいという願いを説明するためにふさわしいモデルは、これらだけではない。

第7章　団体精神（チーム・スピリット）の発明

1 善意で舗装された道

ここでわれわれは厄介な問題にぶつかることになる。悪人だけが悔改めを必要とし、善人だけが完全に悔改めることができる。われわれが悪人であればあるほど、ますます悔改めを必要とし、ますます悔改めができなくなる。完全に悔改めのできる人は、おそらく完全な人格者だけだろう。――だが、そういう人は悔改めをする必要はないのだ。

C・S・ルイス『キリスト教の精髄』[1]

動物の神経システム〔神経系〕であろうと、植物の生長および自己修復のシステムであろうと、航空機誘導システムのような設計された人工物であろうと、あらゆる制御システムは、何かを守るためにデザインされている。そして、その何かは、システムの一部としてそのシステムに含まれていなければならない！（その何かが何であれ、早々と「ダメになって」しまったら、制御システムはその使命を果たせていないことになるからだ）。しかしながら、制御システムが反省的になると、すべての制御システムの評価機構を規定している「自己-利益」が、分裂することがある。人間の反省能力は、大目標を含むいろいろな目的を訂正するチャンスを豊富なものにする。既存の組織に参加するのと、それはやめて新しい組織を立ち上げるのと、どちらが損か得かについて考えはじめたり、親類間の誠実な関係にかかわる問題をどう扱うべきかとか、社会環境の権力構造を変える必要性について考えはじめると、最初のデザインの初期想定から逃れていく道が生み出されることになる。

行為主体――私の用語法では指向的システム――が、あらゆることを考慮して、最善の行動方針だと決断を下す時はいつでも、最善と判断されているのは誰の観点からなのかと問うことができる。少なくとも西洋世界での、とりわけ経済学者たちの間での標準的な初期想定は、個々の人間という行為主体を、幸福の孤立的で個人主義的な中心として扱うことである。それでは、私ということで何を意味しているのか？合理的な形で自己の利益をはかるという時の、自己である。しかし、自己の役割を果たす何かが――コレカラ利益ヲ得ルノハ誰カ？という問いの答えになる何かが――存在しなければならないとはいえ、いわゆるこの〈私〉である必要は必ずしもない。〈究極の‐受益者‐としての‐自己〉が、不明確な形で時間・空間の中に分散されていることは、原理的に可能である。たとえば、私は、〈自分のことだけではなく〉他人のことや、社会構造のことを気にかけることができる。私を〈私たちとは対照的な私〉に限定するものは、何もない。[1] もちろん、私は、〈自分のこと〉だけを考えることができるのだが、この〈自分のこと〉には、私自身や私の家族だけではなく、イスラム教もオックスフォード飢餓救済委員会もシカゴ・ブルズも含まれている！　私たちの脳にそのような目新しい観点を導入（インストール）するという、文化レベルの進化によって開かれた可能性は、私たちの種に、そして私たちの種にだけ、道徳的――そして非道徳的――思考の能力を与えるものである。

良く知られた筋道が、ここにある。はじまりは、他の人々を助けたいという心からの望みと、自分のギルドやクラブや教会こそが他人をより幸福にするのに一番役に立つ組織であるという、根拠のあるもしくは根拠のない、確信である。このような――ギルドにとって良いことは誰にとっても良いことなのだから、私はその良いことをする、という――条件つきの組織加担は、難しい局面をむかえギルドの統合性にちょっとした懸念が生まれた時、表明されるかもしれない。それには、ちゃんとした理由がある。つまり、当の組織が善への最善の道であると信じているなら、まだ明確ではないような将来の計画のためにも組織を維持しておくことが、考えうるもっとも合理的な良い目的となるのである。ここからほんの一歩踏み出すだけで、この大目的が見失われ、忘れ去られてしまい、どんな犠牲を払っても、ひたすらこの組織の利益をはかることに専心するという事態が、生じてくる。こうして、条件つきのあるいは手段としての〔組織への〕忠誠は、「善それ自体」の実現の約束と、区別できなくなる。さらにまたほんの一歩踏み出すだけで、この視野の狭い最高善は、組織の実権を握り続ける（「敵に打ち勝てるようにするのに適しているのは、私以外に誰がいようか？」）ためだったら何でもするという、より利己的な目的へと変えられてしまう。

　こうしたことは、何度も起こってきたし、自分がなぜ指導者になろうとしたのかすら忘れてしまったこともあったかもしれない。以上のように事態が進行していくと、自覚的な意思決定が、かつては（ミームの、また遺伝子の）自然選択による差異化的複製という先見性を欠いた過程が追求していた問題に関わるようになり、コレカラ利益ヲ得ルノハ誰カ？という問いの答えとして、新たな競争相手が生み出される。すべてを考慮して良いとされることが、組織にとって良いことと一致しないかもしれないし、組織にとって良いことが、組織の指導者の生活をもっとも容易にするものではないかもしれないが、こうした様々な評価基準は、その場での（リアル・タイム）反省的制御という圧力の下で、互いに入れ替わることがある。そのような入れ替わりが起きる時、初期の競争によって盲目的に形作られた浮動的原理は、議論されるようになり、表明された原理に置き換えられることさえ起こる。この原理は、個人の心の中に、工程表や計画の中に、また会話の中に固定されるだけではなく、現実に使用される――つまり、論議の的になり、検討され、合意される。こうして人々は、自分たちのミームの自覚的な管理運営者となり、言語の存在を当たり前と考えるのと同じようにミームの存続も当たり前とはもはや考えず、〈御言葉〉を育み、守り、強化し、広めるという目標を掲げることになる。(2)

なぜ人々は、自分たちの宗教の管理運営者になりたいのだろうか？　それは明らかなのではないだろうか？　そうすることによって、道徳的生活を、良い人生を送ることができると、彼らは信じているし、実際、彼らは心から良くなりたいのである。彼らは正しいだろうか？　注意しなければならないのは、これは、宗教が人間の生物学的適応度を高めてきたかどうかという問題ではないということである。生物学的適応度と道徳的価値は、まったく異なった問題である。私はこの適応度という問題を後回しにし、まず経験的問題に答えるよう努力したい。その答えが、私たちが宗教の管理運営者になるべきかどうかという問題を未解決のままにしてしまうことを見極めた上で、いよいよ、民俗宗教とそれから形成された組織化された宗教が、その宗教を実践している人々に、適応度上の利益を与えてきたかどうかという問題――に答えるのではなく――を考察することにしよう。そもそもこの問題は、人類学者や他の研究者たちを何世紀も悩ませてきたものである。その理由は、たいていの場合、彼らがこの問題と宗教の究極的な（道徳的な）価値の問題とを、混同してきたことにある。しかしながら、探してしてみれば、探求に適した仮説がないわけではない。可能性がある仮説が二つあり、後の章で検討してみたいのだが、とりあえずここでは簡単に触れておくだけにしよう。ダンバー（Dunbar, 2004）は、そのうちの一つを、次のように上手に要約している。

ほとんどすべての宗教がその信奉者たちに、彼らが――そして彼らだけが――「神に選ばれし者たち」であることを、絶対に救済される者たちであることを約束しているのは、確かに偶然ではない。正しい儀式と祈祷がなされるなら、全能者（あるいは何らかの形態をまとった神々）によって、彼らが陥っている苦難から救われることが保証されている、というわけである。これは疑いもなく、逆境の時深い意味での慰めをもたらすことになる（p.191）。

注意しなければならないのは、慰めそれ自体が、また慰めだけで、適応度を高めるわけでは決してないということだ。慰めは、意思決定と行動の双方において、問題解決と信頼という実際的な利益も提供する場合のみ、適応度を高める。フォースが汝と共にあらんことを！　危険な世界の恐ろしいほどの不確実さに直面した時、〔フォースのように〕誰かがあなたを見守っているという信念（ビリーフ）は、決定的な効果のある精神的支柱となり、恐怖と不決断によって何もできなくなっている人々を、力強い行為主体に変えることができる。これが、困難な場面で個人に対して効果を発揮するという〔個人適応度〕仮説であり、本当かもしれないし、本当ではないかもしれない。

まったく別の仮説は、宗教への参加（たとえば、恐ろしいほどの通過儀礼への参加）が、個々人からなる集団に効果的な共同行動をできるようにする信頼の絆を生み出し強めるというものである。いくつか種類のあるこの〈集団－適応度〉仮説は、ボイヤー、ブルケルト、ウィルソンやその他多くの人々によって唱えられてきた。それは本当かもしれないし、本当でないかもしれない――実際のところ、これらの仮説が両方とも正しいかもしれないし、両方とも、宗教の道徳的価値という問題に光を投げかけているのだから、正しいのか間違っているのかを、明らかにすべきである。

2　アリの群生と企業体

宗教が人々にとって存在するのは、まず何よりも、一人では達成できないことを、みんなで達成するためである。

デヴィッド・スローン・ウィルソン『ダーウィン大聖堂』

しかし、利益は何だろうか？　いったいなぜ人々は宗教を欲するのだろうか？　宗教が、尽きることのない一般的な要求に応える可能性のある唯一の源だからである。

ロドニー・スターク、ロジャー・フィンク『信仰という行為』

なぜ人々は集団に参加するのだろうか？　そうしたいからなのだが、なぜそうしたいのだろうか？　その理由はたくさんあり、その中には明確なものもある。たとえば、互いの安全のためや経済的安定のため、収穫その他の絶対行なわなければならないことの効率を上げるため、集団でなければ不可能な大規模な計画を実行するため、である。しかし、こうした集団行動の明らかな有用性は、それ自体で、集団行動がどうしてうまく行くのかを説明するわけではない。というのも、互いに恐れを抱き敵対し合うという克服すべき障壁があるし、好き勝手に離脱したり裏切ったりする可能性が、いつでも存在するからだ。地球規模の真の意味で国際協調を達成することができないということ、つまり、この国際協調が有益であることを示す説得力のある議論が存在しているにもかかわらず、それを可能にするような制度を作ろうとする運動が失敗に終わったために、このような国際協調を達成することができないということ、これは、私たちには限定的な協調関係しか構築できないということを示している。人間は、他の種が試みたことのない仕方で、自分自身をそれなりの程度文明化するように努めてきた。〔羊や鳥や魚のような〕人間以外の種もしばしば群れを作るが、このような集団化が適応に適している理由は、明らかである。しかし、人間は、たとえば牧草を食らう動物ではないので、このような集団化はしない。現在の人間にもっとも近い親類である採食する類人猿でさえ、もっとも大きな安定した集団には、一般に、ごく近い血縁者しか属しておらず、家族を拡大するにしても、新参者は、闘争と試行を経てからしか加わることができない（チンパンジーの場合、新参者はつねに、雄を見つけるために他の集団から移ってくる雌に限られる。別の集団に属そうとする雄は、たいていの場合殺されてしまう）。他の類人猿と同様に、人間も同類同士が集まるという欲求を進化させてきたし、そこにいなかる神秘もないが、群居本能には限界がある。

シーブライト（Seabright, 2004）が指摘するように、人間は、他の人々と共にいることが心地よいものだということを学んできたことに、注目しよう。宗教について説得力があると長い間考えられてきたアイデアは、宗教はまさにそのような集団の団結を助長し、宗教がないと互いに不信感を抱いてしまう見知らぬ人々の不幸な集合を、結束の強い家族のようなものに変える、あるいはアリやハチの群生のようなきわめて効率のよい〈スーパー組織体〉にさえ変える、というものである。多くの宗教団体には、素晴らしい団結があるのは疑いがないが、このことによって宗教が生まれ存在し続けていることが説明できるだろうか？　多くの人々は説明できると考えてきたが、どうしてそう言えるのだろうか？　そう確信している理論家たちは、そのようなシステムを立ち上げ維持するために求められる〈研究開発〉がなされなければならないと考えている。だとすれば、〈アリ－群生〉という路線と〈企業体〉という路線の二つの道の一方を、選択しなければならないように思われる。自然選択は、長い時間をかけてアリのデザインを作り、調和のとれた活力ある群生を生み出すために、個々のアリを、自動的に共同して努力を行なう専門家に仕立て上げた。事態を理解し実行する英雄的なアリはいない。自然選択の試行錯誤の末にそうなったのだから、そんな必要はないし、管理運営者の役目を演じるアリ――あるいはアリの会議――は、永遠に存在することはない。反対に、企業体を生み出すのは、まさに、個々の人間たちの合理的な選択である。人間たちは、自分自身の利害に注意しながら、みんなで行動してその活動をみんなで管理する。個々の合理的な行為主体は、組織構造をデザインし、個々人の損益を分析して、企業体の特徴の決定に直接・間接に関与する。

宗教の堅牢さ、熱力学第二法則を無視して存続し繁栄するその力は、アリの群生の堅牢さなのだろうか、それとも企業体の堅牢さなのだろうか？　宗教は、進化の盲目的本能の所産なのだろうか、それとも合理的選択の所産なのだろうか？　それとも他の可能性があるのだろうか（たとえば、それは神からの贈り物だとでも言うのだろうか）？　この問題を提起するのに失敗した――まして答えることもできない――ことが、エミール・デュルケームが創始した社会学の**機能主義**学派の信用を落とすことになった原因である。批判する人々に従えば、機能主義者は、器官における調整の働きによって健康と活力を維持する生物のように社会を扱うが、こうした〈スーパー組織体〉をデザインし調整するために求められる〈研究開発〉がどのようにしてなされてきたのかを示していない。このような批判は、ラブロック（Lovelock, 1979）その他の人々のガイア仮説に向けられた進化生物学者たちの批判と本質的に同じである。ガイア仮説によれば、地球生命圏はそれ自体、一種の〈スーパー組織体〉であり、地球上の生命を保全するために、様々なバランスを維持している。素敵な考え方だが、リチャード・ドーキンスは、簡潔に次のように主張している。

〔個体の体に見られる、ホメオスタシス（恒常性）を持った適応が進化するのは、改善されたホメオスタシス装置を持った個体が、それより劣った装置しかもっていない個体よりも、いっそう効果的にそれらの遺伝子を伝えるからである。〕この類比を厳密に適用すると、おそらく様々な惑星上に、競争相手となる一群のガイアがあったということでなければならない。だとすれば、惑星大気の効率的なホメオスタシス調整を発展させてこなかった生命圏は絶滅する傾向にあった、ということになる。……さらに、ある種の再生産を仮定しなければならない。つまり、その再生産によって、成功した惑星が、自らの生命形態のコピーを新しい惑星にばらまいたと仮定しなければならない（Dawkins, 1982, 1999, p.236）。[2]

ガイアの熱狂的な支持者は、自分たちの主張をちゃんと受け入れてもらいたければ、想定されているホメオスタシス・システムがどのようにデザインされ設定されたのかをという問題を立て、それに答えなければならない。社会科学における機能主義者たちも、同じ責務を引き受けなければならない。

デヴィッド・スローン・ウィルソン（Wilson, 2002）と彼の「マルチレベル〔多層〕選択理論」に触れよう。この理論は、デザイン過程の基礎を、他の生命圏を説明する同じ〈研究開発〉アルゴリズム[3]に求めることによって、機能主義というブランドを守ろうと努力している。ウィルソンによれば、人間集団を結束させるために組織的に機能するデザインの革新は、ダーウィンの考え方に、集団レベルを含む多くのレベルにもっとも適した差異化的複製によって導かれた変様を付加することで、導き出すことができる。要するに彼は、ライバル関係にある集団間の競争によって、より良くデザインされた集団との競争に敗れたデザインの良くない集団は消滅するということを、示そうとしているのである。より良くデザインされた集団は、（私なりの言い方をすれば）浮動的原理の受益者であるが、その集団に属するメンバーは、誰もその原理を理解している必要はない。集団の適応度は、そのメンバーの個人的な適応度より勝っていなければならず、もし集団が最終的な受益者になるとするなら、競争を行なうのは、集団でなければならない。しかしながら、選択は、いくつものレベルで競争があるので、いくつものレベルで同時に続行される可能性がある。

批判者たちは、（想像上のガイアの知恵と同じ）不思議な社会的知恵のようなものに機能主義者が救いを求めていることを、長い間嘲笑してきた。しかし、ウィルソンは正当にも主張する、もし自分が集団選択の過程を証明できれば、デュルケーム的な集団に都合の良い機能が進化過程によって設定されたことに関して、不思議なことや不可解なことを何も必要としない、と。実際一種の〈スーパー組織体〉であるアリの群生の行き渡っている知恵は、進化生物学者たちによって深くまた詳細に分析されてきたし、疑いもなく、社会性昆虫に見られるような特殊な条件の下で、進化過程は集団の改善を行なうことができる。しかし、人間はアリではないし、アリのようなものでもない。唯一もっとも厳格な宗教的秩序だけが、社会性昆虫のファシズム的な結束に近い。人間の心は、きわめて複雑な探求装置であり、自分の出会う世界のどんな細かいことに関しても問いを立て続ける。したがって、もし集団選択という路線に成功のチャンスがあるとすれば、進化は、人間の集団への参加を助長するすばらしい機能を付加してきたのでなければならないだろう。

ウィルソンの考えでは、宗教集団間の競争は、それらの集団の差異化的生存競争と差異化的複製を通じて、様々な宗教で見ることができるすばらしいデザイン特徴がを生み出すことができる（そして、そのすばらしいデザイン特徴の「コストが回収する」ことができる）。この理論の対極――唯一の代案、あるいは最初はそう見えるもの――は、合理的選択の理論家たちによって占められている。彼らは、宗教はある種の狂気であるという社会科学者たちによって広められた仮定に挑戦しようと、最近立ち上がった。ロドニー・スタークとロジャー・フィンクが軽蔑するように次のように記している。「三世紀以上もの間、標準的な社会科学的知恵は、自分の信仰のために犠牲を厭わないので宗教的行動は合理的であるはずがない、というものである――なぜなら、合理的な人はそんなことをしないだろうからだ」（Stark and Finke, 2000, p.42）。これに対して、彼らは次のように主張する。

> 宗教的行動の内在的な合理性を理解するために、人は宗教的人間である必要はない。これは、（犯罪行為や脱法行為についての主導的理論のように）多くの脱法行為に合理性があるとみなすために、人が犯罪者である必要がないのと同じである。……私たちが述べたいのは、宗教的行動は――それがなされるところでは――一般に損得勘定に基づいており、それゆえ、人間の他の行動が合理的であるのとまさに同じ意味で、合理的行動なのだ、ということである（p.36）。

だとすれば、なるほど宗教は、企業体に似ていることになる。彼らは次のように主張する。「宗教組織は社会事業体であり、その目的は、ある種の人々のために宗教を創造し、維持し、その宗教を人々に提供することであり、神ないし神々との交流をサポートし管理することである」（p.103）。宗教が提供しなければならない商品（グッズ）の需要は、堅調である。（国家宗教を持たず、たくさんの競い合う宗派が存在しているアメリカ合衆国の場合のように）宗教選択の自由市場では、市場での優位を得るために宗派間の競争がさかんに行なわれている――これは、「サプライサイド」経済学の端的な応用である。[4] ところが、ウィルソンが自分の理論と、スタークとフィンクの理論とを見事に比較して述べているように、どの宗派に投資すべきかについて、基本的には市場判断に従うことが、教会のメンバーにとって今は合理的である（これはすぐに検討する仮定である）ことを認めたとしても、これは〈研究開発〉についての問題に答えていない。

しかし、宗教は、もっとも効果的な方法で効用〔消費側の主観的満足感〕を最大化するものを上手に選ばせるというその仕組みを、どのようにして手に入れたのだろうか？　個々人の宗教的行動だけなく、宗教のこの仕組みこそが、説明されなければならない。この奇妙な習慣は、自分の満足感〔効用〕を最大化しようとする合理的行為者によって、自覚的に発明されたのだろうか？　もしそうなら、この合理的行為者は、自分の教会の公益を最大限にすることに、なぜ満足感を覚えたのだろうか？　宗教のあらゆる適応上の特徴を、損得の推論という心理的過程に帰着させなければならないというのは、本当だろうか？　盲目的な変様と〔安定したものを保持し安定しないものを排除する〕選択的保持という過程が、ありうるのではないだろうか？　結局のところ、何千もの宗教が生まれ、わずかなメンバーしか引きつけられなかったために、何の予告もなく消えていく（Stark and Bainbrige, 1985）。おそらく、生き残る宗教の適応上の特徴は、合理的な選択の所産というより無秩序（ランダム）な突然変異のようなものである（Wilson, 2002, p.82）。

ウィルソンは、正当にも、盲目的な変様と選択的保持の過程という代案を提示している。しかし、ウィルソン流のいささか過激な集団選択にこだわるあまり、せっかくのチャンスを逃している。というのも、私たちに宗教を与えてきた進化のデザイン過程は、集団のではなく、ミームの差異化的複製を含んでいるからである。[3] ウィルソンもこれを代案として簡単に言及しているが、ほとんど一瞥しただけで退けている。主な理由は、このような考え方をすると、宗教の特徴は、［人間の生存を脅かす］逆機能的なものにちがいないと考えなければならなくなることである。ミーム理論が求めているのは、すべての宗教的ミームが（適応度を減少させる）寄生虫であることであり、適応度に関わりのない片利共生的ミームであったり適応度を強化する相利共生的ミームであることはめったいないのだと、彼は思いこんでいる。[4] 良く見られる誤解によって、彼は誤った方向に導かれている。ミームという用語を作り出したリチャード・ドーキンスは、決して宗教の友ではなく、ミームを——とりわけ宗教的ミームを——しばしばウィルスにたとえてきたし、人間の宿主に有害な影響を与えるにもかかわらず、ミームは増殖する能力があることを強調してきた。この衝撃的な主張は、一つの大きな可能性とみなされる必要はある。しかし、忘れるべきではないのは、ミームの大多数は、私たちの身体に住んでいるバクテリアやウィルス性の共生者の大多数と同様に、（宿主の適応度から見て）適応度に関わりがないか、あるいは適応度を高める働きさえする。そこで、ウィルソンの集団レベルの仮説の代案として、ミームに関する私の穏やかな考え方を記そう。

人間集団の連帯を強化するミームは、宿主の生存（したがって宿主の適応度）が、その宿主が集団の力に関与することにかなり直接的に依存しているような状況では、とりわけ適したものである。そのようなミームに感染した集団の成功は、それ自体で、強力な放送装置となり、集団の外部の好奇心を高め、かくして、言語的・民俗的・地理的境界線をいとも簡単に越境する。

ウィルソンのちょっと過激な集団選択の理論と同様にこの仮説は、宗教に見出されるデザインの見事さを、（企業体としての宗教という路線では要請される）合理的デザイナーを要請せずに、説明できる。さらにまた、宗教において個人の適応度が、見かけ上集団の適応度に従属しているという事実も、説明できる。この考え方からすると、要請されるのは、〈集団‐複製〉トーナメントではなく、アイデア〈観念〉が競争する文化的環境にすぎない。（トキソプラズマがネズミを無謀にも猫に近づけるのと同じように）人々を集団で行動することへと駆り立てるアイデアは、集団生活が行なわれている以上、宿主の結束を強化する働きをあまりしないアイデアよりも、簡単に広まるだろう。(5)

ミームという視点に立つことによって、――アリの群生と企業体という――対極をなす二つの理論を統合し、人間の集団生活の〈研究開発〉を、盲目的過程と先見的過程との――情報を得たり反省したりという中間的な選択過程も含む――混合物として説明することができる。人間はアリのような存在ではなく、実際きわめて合理的なのだから、投資に値する利益を見込めなければ（あるいは見込めないと思えば）、集団の活動に大きな投資をするはずがない。したがって、集団への参加を最大限高めるアイデアとは、スタークとフィンクがまさに述べているように、「尽きることのない一般的な要求に対して応えるもの」をアピールするアイデアであるだろう。

このような統合的視点の思いがけない利点は、宗教の地位に中間的状態を与えるという余裕を生み出すことである。これによって、合理的選択のモデルのもっとも悩ましい特徴の一つが修正される。スタークやフィンクや他の合理的選択の理論家たちは、宗教的信仰を持つ人々の擁護者を演じたがる。事実、「彼らは狂っているのではなく賢いのだ！」と言っている。しかしながら、宗教の商品市場を敢えて冷徹な目で分析することが、むしろ多くの宗教的な人々の心を深く傷つけている。(6) 彼らは、自分たちのことを、超自然的利益をもっとも効果的に提供してくれるものに堅実に投資しているとは、思ってほしくない。彼らは、そのような利己的な配慮などせず、自分が理性的な存在であり続けるために、より高い力に身を委ねてきたと思ってほしいのである。

ミーム理論はこの説明にもなる。ミーム理論によれば、宗教的適応の最終的な受益者は、ミームそれ自身であるが、（競争相手のミームとの競争において）増殖するかどうかは、何らかの方法で宿主を引きつけることができるかどうかにかかっている。ひとたび忠誠が確保できれば、宿主は合理的な奉仕者になってくれる。しかし、宿主確保の第一歩は、宿主による合理的な選択である必要はない――実際、合理的な選択であるはずがない――。ミームは時として、宿主の受動性と受容性を助長して「合理的」抵抗を弱らせることによって、宿主宅にこっそり入り込む必要がある。ウィリアム・ジェイムズ――その時代をリードしたミーム学者――は、この特徴がある種の宗教にとって重要であると指摘し、この特徴の世俗的な実例に、見事私たちの注意を向けさせている。つまり、ある音楽教師が生徒たちに「努力するのをやめれば、自ずからできるようになります」と諭すという実例である（James, 1902, p.206）[5]。心をからっぽにして、小さな情報の塊に、習慣的行動方法（レシピ）に、身をまかせなさい！　というわけである。

私たちは、内面から見たキリスト教の全発展は、自己放棄〔何ものかに身をまかせること〕という重大局面がしだいに強調されてきた過程にほかならない、と言うことができる（p.210-211）[6]。……私たちが、いかなる宗教的関心も持たずに自然史的観点から、心の物語を書いていようとも、人間が突然しかも完全に回心するという傾向性を、人間のもっとも興味深い特性の一つとして、やはり書き記さなければならないだろう（p.230）[7]。

アラビア語の**イスラーム**が「服従〔身をまかせること・神に帰依すること〕」という意味であることを、思い起こすべきである。イスラム教徒〔ムスリム＝神に帰依する者〕たる者は、自分の利害関心よりもイスラム教の拡大を優先させるべきだという観念（アイデア）は、まさにその語源に組み込まれている。しかしこれは、イスラム教だけの話ではない。そうだとすれば、敬虔なキリスト教徒にとって、自分自身の幸福や命よりも重要なことは何だろうか？〈御言葉〉だ、と彼らは言うだろう。神の〈御言葉〉を広めることが彼らにとっての**最高善**であり、〈御言葉〉を広めるために子や孫を持たないように求められれば、それは命令となり、彼らは懸命にそれに従おうとする。彼らは、ミームの命令に従って、自分の生殖本能をひるむことなく鈍化させる。むしろ彼らは、ミームの命令を真摯に受け止め、そして宣言する、これこそ**単なる**動物から人間を区別するものなのだ、と。人間以外の種においては、遺伝子レベルの命令が行為決定の範囲を限定しているが、ミームの命令に従う彼らには、遺伝子レベルの命令を超越した価値が、追求すべきものとして与えられているのである。しかしながら、この価値の追求において、彼らはできるかぎり合理的であるだろう。彼らが一番重要なものを目指す時、一番重要なものとは、〈御言葉〉であって、自分自身の皮膚ではなく、ましてや利己的な遺伝子でもない。

　アリは、〈御言葉〉に奉仕することはできない。アリは、言語を持たず、語るべき文化もない。私たち言語使用者は、一つの〈御言葉〉だけではなくたくさんの〈御言葉〉を手にする。しかしながら、その多くの言葉たち（ワーズ）は、私たちの注目を引こうと競争することもあるし、結びついて、忠誠を求める連合体になることもある。これこそ、合理的選択の理論が、真価を発揮する場である。というのも、すでに見てきたように、ひとたび人間が自分の大好きなミームの管理運営者になれば、より良いものにしようという軍拡競争が生じるからである。いかなるデザイン作成作業（ワーク）も、**結局**は試行錯誤の問題である。しかし、デザイン作成作業の多くは、「外部との接触なしで（オフ・ライン）」、より注意深くデザインを検討する人々の心の中でなされる決定表象において、行なわれる。そのデザインが最終的に試されるのは過酷な世界においてであるが、その世界についての情報は限られたものである。それを踏まえた上で、もっともうまく機能すると考えられるデザインを世に出そうという決断がなされる。慎重に考え抜くことは、世の中の試行に供したり自然にふるいにかけさせることよりも、結局速いし安上がりである。しかし、人間の洞察力は、スピードアップにつながるとはいえ、誤りやすくまた偏りを生じさせる。だから私たちはしばしば間違いを犯す。もし注意を怠ると、ミーム工学は、遺伝子工学と同様に、怪物を生み出す可能性があり、その怪物が実験室を逃げたとしたら、私たちがどんなに努力しても増殖してしまうかもしれない。「進化はあなたより賢い」というオーゲルの第二法則[8]を、いつも心に銘記しておく必要がある。

（ここでしばらく小休止することを許していただいて、私たちが今まで行なってきたことを述べておきたい。人文科学と社会科学の熱烈な反‐ダーウィン主義者たちは、進化論的アプローチによって、彼らが育んできた思考方法がダメになってしまうことを従来から恐れていた。彼らの仲間には、英雄的な作家や芸術家や発明家やその他の思想愛好家や擁護者がいた。そういうわけで、彼らは、揺るぎない信念をもって、しかし証拠も論拠もなく、次のように高らかに宣言する傾向があった。すなわち、人間文化と人間社会は、ただ解釈されるのであって、まったく不適切で運用不可能な方法と前提を用いて、つまり、自然科学の方法や前提を用いて、因果的に説明されることはありえない、と。「そこからここにはたどり着けないよ！」というのが、彼らのモットーだということになる。「溝は埋められない！」というわけだ。しかし、私たちは、盲目的で機械的でロボットのような自然から、私たちにとってもっとも洗練された有名な数々の思想の情熱的な擁護と敷衍に至るまでの、不完全ではあるがいかなる奇跡も含まない事実に基づく散策を行なってきた。溝は、結局、怖じけづいた空想の産物だった。私たちは、思想の闘士、価値の擁護者として自分自身を理解するというより良い仕事をすることができるが、その前に、どうして私たちがそのような特別な役割を担うことになったのかを知る必要があるのだ）。

「観念（アイデア）の市場（マーケットプレイス）」にいろいろなものが出品されると、変異した宗教だけではなく――ついには――世俗的組織も加わって、より大きくより良い競争相手（ライバル）たちは忠誠を求めて競争する。人類の最近の歴史において繁栄してきたのは、遺伝的絆に基づかない連合体であり、その中には、政党や革命集団や民族団体もあるし、労働組合やスポーツ・チームもあり、最後（ラスト）にではあるが最小（リースト）ではないもの、つまりマフィアがある。集団のメンバー資格変遷（入会条件と脱会条件、忠誠心と、罰則などによるその強化）は、経済学、政治学、認知心理学、生物学、そしてもちろん哲学といった様々な分野において進化論的に思考する人々によって、近年かなり研究されてきた。(7) その成果によって、宗教的文脈だけではなく世俗的文脈においても、利他主義と共同行動に光を当てられ、さらに、宗教的組織を他の組織から区別する特徴を際立たせることができる。

3　宗教における成長市場

命題七五――宗教的経済が、規制の下ではなく競争原理で動くのに応じて、あらゆるレベルで宗教の参加率は高くなるだろう（反対に、競争が欠けていると、主要な宗教企業体は、効率的に動けないので、旺盛な市場取引努力を持続させることができず、その結果、宗教の参加率は全体として低くなり、普通の人からの宗教的コストの回収が少なくなり遅れるだろう)。

ロドニー・スターク、ロジャー・フィンク『信仰という行為』

アメリカの信仰は、宗教的生活のあらゆる側面で、アメリカ人の文化に出会ってきた——だからアメリカの文化は大勝利したのである。

アラン・ウルフ『アメリカ宗教の変様』

私たちは、石鹸や自動車よりも良いものを持っている。永遠の命である。

ジム・ベイカー師(8)

宗教組織の成功の可能性を高めるために、なぜ大きな犠牲を払うのか? たとえば、ある人が労働組合や政党や社交クラブの主要なメンバーであるとしても、その人がある宗教になぜ忠誠を誓うのか? これらの「なぜ」という問いは、まったく異なる二つの答え方の中間地点からはじまる。つまり、これらの「なぜ」は、ある宗教に忠誠を誓うことがなぜ合理的なのかと問うているのかもしれないし、人々が宗教へと導かれて忠誠を求められるのが、なぜ〔何らかの意味で〕自然〔当然〕なのかと問うているのかもしれない(なぜ多くの人々は高い所を怖がるのかという問いを考えてみよう。高い所を怖がるのは自然〔当然〕だ、怪我をしたり落ちたりするかもしれないから! というのが一つの答えである。私たちは高い所にいるのが分かると発動される本能的な警戒感を進化させてきた、というのがもう一つの答えである。ある人々にとって、こうした不安は、普通以上に誇張されている。彼らの恐怖は、——この恐怖の存在をいかなる神秘もなく説明できるのだから——、自然〔当然〕なのであり、合理的ではない〔理性に基づくものではない〕)。合理的選択の理論が提示するような最初の答えをじっくり検討すれば、代案を形成するために必要なものや条件を見つけることができるだろう。

ここ二十年にわたって、ロドニー・スタークと彼の仲間たちは、合理的選択という答えを明確化するという注目すべき仕事を行ない、努力の甲斐あって、「宗教性が、愚かさ・神経症・貧困・無知・誤った罪悪感の印であるとか、時代からの逃避を表しているという仮定に基づく、社会科学的な宗教研究は、信頼に足るものを生み出すことはできない」ことが明らかになった、と主張する(Stark and Finke, 2000, p.18)。彼らが問題にしているのはアメリカ合衆国の宗教だけであり、経済学理論を直接応用することを基本にしている。

事実、自由市場という条件下で二世紀以上発展をつづけてきたアメリカの宗教経済は、自由市場の創造的な力というアダム・スミスの夢中になった夢を超えている(Moore, 1994)。一五〇〇以上の宗教「宗派」が存在し(Melton, 1998)、その多くはかなり大きく、二四の宗派にはそれぞれ百万人以上のメンバーが属している。それぞれの団体は、完全に自発的寄付で成り立っており、近年のアメリカ人の宗教への寄付は、毎年合計六〇〇億ドル以上あり、一八歳以上の個人で見えれば三三〇ドル以上である。この数字には、教会建設基金(一九九三年では新しい教会建設に三〇億ドルかかっている)も、宗教団体が運営する学校・病院・外国の布教施設への寄付も、ほとんど含まれていない。一九九六年、二三億ドル以上が、宣教活動を支援するために寄付され、その大部分がヨーロッパでの宣教活動に使われた(p.233)。

ヘンリー・ルイス・メンケンはかつて、「唯一尊敬できるプロテスタントはファンダメンタリスト(キリスト教根本主義の支持者」である。しかし不幸にして、彼らは明らかに間抜けでもある」という意見を述べていた。多くの人々によって、とりわけ学究的世界において、この意見は支持されたが、スタークとフィンクは支持しない。彼らは、宗派が根本主義的ないし福音主義的になればなるほど合理的ではなくなるという良く知られた見方を、一掃したいと思っているのだ。

なぜ福音主義の教会が大きくなるのかということに関して普通に見られる見解には、性的なもの・離婚・都市化・民族差別・性差別そして社会の急激な変化が抑制される、というものがある。古い枠組み（パラダイム）に固執する人々は、たとえば、人々がすぐれた産品によって福音主義教会に引きつけられるということに関して、宗教的に説明する手段は見つけられない（Stark and Finke, 2000, p.30）。

人々は、教会のメンバーであり続けるために重い負担に耐えている。しかし、教会は、その見返りとして、「神もしくは神々との交流を支援し管理する」契約を結ぶ（p.103）。スタークとフィンクは、以上の論点を、注意深く練り上げているが、彼らの基本的な前提は、「見返りを求めて、人間は〈超自然的なもの〉を利用し巧みに扱おうとする」という「命題六」である（p.90）。独力でやっていける人もいるが、ほとんどの人たちは自分には支援が必要だと思っており、それこそ教会が提供するものである（教会は、実際に、〈超自然的なもの〉を巧みに扱っているのだろうか？　スタークとフィンクは、神もしくは神々との交流が本当に起こると主張しているのだろうか？　そうではない。彼らは、その点について慎重姿勢の不可知論者である――少なくとも彼らは、そう主張している。彼らは、結局価値のないものになってしまう株に投資することも完全に合理的でありうると、しばしば指摘している）。

スタークは、その後の著作『一なる真の神――一神教の歴史的帰結』（Stark, 2001）の中でミーム工学者の様相を見せはじめ、あたかも広告コンサルタントであるかのように、教説の損得を分析している。「どんな種類の神々が、一番人々に訴えかけるか？」と彼は問う。ここで彼は、二つの戦略を区別している。（まったく人間の形をしておらず、時間・空間的でもない、抽象的な、ティリッヒの全存在の基底としての神のような）本質としての神と、（たとえば、その場（リアルタイム）で祈る者の声を聞き答える神である）意識的な超自然的存在としての神である。彼は「神聖な存在に関わる信仰と、神聖な本質にしか関わらない信仰との違い以上に、深い宗教的差異はない」と述べ、「神聖な存在だけがどんなことでも行なう」のだから、後者〔神聖な本質にしか関わらない信仰〕に望みはないと判断している（p.10）。超自然的で意識的な存在こそ、はるかに売れ筋の商品なのである。なぜなら、「超自然的なものは、私たちが心から望んでいる多くの利益をもたらす可能性のある唯一の源」だからである（p.12）。

> 人々は、神々のことを気にかける。なぜなら、神々は、もし本当に存在するとすれば、莫大な資産を有する潜在的な交流相手であるからである。さらに、数え切れない程の人々は、神々は本当に存在していると確信しているが、それはまさに、彼らが神々との交流関係を長きにわたり確かに経験してきたと信じているからにほかならない。……神々は意識的な存在である一方、すべての存在は何かを欲していると想定される。したがって、神々は、何か価値あるものを与えてほしいという願いに応えてくれるかもしれないので、潜在的な交流相手なのである（p13, 15）。[9]

すぐに答えてくれる父親のような神こそ、「人間の利益を最大限にすると期待される非常に魅力的な交流相手になる」（p.21）と彼は付け加え、魔王（サタン）を反対勢力としない神というものは不安定な――「非合理的で誤った」――概念であるとさえ主張する。なぜそうなのだろうか？　それは、「いかなる限定も持たない一なる神は、あらゆることに、善なることも悪なることにも、責任を負わなければならず、したがって、予想もできない仕方でいかなる理由もなく意図を変えるような、危険なほど気まぐれであるにちがいない」（p.24）からである。これは、スーパーマンの原作者ジェリー・シーゲルと作画のジョー・シャスターが、〈鋼鉄の男〔スーパーマン〕〉を妨害するものとして〔スーパーマンを弱体化する鉱物〕クリプトナイトを発明した時に考えたのと、まったく同じ存在理由である。ヒーローがあまりに強すぎると、ドラマは成り立たない――乗り越えられるべき困難もなければ、ドキドキするラストシーンもない！　しかし、クリプトナイトという概念とは違って、神と魔王という概念は、浮動的原理を持っており、特定の案出者の脳の産物（ブレインチルドレン）ではない。

私は、こうした神々の特徴が、意識的人間の「創造力」の所産であると言うつもりはない。さあ神を、それを補佐する存在とともに信じよう、そして悪の原因とみなしうる劣悪な存在を仮定することにしようと、じっと座って決断した人間はいない。むしろ、このような見方は、接近可能な宗教文化からのもっとも合理的で確実な結論なので、時間をかけて徐々に進化してきたのである（pp.25-26）。

「このような進化が人間による真理の漸進的な発見を反映しているということを否定する覚悟は、私にはない」という、スタークの脚注を見逃してはならない。なんと、これこそまさに必要なものだ！　そうでなければ、ストーリーは、これ以上良くならない。たまたまだんだんと真理に近づいている。これは幸運だということなのだろうか？　おそらくそうではない。実は善なる神がそうなるように差配している、ということではないだろうか？　おそらくそうだろう。しかし、いささか芝居がかった考察によって、ストーリーの細部がそんなに都合良く決定されるという事実は、その詳細が結局、「神に由来する本当の真理」という伝統的な前提に匹敵するものであることの理由を説明してくれる。

4　語りかけることができる神

> ローマ法王は、毎年の復活祭で、伝統的に平和への祈りを捧げるが、戦争を抑止したり終わらせたりするというどんな効果も得られてこなかったという事実は、祈りを思い留まらせる動機には決してならない。祈りが受け入れられないことについて、ローマ法王は、どのように思っているのだろうか？　神は、彼に恨みを抱いているのだろうか？
>
> アンディ・ルーニー『敬具　アンディ・ルーニー』

この点から見て、スタークが公言している不可知論をどう評価するかは問題となるが、それとは別に、神についてのかなり抽象的な考え方がもつ主な欠点に関する主張は、確かに正しい。「神的な本質は交流することができないので、神秘を見せるかもしれないが、戦略的な問題も提起しないし、したがって交流のために条件を発見する努力をうながすこともない」(Stark, 2001, p.16)。何も求めることのできない神に、誰が忠実でいられようか？　それは、心の糧にならない。コメディアンのエモ・フィリップスは、かつてこんなことを言っていた。「私が子供だったころ、自転車がほしいと神に祈っていたものでした。でもそれから、神はそのようなことはしないと実感しました――だから、私は自転車を盗んで、許しを請うために祈りました！」。だから、スタークが考察しているように、「見返りはいつも限られた量しか供給されず、入手不可能な見返りもある――少なくとも、従来の手段では今ここで入手することはできない」（p.17）。そうなると、宗教の市場問題の鍵は、顧客をどのようにして待たせるか、ということになる。

ガンからの回復は、永遠なる命とほとんど比較にならない。しかし、この世のものではないような見返りのもっとも重要な側面は、おそらく、見返りの実現が、（しばしば死んだ後まで）延期されるということである。したがって、この世のものではないような見返りを求めて、人間は神々との長期的な交流関係を受け入れるだろう。つまり、人間は、相当長い期間にわたって、しばしば死ぬまで、定期的な支払いを続けるだろう（p.19）。

人々に支払いを続けさせるために、何ができるのだろうか？　奇跡的な治療や祈りによって実現された運命の逆転は、もちろん役に立ち、それだけで、この世で受け取れる利益の証拠になる。しかし、そういったものがない場合でさえ、簡単にコストが回収できるデザイン的特徴がある。もっとも興味深いのは、スタークとフィンクが書いている効果、価格を安くするのではなく、高くすることによる効果である（Stark and Finke, 2000）。

答えは、基礎的な経済学の中に発見できる。価格は、取引における一つの要素でしかなく、もう一つの要素は、品質である。両者が結びついて価値の評価が生み出される。ここに人を引きつける力の強い宗教集団の強さの秘密がある。すなわち、そのような宗教集団は、支払金額は大きいが、より大きな価値を提供するのである。事実、宗教集団がそのような価値を提供できるのは、支払われる金額が大きいからである（p.145）。

「引きつける力の強さは、宗教集団と〈外部〉世界とがどれくらい区別・分離されているか、どの程度敵対的であるかに関わっている」（p.143）。したがって、引きつける力の強さと弱さに関して言えば、大きな既成の教会は弱く、宗派（セクト）やカルトは強い。費用のかかる宗教は、「所属する際に発生する物質的・社会的・心理的コスト」が高い宗教である。所属することによって、社会的立場が脅かされるかもしれないし、不安や苦しみが――和らげられるどころか――ひどくなるかもしれないからである。しかし、支払った分だけのものは、手に入れられる。異教徒とは違って、あなたは永遠に救われるのである。

宗教的価値によって動機づけられれば動機づけられるほど、価格の高い供給者の方を選ばなければならない。より高額な宗教集団であればあるほど、より価値あるものを提供するだけではなく、その宗教集団は、より価値あるもの提供する。そうすることによって、宗教に対する――つまり、根本的教えの真理、宗教的実践の効力、そして来世の約束の確実さに対する――個々人の信頼レベルを最大化するのに必要な多様なレベルでの約束を作り出す（p.146-47）。

自分の宗教に投資すればするほど、その投資を守ろうという動機が与えられる。コストがかかることが、良い経済的意味を持つ場合があると考えているのは、スタークとフィンクだけではない。サミュエル・ボウルズとハーバート・ギンタス（Bowls and Gintis, 1998, 2001）は、「他者の幸福に影響を与える行為であるとはいえ、無理やりタダで行なうように強制されることのない行為を管理する文化的特性」を、つまり社会規範の代理物を育むコミュニティの形式モデルを展開してきた（2001, p. 345）。このモデルが示しているのは、このような社会規範の代理物の効果が、集団に属するメンバーの間に交流を好む傾向があるかどうか、――スタークとフィンクがやはり重要だと考えている――集団への出入りを制限する傾向があるかどうかにかかっているだけではなく、「コミュニティの他のメンバーに関する情報を低コストで入手できる」かどうかにかかっている、ということである。[10]

出入りにかかるコストが高いということは、細胞を取り巻く膜と同じようにと、その仕組みそのものの存続にとって重要である。自己維持にはコストがかかるが、（細胞の場合には）自分と外部との間が、（コミュニティの場合には）自分たちとそれ以外の人々との間が、厳密に区別されていれば、より効率的に自己を維持することができる。ボウルズとギンタスは、スタークとフィンクによって擁護されている諸命題のいくつかを、形式的にではあるが支持するだけではない。「引きつける力が強い」宗教的コミュニティに見られるあの嘆かわしい外来者恐怖症が、宗教に限定された特徴ではないということが明らかにされている。外来者恐怖症は、彼らが論じているように、内部の信頼と調和とを高いレベルに保つために、あらゆるコミュニティと集団が引き受けなければならないコストであり、さらに言えば、最終的には私たちが判断して喜んで引き受けなければならないコストである。「コミュニティが市場や国家の介入になじまない管理運営問題への取り組みに成功するかもしれないので、コミュニティは、これから先、様々な管理運営方法の結びつきに関して、重要性が減るどころか増していくと考えられるが、これは単なる時代錯誤ではまったくない」(Bowls and Gintis, 2001, p.364)。

スタークとフィンクは、アメリカの宗教諸派に見られる流行(トレンド)や格差の多くに合理的選択理論を応用している。しかし、それが正しいかどうかまだ証明されているわけではなく、厳しい批判も起きている。とはいっても、さらなる研究に値することは確かである。彼らの命題のいくつかは、実際かなり挑発的な意味合いを持っている。たとえば、

> 命題七六――競争が限定的であるところでさえ、宗教的企業(ファーム)は、その宗教的企業が社会的紛争に組織として主体的に関与する程度に応じて、参加者をかなり増やすことができる(反対に、宗教的企業が社会的紛争に関与してもその重要性があまり認められない場合、その宗教的企業に献身的に関わる人々を、ほとんど増やすことはできないだろう)(p.202)。

言いかえると、宗教的「企業」が、可能な時はいつでも社会的紛争を利用したり激化させることがあることを心しておけ、なぜなら、それが仕事(ビジネス)を生み出す一つの方法だからだ、というわけである。これは良い方向に向かうこともあるし(共産党に対するポーランド・カトリック教会の抵抗)、悪い方向に向かうこともある(カトリック系とプロテスタント系が際限なく戦い続けたアイルランド紛争)。批判者たちは、宗教に関するこのようなことはすでに知っていると言うであろう。しかしながら、これが宗教の構造的特徴であるという主張、他の特徴から必然的に導き出される特徴であると同時に、予測可能な仕方でさらに別の特徴と相互作用する特徴であるという主張は、もし正しければ、将来社会的紛争に関わる時良く理解してお

くべきことである。宗教的指導者たちも彼らに対する内外の批判者も、どんな改良や改善ができるのかを考える時、――好むと好まざるにかかわりなく――、ミーム工学者を演じており、人目を引く効果がうまく生まれるように、伝統によって伝えられてきたデザインに手を加えているのである。スタークとフィンクの著作においてもっとも重大な考察には、良かれと思ってなされた改善なのに裏目に出てしまったものへの辛辣な批判が含まれている。スタークとフィンクは、〔一九六二〜六五年、教会の現代を主要テーマとした〕第二バチカン公会議以後、教会に神の召命を求めるカトリック人口が減少傾向にある主な理由を語っているが、彼らは正しいだろうか？

かつてカトリック教会は、司教団と修道会（修道士と修道女）は、神聖さからいって高い地位にあると教えていた。今や、彼らは、神に誓いを立てたにもかかわらず、一般の人々と同じようなものになった（p.177）。……平信徒でさえ、禁欲〔宗教的理由による独身〕と聖職者の階級制度に対する直接的な責任という重荷を背負うことなく、聖職者の特権のいくつかを獲得した。多くの人々にとって、聖職者になるということは、第二バチカン公会議以降、もはやうまい話ではなくなった（p.185）。

あるいは、彼らは間違っているだろうか？　それを知る唯一の方法は、研究することである。不愉快に感じても、それによって誤りであることが示されるわけではないし、初期の改革者をしばしば方向づけてきたもっともらしい説教も正しいのか間違っているのか――あるいは無視しても良いのか――を、確認する必要がある。善意の未熟者が犯したヘマだとしても、掛け金はあまりに高すぎる。私は、ボイヤーやウィルソンなどの人々の議論を取り上げたが、だからといって、この研究のどれに対しても妥当だとか決定的だという判定を声高に宣言しているわけではない。これらの研究は、これから先、真摯に受け止められるべき研究の事例として、つまりしっかりと公正に論破されるかもしれないし、——たとえしぶしぶであろうと——私たちの理解に本当に貢献するものとして認められるかもしれない研究の事例として、紹介しているだけのことである。スタークの斬新で遠慮のない見解の場合、私自身は深い懸念を抱いている。懸念材料のいくつかは、彼が考慮することを拒んでいる複雑な問題にたちもどる時に、明らかにすることにしよう。スタークとフィンクが、超自然的なものの痕跡をいっさい除去した宗教ブランドを支持しているキューピットの『神の後——宗教の未来』(Cupitt, 1997) をけなす時、彼らの根本的な態度が表明されている。

> しかしながら、神のいない宗教になぜ未来があるのだろうか? キューピットが書きあげた処方箋は、ボールを追いかけずただじっと立っている選手を見るためにサッカーのチケットを買い、スタンドに集まり続けることを人々に期待しているのと、かなり似ている。超自然的存在がいなければ、奇跡もないし、救済もなく、祈りはむなしい。〈戒律〉は古い知恵にすぎず、死は終わりである。このような場合、合理的な人は、教会に関係することはないだろう。もっと正確に言えば、合理的な人は、そのような教会*のような*ものに関係することはないだろう (p.146)。

厳しい言葉である。しかし、神を〈取引契約の相手〉と見る見解に見切りをつけたキューピットのような人々であっても、スタークやフィンクの見解そのものに魅力があることを良く知っている。したがって、長い間彼らの見解になんとか反対しようとしてきたのには (明確であるか不明確であるかは別に) キューピットたちなりの理由があったはずだということを、スタークもフィンクも認めなければならない。本質－としての－神に至る道のために、何か言うことができるだろうか、あるいはむしろ、人間にはあまり使われない言葉で神を考えようとする様々な努力があったのだから、本質－としての－神に至る様々な道のために、何を言うことができるだろうか？　その鍵は、スタークとフィンク自身の考察の中に発見できると、私は考えている。

> 宗教がリスクのある商品(グッズ)であり、宗教的活動の休止によって、人々はしばしば直接的利益を増加させることがあるという事実を考えると、多種多様な宗教商品と活発な販促活動が市場全体のすみずみにまで見られるようになるというのは、ありそうもない。（たずねられて単にどの宗教が好きだと答えるのではなく）実際に特定の教会に所属しているアメリカ人の比率は、何十年も六五％近辺である――これは主要な経済的周期にさえ対応していないということを示している（p.257）。

どうも教会には向いていないと思っている三五％ほどの人々、さらに、教会には通っているが、スタークが好んでいるような人を引きつける力が強くお金のかかる宗教にはどうも向いていないと思っている人々の割合についてさらに学ぼうとすれば、もっとおもしろいことが分かるだろう。こうした人々は世界中に存在する。また、スタークとフィンクによれば、「〈神なき宗教〉はいくつも存在しているが、その信奉者は小さな中核(エリート)グループに限定されている――たとえば、仏教、道教、そして儒教がそうである」（p.290n）。ユニテリアン派[9]、監督制教会主義[10]、改革派ユダヤ教[11]がもつ魅力は、アブラハム[12]の伝統によって制約されていないし、もし「中核グループ」が、神との長く満足のいく交流関係を経験してきたとどうしても信じる気になれないと思ったとしても、なぜ彼らは、宗教（と彼らが呼んでいるもの）に固執するのだろうか？

第7章の要旨

集団に参加しようという人間の傾向は、いくつかの経済的モデルに見られるほど周到に計算されたものではないし、進化した動物の群居本能よりもずっと複雑である。事態を複雑化させているのは、人間の言語と文化であり、ミームという観点に立つことで、人間の〈集団への忠誠〉という現象が、浮動的原理と固定化された原理との混合物によってどのような影響を受けているのかを、理解できるようになる。ある宗教に服することが、熟慮の上の経済的決断のごとく表現される必要がないことを知ることによって、また、宗教を、様々な需要（ニーズ）や嗜好をもつ人々を集めるために市場で競争するデザインされたシステムとみなす観点に分析・予想の力を認めることによって、私たちはさらに前進することができる。

第8章の要旨

宗教的諸観念（アイデア）の管理運営は、強力な現象を生み出す。それは、信じることに価値があると信じる現象であり、これは信仰の内容を根底から変えてしまい、信仰の合理的探求を、不可能にではないにせよ困難にしてしまう。

第8章　信じることに価値がある

1　もっと信じた方が良い

確かかどうか分からないが、私は神を信じたいと思っているという事実を神は誉め称えると、私は思う。

『アメリカ宗教の変様』でアラン・ウルフが引用している匿名の情報提供者

悪魔が存在し活動し成功をおさめている証拠は、まさに私たちがもはや悪魔を信じなくなっているということである。

ドニ・ド・ルージュモン『悪魔の役割』

第1章の終わりで、『自然宗教に関する対話』でヒュームが立てた問題に、神の存在を信じるのに十分な理由があるのかという問題に、立ち戻ると約束しており、本章でこの約束を果たそうと思う。先の諸章でこの問題の探求に必要な新しい土台が形成されたが、同時に、探求することに伴う問題も明らかになった。有神論と無神論の実際的な対決が生じてくる前に、まずこの問題に取り組まなければならない。

かつて私たちの祖先は、自分自身の信仰（ビリーフ）について反省を加える（そして反省を加えすぎる）ようになり、もっとも重要だと考えた信仰の管理運営者という地位に自ら進んでつくことになった。信じることに価値があると信じることという現象は、自分の力で、また時として、他の諸現象を凌駕することによって、重要な社会的力になった。説得力のあるいくつかの事例を考えてみよう。私たちの多くは、民主主義を信じており、将来にわたって民主主義を守っていくためには民主主義を信じ続けていくことが決定的に重要だということを、知っている。それだからこそ、「これまで試みられてきた他のすべての政治形態を除けば、民主主義は最悪の政治形態である」というウィンストン・チャーチルの有名な言葉を（何度も）引用したくなる。私たちは、民主主義の管理運営者としてしばしば対立する。つまり、修正されなければならない欠点を指摘したがる人もいれば、欠点はそんな悪いことではなく、民主主義は自己管理できるのだから、民主主義を信じるのは間違っていないと言って、人々を安心させたがる人もいるのである。

同じ事を科学についても言うことができる。科学的方法は信頼できると信じることは、実際に信頼することと同じくらい重要であるので、詐欺的な手法で得られた成果に誤って科学的評価を与えてしまったということが明らかになった時でさえ、常日頃不正を告発したいと思っている人とその道の権威との間には、いつもある種の緊張がある。彼らは、問題になっている研究をなかったことにして、犯人をそっとどこかに行かせてしまうべきか、大騒ぎを起こすべきか、悩むのである[1]。

有名人が関わる裁判は、人々の関心をおおいに呼ぶものの一つであるが、これは、法というルールを信じることが私たちの社会における重要な要素とみなされているという事実によって説明できる。それだから、有名人が法の網をくぐり抜けているように見えるなら、それだけで法というルールへの一般的な信頼を危険に晒すことになる。したがって、私たちは裁判にだけ関心があるのではなく、裁判に対する世間の反応にも、またその反応に対する反応にも関心があるのであり、それが過熱したマスコミ報道を生み出す。民主主義の中で生きている私たちは、あらゆる種類の話題に関して評価を下す世論を、少し過度に気にしすぎるようになってきたが、それにはちゃんと理由がある。すなわち、民主主義において、人々が何を信じているかが実際重要な問題なのである。たとえば、汚職報道や捜査官による容疑者への拷問の報道に対して、人々がこぞって怒りの声を上げ続けることができないなら、民主的なチェック・アンド・バランス[1]は、危険に晒されることになる。ノーベル経済学賞受賞者アルマティア・センは、『自由と経済開発』(Sen, 1999) や他の著作で（とくにSen, 2003を見よ）、政治目的を達成するために選挙に勝つ必要はないという重要な指摘を行なっている。不安定な民主主義においてさえ、国内で行きわたっている信念（ビリーフ）はこれだと指導者が信じるもの（ビリーヴ）が、指導者によってなされる現実的な選択に影響を与えるので、信念を維持すること自体が重要な政治目的になるのである。

多くの人々にとって、政治的信念（ビリーフ）よりはるかに重要なのは、形而上学的信念とでも呼ぶべきものである。ニヒリズム――無への信念――は、多くの人々によって、とても危険なウィルスとみなされてきた。〔ニヒリズムの哲学者であり無神論者である〕フリードリッヒ・ニーチェが〈永劫回帰〉という思想――私たちの人生が永劫にわたって繰り返されるという思想――を思いついた時、（ものの本によれば）自分の破滅的な信念に人々を関わらせないように、証拠を明かすことなく自殺するつもりだった。(2) あるものが重要であると信じることに価値があると信じることは、当然のことながら強力で、広範囲に見出される。自由意志の存在を信じること（ビリーフ）は、同じ理由から、一生懸命守られてきた見方の一つであり、自由意志を危険に晒すように見える研究を行なう人々は、意図的に歪曲して紹介されることがある。危険な思潮とみなされるものの信用を落とすためである（Dennett, 2003c）。物理学者ポール・デイヴィス（Davies, 2004）は、最近自由意志という見方を擁護し、自由意志の存在を信じることはたいへん重要なので、「維持する価値がある虚構（フィクション）」であるかもしれないと述べている。興味深いことに、〔自由意志は虚構であるという〕恐ろしい真理（彼が恐ろしい真理とみなしているもの）を発見することによって、自分が道徳的に行動することができなくなるとは[2]、彼は考えていないようだし、彼の信じるところでは、彼ほど強くない人々はこの恐ろしい真理から守られる必要があるのである。

良い知らせや悪い知らせを、知らず知らずにあるいはさして注意もせず、送り届ける人と、あるミームの守護者を自認する人とは、まったく異なっている。人々が特定の観念（アイデア）に（公然とあるいは心の中だけで）身をゆだねる（コミット）と、奇妙な変動過程が生じる。その過程において、元々の関わり方（コミットメント）は、その観念を守ろうとする反応とそれに類する反応からなる真珠のような層の中に、埋もれてしまう。「個人的なルールは、回帰的〔再帰的〕メカニズムである。それはたえず自分自身の力を計測しており、それが弱まっていると感じると、まさにその事実によって、さらなる弱体化が起こる」と、注目すべき著作『誘惑される意志』(Ainslie, 2001, p.88)[3]で、精神科医ジョージ・エインズリーは述べている。彼は、組織の——あるいは個人の——支配権（コントロール）を求めて競争する戦略的関わり方という観点から、この過程の動きを記述している。明確なルールを立てて生活をはじめると、掛け金は高くなる。つまり、失敗したら、何をすれば良いのだろうか？　自分を罰するべきか？　許すべきか？　気づかなかったふりをすべきか？

失敗が起きると、長期的利益はちょっと困った状況になる。こういう状況になったら戦争をするぞと脅しをかけていた国が、まさにそういう状況に直面してしまった時の厄介さと同じである。できれば戦争はしたくないが、一方で自分の脅しの信用性も失いたくないので、その状況に気づかなかったふりをするかもしれない。自分の失敗を見逃していたことに気づけば、長期的な利益は損なわれるだろうが、見逃したことに気づかなければ、そうならないかもしれない。こうした算段も気づかれてはならない。これは、上手に知らなかったことにする過程も、試行錯誤によって現われる多くの心理的な方便の一つでなければならない、ということを意味している——なぜか分からないが気分を良くしてくれるという単純な理由からそれを選びました、というわけである（p150）[4]。

私たちがそれに従って生きるような社会通念（＝神話）、どんなことがあっても乱されてはならない社会通念というものがあるという観念は、真理真相を探求しそれを語るという目標とつねに衝突し、時には嘆かわしい結果を招く。たとえば、人種差別は、長い時間をかけてやっと大きな社会悪であることが広く認められるようになった。だから、多くの思慮深い人々は、**人種に関わりなくすべての人間は平等である**という信念が強く心に植えつけられるべきだという、もう一つ別の信念（ビリーフ）を推奨するようになった。どれくらい強く、なのだろうか？　この点で、善意の人々の意見がはっきり分かれる。人種的な違いがあるという信念はとても有害なので、**たとえそれが本当であるにしても**否定されなければならないと、信じ（ビリーブ）ている人々がいる。これが実に不幸な行き過ぎを生み出してきた。たとえば、人種的な違いによってどれくらい病気にかかりやすさが違うのか、また薬に対する反応がどれくらい違うのかについての明確な臨床的データがある。ところが、そのようなデータは、一部の研究者や研究基金関係者によってタブーとみなされている。そのために、おおいに行なわれるべき研究が意図的に避けられてしまうことで、〈特定の〉民族集団の健康問題に良くない結果を招いてきた(3)。

エインズリーは、大切にされてきた人間の行為の多くに、戦略的な〈信念‐維持〈信じ続けること〉〉を発見している。

勘定に入れられたり当てにされるとダメになってしまう活動は、それが価値あるものであるはずなら、間接的手段によって〔遠回りをして〕企てられなければならない。たとえば、セックス目当てのロマンス、「愛されたい」という目的だけのロマンスでさえ、下劣だと考えられているし、儲かる職業でも金目当てだけでなされるなら、えげつないと思われ、〔時と場所を選ばず個人ないし集団の行為によって構成される〕パフォーマンス・アートも、ただウケねらいでなされるなら、下らないと思われる。セックス、愛情、金そして賞賛がその行為を動機づけている条件であることがあまりに明白であると、その努力は台無しになる。人々がそれに欺されないということが、唯一の理由ではない。こうした活動の本質的な価値に関する信念(ビリーフ)は、その信念がどれほどの確実性を持とうと、それにはおかまいなく、価値あるとされているからであり、信念それ自体が、必要とされる間接性〔遠回り〕を助長するからである（印刷中の「概要」）。[5]

宗教に限定されるのではまったくないが、信じることに価値があると信じることほど、実り豊かな洗練の仕方を提供するものは他にない。エインズリーは、宗教の中に見出される、その他の方法では説明が難しい認識上のタブーのいくつかを、これによって説明できるのではないかと考えている。

司祭職から占いに至るまで、直観対象との接触には、ある種の直観的認知が必要とされるように見える。これは、神との同調感覚を育む取り組みの場合に、特に言える。ある宗教は、神の絵を描くことによって神性を身近なものにしようとする試みを禁じているし、正統派ユダヤ教は、神に名前をつけることさえ禁じている。神の存在の経験は、神が受け入れるかもしれないし受け入れないかもしれないある種の招致活動によって生じるのであり、こちらから呼び出してみても生じることはない（2001, p.192）。[6]

自分はもはや神を信じていないと気づいた時、人々は何をするだろうか？　ある人々は何もしない。彼らは教会に行くのをやめ、かつて愛したものたちについて語りさえしない。彼らはただ静かに自分の人生を過ごし、以前と同じように道徳的に（あるいは非道徳的に）生きる。また、『神の後――宗教の未来』の著者ドン・キューピットのような人々もいる。彼らは、真正面から支持できる宗教的信条を探求する必要性を感じている。彼らは、神への信仰〔神の存在を信じること〕は守られるべきものだという確固たる信念（ビリーフ）を持っている。したがって、伝統的な神についての概念をそのまま信用できないと分かっていても、あきらめない。彼らは、それに代わるものを探す。そして、そのような探求は、自覚的であったり意図的である必要はない。大切にされてきた理想的なものが消滅の危機に瀕していることにはっきりと気づいていない状態のままで、言いようのない恐れや、確信を失ったという重苦しい感情や、直観されはするがどうして良いのか分からない脅威によって、ひどく心を動かされるのかもしれない。このような状態だからこそ、彼らは、ともかくも正しく思えたり適していると思える真新しい重要なものを、受け入れる心理状態になる。腸詰め作りや民主主義における法律の制定と同様に、信条を改訂することは、あまり近くで見すぎるとてんやわんやの過程なので、神秘の霧がその上に美しく降りてきても不思議ではない。

多神論から一神論への――神々への信仰が神への信仰にかわった――歴史的過程について、何世紀にもわたってたくさんのことが書かれてきた。あまり強調されることがなかったのは、神の存在を信じることが、神の存在を信じることに価値があると信じることと力を合わせて、どのようにして、アブラハムの宗教（ユダヤ教、キリスト教そしてイスラム教）における神の概念を、人間の形をした具体的なものから、ずっと抽象的で非人格化された概念に変えてきたかということである。この点に関して注目すべきことは、同じ時代に起こった他の概念的転換との対比によって照らし出されてくる。基本的な諸概念は、確かに時間をかけて変化することがある。物質という概念は、古代ギリシャの原子論者の時代から根本的に変わってしまった。今日の時間と空間についての科学的な考え方も、時計と望遠鏡とアインシュタインその他のおかげで、やはり古代ギリシャのものとは異なっている。歴史家や哲学者が論じてきたように、こうした変化は、外見とは違って徐々に起こったのではなく、むしろ唐突に起こったのであり、その変化があまりに抜本的なものなので、以前の概念とその後の概念は、ある意味で「公約数がない〔同じ尺度で計れない〕」[4]。

こうした概念的変化はどれも、実際のところ時代を超えた交流ができないほど、革命的なのだろうか？おそらくそうではない。なぜなら、私たちは、そのような変化を、正確にまた詳細に辿ることができるからである。たとえば、空間と時間についての私たちの日常的な考え方が、アレキサンダー大王や〔古代ギリシャの喜劇作家〕アリストファネスには理解できない点があるだろうと考える理由は、何もないように思われる。今日や明日や来年について、またアテネとバグダッドの距離について彼らと話をしても、ほとんど違いは見つからないだろう。しかし、もし神について古代の人々と会話する機会があれば、とても深い溝を発見することになるだろう。神という概念ほど、劇的に変化してきた概念は思いつかない。それはまるで、彼らのミルクという概念が、私たちの健康という概念に、彼らの火という概念が、私たちのエネルギーという概念に変化したようなものだ。文字通り健康を飲むことはできないし、エネルギーを消すことはできない。それと同じように、（今日、すべての信者ではなく多くの信者によれば）神の声を文字通り聞くことはできないし、神の傍らに座ることはできない。しかし、これは、元々の一神論者から見れば奇妙な主張ということになる。『旧約聖書』のエホバないしヤハウェは、戦いにおいて味方になるスーパーマン（〈彼女〉ではなく〈彼〉）であり、嫉妬深いと同時に激高したことがあるのは、まったく明らかである。『新約聖書』の〈主〉は、ずっと寛大であり愛情にあふれているが、依然として〈母〉ではなく〈父〉であり、また、性別のない〈力〉ではなく、奇跡を引き起こす〈彼の〉〈息子〉を通じて世界中で活躍中であるのは言うまでもない。身体を持たないにもかかわらずその場で祈りに応える性別のない〈力〉（スタークの言う意識的な超自然的存在）ですら、ある人々にとっては、まだ人間に近すぎる。このように考える人々は、理解を超えた特徴を持つ〈より高次な力〉（スタークの言う本質）について語りたい人々であるが、なぜか分からないがこの特徴は悪ではなく善だとされている。[5] この〈より高次な力〉は、（創造的な）知性を持っているのだろうか？ どのようにして知性を持つのだろうか？ （〈彼〉や〈彼女〉ではない）〈それ〉は、私たちに関心があるのだろうか？ そもそも、何かに関心があるのだろうか？ 完全には捨てられることのなかった人間的なすべての特徴の上に、都合良く神秘の霧が降りてくる。

　これらの事柄に関して問いを立てること自体が無礼なことだ、という脚色がさらに付け加えられる。もしあなたが問いを立てることにこだわれば、次のような応答がかえってくる。「神は、君が闇夜で悪さをしている時、それを見ることができるが、〈彼〉はまぶたを持っていないし、まばたきもしないのだよ、愚かで無礼な君。もちろん、君が注意深く何も考えようとしていない時でさえ、〈彼〉は君の心を読むことができる。〈彼〉は、言葉で〈彼〉に祈りを捧げてほしいと思っているが、どのようにしてとかなぜとか私にたずねてはいけない。こうしたことは、有限で死すべき私たちには、決して理解できない神秘なのだ」。信心深い人々は皆、そのような問いを立てることが、信仰に対して無礼だとか侮辱的だと教えられてきたし、自分たちの見解を嘲笑する企てなのだと叩き込まれてきた。このような教えは、懐疑論という抗体をものの見事に寄せつけないバリアーで身をかためた、一種のウィルスのようなものだ！

しかし、いつもうまく行くとはかぎらないし、懐疑論の脅威がさらに増してくると、さらなる方策が講じられる。もっとも効果的な方策は、もっとも見え見えの方策でもある。「〈嘘の父〉は、自分とは反対の姿をして現われてくる」と語るド・ルージュモン（de Rougement, 1944）に由来する言葉で言えば、それは古くからある悪質なうそである。それは、ほとんど文字通りトリックであり、たくさんの手品と同じように、あまりに単純で成功するとは思えないものである（未熟なマジシャンがはじめて人前で手品をする時、覚悟を決めなくてはならない――観衆が欺されなさそうに見えるが、ともかく彼はやってみるのである）。もし私がインチキ宗教をデザインするとすれば、きっとこうした簡単な手品を少し変えた形で使うだろう――もちろん、真顔で言うにはいささかつらいが、言葉に出すとこうなる。

もし誰かが私たちの宗教について、君が答えられない問いや異論を口にしたら、そんなやつはほぼ確実に悪魔だ。事実、人が合理的であればあるほど、率直で気持ちの良い議論に君を参加させようとするが、君が変装した悪魔に話しかけてしまう可能性がますます高くなる！　やめろ！　耳を傾けるな！　それは罠だ！

このトリックの特にかわいらしいところは、それが完全な「［どんなカードとしても使える］ワイルド・カード」だということだ。内容が欠けているので、どんな宗派も教義も陰謀も効果的にこれを使うことができる。共産主義者のグループに対して、彼らに向けられた批判はどれも身分を隠して紛れ込んでいる

ＦＢＩの仕業だと、警告することができるし、過激なフェミニスト・グループは、反駁できない批判を、悪しき男性中心社会に洗脳された輩（やから）によって知らず知らずのうちに広められた男根中心主義のプロパガンダにほかならないと言って、封じ込めることができる、等々。どんなことにでも使えるこのやり方は、確実に批判を黙らせておくことができる。誰かがこのすばらしいやり方を発明したのだろうか、それとも、それは野生のミームで、宿主を求めて競争しているミームたちの勝者が宿主を獲得したということだろうか？　誰にも分からない。しかし誰にでも使えることは確かだ——ただし、もしこの本が何らかの成功をおさめるとすれば、人々はそれがどういうものなのか知りはじめるだろうから、きっと毒性は弱まるはずだ。

（容赦のない懐疑論に対してもっと穏やかにまた建設的に答えるやり方は、様々な教義に関して可能な解釈を慎重に探求する神学的な議論と研究を、学問の世界で活発に行なうことである。まじめにまた知的にこれを行なえば、子供の時に教えられた教義がしっくりこない人々の懐疑的なむずがゆさは解消される。しかし、むずがゆさを感じているのは少数で、ほとんどの人々は、自分たちが信奉している宗教的諸命題の詳細を検討する必要などないと感じている）。

神についての様々な考え方は、神秘によって包まれていると言われる。しかし、この〔神という〕重要な観念の管理運営者を自認する何世代にもわたる人々によって述べられてきた（また、それらの人々によってしばしば非難されてきた）誰の目にも明らかな神という観念の変化の過程には、神秘的なものは何もない。管理運営者は、神についての考え方が訂正された時、なぜ新しい用語を作り出さなかったのだろうか、考え方が訂正されているのになぜ伝統的な用語を使い続けてきたのだろうか？　私たちは普通、体液や卒中という時代遅れの医学用語に固執することはないし、現代物理学や化学において〔燃焼すると灰を残して逃げていく物質と考えられた〕フロジストンを発見してほしいと望むこともない。〔生物と単なる物質を区別する秘密の成分〕生命の躍動[7]の正体が分かったと主張した者は誰もいない。その成分とは、DNAなのだ〔生気論者は、その成分について正しい考え方を持っていなかっただけで、〔生物と単なる物質を区別する〕何かがなければならないということは、知っていた〕。〈より高次な力〉と呼んでいる人々が、なぜ自分は「神」を信じていると言い張るのだろうか？　答えは明らかである。神の存在を信じることに価値があると信じている人々は、知っているのである、信奉の連続性は命名の連続性を要求するものであり、ブランドというものはきわめて価値あるものなので手をつけることは愚かなことだということを。したがって、何であれ自分の宗教を改革したいと思っても、「神」（〔「ヤハウェ」「テオス」「デウス」「全能者」「我が主」「アラー」〕という言葉だけは、取り替えようとしてはならない。(6) はじめに〈言葉〉ありき。[8]

これはそれなりにうまく機能してきたと言わなければならない。一千年もの間、神についての非擬人化され知的に理解された様々な概念は、享受されてきたし、「信仰者たち（ビリーバー）」の心の中でそれなりに平和な形で、共存してきた。誰もが自分が自分なりに信じている存在を「神」と呼んでいるので、「誰とも意見が一致できる」ものが存在していることになる――私たちはみんな神を信じている、というわけである。自分たちは無神論者ではない！　もちろんそれで話がすむわけではない。ルーシーがロック（ハドソン〔俳優〕）が素敵だと信じ、デイジーがロック（ミュージック）が素敵だと信じている場合、彼女たちは実際のところ何かに関して意見が一致しているのだろうか？　この問題は新しいものではない。さかのぼること一八世紀、ヒュームはすでに、「一つの神〔性〕についての私たちの観念」が、古代の神々からは考えられないほど変化して、人間の形を持つものになってきたことを認めている。

この問題を正しく考察しようとする人の誰にとっても、すべての多神教徒の神々が、私たちの祖先の妖精や小妖精と少しも異ならず、同じように敬虔な崇拝や尊拝にほとんど値しないことは明らかだろう。こうしたものを信じると称する信心家(レリジョニスト)は、現実には、迷信的な無神論者であり、一つの神〔性〕についての私たちの観念と一致するような存在を認めていない。彼らは、心や思考のいかなる第一原理も、いかなる至高の支配や管理も、世界の仕組みにあるいかなる神の計画も意図も認めないのである（Hume, 1777, p.33）[9]。

最近、スタークとフィンク（Stark and Finke, 2000）は、逆に、あまり人間の形をしていない神について語るニューアーク（Newark）のジョン・シェルビー・スポング監督教会主教の「無神論的」見解に、失望感を露わにしている。一九九八年の著作『なぜキリスト教は変わらなければならないのか、あるいは消滅しなければならないのか』の中で、スポングは、イエスの神格を捨て、キリストの磔刑を「野蛮だ」と述べ、もっとも伝統を重んじるキリスト教徒の神は鬼のような存在だと考えている。もう一人の著名な監督教会の聖職者はかつて、神を信じていると語るモルモン教徒の人たちが本当に信じているものが何かが分かった時、むしろ神を信じないでほしいと思ったものだと、私に打ち明けてくれた。なぜ彼は、説教壇からこのことを言わないのだろうか？　非難されたくないからだ。結局のところ、「神を持たない」悪しき人々は、どこにでもたくさんいるのだが、「自分たちは無神論者ではない」（そんなことは断じてない！）という脆い虚構は、おそらく壊れそうにない。[10]

2　指向的対象としての神

愚かな者は心のうちに「神はない」と言う。

「詩篇」第一四篇一（第五三篇一）

神の存在を信じることに価値があると信じることによって、人々は、明らかなことを知ろうとしなくなる。その明らかなこととは、サンタクロースや〔アメリカン・コミックのヒロイン〕ワンダーウーマンのお話が信じる(ビリーフ)に値しないように、神についての伝統的なお話の多くが信じるに値しないということである。奇妙なことだが、それについて笑ったとしても許される。雷で一杯の雲の上に鎮座するいかめしい顎髭をはやした男として神を描くマンガもあるし、天国に到着した後あれこれの不運な事態を経験するいろいろな民話に関する、ちょっと色っぽいが無害なジョークもたくさんある。たくさんあるこのようなユーモアは、頭の硬いピューリタンを除いて、大いに笑いをさそう。しかし、（想像するに、神が自分の指を使って）アダムからあばら骨を文字通り一つ取って、そこを肉でふさぎ、その場でイヴを造ったという「創世記」第二章二二の神から、私たちがどれほど遠くに来てしまったのかを知って、心地よさを感じる人間は、ほとんどいない。リチャード・ドーキンスは、『悪魔に仕える牧師』（Dawkins, 2003a）の中で、ある意味で健全なアドバイスを述べている——しかし、彼自身が承知しているように、そのアドバイスにはオチがついているので、聞き入れてもらえないだろう。

……現代の有神論者も、〔セム人の豊饒の神〕バアルや〔古代エジプトで崇拝された〕黄金の子牛、〔太陽神の〕ミトラやアモン・ラー、〔雷神〕トールや〔最高神〕ウォーデン、〔海神〕ポセイドンや〔光明神〕アポロンといった話になれば、自分たちが実際には無神論者であると認めるかもしれない。私たちは皆、人類がこれまで信じてきた神々のほとんどについて無神論者である。私たちの一部だけが一人〔一つ〕の神に深入りしているだけなのだ（p.150）[11]。

難しいのは、このアドバイスが聞き入れてもらえないので、神の存在に関する議論が、敬虔というぼんやりとした霧の中で行なわれがちであるということだ。有神論者に、まず彼らがでたらめだと切り捨てているすべての神概念の簡単な一覧表を示してくれるという親切さがあれば、私たち無神論者は、どのテーマが依然として問題になるのかだけでも知ることができるのだが、警戒心と忠誠心、そして「自分たちの陣営にいる」誰の感情も害したくないという気持ちが入り交じるために、有神論者はたいていこれを断る。(7) 冒険的な投資はするな、ということなのだろう。この二重基準（ダブル・スタンダード）は、論理的曖昧さによって生み出されたものだが、現実にはそうはっきり認識されているわけではない。そして、この論理的曖昧さは、二重基準の問題に取り組んできた哲学者たちの分析の障害であり続けた。しかし、これは結局、**指向的対象**の問題なのである。(8)（すぐに不十分だということが明らかになる）言い回しで言えば、指向的対象とは**誰か**がそれに**ついて考えることができるもの**のことである。

私は、魔女（ウィッチ）の存在を信じているだろうか？　それで何が言われているのかにかかっている。もしウイッチということで、超自然的な仕方で空中を飛び回り黒いとんがり帽子をかぶっている邪悪で呪文を唱える女性を指すのであれば、答えは明らかにノーである。私が〔復活祭のシンボルであるウサギ〕〈イースター・バニー〉や〔抜けた乳歯を何かに交換してくれる〕〈歯の妖精〉の存在を信じないように、魔女の存在を信じない。もしウィッチということで、昨今人気のある新世代カルト・ウイッカ〔魔女宗〕を実践する男女双方の魔術師(ウィッチ)を指すのであれば、答えはやはり明らかである。その通り、私はウィッチの存在を信じている。ウイッカの魔術師は、ガール・スカウトやロータリー・クラブ会員が超自然的ではないように、超自然的ではない。私は、こうしたウィッチが本当に魔法をかけると信じているだろうか？　イエスでありノーである。彼らは、まじめにいろいろな種類の呪いの言葉を口にし、超自然的な方法で世界が変わることを期待している。そうすることによって、彼ら自身の態度や行動が変わるかもしれないが、それが成功すると考えている点で間違っている（もし私が〔人に禍を与える〕邪眼をあなたにあげるとすると、あなたはおそらくひどく狼狽し、ことによったら体調を完全に崩してしまうかもしれない。しかしもしそうであっても、それはあなたが欺されやすいからであって、私が魔術的な力をもっているからではない）。[9]したがって、すべては、何を指しているかにかかっているのであり、いつもそうなのだ！

四〇年ほど前、私は、イングランドでBBCのニュース番組を見た。その中で、保育園児たちが女王エリザベス二世についてインタビューを受けていた。はたして彼らは、女王について何を知っていただろうか？　答えは、かわいらしいものだった。女王(クィーン)は、バッキンガム宮殿で「掃除機をかけている」時は王冠をかぶっており、テレビを見ている時は玉座にすわり、たいていは〈ママ〉と〈ハートのクィーン〉の中間のようにふるまっている、というものだった。この女王エリザベス二世は、インタビューに答えた子供たちの共通の確信によって（抽象的なものとして）存在へともたらさた指向的対象であるが、〔エリザベスという〕実在の女性よりはるかにおもしろく興味深いものである。そして、実在の女性よりずっと影響力のある政治的な力を持っていることだろう！　それでは、実在の女性と想像上の女王という二つの別々の存在があるのだろうか、もしそうなら——スコットランドのティーン・エイジャーが信じている女王エリザベス二世、ウィンザー城のスタッフが信じている女王エリザベス二世、私の女王エリザベス二世といった具合に——何百万、何十億もの異なった存在があることにはならないだろうか？　哲学者たちは、そのような諸々の指向的対象を彼らの存在論——存在するものに関するカタログ——にどのように収めれば良いのかを、一世紀の大半をかけて活発に議論したが、意見の一致には至っていない。もう一人の著名な英国人は、シャーロック・ホームズである。彼は、まったく実在するものではないが、しばしば考えられてきたもの〔指向的対象〕である。そのような（単なる）指向的対象にも、何らかの意味で、真実もあれば偽りもある。（アーサー・コナン・ドイル卿によって創造された指向的対象である）シャーロック・ホームズがベイカー通りに住みタバコを吸っていたということは、真実であるが、彼が明るい緑色の鼻をしていたということは、偽りである。ペガサスが普通の馬の脚を持っているばかりか翼も持っているということは、真実であるが、トルーマン大統領がペガサスを所有し、それに乗ってミズーリ州からホワイト・ハウスまで行ったというのは、偽りである。しかしもちろん、シャーロック・ホームズもペガサスも実在してはいなかったし、今も実在してはいない。

シャーロック・ホームズは、現実に存在していて、コナン・ドイルが書いた物語は虚構ではないという、間違った印象を持っている人たちがいるかもしれない。このような人々は、いわば強い意味でシャーロック・ホームズの存在を信じている。他方、「シャーロキアン」として知られている、シャーロック・ホームズ研究者になるべく努力している人々がいて、コナン・ドイルの全作品についての自分の博識さを披露して楽しんでいる。こうした研究者のもっとも有名な団体は、〔一九三四年設立の〕ベイカー・ストリート・イレギュラーズであり、この団体名は、何年にもわたって様々な目的のためにホームズに協力した浮浪児たちのグループ名〔ベイカー街遊撃隊〕にちなんで付けられた。このような〔世界各地にたくさん存在している「シャーロキアン」の〕団体のメンバーは、五月一二日にホームズはペディングトンからどの列車に乗ったのかを話し合ったりして、楽しんでいるのだ。しかし、コナン・ドイルが明記していなかったり示していない事柄、たとえばホームズが列車で進行方向に向かって座ったのかそうではないのかについて知ったところで、何の意味もないことを、彼らはちゃんと承知している。彼らは、ホームズが虚構のキャラクターであることを知っているが、彼を研究することに人生の大切な一部を捧げているのであり、彼らのホームズへの愛が、〔敏腕弁護士〕ペリー・メイスンやバットマンのファンの愛と比べて、ちゃんと理由があることを説明したがっている。彼らは、いわば弱い意味でシャーロック・ホームズの存在を信じている。彼らは、切り裂きジャックが誰なのかを探求しているアマチュア研究者とまったく同じようにふるまっているので、ホームズの物語が虚構であるのに切り裂きジャックが実在の殺人者であることを知らない人から見れば、ベイカー・ストリート・イレギュラーズは、歴史上の人物を研究していると思われてしまうだろう。

シャーロック・ホームズのような指向的対象でしかないものが、たとえそれが実在するものではないと分かっていても、人々に取り憑くことは、きわめてありそうなことである。したがって、そのようなもの（それをものの一種とみなしても正当であるとすれば）が、その存在を強い意味で信じる人たちがいる場合、その人々の生活を支配できてもまったく驚くべきことではない。たとえば、ネッシーや〔北米の未確認生物〕ビッグフットを探すのに財産を投じている人たちがいる。そして、女王エリザベス二世のような実在の人物が人々の生活を支配する時はいつでも、このような支配は、普通、多種多様な信念（ビリーフ）を手配・供給することによって、また、人々の考え方や決断に重要性を持つ指向的対象を与えることによって、間接的に成し遂げられる。私が競争相手を憎んだり、隣人を愛することができるためには、私が知ることができ、また観察でき、交流することができる人々の中で、この人物の特徴とみなすことのできる、この人物についての明確でかなり正確な信念（ビリーフ）を持つ必要があるのである。

ほとんどの状況では、私たちが信じているものは、完全に実在的であり、実在的であるものを私たちは信じているので、（信念（ビリーフ）の対象である）指向的対象と、世界の中に存在しその信念を抱かせ・引き起こし・基礎づけ・支えるものとの論理的区別を普通無視することができる。ところが、いつもそうであるわけではない。〈明けの明星（モーニング・スター）〉は、明らかに〈宵の明星（イヴニング・スター）〉以外の何ものでもない。「それらは」、二つの星（スター）ではない。「それらは」、一つの同じもの——つまり金星——である。一つの星〔一つの実在的なもの〕に、二つの指向的対象があるということなのだろうか？ 普通、私たちにとって重要であるものは、様々な道筋を通って追跡できるような形で〔明けの明星や宵の明星として〕私たちに知られるようになる。しかし、別のシナリオもありそうだ。私が人として、あるいはものとして、あるいは力として、あなたの人生の中に存在していることを、あなたに気づかれることなしに、私は、こっそりとあなたの計画を妨害するかもしれないし、あるいはまた「運気」を与え、あなたの人生をいろいろなやり方で支配するかもしれない。たいていの場合、人生に変化を与えるものは、いかに誤認・誤解があっても、何らかの仕方で指向的対象としてその姿を現わす。誤解が生じる時、問題はその状況の記述の仕方に関して起こる。あなたが何ヶ月もの間、私に良いことをたっぷりとしてくれているとしよう。感謝すべき本当の相手は、あなたなのに、私が「自分の幸運に感謝する」としたら、私はあなたを信じあなたに感謝すると言うべき状況を、事実とは違った形で表現したことになるだろう。私は、愚かにも、私が感謝すべきは私の幸運だけだ——言いかえれば、感謝すべき人など誰もいない――と言っていることになるからだ。しかしそれこそ、私が信じていることなのである。この場合、あなたと名指しされる指向的対象は、存在しない。

今度は、私には秘密の助っ人がいるが、それはあなたではなく、〔女優〕キャメロン・ディアスだと確信しているとしよう。私は彼女への感謝をノートに綴り、彼女のことを深い愛情を持って考え、私に対する彼女の厚意に驚嘆しているので、たとえ私がありがたいと思っていることをしてくれたのが実際にはあなただとしても、あなたが私の感謝の対象だと言えば、きっと誤解させてしまうだろう。さらに、自分は無知で間違っていたのかもしれないと私が徐々に思いはじめ、ついには私が本来感謝すべきなのはあなただと、ちゃんと実感するようになったとしよう。それなのに、私が「今分かった。あなたがキャメロン・ディアスだ」と言ったら奇妙ではないだろうか？　特段の事情がないかぎり、それは実際奇妙なことだろうし、誤りであるだろう。私の知人たちがキャメロン・ディアスとそのすばらしい業績を讃える私の歌にすっかりなれてしまったとしよう。そして、〔キャメロン・ディアスという〕この言葉が、彼らにとっても私にとっても、私の喜びの原因をつくってくれた人なら誰でもその人を表すようになったとしよう。この場合、〔キャメロン・ディアスという〕この言葉は、もはや元々の使用法や意味を持っていない。伝え聞くところによれば実在の個人の名前を指すらしいこの言葉は、少しずつほとんど気づかれることもなく、一種の〈ワイルド・カード〉に、つまり私が何に対して感謝していようとその原因をつくってくれた人なら誰であれ（あるいはどんなものであれ）、その名前を指すものになっていったということだ。しかしそうなると、もしこの言葉が本当に〔何でも表してしまうほど〕制限がないのなら、私が「自分の幸運」に感謝する時、私が感謝している相手は、私が「キャメロン・ディアス」に――私のキャメロン・ディアスだと判明したあなたに――感謝する時と厳密に同じものだということになる。〈明けの明星〉は、結局〈宵の明星〉なのだ（このように言葉遊びをするだけで、無神論者も有神論者になれる。もし「神」〔という言葉〕が、大きかろうと小さかろうとすべての生き物を生み出したものならそれが何であれ、その名前を指すにすぎないとすれば、神とは結局、自然選択による進化の過程だということになる）。

このような多義性は、賛美歌作者が愚か者について歌って以来、ずっと利用されてきた。愚か者は、神は存在しないと心の中で語る時、自分が何について語っているのか分かっていない。だから、彼は、シェークスピアが本当は『ハムレット』を書かなかったと思っている人（シェークスピアがどう考えても『ハムレット』の著者であったとしても、〔一六世紀の劇作家〕マーローがシェークスピアだったなどと思っている人）と、まったく同じように無知である。人々が「神の歴史」についての本を書く場合（最近の例でいえば、Armstrong, 1993; Stark, 2001; Debray, 2004）、もちろん何世紀にもわたる指向的対象としての神についての語り方や論争をふまえてのことだが、現実には神という概念の歴史について書いているのである。そのような歴史的探求は、次の二つの点で中立的であることができる。まず、どの神が概念が正しいのか（『ハムレット』を書いたのはシェークスピアなのかマーローなのか）に関して中立的である〔判断しない〕ことができる。また、その研究自体が事実に関わっているのか虚構に関わっているのか（私たちは、ベイカー・ストリート・イレギュラーズなのか現実の殺人犯を突き止めようとしているのか）について中立的であることができる。ロドニー・スタークは、『一にして真なる神――一神教の歴史的帰結』を、このような多義性を振り払う一節ではじめている。

偉大な一神教はすべて、神は歴史を通じて働くと主張している。私は、少なくとも社会学的に、それはまったく正しいということを示そうと思う。――大失敗であると共に大成功でもある――歴史の大部分は、神のために作られてきた。これ以上明白なことが何かあるだろうか?(Stark, 2001, p.1)。

この著作のタイトル――一にして真なる神――は、彼が中立的ではないことを示している。ところが、著作全体は「社会学的に」書かれている、と言う。もしそうなら、この著作は、神についてではなく、カトリックの神とかユダヤ教の神とかスコットランドに住む十代の若者たちの神といった、あらゆる政治的・心理的揚力を生み出す指向的対象について書かれたものだということを意味している。指向的対象としての神が重要な役割を演じてきたことは、なるほど明らかである。しかし、それによって神が存在するかどうかについて何かが語られているわけではまったくない。スタークが〔神という概念の〕多義性を隠すのは、誠実ではない。〔神に関する〕見解の不一致の歴史は、ベイカー・ストリート・イレギュラーズ対ペリー・メイスン・ファンクラブとは違って、健全な娯楽ではなかった。人々は、自分たちの考え方のために死んでいった。スタークは中立的なのかもしれないが、コメディアンであるリッチ・ジェニは、そうではない。彼にとって、宗教戦争は完全に馬鹿げたものである。「あなたがたは、誰がより良い想像上の友を得たのかをはっきりさせるために、お互い殺し合っているのだ」と彼は言う。これに関するスタークの見解は、どのようなものだろうか? そしてあなたの見解は? 概念のために戦うこと、しかもその概念が実在的なものを指し示していようといまいと、そのために戦うことはまったく正しく、義務的ですらあるということなのだろうか? とにもかくにも、〔宗教をめぐる〕闘争は、競い合って神を賛美するという軍拡競争のただ中で、偉大な芸術と文学の恵みを私たちにもたらしてきたでしょ、と誰かが付け加えるだろう。

自分を信仰者(ビリーバー)と思いこんでいるが実は神という概念を信じて(ビリーブ)いるにすぎない人々を、私は知っている。

私自身、神という概念が存在していると確信している——スタークが語るように、これ以上明白なことが何かあるだろうか？　神という概念を信じている人々は、さらに、この概念がそのために戦われるほどの価値を持っているとも信じている。注意しなければならないのは、彼らが神の存在を信じることに価値を認めていないということである。彼らはあまりに洗練されすぎているので、それはできないことなのだ。彼らは、シャーロック・ホームズの存在を信じることに価値を認めず、物語を研究し絶賛することにだけ価値を認めるベイカー・ストリート・イレギュラーズと、まったく同じである。彼らの考えでは、自分たちの神概念は他の神概念よりもずっと良いので、〈御言葉〉を広めるために献身すべきなのだ。しかし、彼らは、強い意味で神の存在を信じているわけではないのである。

有神論者は神の存在を信じていると、当然思われているだろう（無神論は、結局有神論の否定なのだ）。しかし、「申し分のない有神論的倫理を提供するためには、神がある種の超自然的存在であるという観念を捨てることが求められる」（Ellis, 2004）と考える有神論者がいる場合、神が存在するかどうかという問題が効果的に探求される希望は、ほとんどない。神が超自然的存在でないとしたら、あなたや私が、彼の（その？）存在を信じているかどうかを、誰が知っているというのだろうか？　シャーロック・ホームズの存在、ペガサスやほうきに乗った魔法使いの存在——これらは、細部にちょっと注意を払えばきわめて容易に解決できる簡単な事例である。ところが神となると、様々な誤解を避けながら、当該テーマに関して合意に至る、ということにはなかなかならない。人々が（たとえ議論のためであっても）神を明確に定義するように求められるの嫌がり、実際明確に定義することを嫌がるのには、いくつかの興味深い理由がある。ぼんやりしていて良く分からないとか、うまく伝えられないというのは、ただ単に、やり込めてやろうと思う人々をイライラさせる障害物なのではない。それ自身、じっくり調べる価値がある宗教のデザイン特徴なのである。

3　神を讃える分業制度

成功するまでごまかしておけ。

匿名のアルコール中毒者

したがって、カントが説いているように、私たちには不思議な現象がある。それは、自分ではどれ一つとして概念を形成しえないようなものの一群の実在を断固として信じるという心の現象である。

ウィリアム・ジェイムズ『宗教的経験の諸相』[12]

言語はたくさんの贈り物をくれる。その中には記憶する能力や伝える能力、何かを心に抱く能力があるし、意味の良く分からない決まり文句〔公式・数式〕がなくならないように守る能力がある。ここに私が真だと思っている一文がある。

（1）*Her insane doğar, yasar, ve ölür.*

（1）がどういう意味なのか皆目分からないが、それが真だということを私は知っている。なぜなら、ここに引用する目的だけのために、私が信頼できるトルコ人の同僚に頼んで提供してもらった真なる文だからである。この文が真であることに多額のお金を賭けても良い――それほど私は、それが真であると確信している。とはいえ、言うまでもなく、この一文が木についてのものなのか、人間についてのものなのか、化学についてのものなのか、はたまた神についてのものなのか、私は知らない。だからといって、私の心が非常に奇妙な状態になるとか、大変なあるいはみっともない状態になったり、あたふたした状態になるということはまったくない。私はこの一文がどういうことを言っているのかを知らないだけなのだ。私は、トルコ語の「専門家」ではない。第7章で私は、異文化を理解しようとする人類学者に立ちはだかる方法論的問題を指摘し、その問題の一部には、個々の情報提供者が自分のことを、解明を依頼された学説の専門家だとは考えていないということがあると述べた。そのような「生半可な理解」ゆえに生じる問題は、宗教的教義の場合とくに深刻であるが、宗教にかぎらず科学にも良くあることなのである。

言語によって可能になるものとして、究極的分業とも言えるような、神を讃えることに関わる分業がある。俗人は信じるという行為を実行し――所定のとおり神を讃える祈りを行ない――教義をどのように理解するかは専門家におまかせする！　ものすごい力を持つ科学の関係式を考えてみよう。

（2）$E = mc^2$

あなたは $E = mc^2$ を信じているだろうか？　私はこの関係式を信じている。これがアインシュタインの偉大な関係式であること、ともかく彼の相対性理論の中核であることは誰でも知っているし、多くの人々は E と m と c が何を意味しているのか〔エネルギー・質量・光速度〕が分かった上で簡単な計算を行なったり、それを説明する時の明らかな誤りを指摘することができるだろう。しかし、「$E = mc^2$」が物理学の根本的な真理であることを知っている人々の中のほんの一握りだけが、本質的な意味でそれをちゃんと理解している。幸いなことに、それ以外の私たちは、そうする必要はない。ありがたいことに物理学の専門家がちゃんといて、私たちはこの関係式を理解する責務を彼らに委ねている。この場合、私たちがしていることは、本当は命題を信じることではない。もし信じることであれば、そのためには命題を理解しなければならないだろう。私たちはただ、「$E = mc^2$」という関係式によって表明されるどんな命題も真であると、信じているだけである。[10]

（1）と（2）とが私にとって違うのは、（2）が何に関するものなのかを――もちろん十分にではないが――それなりに知っているということだ。いろいろな説明の仕方はあろうが、少し違っていてもだいたい合っているような意味を私は絞り込むことができる。もちろん物理学者は、それらしい説明を示して私に「それが正しい説明だ」と言わせ、私の無知を暴露することもできよう（それはまさに、問題を本当に理解している学生とまだ理解していない学生を分かつ難しい選択試験が行なっていることである）。とはいえ、（1）に関して私が知っていることはただ、無限に多くの命題を二つに分けた場合、それが真なる命題群の一つを表しているということにすぎないし、どの解釈が一番良いのは私には分からない（（1）は、おそらく二〇〇四年一〇月アメリカン・リーグ優勝決定戦でレッドソックスがヤンキースをどのようにして四勝〇敗で破ったのかを表していないだろうが、かとって、これでもあれでもないといった具合に、解釈を絞り込んでいっても意味はない）。

こうしたことが、宗教的信念だけの困った欠陥ではないということを示すために、科学から例を引いてこよう。科学者でさえ、彼らが正しいということを知っている関係式に日々依存しているが、彼ら自身は解釈の専門家ではない。さらに、彼らは、理解することと記憶することとを積極的に分離してさえいる。リチャード・ファインマンの量子電磁力学（QED）に関する古典的な入門講演『光と物質のふしぎな理論』（Feynman, 1985）にまさにその事例が見られる。その中で、彼は、聴衆に肩肘張らず、自分が教えている方法を理解する努力をしないようにすすめている。

これで皆さんにも、私が今から何をお話をするか分かっていただけたと思いますが、その話の内容を本当に理解してもらえるかどうかということが次の問題になります。……残念ながらそれはどだい無理というものでしょう。それではいったいなぜ今私はこうして皆さんの耳を借りているのか？　私が言おうとしていることが分からないに決まっているのに、なぜ皆さんはここに座って時間をつぶさなくてはならないのでしょうか？　実はここでの私の務めは、皆さんが分かりっこないからといって、物理学を食わずぎらいになってしまわないようにすることにあるのです。第一私の大学の物理の学生だって、ほんとうは分かっていないのです。なぜかと言えば、この私にだって分からないからで、そもそもほんとうに分かっている人などどこにもいはしないのです。……物理学者の間ではこのような場合、次のように対処するのが、慣わしです。つまりある理論を気に入る入らないということが肝心なのではなく、その理論が実験の結果を予測できるかどうかの方が、はるかに大切だと考えるのです。一つの理論が哲学的にすばらしいかどうかとか、分かりやすいかとか、常識で考えてすんなり納得がいくかどうかなどが問題なのではない。……「自然がそんな変てこなはずがあるものか」などとそっぽを向かず、どうかおしまいまで私の話を聞いていただきたい。そうすれば、この講演が終わるころには、私と同じように、自然とはなかなか愉快なものだと思うようになっていただけるのでは……と願っているのです（p.9-10）[13]。

さらに彼は、理解することを思い留ませるという観点から、〔光がある特定の厚さのガラスによって反射される〕確率を計算する方法を述べている——「ここで皆さんには、ちょっと覚悟していただきたいと思っています。というのは、この計算法が難解だからではなく、何ともこっけいだからです。一枚の紙切れに小さな矢印を描くだけのこと、ただそれだけなのですから！」（p.24）[14]——しかしながら、彼はこの方法を擁護する。なぜなら、この計算法が導き出す結果は驚くほど正確だからである。「この数値の精度をもっと身近に分かっていただくために言いかえますと、ニューヨークからロサンゼルスまでの全距離を測ったとき、その誤差が人間の髪の毛の太さにすぎないということに相当します。過去五〇年間、量子電磁力学はそれこそ微細にわたり、理論と実験の両方からテストされてきたのです」（p.7）[15]。

そしてまさにそれこそ、宗教における分業と科学における分業とのもっとも重要な違いである。ファインマンはいつになくひどく謙遜しているが、専門家は、自分が使っている方法を、——すべてにわたってというわけではないが、なぜ驚くほど正確な結果が導けるかをきちんと説明できるほど——、ちゃんと理解している。理論を説明する（したがって理論を理解する）責務を専門家に安心して委ねることができるのは、まさに専門家が当該の関係式をちゃんと理解していると私が確信しているからである。ところが、宗教においては、専門家が自分が語っていることを自分は理解していないという時、何かの効果をねらって誇張しているわけではない。神の根本的な理解不可能性が主張されるのは、信仰の中核的教義としてであり、問題とされる教説それ自体が、誰にも体系的に解明することなどできないのだと宣言される。私たちが信ずべき言葉として〔宗教における〕専門家が語る時その専門家の意見に私たちは同調して良いのだが、その専門家は、自分の専門知識を使って、自分が語っていることをちゃんと分かっていることを証明することは、自分でもできないとも強調する。こうしたことは、専門家であろうと素人であろうと、誰にとっても不可解である。なぜ専門家の意見に同調するのだろうか？　答えは明白である。信じることに価値（ビリーフ・イン・ビリーフ）があるのだ。

　多くの人々は、神の存在を信じている。多くの人々は、神の存在を信じることに価値（ビリーフ）があると思っている。その違いは何か？　神の存在を信じている人々は、神が本当に存在していると確信しており、神があらゆるものの中でもっともすばらしいものだと考えているので、喜びを感じている。神の存在を信じることに価値があると思っている人々は、神の存在を信じるという事態が現実に存在していると確信しており（それを疑う者がいるだろうか？）、それはとても良いことで、どこでも推奨・促進されるべきことだと考えている。神の存在を信じるという事態がいっそう広がりさえすれば良いのだ！　神の存在を信ずべきだ。神の存在を信じるように努力すべきだ。自分が神の存在を信じていないと気づいたら、不安であるはずだし、申し訳ない気持ちを抱くはずだし、満たされないはずだし、きっと罪悪感さえ感じるはずだ。絶対そうなる、というわけである。

　無神論者でありながら神の存在を信じることに価値があると考えることは、完全に可能である。そのような人は神の存在を信じていないが、神の存在を信じることは、変な方向に向かわぬかぎり、すばらしい心的状態だと考えている。神の存在を信じることに価値があると考える人々は、他人に神の存在を信じさせようと努力するし、自分自身の信念（ビリーフ）が薄れていると感じる時はいつでも、その信念を復旧させるためにできることは何でもする。

　人々があるものを信じる一方で、それを信じること自体を悔いるということは、希（まれ）ではあるがないことはない。彼らはそれを信じること自体に価値があると思っていないのである！（もし私がポルターガイスト〔騒霊〕やネッシーの存在を信じている自分を発見したら、私は困惑し、本当はなければ良いのにと思うような私の小さな秘密の一つと考えるだろうし、他人に知られなければありがたいと感じるだろう！　ことによれば、きわめて冷静で合理的な私の在り方に反するこの気持ちの悪いささくれを、治そうとするかもしれない）。自分は人種差別主義者だとか性差別主義者だとか、民主主義への愛を失ってしまったことに、突然気づくことがある。誰でも、そんな自分を発見したいとは思わない。私たちは誰でも、なにがしかの理想をもち、それによって自分の中に発見する信念（ビリーフ）を評価するのだが、長い間多くの人々にとって神への信仰（ビリーフ）は、そのような理想の中でも飛び抜けて重要な理想の一つであったし、今もそうである。

なにがしかの教説を信じている場合、それを信じない人は誰でも間違っていると考えがち（ビリーブ）である。そう考えがちになる人自身が、間違っていたり、誤った情報で操られていたり、無知である場合、事態は最悪である。概して、人々がより多くの真理を共有し偽りをできるだけ信じなければ、世界はもっと良い場所になるだろう。まさにそういうわけで、教育や広報活動や新聞などが存在するのである。例外はある——戦略的秘密がそれで、たとえば、私は何かを信じているのだが、この私の信念〔信仰〕を他の誰とも共有していないのがうれしい場合である。ある種の宗教的信念の本質はその人だけの秘密にあるとはいえ、自分の宗教的信念を、他者と、とりわけ自分自身の子供と共有するだけではなく、彼らに信じ込ませようとするのが、一般的なパターンである。

4　最小公分母

神はあまりに偉大なのでその偉大さと存在とは相容れない。

ライムンド・パニッカー『神の沈黙』

神の全能の最終的な証拠は、神が私たちを救済するためにわざわざ存在する必要がないということだ。

ピーター・ド・ヴリエの『マッカレル・プラザ』に登場するヒーローである超リベラルな聖職者マッカレルの説教

戦闘的な教会と勝利に酔う教会は、社会的な教会と奇っ怪な教会になった。

一九六〇年、ロバート・ベンソンとの個人的な会話

神の存在を信じている多くの人々がいる。神の存在を信じることに価値があると考えているさらに多くの人々がいる！（神の存在を信じている人は誰でも、神の存在を信じることに価値があると思っているのだから、神の存在を信じることに価値があると考えている人々の方が、神の存在を信じている人々よりも実際数が多いのは明らかだ）。無数の説教を含む世界中の文学には、懐疑にさいなまれながらも神への信仰を取り戻したいと願っている人々の話がたくさんある。今し方見たように、私たちの信じるという概念から考えて、これら二つの心的状態の間に明確な違いがあると言えるのだが、困った問題もある。神の存在を信じることに価値があると考えているすべての人々のうち、（大雑把に言って！）何パーセントが実際神の存在を信じているのだろうか？　この問題を探求することがひどく困難であることが明らかになる。

なぜか？　一見すると、以下のような選択式のアンケートを配るだけで良いように思える。

私は神の存在を信じている――□はい、□いいえ、□分からない

あるいは

神は存在する――□はい、□いいえ、□分からない

どのような形で質問するかで違いが出てくるだろうか？（私はまさにこのような質問で調査をはじめ、かなり興味をかきたてられる結果を得たのだが、まだ確認作業が必要なので公にできない）。アンケートという単純なやり方の主要な問題点は、明らかである。宗教上の概念と実践がデザインされてきた過程を考えると、神の存在を信じていることの明確な証拠となる行動は、神の存在を信じることに価値があると（だけ）考えているということの明確な証拠となる行動でもある。疑いを抱く人々が、疑いを抱いているにもかかわらず、自分が属している教会の命令に従って、信仰を宣言し、断固たる確信が持てるのを期待して幾度もあらんかぎりの力で信仰の言葉を口にし、手をあわせて教義を暗唱し、一日に何度も人前で祈りを捧げ、信者なら行なうことをすべて行なうなら、疑いを抱く人々でさえ、本当は神の存在を信じていなくても、即座に「はい」を選択するだろう。このような人々は、神の存在を信じることに価値があると心から思っているのである。これこそ、誰が――もしいればだが！――神の存在を信じることに価値があると考えているのに加えて、現実に神の存在を信じているのかを言い当てることを、困難にしているものなのだ。

すでにお分かりかもしれないが、分業のおかげで事態はこれよりも良くない。あなたは、自分の心の中

をのぞきこみ、自分が本当に神の存在を信じているかどうかがはっきり分かっていないと、気づくかもしれない。私たちは今どの神について語っているのだろうか？　もしあなたが専門家ではなく、あなたの宗教の教えを表現している公式の教義を理解している確信が持てないなら、あなたの心的状態は、（一）の「トルコ語の一文」に関する私の心的状態と（二）の「アインシュタインの関係式」に関する私の心的状態の中間のどこかに位置するはずだ。〔本当に神の存在を信じているかどうか分からない〕あなたは、〔トルコ語が分からない〕私ほどお手上げではないはずだ。あなたは公式の教義を学び、おそらく記憶さえしただろうし、これらの教義が（何を意味していようと）真であると信じている。それでもなお、あなたは、それが何を意味しているのかを語りうる権威ではないということを、認めなければならない。アラン・ウルフは、アメリカの宗教の発達に関する最近の研究『アメリカ宗教の変様――私たちは信仰を実際どのように生きているか』の中で、次のように指摘している。「このような人々は、たとえ自分が信じている神についてそれほど多くを人に語ることができなくても、しばしば情熱的に神の存在を信じる人々である」(Wolfe, 2003, p.72)。もしあなたがこのような種類の人々に属するなら、ウルフの主張するのとは反対に、あなたは神の存在を信じることに価値があると考える人々の一員であるかもしれないが、あなたが教義上の神の存在を、あるいは他の何らかの神の存在を、（情熱的であろうとなかろうと）本当に信じているかどうかを判断するのにふさわしい立場にはいないということも、認めなければならない（そしてあなたは、ほぼ確実に、神についての専門家の考え方と、それとは微妙に異なる考え方をあなたが本当に区別できるかどうかを調べる選択テストを、きっと一度も受けたことがない）。

あるいはまた、あなたは、自分自身に関しては権威であると主張するかもしれない。「私が教義を口にする時、私が何を言おうとしているのかを、ちゃんと分かっている。私にはそれで十分なのだ！」。そして――昨今の――驚くほどの数の組織化された宗教にとっても、それで十分なのである。そのような宗教の指導者たちは、宗教という制度の堅牢さが、信仰〔信じること〕が均一・等質であることにまったく関係がないということに気づくようになった。それは、信仰告白の一貫性に依存しているのだ。これは、長い間ある系統のユダヤ教の特徴になっている。〔私の学生ウリエル・マシュラムがかつて私に語ってように〕とりあえずやってみろ、うまく行くかどうかは決して気にするな、ということだ。多くのユダヤ教徒たちは、誰かに何かを信じるように命じるという観念そのものがおかしなことであり、それは不誠実や自己欺瞞に至るということを認めることによって、オーソドクシー〔正統派〕つまり正しい信仰への強要を拒み、オーソプラクシーつまり正しい行動だけを行なう。彼らは、罪を感じる懐疑論をこっそり隠しておくのではなく、礼儀を欠くことなく表明される率直な疑いをむしろ積極的に利用している。

このやり方が世代をこえて伝達されるかぎり、ミームは生き残り繁栄するだろう。ほとんど同じ態度を最近とるようになったのは、多くの福音主義キリスト教の宗派であり、とりわけブームになっている新しい現象「メガ・チャーチ」である。〔一度の礼拝に二〇〇〇人以上も集める〕メガ・チャーチは、ウルフが少し詳細に書いているように、聖なるものとされる言葉を個人がどう解釈するかに関して、メンバーにわざわざ高い自由度を認めている。ウルフは、福音主義と、「神学的に重要な事柄により強い関心をいだく」根本主義〔原理主義〕とをはっきりと区別している。彼が下す結論には、安心させようとする意図がある。

合衆国が強い宗教的信念に回帰することで生み出される結果を懸念している人々であっても、福音主義の急速な拡大に目を奪われるべきではない。それとは反対に、福音主義の人気は、福音主義がなんとか人気を得たい、民主的でありたいと考えている——信仰の確信に寄与するのであれば、信者が望んでいるものをきちんと見つけ出し、それを信者に提供しようと決めている——結果なのである(2003, p.36)。

ウルフは、スタークとフィンクのあからさまな販売促進(マーケティング)のやり方が宗教指導者にもまったく無縁ではないということを示している。彼は、宗教指導者が進んで行なっている現代の世俗文化への譲歩のいくつかを指摘している。それは、ウェブサイトで、何百万ドルもかけたテレビ番組で、伝達される譲歩であり、たとえば、エレキ・ギターとドラムとパワー・ポイントで礼拝が開始されるといったことである。「聖域(サンクチュアリ)」という語も、ある教会では「宗教的意味合いが強すぎるので」(p.28) 使われなくなり、聖典の諸節の本来の解釈に対する注意以上に、たくさんの無料駐車場と託児所を提供することに対して注意が払われている。ウルフは情報提供者とのインタビュー調査を行なったところ、その情報提供者は、伝統を修正することとあからさまにそれを捨て去ることとを区別するのは困難だと明かしている。そのようなミーム工学者たちは、自分たちが広めたいと思っているイメージを示すために、「チャーチアニティ〔教会の徒〕」という変な言葉を作り出した (p.50)。

実際、ラースとアンは、多くの福音主義者と同じように次のように述べている。すなわち、信仰(フェイス)は自分たちにとってとても重要なので——不和や不一致を連想させ、それゆえ、しばしば望ましくないやり方で教義を連想させる——「宗教〔という言葉〕」が、信仰という活動の妨げになることを許してはならない (p.73)。

このような市場調査報告の結果は、否定し難い。チャック・スミスの「カルバリー・チャペル」には六〇以上の教会があり、そのうちのいくつかの教会には一日に一万人の礼拝者が来る（Wolfe, 2006 p.48）。ドクター・クレフロ・ダラーの「ワールド・チェンジャーズ・チャーチ」には二万五千人のメンバーが属しているが、「〔昔の教会税のように〕収入の十分の一をコンスタントに寄付している人はその一三％にすぎない」（Sanneh, 2004, p.48）。ウルフによれば、「すべてのアメリカの宗教は、個人の好みに合わせないと消滅してしまうという、避けることのできない同じ事態に直面している。それぞれの宗教は、いろいろなやり方で個々人の嗜好を推し量っている」（Wolfe, 2006, p.35）。ウルフは正しいのかもしれないが、このような大雑把な結論に至るための彼の議論は不十分で逸話的すぎるし、彼が示している現象が存在することにはまったく疑いがないとしても、そうした現象がこれから宗教の恒常的な特徴になるのか一時的な流行なのかという問題は、どんなに鋭くても観察だけではすまされず、むしろ検証可能な理論をぜひ必要とする問題である。そのような**自由放任**的な「非教義的（ノンクリーダル）〔自由〕」宗教の事例が、どれほど持続性を持とうが、それなりの理由があろうが、ローマ・カトリック教会の絶えず教義を重視する姿勢とは明らかに対照的である。

5　信仰告白するようにデザインされた宗教

愚かにもたった一人で山登りをした登山家が絶壁をすべり落ち、谷底まで千フィートの場所で命綱につかまってぶら下がっていた。ロープを登ることも体を揺すって足場のあるところまで辿り着くこともできないので、絶望した彼は、「おーい、おーい、誰か助けてくれ」と叫んだ。すると、驚いたことに、厚い雲が割れて、そこから美しい光が降り注ぎ、力強い声が返ってきた。「よし息子よ、助けてあげよう。ナイフを取り出してロープを切れ」。登山家はナイフを取り出したが、ロープを切らずに考えつづけた。それから彼はまた叫んだ。「他の誰か助けてくれ」。

この古い箴言によれば、言葉より行動の方が大声(ラウド)で語る、つまり、「実行は百言に勝る」ということなのだが、これは〔行動と言葉を対立させている点で〕その本当の意味を表していない。語るという行為も行動であり、たとえば、異教徒は死に値すると言う人は、大きな効果を持つ可能性のある行動をしているのである。良く考えてみると、この箴言が意味しているのは、語るという行為以外の行動は、たいてい、行為者が本当に何を信じているのかに関する証拠を、行為者が語るどんな言葉にもまして示しているということなのだ。リップサービスをする[16]（何とすばらしい慣用句か！）のはとても簡単だが、あなたの行動の具体的な結果は、何かを信じているかどうか――拳銃に弾丸が込められていると思って(ビリーブ)いるかどうか、ドアが解錠されていると思っているかどうか、自分が気づかれていないと思っているかどうか――にかかっている場合、リップサービスは、本当に信じているものを表現する――まさにさらけ出す――非言語的行動によって簡単に覆される。

ここにおもしろい事実がある。民俗宗教から組織化された宗教への移行の特徴は、とても明確で具体的な結果を伴う信仰（ビリーフ）から、きわめて分かりにくい結果を伴う——リップサービス〔口先の礼拝〕をすることだけがその信仰に従って行動することができるほとんど唯一の方法である——信仰に移行した、という点にある。〔民俗宗教では〕牛を生贄に捧げないと雨の神が雨を降らせてくれないと本当に信じられているなら、雨の神に雨を降らせてほしい時、牛が生贄に捧げられるだろう。部族の神があなたを射られても死なないようにしてくれたとあなたが本当に信じているなら、たとえ雨のように矢が降りそそいでいても、あなたは敵陣にすぐに突っ込んで行くだろう。神があなたを救ってくれるとあなたが本当に信じているなら、あなたはロープを切るだろう。神があなたを見守っていて、あなたにオナニーをしてほしくないと思っているとあなたが本当に信じているなら、あなたはオナニーをしないだろう（あなたの母親が見守っていてもあなたはオナニーをしないだろう！　神が見守っていたら、オナニーなんてできはしないだろう。神があなたを見守っているとあなたは本当に信じているのだろうか？　おそらくそうではない）。

　それでは、聖杯のワインがキリストの血に変わったとあなたが本当に信じているということを示したいとすれば、あなたにはいったい何ができるだろう？　大金を賭けた上でそのワインを生物学研究室に送り、そのワインの中にヘモグロビンがあるかどうか調べてもらう（さらにDNAからイエスのゲノムを発見してもらう）ことができるだろう。しかし、そのような教えは賢明にもそうした検査から守られている。儀式の場からワインを持ち出すことは冒瀆にあたるだろうし、その上、宗教的文脈から切り離されたワインは〔キリストの血へと〕全質変化しないし、普通のワインにもどるだろう、というわけである。このような信念（ビリーフ）を証明するためにあなたが行なうことができるただ一つの行動が存在している。機会があるごとに、熱心に、何度も何度も、自分はそれを信じていると言えばよいのである。

　以上のテーマは、（後にローマ法王ベネディクト一六世に選出される）ラッツィンガー枢機卿によって書かれ、二〇〇〇年六月一六日の総会でローマ法王ヨハネ・パウロ二世によって裁可された『主イエス——イエス・キリストと教会の単一性と救済の普遍性』という布告の中で、意味ありげに持ち出されている。この文書は、誠実なカトリック教徒が「かたく信じ」（原文どおり）なければならないことを繰り返し明記しているが、いくつかの点で、従来の表現方法を変えて、「誠実なカトリック教徒は信仰告白することが求められている」（原文どおり）と述べている。大学教授として、私自身この言葉を使うことにとても興味を感じる。「宗教的信念」や「宗教的確信」ということで普通意味しているのが宗教的な意味で信仰告白することだと言って、あながち間違いではないだろう。大学教授とは違って、宗教の信仰告白者（聖職者だけではなく、すべての信者）は、自分たちが何を告白しているのか理解していないかもしれないし、自分たちが告白していることを信じていないかもしれない。彼らは信仰告白しているだけである。なぜなら、それが彼らにできる最善のことであり、信仰告白することが求められているからである。ラッツィンガー枢機卿は、「コリント人への第一の手紙」から次のような一節を引用している。「私が福音を宣べ伝えても、それは誇りにならない。なぜなら、私はそうせずにおれないからである。もし私が福音を宣べ伝えないなら、私には禍である」（第九章一九）。

リップサービスはこのように求められているのだが、それだけでは十分ではない。あなたは、口にすることを義務づけられていることをかたく信じなければならない。どうすればこの指令に従うことができるだろうか？　信仰告白することは、自発的であるが、信仰はそうではない。信仰は、——ある一節が真理を表現していると信じることとは区別されるなら——、理解することを要求する。これは難しいことで、専門家にとってさえそうである。努力してもあることを自分に信じさせられないなら、あなたのすべきことは何か？　ラッツィンガー枢機卿の布告は、この点に関して助け船を出している。「信仰は、啓示された真理の恵みを受け入れることである。それこそが〈神秘を解き明かし、それを隅から隅まで私たちが理解できるようになる方法である（ヨハネ・パウロ二世の回勅――忠誠と理性――からの引用）〉」。だから、あなたはこれを信じるべきなのだ。そしてもしそれができれば、これを信じることが、あなたが神秘を本当に理解していると（たとえ自分が理解していると思えないにしても）信じるようになる一助になるはずだし、したがって、あなたが信じていると告白しているものは何であれ、それをかたく信じる一助になるはずだ。しかし、あなたはこれをどのようにして信じるのだろうか。信仰が必要である。

なぜ努力するのか？　あなたが個人として、問題の教義を信じることに価値があるという思いを、たまたま共有していなかったらどうなるのか？　ミームという観点がある種の説明を行なえるのは、まさにこの点に関してである。ドーキンスは、この問題とその伝統的な解決策を指摘していた。「多くの子供たちや、それどころか一部の大人まで、聖職者の言うことに従わないと死後とてつもない苦痛を受けると信じている。……地獄の劫火という観念は、まったく単純に、それ自体がもつ強烈な心理的衝撃力のおかげで、自らを永続化させている」（Dawkins, 1976, p.212）[17]。もしあなたが転送しないとあなたにひどいことが起きると警告するチェーンメイルを受け取ったことがあるなら、たとえ欺されなかったにしてもこの戦略のうまさが分かるだろう。信頼される聖職者が保証を与えれば、さらに説得力を持つことができる。

地獄の劫火が鞭なら、神秘は飴である。信じられるべき重要なことは、不可解であるべきなのだ！　ラパポートは、するどくも次のように指摘する。「自明の原理が疑問の余地がないなら、その自明の原理は理解不能であることが重要だ」（Rappaport, 1979, p.165）。基本的なカテゴリーの元々の想定の一つや二つだけに矛盾するという――ボイヤーが使う意味での――反直観的なものであるだけではなく、徹底的に不可知であることが重要なのだ。平凡な主張は、刺激もなく、いとも簡単に正確かどうかチェックされる。

真に重大で心悩ます主張となると、その熱心に公言される逆説を打ち破るものなど何もない。ドーキンスは、あるエッセイの中で、信徒競技大会の過熱とも呼んで良いようなもの、つまり私の信仰（フェイス）はあまりに強固なのであなた以上に逆説を心から受け入れることができるという自慢に注目している。

> ある象徴的ないし形而上学的意味で聖餐のワインがキリストの血に変じたことを信じるのは、容易であり神秘的でも何でもない。しかしながら、ローマ・カトリックの全質変化の教義は、それをはるかに超えたことを主張している。ワインの「すべての実質」がキリストの血に変わった。依然としてワインに見えるのは、「実質にはまったく関係のない」「単なる偶然にすぎない」。口承での教えでは、全質変化は、ワインは「文字どおり」キリストの血に変わったという意味なのだ（Dawkins, 1993, p.21）。(11)[18]

理解不可能性へこのように過熱して行くことが、ミームの適応度を高めるような適応である理由はいくつかある。第一に、今し方指摘したように、理解不可能性は、驚嘆を引き起こし理解不可能性自身に注意を引きつける傾向がある。それはまさに、度を超えて派手なクジャクの尾羽であり、ミーム学なら、宗教が支持を失いつつあるという事態に直面した時、逆説性の強化を競う軍拡競争のようなものが生じるはずだ、と予想するだろう。クジャクの尾羽は、最終的には、もうこれ以上大きな羽は無理だという身体的条件によって限界づけられているが、逆説性にも限界があるはずだ。あまりにつじつまが合わないと人々の不快感が強まるので、ちゃんと筋の通った期待をかき立てる要素がいつもあって、そこに困惑を覚えるような理解不可能なことが混ぜられている。普通ではないことは、中途半端なメロディーの終わり方のよう

に、宿主の脳に悩ましいものを、したがって何度も反芻され、困惑そのものが楽しくなるようなものを与える。[12] 第二に、第5章で指摘したように、理解不可能性は、宿主に選択の余地を残さずそのまま伝達するという行為をさせることで、――ミームの独自性（アイデンティティ）の死滅ともなりうる――言い換えをできなくする（私は、ローマ法王ヨハネ・パウロ二世が何を言おうとしていたのかを本当は分からないが、彼が言ったのは「イエスは〈受肉せる御言葉〉――唯一無二の人格――である」ということを、あなたに話すことはできる）。

ドーキンスは、このような適応の拡張ないし改良を指摘していた。「盲信（ブラインド・フェイス）を求めるミームは、理性的探求をしようという気にさせない単純な無意識的手段を行使することによって、自らの永続性を確保する」（1976, pp.212-13）[19]。「信（フェイス）〔信仰・確信・信念〕に基づく決断」といった表現で「信（フェイス）」を使う場合、多くの人々の心の中では、（「あらゆる宗教（フェイス）の人々」といった表現の場合のように）「宗教（レリジョン）」とほとんど同義語になっているのだが、必ずしもすべての宗教がこの概念やそれに近いものを受け入れる余地があるわけではない。信（フェイス）を求めるミームは、頻度依存適応度を示している。つまりそれは、とりわけ合理主義的なミームたちと共に、ある状況で繁栄する。信を求めるミームは、懐疑的な人々が少ない状況の中では、あまり注意を引くことはなく、したがって、心の中にずっと潜んでいる傾向があるし、備忘録に再び書き込まれることもめったにない（Dennett, 1995b, p.349）[20]。実際、これこそ主にキリスト教の特徴であり、最近指摘されたように、ユダヤ教では、聖典の多くの内容の意味や真理についてさえ活発にかつ知的に議論することが現実に奨励されている。とはいえ、あるラビが説明しているように、先に登場した過熱しがちになる信徒競技大会のようなものが、ユダヤ教の実践においても行なわれている。

ユダヤ教の食事規則の大部分は、理由なく神から与えられた指令ですが、理由なしに与えられた指令であることが、一〇〇%重要なポイントです。人を殺さずにいることは非常に簡単です。とても簡単なことです。盗まずにいることは、盗みたいという欲求にかられることがないことはないので、ほんの少し難しいだけです。だから、それ〔殺さずにいることや盗まずにいること〕は、私が神の存在を信じ、その意思を実行していることの重大な証拠にはなりえないのです。しかし、もし神が私に、昼食に挽き肉料理と豆と一緒にミルク入りコーヒーを飲んではいけないと言うなら、これは試練です。私がこんなことをしている唯一の理由は、そうするように言われてきたということです。それは、困難な何かをすることなのです（Dawkins, 1993, p.22 に引用された一九九一年六月二九日付けの『ガーディアン』紙[21]）。

イスラム教はイスラム教で、一日の五回、その時していることをただちに止めて祈ることを信徒たちに義務づけている。神に従うことを示すこのような行為が、たとえどんなに不便でも危険でさえあっても関係はない。――自分たちが理解していない教義の一部を変えるくらいだったら死を選ぶといった――途方もない行為によって自分の信仰（フェイス）を示すというこの観念は、宗教的信仰（フェイス）と、私が個人として科学に抱いているような信頼（フェイス）との明確な違いを、明らかに示している。たとえば、リチャード・ファインマンのような物理学者の専門知識を私は信頼しており、この信頼によって私は、私が理解していない教説を正しいと認めること――ことによったらそれが真理であることに賭けること――ができる。そのかぎりにおいて、私の信頼（フェイス）は、宗教的信仰（フェイス）と違っているわけではないが、物理学の関係式を変更するくらいだったら死を選ぼうなどとは、これっぽちも思っていない。たとえば、こんなことを言ってみる。

Eはmc^2に等しくない、等しくないんだ！　僕は嘘をついていた。ざまーみろ。

冒瀆的な言葉を発したり教義を変えることは自分にできそうもないと思っている人々と違って、私はこんなささやかなジョークを言っても罪悪感を感じない。しかし、私が理解していないと認めている量子力学の理論が真理であるという私の信頼（フェイス）は、やはり、一種の宗教的信念（フェイス）ではなかろうか？　とても宗教的な人物を作り出してみよう。私の信頼も結局宗教的信念だということを簡単明瞭に述べようとするフェイス教授（プロフェッサー）(13)である。彼は、「アポファティック」[22]という聞き慣れない言葉を私に教えたいと思っている。

神はすばらしいものです。神はたくさんの祈りを受けるに値しますが、私たちが神について言えるのは、ほぼこれだけです。私の神概念はアポファティックなのです！　それはどういう意味か、君は聞きたいだろう？　それは、私が神を、言葉で言い表せず、知ることもできず、人間の理解を完全に超えているものと定義しているということです。デニーズ・ターナーの最近の著作『信仰追求』（Turner, 2003）についてサイモン・オリヴァーがどうしても述べたかったことに耳を傾けよう。

> ……近代の無神論によって拒絶されている神は、近代以前の正統派キリスト教の神ではない。神は、サンタクロースが現実に存在することが認められていないのと同じような仕方で現実に存在することが認められないようなものではない。――中世の神秘主義に強い影響を受けている――ターナーの神は、根本的にアポファティックであり、それ以外ではまったくない。その神は、結局不可知の暗闇である。私たちは、私たちの存在が寛大なる贈り物であることを自覚するようになる旅に、出発したのである（Oliver, 2003, p.32)。

さらに、ライムンド・パニッカーが仏教について書いているものがある。

「アポファティック」という言葉は普通、認識論的否定主義（エピステモロジカル・アポファティシズム）を指すのに使われている。それによれば、究極的な実在は、——それ自体において知的なもの、この上なく知的なものだとされるが——、言葉では語り得ないものであり、人間の知性はそれを把握することも捉えることもできない。認識形而上学的否定主義（ノシオロジカル・アポファティシズム）は、ただ私たちだけが、究極的実在に関して言葉で語ることができないという態度をとる。他方、仏教的否定主義は、この言葉で語り得ないということを、究極的実在の核心であるとみなそうとし、この実在は、——そのロゴス（それを表現し伝達する言葉）は、もはや究極的実在という次元ではなく、まさにその次元の現われに関わるのだから——、ただ単に私たちがそれを言葉で語り得ないだけではなく、そもそもそれ自体が言葉で語り得ないものであると主張する。したがって、仏教的否定主義は、存在それ自体の否定主義である（Panikkar, 1989, p.14）。

これらの主張はあなたが科学者に関して言っていることと本当はそんなに違っていないと、私は言いたい。物理学者は、物質が硬い小さな球体（原子（アトム）〔分割不可能なもの〕）の集合から成っているのではないと気づくようになった。物質は、物理学者も知っているように、それよりはるかに不思議なものであるが、物理学者は、彼らが主に知っているのが、物質が何であるかではなく、物質が何でないかであるにもかかわらず、依然としてそれを物質と呼んでいる。物理学者は、原子という言葉を依然として使い続けているが、彼らは、原子ということで、分割不可能なものをもはや考えていないのである。彼らは、原子についての考え方、物質についての考え方を根本的に変えた。そしてもし、あなたが物質というものを今どのように考えているかと問えば、それは神秘的なものであると彼らは告白するだろう。彼らの概念もアポファティックなのだ！　物理学者が具体性から神秘へと立ち位置を移すことができるのだったら、神学者もできるのだ。

議論の中でしばしば出会ったこのテーマに関して、フェイス教授が公正な取り扱い方をしたと思いたいが、私はまったく納得していない。宗教的信仰（フェイス）と科学的信頼（フェイス）の間に大きな違いがある。物理学において概念に変化を促したものは、物理学に関心をいだく世界中の知的な人々からの懐疑の目だけではなく、――ファインマンが指摘しているような、彼の研究領域が支持されるのに十分な予測のような――非常に詳細な実証結果なのである。以上のことは、とてつもない差異を生み出す。なぜなら、実力が試されるその場で、ただ単なる主張（プロフェシング）以上のことがなされなければならないその場で、物理学の真理を信じ（ビリーフ）させるからである。たとえば、*安全な計画遂行のためにはある文言が真理であると信じることがどうしても必要な*乗り物を建造し、命をかけてそれを月に飛ばそうとする場合、このような信念（ビリーフ）は、羊を生贄に捧げるべきだとか、矢に当たっても死なないという民俗宗教的信念と同じであり、百言に勝る実行を、まさにそれに基づいて果たしうる信念（ビリーフ）である。迫り来る〈世界の終わり〉を予期して全財産を使ってある山の頂上に登る人々は、神の存在を信じることに価値があると思っているだけではなく、そうすることで宗教的確信を表明する例外的な人々なのだ。

6　レバノンの教訓――ドゥルーズ派とキム・フィルビーの奇妙な事例

人々が宗教的信仰(ビリーフ)と呼んでいるが宗教的信仰告白と呼んだ方が良いかもしれないような現象に関して、さらに興味深いことがある。このような特徴は、私の心を長い間捉えてきた一方で、ヒュームの〔神の存在を認める議論と認めない議論を評価する〕自然宗教に関する企てがほとんど時間の無駄であるという確信を、私に抱かせるものだ。このような特徴に関する私の関心は、二つの経験から生まれてきた。その一つは、（まったくの偶然なのだが）四〇年以上も前にレバノンで起こった出来事に関わっている。私は、幼い日々をベイルートですごした。そこは、イスラム史家であった私の父が〔アメリカ大使館の〕文化担当官（そして〔CIAの前身である〕OSSのスパイ）として赴任した地であった。近くの〔寺院の尖塔〕ミナレットから祈祷時刻告知係が信徒に礼拝を呼びかける周期的リズムは、テディベアとオモチャのトラックと共に、私の日々の経験に属しており、今でもその声を聞くと、美しく忘れることのできない思い出がよみがえり、心にしみてくる。しかし私は、たった五歳でベイルートを離れ、母と妹が暮らし続けていたこの地に一九六四年まで戻ることはなかった。私たちは、ベイルート郊外の山間部にある村、ほとんどがドゥルーズ派の人々であるが[23]、キリスト教徒もイスラム教徒もいる村で過ごしたことがあった。私は、ドゥルーズ派ではない何人かの住人に、ドゥルーズ派の宗教について教えてほしいと頼んだ。以下が彼らが語ったことである。

ああ、ドゥルーズ派の人々の生活はとても悲しいものです。ドゥルーズ派の宗教の第一の原理は、自分たちの信仰(ビリーフ)に関して外部の人間に嘘をつくことです——つまり異教徒には本当(トゥルース)のことを決して言ってはならないのです！　だから、ドゥルーズ派の人間があなたに信頼できることとして語ることは何でも真に受けてはいけません。かつてドゥルーズ派には聖典が、彼ら独自の教典があったのだが、それを失ってしまい、困り果てた彼らが、この事実が外にもれないように真面目に馬鹿げた態度をとっているのだ、と考えている住民もいるほどです。あなたは、ドゥルーズ派の儀式に女性たちが一人も参加していないのに気づくでしょう。女性たちに秘密は守れないと思われているからなんです！

ドゥルーズ派のことを知っているという何人かの人たちからもこの話を聞いたし、もちろん、ドゥルーズ派の人がそれを否定するのも聞いたことがある。それにしても、もしそれが本当なら、人類学者なら誰でもジレンマに陥ってしまうだろう。というのも、情報提供者に質問をするという普通の方法は、まったく役に立たないことになるからだ。もし人類学者の一人が、奥の院に入り込むために命がけでドゥルーズ派に改宗したとしても、彼が『ドゥルーズ派は本当は何を信じているのか』といった学術論文を書いたとしても、外部にいる私たちがそれを信じるはずはないと認めなければならない。なぜなら、それは（ドゥルーズ派は嘘をつくと誰もが知っている）敬虔なドゥルーズ派の人間によって書かれたものだからだ。若き哲学者であった私は、嘘つきのパラドックス（エピメニデスのパラドックス——すべてのクレタ人は嘘つきだとクレタ人が言う——このクレタ人は本当のことを言っているのか）の実生活版に魅せられたし、明らかにそれを模した有名な哲学的な事例、ルートヴィヒ・ウィトゲンシュタインの箱の中のカブトムシによっても魅せられていた。『哲学探究』（Wittgenstein, 1953）中でウィトゲンシュタインは次のように述べている。

各人が箱を一つ持っていて、その中には、われわれが「カブトムシ」と呼んでいるような何かが入っている、と仮定しよう。何人もそれぞれ他人の箱をのぞきこむことができず、各人とも自分のカブトムシを見ることによってのみ、カブトムシの何たるかが分かるのだ、と言う。——このとき、各人とも自分の箱の中に〔それぞれ〕違ったものを持っていることが、当然ありえよう。ひとは、そのようなものが絶えず変化している、と想像することさえできよう。——だが、今、この人たちの「カブトムシ」という語は、それでもなお彼らにおいて、有効に使用されているとすればどうだろう？——そうであるとすれば、「カブトムシ」という語のその使用は、あるものの名前としての使用ではない。箱の中のものは、そもそも——あるものとしてすら——その言語ゲームに属さないのである。なぜなら、その箱は空っぽですらありうるからである。——その言語ゲームは、箱の中のものを素通りすることによって、「通り抜けること」ができる。箱の中のものは、たとえそれが何であれ、消えることができるのである（section 3）[24]。

ウィトゲンシュタインのカブトムシの箱についてたくさんのことが書かれてきたが、それを宗教的信仰（ビリーフ）に応用しようとした人がいたかどうかを、私は知らない。いずれにせよ、最初魅力的に思えたのは、ドゥルーズ派がこの現象の現実にある実例かもしれないということだった。私は、疑わしい主張を押し通すために、近隣の人々によるドゥルーズ派への誹謗中傷を誇張しているだけなのだろうか？　そうなのかもしれない。しかし、人類学者としてドゥルーズ派の信仰について書こうと企てたスコット・アトランが言わざるをえなかったことに耳を傾けてみよう。

およそ三〇年前、大学を卒業した私は、中東のドゥルーズ派の人々と数年間すごした。私は、すべての偉大な一神論的信仰（フェイス）に由来する諸観念を複雑なやり方で編み上げているように見えた彼らの宗教的信念（ビリーフ）について学びたかった。ドゥルーズ派の宗教を学ぶためには、ソクラテスの伝統にのっとったやり方が、つまり問答法が必要だった。寓話をどのように解釈するかも含めて、徐々に進んで行く必要があった。私はドゥルーズ派ではないのでこの宗教を正式に伝授されることはありえないのだが、ドゥルーズ派の年長者たちは、彼らが思い描いている世界を私が理解しようとしていることに、喜びを感じている様子だった。しかし、何らかの問題についてある程度私が知るようになるたびに、そのレベルを超えた事柄は、未入信者はもちろんのこと、他のドゥルーズ派の人とも議論されることはないのだということを、思い知らされた。結局私はドゥルーズ派の宗教について一度も書くことなく、科学の認知的基礎に関する学位論文を書きはじめた（Atran, 2002, p.ix）。

ドゥルーズ派が本当は何を信じているのかについて、依然として分かっていないようだ。そもそも彼ら自身分かっているのか、と思いたくなる。さらに、もうどうでも良いとも思いたくなる。ここから、レバノンの第二の教訓がはじまる。

イギリス情報部秘密情報局（ＳＩＳ）の上級将校キム・フィルビーは、一九五一年、二重スパイ、つまりソ連のＫＧＢのために働く地位の高い裏切り者ではないのかという嫌疑がかけられた。ＳＩＳによって秘密法廷が開かれたが、フィルビーは提示された証拠に基づいて無罪とされた。ＳＩＳは有罪を証明することができなかったが、正当にも彼を、機密を扱うほとんどの部署に復帰させることはなかった。フィルビーは辞職し、レバノンに移ってジャーナリストとして仕事をすることになった。一九六三年、ソ連からイギリスに亡命したある人物が、フィルビーが二重スパイであることを認めた。SISが彼を尋問するためにベイルートへ向かった時、彼はモスクワに逃れ、そこで残りの人生を過ごし、KGBのために働いた。彼は、KGBのために働いたのだろうか？　フィルビーがはじめてモスクワに姿を現わした時、彼はKGBによってイギリスのスパイ――いわば三重スパイ――ではないかと疑われた（ようだ）。彼は本当に三重スパイだったのだろうか？　機密情報を扱う世界では、こんな風に物語が何年もクルクル回りつづける。SISが一九五一年フィルビーを「免責した」時、信用（トラスト）というデリケートな問題を扱うすばらしい方法を発見したように思われる。

> よかったな、キム。われわれは君が我が陣営に忠誠と誓っているといつも思っていた。そして、君の次の任務だが、君も分かっているように残念だが君を完全に復帰させることはできないので、SISを辞職したふりをしてほしい。そして、ベイルートに移り流浪のジャーナリストとして活動してほしい。事態が順調に進めば、君がモスクワに「逃げる」理由をつくる。モスクワに行って、君もすでに知っている当たり障りのない内部情報をたくさんもらせば、君の同志たちはいずれ君のことを認めるだろう。そうなったら、こちらがちゃんと管理している機密情報や偽情報をさらに提供するので、彼らは、たとえ君に疑いを抱いていても、その情報を喜んで受け取ることだろう。彼らが君を完全に受け入れたなら、彼らがしようとしていること、彼らが君にたずねた事柄等々、すべてをこちらに知らせてほしい。

SISがフィルビーにこの新しい任務を与えた段階で、SISの心配はなくなる。彼が不満を抱いているスパイのふりをしているイギリスの愛国者かどうか、（不満を抱いているふりをしているが、さらに）イギリスに忠誠を誓っているスパイのふりをしているソ連のスパイなのかは、どうでも良いことだった。どちらの場合であっても、彼は厳密に同じように振る舞うだろう。彼の行動は、左右逆に見える指向的構えをどちらの側からも分析することで、解釈できるだろうし、予測することができるだろう。イギリスの大義こそ自分の命を賭けるに値すると心底信じていようと、イギリスの大義こそ自分の命を賭けるに値すると心底信じているふりをすることこそ、ソ連の英雄になる絶好の機会であると心底信じていようと、同じ事なのだ。他方ソ連側もおそらく同じような推測をし、フィルビーが二重スパイなのか三重スパイなのか四重スパイなのかわざわざ明らかにしようとはしないだろう。この物語が正しければ、フィルビーは一種人間電話機に変えられてしまっている。つまり彼は、両陣営が思いつくどんな目的のためであっても双方が利用可能な情報の伝達者にすぎず、双方が彼に与えるすべての情報の高性能の送信機であることが期待されているだけで、どちらの陣営に忠誠を誓っているのかなど心配する必要もない。

一九八八年、モスクワでフィルビーに対する監視の目が徐々に弱まってきている（ように思われた）時、私は、オックスフォードのオール・ソウルズ・カレッジの客員研究員だったのだが、たまたま同時期にもう一人の客員研究員がいて、MI6の元長官のモーリス・オールドフィールド卿だった。MI6は英国外で諜報活動を担当する情報機関で、彼はフィルビーの行く末を決定しうるスパイの親玉の一人だった（モーリス卿は、イアン・フレミングの「ジェームズ・ボンド」シリーズに登場する「M」のモデルだった）。ある晩、夕食の後、私は、フィルビーについて私が聞いた話は本当かとたずねると、彼は不機嫌そうに、くだらないことだと答えた。彼は、かわいそうなフィルビーがモスクワで平穏に余生を送るのを見守ってほしかったようだった。それに対して、私は答えた、あなたの返事を聞けてうれしいが、私たちは分かったはずだ、この話は真実だと言ったのにも等しいことをあなたはおっしゃったのだ、と。モーリス卿は怖い顔をして私をにらみつけ、もう何も言わなかった。(14)

これら二つの物語は、宗教的信仰(ビリーフ)を研究しようとする者なら誰でも直面する根本的問題を、極端な形で示している。代表的で正統的な宗教的信仰が真理かどうか検証することはできないと、多くの批評家たちが指摘してきた。以前私が述べたように、これは、宗教的教義の本質を明らかにする特徴と同様にすぐれている。宗教的教義は、「信(フェイス)に基づいて引き受けられている」のでなければならず、（科学的、歴史的）確認を必要としないのだ。しかしそれ以上に、いくつかの理由から、宗教的に何を信じているのかについての言葉での表現を額面通り受け取ることはできない。人類学者クレイグ・パーマーとライル・ステッドマン（Palmar, and Steadman, 2004, p.141）は、ボルネオの内陸部でのペナン人の研究に挫折した優秀な先輩人類学者ロドニー・ニーダムの泣き言を引用している。

私は、彼らの神に対する態度、それが信仰(ビリーフ)なのかそれとは別のものなのかなどを、忠実に記述することはできないと実感した。事実、私が落胆して出さなければならなかった結論は、彼らが信じていると想定された人物に対する彼らの心理的な態度がどんなものなのかさえ、私には分からなかった。……明らかに、現地の人々が受け入れていると認めている諸観念を報告することと、そのような観念を彼らが表現したり心に抱いたりするときの彼らの内面の状態（たとえば信仰(ビリーフ)）がどのようなものなのかを述べることとは、まったく別の事柄だった。とはいえ、ある民族誌学者が、人々は何が自分の内面に生じているのか実際には分からない時にあることを信じるのだと言ったとしても、この説明の仕方は、根本的な意味で欠陥だらけだという思いが私の心に浮かんだ（Needham, 1972, pp.1-2）。

パーマーとステッドマンは、ニーダムによるこのような認識を、宗教的信仰ではなく宗教的行動を説明するための人類学的理論を作り直す必要性を示唆するものだと捉えている。「宗教的信仰は、これだと確認することができないが、宗教的行動はできるし、人間の経験のこのような側面は理解可能である。必要なのは、観察可能な宗教的行動を、まさしく観察可能なものに限定して説明することである」（p.141）。彼らはさらに、ニーダムが、宗教的に公言されていることを十分に探求することができないという事実の深い意味合いを自覚したほとんど唯一の人だ、と述べている。しかし、**彼ら自身**、その一層深い意味合いを見逃している。現地の人々はニーダムと境遇を共にしているのだ！　彼ら自身、ニーダムと同じように近親者や隣人たちの心の内側をのぞくことはできない。

他者が宗教的なことを公言している場合、**誰もが部外者なのだ**。なぜか？　宗教的に公言されていることは、観察を、意味のある検証を超えた事柄に関わっているからだ。したがって、誰でもし続けられる唯一のことは、宗教的に行動すること、もっと具体的に言えば、**信仰告白する**という行動である。ある文化の中で成長する子供は、結局のところ、解釈を必要とする信仰告白を行なう情報提供者に取り囲まれた人類学者のようなものだ。情報提供者が父や母であり、母国語を話すという事実は、情報提供者に質問するために二カ国語を操る通訳に頼らざるをえない大人の人類学者に比べれば、わずかな状況的利点が与えられているということにすぎない[15]（あなた自身のことを考えてみよう。あなたは、自分が信じていると思っていることについて困惑やとまどいを感じたことはないだろうか？　あなたは、あなたがその中で育てられてきた信仰（フェイス）の中身を**自分だけ**が特別に知っているわけではないということを、十分に分かっているはずだ。お願いしたいのはただ、論点を一般化すること、他者だってあなた以上の立場にはいないということを、認識することである)。

7　神は存在するか

もし神が存在しないなら、私たちは神を発明する必要があるだろう。

ヴォルテール

ついに、約束していた神の存在証明の考察に向かうことにしよう。これを建設的に行ないたいと思う人なら誰でも直面する――論理的ないし心理的な、さらに手続き上や戦術上の――障害を再検討した後で、探求領域の簡単な概観を示し、判断に至る思考法ではなく私自身の判断を提示し、多くの人たちにはあまりなじみがないかもしれない文献を挙げることにする。考察すべき指向的対象には幅がある。人間の形という基準から見ると、〈天にいる男性〉から〈時間を超越した慈悲深い力〉などがある。証明にも幅があるが、神々の姿の幅に合わせて、順次というわけではないが、取り上げることにする。まず人間の形をした神々と、歴史的なものと推定される文献に残されている論証からはじめることができる。たとえば、文字通り真理である『聖書』によれば、神は存在しているし、いつも存在しており、数千年前に七日間で世界を創造した。この歴史的論証は、それを受け入れている人々を満足させているようであるが、それらを本格的な探求に晒すことすらできない。というのも、彼らは明らかに未決の問題を論点として立てているからである（これに疑問をお持ちの方は、〔サイエントロジーの創始者〕L・ロン・ハバードの『ダイアネティックス』(Hubbard, 1950) が、サイエントロジーの基本文献である『モルモン教典』(1829) を、そこで述べられている様々な主張の論駁の余地のない証拠とみなしてないかどうかを考えてみてほしい。「神の教えの真理」を是認するために、あらゆる合理的な探求を閉め出さないテキストはない）。

以上のことをふまえて、何世紀にもわたって哲学者や神学者によって事細かに議論されてきた伝統的な論証を扱っていくことにしよう。〈デザインからの証明〉のように経験的なものもあるし、第一原因の必要性から生まれた〈宇宙論的証明〉のように純粋にア・プリオリなもの、つまり論理的なものもある。

論理的証明は、何年も注意深くそれを考察してきた多くの哲学者を含む多くの思想家によって、真面目な学問的提案というよりも、一種の知的な手品のようなものとみなされている。〈存在論的証明〉を考えてみよう。それは、一七世紀に聖アンセルムによって、愚か者が心の中で言ったこと〔神はない〕について書かれている「詩篇」第十四章の一に対する直接的な応答として、定式化されたものだ。アンセルムの主張では、愚か者が神という概念を理解しているなら、神が（定義上）考えられるかぎりもっとも偉大な存在である——ちょっとひねった有名な言い方をすると、それ以上偉大なものをもはや考えることのできない存在である——と理解すべきである。考えられるかぎりもっとも偉大な存在のような完全性が持たなければならないものの一つは、現実存在である。というのも、もし神が現実存在を欠いているなら、さらに偉大なる存在を——つまり、あらゆる完全性に加えて現実存在も備えている神を——考えることが可能になってしまう。現実存在を欠いた神は、それ以上偉大なものをもはや考えることのできない存在ではない。しかし、それ以上偉大なものをもはや考えることのできない存在というのが、神の定義である。したがって、神は現実に存在しなければならない。これには説得力があると思うだろうか、それともある種の論理的「トリック」ではと疑うだろうか？（同じ論証のやり方をして、考えられるかぎりもっとも完全なチョコレート・パフェの存在を証明できるだろうか？　もしそれが存在しないと、考えられるかぎりさらに完全なものが存在することになるから、それは存在するといった具合に）。もしあなたが疑わしいと思うなら、それはあなただけではなく、同じ意見を持つ人たちはたくさんいる。一八世紀のインマヌエル・カント以来、ただの論理だけでは（抽象物以外の）何ものの存在も証明することはできないという確信が、――誰もが同意見というわけでは決してないが――、一般に広がってきた。一兆より大きい素数が存在することを証明することはできるし、三角形のそれぞれの内角の二等分線がすべて交わる一点〔内心〕が存在することも証明できるし、どのチューリング・マシーンにも、無矛盾で算術の真理を表すことのできる「ゲーデル文」が存在することも証明できる。しかし、物理的世界に何らかの影響を及ぼすものが、少なくとも部分的には経験的である方法を用いることなく、存在すると証明することはできない[16]。それにもかかわらず、アンセルムの〈存在論的証明〉の最新版を擁護しつづける人たちがいるのだが、純粋に論理的な証明方法が有効だと（敢えて）考えている彼らが手にするものは、ひどく無機質で特徴のない指向的対象である。彼らの論証が求めるように、もはやこれ以上偉大なものを考えることができないような〈存在〉が現実に存在しなければならないとしても、この〈存在〉と、慈悲深かったり公正であったり愛に満ちているといった特殊化された〈存在〉との間には、かなり隔たりがある。言うまでもなく、懐疑論者を納得させられないようなごまかしによって、最初から神人同型説を認めた上で〈存在〉を定義しておかないと、この隔たりは埋められない。私の経験からいっても、信者の不信を取り除くこともできない。

〈宇宙論的証明〉がある。そのもっとも単純な形態によれば、何ごとにも原因がなければならないのだから、宇宙にも一つの原因――つまり、神――がなければならないというわけである。この証明には長居は無用である。ある人々は前提そのものを否定する。なぜなら、量子物理学の教えるところでは、生じるもののすべてに原因が必要であるというわけではないからである。前提を受け入れる人々もいるが、しかし彼らも、何が神の原因だったのかと問う。神は（どういうわけか）自己原因的であると答えたなら、もし何かが自己原因的でありうるのだとしたら、なぜ宇宙全体が自己原因的でありえないのか、という異論が巻き起こる。この異論は、難解な方向に向かう。一つの極端な方向は、〔現代物理学の〕ひも理論や確率のゆらぎという不可思議な領域であり、もう一つの極端な方向は、「原因」の意味について重箱の隅をほじくるような議論である。もしあなたが数学や理論物理学が好きではなかったり、衒学的な事細かな議論に興味がなければ、以上のどれもあなたにとって納得できるものではないだろうし、理解できるものでさえないだろう。

　さらに、〔安心感を与えてくれる〕安全網（セーフティネット）としてア・プリオリな論証に再び戻りたいと思ってしまうような証明がある。それは、経験的証明であり、〈擬人的原理〉に訴える最新版をふくむいわゆる〈デザインからの証明〉である。それはどのようにできあがっているのだろうか？　〈デザインからの証明〉は、確かに現在でももっとも直観に合致し人気のある証明であり、何世紀もの間そうである。生物の世界のすべての驚異は、何らかの〈知的デザイナー〉が関与したものであることは明白だ、と主張されるのだが、これは本当だろうか？　たまたまそうなっただけなのではないだろうか？　自然選択による進化が、生物のデザインをたとえ説明するにしても、すべての進化を可能にする物理学の諸法則の「すばらしい調和」は、〈調和をもたらすもの〉を要求するのではないだろうか〈擬人的原理による証明〉？　いや、まったくそんなことはない。すべては、自然の過酷な規則性によって利用される「偶発事」の結果でしかありえないだろう。物理学の諸法則のすばらしい調和も、〈調和をもたらす知的な存在〉を仮定することなく説明することができる。私は、『ダーウィンの危険な思想』（特に第1章と第7章）(17)でこれらの証明をかなり詳しく扱ったので、私の反論ではなく、ダーウィンの危険な思想によってここ一世紀半にわたって行なわれてきた否定的行為の概要を再録することにしよう。

私たちの出発点は、人間の形をした手工芸職人としての神といういささか子供じみた考え方であったが、文字通りに受け取られたこのような神の観念は消滅に向かっていることを確認した。私たちを含む自然のすべての驚異を現在まで生み出してきた現実のデザイン過程を、ダーウィンの目を通して眺めてみると、このような〔私たちや自然の驚異という〕所産をたくさんのデザイン作成作業の結果とみなすペイリーは正しかったことが分かるが、私たちはそれを奇跡を用いずに説明する方法を発見したのである。広域にわたって並列的で、したがって桁外れに無駄の多い過程、心を伴うことなく一定の手順（アルゴリズミック）にしたがっているだけのデザイン試行の過程が存在するのだが、とはいえその過程において、デザインの増加が最小限になるように管理され、倹約されて最小限に抑えられたデザインが何十億年にもわたってコピーされ、再利用されてきた。被造物の驚くべき特殊性や個別性は、シェークスピア的な創造の才によるのではなく、偶然の絶え間ない貢献によるのであり、クリック（Crick, 1968）が「固定した偶発事（フローズン・アクシデント）」と呼んだものが連続し続けた結果なのだ。

このように創造過程を見る見方をとっても、やはり神には〈立法者（ローギヴァー）〉という役割が残されているが、これも〈法則発見者（ローファインダー）〉というニュートン的な役割に変わってしまい、すでに見たように、さらにこの〈法則発見者〉という役割も消滅して、結局この創造過程にはもういかなる〈知的行為主体〉も残っていない。残されているのは、この創造過程が心を伴うことなく永劫にのろのろ進みつつ（そもそも何か発見することがある場合）発見するもの、つまり、プラトン的な無時間的秩序〔本質が存在するイデアの世界〕の可能性である。それはなるほど、数学者たちが賛嘆してやまないほどの美そのものである。しかし、それは驚異の中の驚異であり、知的に理解可能なものではあるが、それ自体は何ら知的なものではない。それは、抽象的で時間の外部に存在するものなので、説明を必要とするはじまりや起源とは無縁である。(18) 起源を説明する必要があるのは、具体的な〈宇宙〉そのものであり、ヒュームのフィロが昔問うたように[25]、物質的世界だけでやめておいた方がよいのではないか？ 物質的世界は、すでに見たように、究極的な自力走行の技のようなものを実行している。それは、無カラ自分自身を創造する、あるいは、少なくともほとんど無と区別できないようなものから自己自身を創造する。不可解で神秘的で時間を超越した神の自己創造とは違って、こちらの自己創造はまったく奇跡的ではない離れ業であり、その痕跡は今でもたくさん残されている。この自己創造は、具体的であるばかりか、きわめて特異な歴史的過程によって生み出されてきたものなので、――すべての芸術家のすべての小説や絵画や交響曲〔といった創造物〕を包含すると共に、それとは比較にならないほどの――他にまったく類例のない創造過程であり、諸可能性からなる巨大な空間の中で他のすべての可能性とは異なったある位置を占めている。

ベネディクト・スピノザは、一七世紀、神と自然とを同一なものとみなし、科学的研究こそ神学が歩むべき真なる道であると論じた。このような異端的主張のために、彼は迫害されることになった。神スナワチ自然という異端的見方には、やっかいな（ある人々にとっては魅力的な）特色がある。

つまり、相反する二つの側面があるのである。科学的な視点から〔神と自然とを〕単一化しようとすることによって、彼は自然を人格化しているのか、それとも神を非人格化しているのか？　という二面性である。ダーウィンはもっと生産性のある見方を提起している。それによって提供されるのは、〈母なる自然〉の知性〔叡智〕（あるいは知性と見えるにすぎないもの）を見ることができる構造であるが、この知性は先の自己創造的存在の奇跡的でもなければ神秘的でもない――したがってそれだけ一層驚異的な――特徴である（Dennett, 1995b, pp.184-85）[26]。

スピノザを無神論者とみなすべきか汎神論者とみなすべきか？　彼は自然のすばらしさを発見し、〔自然と神とをつなぐ〕媒介者を排除するやり方を発見したのだ！　私が『ダーウィンの危険な思想』の終わりで述べたように、

〈生命の系統樹〉[27]は完全なものでもなければ時間においても空間においても無限なものでもない。しかし、それは現実なのである。それは、アンセルムの「もはやそれ以上に偉大なものが考えられないほど偉大な存在」ではないとはいえ、細部というにふさわしい細部において、私たちの誰もが考えることができるようなどんなものより、偉大な存在であることには間違いがない。それは神聖なものだろうか？　私は、ニーチェと共に「その通りだ」と答える。私はそれに祈りを捧げることはできないだろうが、その荘厳さを認めることならできる。世界は神聖なのである（1995b, p.620）[28]。

こう主張する私は、無神論者であろうか？　確かに、まったくその通りである。もしあなたが神聖だと

みなしているものが、何らかの〈人物〉、つまりあなたが祈りを捧げることができたり、感謝を（あるいは、愛する人が理不尽に殺されたときには、怒りを）受けるにふさわしいとみなすことができる〈人物〉でないなら、あなたはこの本の中では無神論者である（今日、とりわけ政治家にはきわめて重要な）伝統への忠誠心、外交、あるいは自己防衛的偽装を理由にして、もしあなたが本当のあなたを否定したいと思っても、あなたの勝手なのだが、やはり自己欺瞞的でない方が良い。おそらく将来、私たちブライトがさらに増えて、自己欺瞞的にならずに、「もちろん自分はどんな神の存在ももはや信じていない」と、こともなげに語る時がきたら、上院議員よりも高い役職に無神論者を選出することもできるようになるだろう。もうすでに連邦議会にはユダヤ系も女性の上院議員も同性愛の関係者もいるのだから、将来は明るい（ブライト）ように思われる。

神を信じるというのは、その程度のことだ。それでは、〈神の存在を信じることに価値があると信じること〉については、どうだろう？　これに関するすべての根拠について、私たちはまだ探求しているわけではない。とはいえ、本当だろうか？　つまり、*神が現実に存在しようとしまいと*、宗教的信仰（ビリーフ）は少なくとも、民主主義や法というルールや自由意志を信じる（ビリーブ）のと同じくらい重要だというのは、本当だろうか？　この広く見られる（しかし、誰もが抱いているというわけではない）見解が示しているのは、宗教が道徳と意味の砦であるということだ。宗教なしには、私たちは、無秩序と混乱の中に、「何でもありの」世界に陥ってしまうだろう、というわけである。

先の五つの章で、宗教的実践がいつの間にか風化したり消滅したりしないようにする――繰り返し再発見されてきた――おなじみの手練手管のいくつか明らかにしてきた。その中には、善良な人々を餌食にする泥棒組織や他の明らかに悪しき組織というひどいデザインもあれば、人々の忠誠心に値するだけではなくその忠誠心を効果的に確保できる人道的で有益な制度という良いデザインもある。私たちはまだ、宗教が――いくつかの宗教、一つの宗教、あるいはどんな宗教も――、有益無害な社会現象であるかどうかという問題に本格的に取り組んでいない。今や保護カバーごしに宗教を見ることができるので、この問題を扱うことにしよう。

第8章の要旨

神を信じることはたいへん重要なので、反駁やひどい批判に晒されてはならないという信念（ビリーフ）は、敬虔な信者たちの信仰（ビリーフ）を「救って」きたが、結局、信仰それ自体が信者たちにさえも理解不可能なものになった。その結果、信仰告白者でさえ自分が何を告白しているのか本当は分かっていないという事態になる。これによって、神の存在を証明するという目標、不在を証明するという目標は、いずれも無謀な冒険になるばかりか、まさにその理由からあまり重要でないということになる。

第9章の要旨

重要な問題は、宗教が信奉者たちに継続的に保護され続けるのに値するかどうかである。多くの人々は、人生の中のどんなものより自分の宗教を愛している。彼らの宗教は、このような崇拝に値するのだろうか？

第3部　今日の宗教

第9章　宗教選びの手引き

1　神への愛のために

宗教的人間には知られているが、他の人々には知られていない精神状態がある。この精神状態にあっては、自己を主張し、自己の立場を貫き通そうとする意志は押しのけられて、すすんでおのが口を閉ざし、おのれを虚無くして神の竜巻や洪水のなかに没しようとする心がまえが、それにとって代わっているのである。この精神状態において、私たちのもっとも恐れていたものが私たちの安楽な住居となり、私たちの道徳が死滅する時が私たちの霊の誕生日に変わっている。私たちの魂の緊張の時は去って、幸福な弛緩の時、静かな深呼吸の時、もはや混沌たる未来に対する不安を知らない永遠の現在という時が、訪れているのである。

ウィリアム・ジェイムズ『宗教的経験の諸相』[1]

ほとんどの人々は、神を信じることに価値があると信じている。神を信じることのできない人々でさえ、そうなのである。なぜ彼らはこう考えるのであろうか？　一つの明らかな答えは、善良でありたいということである。つまり、意味ある良い人生を歩みたいし、他人にもそうしてほしいし、そうするためには、神に服した状態に身を置く以上に、良い方法を見出すことができないのである。この答えは正しいかもしれないし、彼らは正しいかもしれない。とはいえ、しかるべき配慮をしながらこの答えを検討する前に、難題に挑戦する必要がある。ある人々は――そしてそのうちの一人であるかもしれないあなたは――、このような問題設定そのものに対して異議を唱えることができると考えている。このような観点を、例のフェイス教授に公正な形で表現してもらうことにしよう。

あなたは、宗教の問題を、まるで転職すべきか否か、車を買うべきか、手術をうけるべきか否かという問題と同じように扱う、と主張している。転職すべきか否かといったような問題は、プラス面やマイナス面を冷静にかつ客観的に考え、「すべてを考慮した上で」最善の方針を結論とすることで、解決されるべきものである。これは、私たちの場合とまったく異なっている。神を信じることに価値があるという確信（ビリーフ）は、私たちの確固たる確信であり、私たちが発見することができた最善の人生の指針となる事柄である。それ以外ではありえないのだ。前章であなたは、「うまく行くまでまねをしろ」ということについて述べていたが、「うまく行った」人々のすばらしい状態、神の息吹を自らに吹き込まんと誠実に努力しついには栄光の下で成功した人々のすばらしい状態を、記述しようとしながら、まったくできなかった。このような経験を知っている私たちは皆、それが他のいかなる経験とも異なる経験であることを、母性の喜びよりも暖かい喜び、スポーツでの勝利の喜びより深く、偉大な楽曲を演奏したり歌ったりすることよりもずっと熱狂的な喜びであることを、知っている。私たちが宗教的に悟るということは、ただ単に、パズルがとけたり絵画の中の隠し絵を突然発見したりジョークの意味が分かったり証明に納得したりするような「なるほど（アハ）」経験なのではない。それだけは、決して信仰（ビリーフ）には至らない。さらに私たちは知っているのだ、神が私たちの人生に今まで関わることできたもっとも偉大なものであることを。これは結論を受け入れることではない。まるで恋に落ちるようなものなのである。

なるほど、話は分かる。私は、このような懸念を表面化させこのような異論を白日のもとにもたらすために、この章に意図的に挑発的なタイトルをつけた。言われていることは分かる。しかし、ちょっと修正をさせてほしい。恋に落ちるようなものではなく、まさに一種の恋である。あなたの宗教のプラス面とマイナス面を考えましょうという私の提案を前にしてあなたが感じる不快感あるいは憤慨さえ、本当に愛しているかどうかを無遠慮に値踏みしようとする質問を前にして感じるのと同じ反応である。この場合、「私は妻のことが好きなだけではありません。なぜなら、良く考えてみると、私は彼女のすばらしい性格がわずかな欠点よりはるかに大切だと思っているからです。彼女は、私にとって、唯一無二な存在だと分かっていますし、私はこれからも全身全霊彼女のことを愛していくでしょう」という答えが返ってくるかもしれない。世評ではニューイングランドの農夫は、財布の紐がかたく無口であり、それと同様に感情を表に出さない。メイン州には古いこんなジョークがある。

「ジェブ、奥さんは元気かい？」

「何と比べてだい？」

ジェブはもう奥さんを愛してないように見えるかもしれない。だとすれば、もしあなたがあなたの宗教と、他の宗教やまったく宗教がない状態とを比較してみようかと万が一思うことがあれば、あなたはあなたの宗教を愛してないにちがいない。宗教を愛するということは、（ジャズや野球や登山が大好きということと違って）きわめて個人的な愛であるとはいっても、愛されているのは一個人――聖職者やラビやイマーム――ではないし、何らかの集団――つまり信徒団――でさえない。尽きることのない忠誠心は、個人であれ集団であれそうしたものに向けられているのではなく、そうしたものを統合している思想体系に向けられているのである。もちろん、聖職者や仲間の教区民を愛してしまうこともあるだろうが、これはロマンティックな愛である。彼らにとって、このロマンティックな愛と彼らの宗教への愛とを区別するのは難しいかもしれない。だからといって、このロマンティックな愛が、もっとも神を愛する人々の愛の経験の本質だなどと、私は言っているのではない。そうではなくて、彼らの無条件的な忠誠心や、良い面と悪い面を考えることさえ嫌がる態度は、兄弟愛や知的な愛よりロマンティックな愛にずっと近いタイプの愛である、と言っているのである。

ロマンティックな愛を伝える言葉と宗教的な帰依を伝える言葉とをほとんど区別できないのは、確かに偶然ではない。また（ピューリタンやシェーカーやタリバンのような厳格な規律をもつものを除けば）ほとんどすべての宗教がその宗教を愛する者たちに、彼らの心を奪うたくさんの美しいものを与えてきたのも、やはり偶然ではない。たとえば、あらゆる所に装飾がほどこされた天に向かって立つ建築物、音楽、キャンドル、さらに香がそれである。世界中の偉大な芸術作品には、たくさんの宗教的な傑作が含まれている。イスラム教のおかげで、アルハンブラ宮殿が、〔イランの〕エスファハンやイスタンブールにある美しいモスクが存在している。キリスト教のおかげで、〔世界最大の教会〕ハジア・ソフィアが、ヨーロッパの数々の大聖堂が存在する。超現実的な複雑さと荘厳な調和を持つ仏教やヒンドゥー教や神道の寺院は、信者でなくても魅了される。バッハの『マタイ受難曲』やヘンデルの『メサイア〔救世主〕』や賛美歌のすばらしい小品たちは、今まで作曲されたものの中でもっとも熱烈なラブソングの一つであり、曲のために用意された物語自身、非常に感動的なものとして作られている。映画監督ジョージ・スティーヴンスが、一九六五年の作品に『偉大な生涯の物語』[2]というタイトルを付けた時、誇張しているつもりはなかったのかもしれない。とはいえ、物語（ストーリー）をめぐる競争は激しい。〔ホメロスの叙事詩〕『オデュッセイア』と『イーリアス』、『ロビン・フッド』、『ロメオとジュリエット』、『オリヴァー・トゥイフト』、『宝島』、『ハックルベリー・フィンの冒険』、『アンネの日記』、さらに世界中のすべての偉大な文学作品があるからだ。歓喜や危機や哀感や勝利や悲劇や英雄たちや敵役という点から見ると、競争に打ち勝つのは難しいかもしれない。さらに、物語はもちろん寓意（モラル）を持っている。私たちは物語が大好き（ラブ）であり、エリー・ウィーゼルはこの愛を説明するために、ある物語を使っている。

ハシディズム〔敬虔主義ユダヤ教〕の創始者である偉大なラビ・イスラエル＝〔バール・〕シェム・トヴは、ユダヤ人に不幸が及ぶ危険を察知した時、森のある場所に行って瞑想するのを習慣としていた。そこで彼は、火をともし、特別な祈りを口にすると、奇跡が起こり不幸な事態は回避された。その後、彼の弟子であるマギド・メスリッチュ〔メスリッチュの説教者＝ドブ・ベエル〕には、同じ理由から天に願う機会があったのだが、その時森の同じ場所に行って、「聞け、宇宙の主よ！　私は火のともし方は分からないが、まだ祈りの言葉を言うことはできる」と言うと、再び奇跡は起こった。さらに後になって、サッソーのラビ・モーセ・ロエブは、人々を再び救うために、森に入り言った、「火のともし方も、祈りの言葉も分からないが、この場所は知っている。それで十分なはずだ」、と。確かに十分であった。奇跡は起こったのだ。それから、不幸を克服する役目をリジンのラビ・イスラエルが担った。彼は、肘掛け椅子にすわり頭を抱えながら、神に向かって言った。「私は火をともすこともできないし、祈りの言葉も知らないし、森のその場所を見つけることすらできない。私にできることはただ、物語を語ることだけだ。でもそれで十分ははずだ」と。確かにそれで十分だった。というのも、神は物語が大好きなので、人間を創造したからだ（Wiesel, 1966, preface）。

私たちには、愛すべき多くのものが与えられてきた。目を見張るほど美しい芸術や物語や儀式だけではない。宗教的人々の日々の行ないは、物語を媒介にすることで無数の善行となった。つまり、苦しみを和らげてあげたり、飢えた人々に食べ物を与えたり、病気の人々の世話をしたりといったことである。宗教は、ワクワクするような体験も栄光の瞬間もなしにその全人生を過ごしてしまうかもしれない多くの人々に、帰属性や仲間意識といった安らぎを、もたらしてきた。宗教は事実上、困難な問題に直面している人々に最初に救いの手を差しのべてきただけではない。宗教は、そうした困難な問題がなくなるように世界を変えていくための手段も提供してきた。アラン・ウルフが述べているように、「宗教は、モーセをエジプトから脱出させたように、人々を終わりのない貧困と隷属状態から脱出させることができる」（Wolfe, 2003, p.139）。宗教的伝統には、宗教を愛する者たちが誇るべきものがたくさんあるし、私たち皆が感謝すべきものもたくさんある。

とても多くの人々が、自分の人生の他のことと同じくらい、あるいはそれ以上に、自分の宗教を愛しているという事実は、実に重い。私も、人々が愛しているもの以上に重要なものは何もありえないと考えたくなる。いずれにせよ、私は、それより高い価値を与えるべきものを考えることができない。私は、愛のない世界で生きたいとは思わない。愛がなくても平和な世界は、より良い世界だろうか？　もし平和が、私たちから無理やり愛を（そして憎しみを）奪うことによって、あるいは抑圧によって達成されるなら、答えは否である。愛がなくても正義と自由がある世界は、より良い世界だろうか？　もしそれが、私たちを、不正義と不自由の源である欲望やねたみや憎悪は全然ないが愛を欠いている法律の従属者に変えることによって、達成されるのだとすれば、やはり答えは否である。そのような仮説を考察することはなかなか難しく、正直に言えば、これらに対する私の最初の直観が正しいかどうかも疑わしい。しかし、敢えて言うならば、ほとんどすべての人々は、愛と正義と自由と平和が可能なかぎりすべてある世界を望んでいるはずだ。万が一、そのうちの一つをあきらめなければならないとしても、それは愛ではないだろうし、愛であるべきではない。ところが悲しいことに、愛以上に重要なものは何もありえないということが本当だからといって、私たちや他の人々が愛しているものに問いかける理由はない、ということにはならないだろう。愛は盲目だ、と言われているが、愛は盲目だからこそ、しばしば悲劇が起こる。たとえば、二つの愛が葛藤し合うようなことが起こる。どんな形で決着しようと、そこには必ず苦痛がある。

私が命よりも音楽の方を愛しているとしよう。他のすべてが同じ価値だとすれば、私は、もっとも愛する音楽の頂点を目指して、自分の人生を自由に生きるはずである。しかし、だからといって、子供に昼夜を問わず楽器の練習を強制する権利や、私が元首として君臨する国家の国民全員に音楽教育を義務化したり、音楽を愛さぬ国民の命を脅かす権利を、与えられるわけではない。音楽への私の愛がきわめて大きい（グレイト）ために、その愛がどのようなものなのかを客観的に考えることができないのだとすれば、それは〔親もしくは元首としては〕不幸にも無能であるということであり、他の人間が、無能な私の代わりをする権利を主張し、みんなにとって最善であることを判断したとしても、それには十分理由があることなのだ。なぜなら、音楽への愛によって、私は尋常ではなくなっており、自分自身の行動とその結果を合理的に評価できなくなっているからである。愛よりすばらしいものは何もないかもしれないが、愛だけでは十分ではない。野球ファンが自分のチームへの愛があまりに大きくて、他のチームとそのファンに強い憎しみを抱くために、プレーオフのたびに残忍な争いが起こるような世界は、その愛がそれ自体純粋で罪のないものであろうと、個々人の愛によって不道徳的で耐え難い結果を引き起こしてしまうような世界なのだ。

それゆえ、宗教のプラス面とマイナス面を考察しましょうという私の提案に怒りをおぼえる人々の気持ちは理解できるし、共感もするのだが、宗教への愛を高らかに宣言し、義憤を感じるとか感情を害されたことを理由にして身を守ることによって、自分を甘やかす権利など持っていない、と私は言いたいのである。愛だけでは十分ではないのだ。とても大切な友人がいて、彼女の愛にふさわしくない人物に、彼女がすっかり惚れ込んでしまったという、頭をかかえたくなるような問題に直面したことはないだろうか？もし「彼は君にふさわしくない」と彼女に言ったとしたら、大切な友人を失ったり、困った立場に立たされる危険がある。というのもの、愛にどっぷり浸かった人々はしばしば、愛する人がすこしでも侮辱されたら、愛する人を守るためにたとえ道理に合わないとしても猛烈に反論することを良しとしている。結局これは、愛しているということを構成している重要な一部なのである。愛は盲目だと言う時、その結果がどうであれ後悔しないということが含まれている。愛は盲目であるべきだと、一般的には理解されている。愛は盲目であるべきだという観念は、その愛が真の愛になるかもしれないので、問題視されるべきではない。でもなぜ〔愛は盲目であるべき〕なのだろうか？　常人の知恵では答えは見つからず、頭の硬い経済学者たちは、長い間、この観念をロマンチックだが馬鹿げたこととして取り合わなかった。しかし、進化経済学者ロバート・フランクは、パートナー探しで荒れ模様の市場には、実のところ、ロマンティックな愛という現象を説明するすぐれた〔浮動的〕原理があるのだと指摘している。

パートナー探しにはコストがかかるので、可能性のある候補者をすべて調べる前に一人のパートナーを決めておくという原理がある。しかしながら、一人のパートナーを選んでも、しばしば状況は変化していくだろう。……その結果、不確定要素があるわけなので、たとえ双方の利益になろうとも、さらなる投資は軽率だ、ということになる。このような投資をしやすくするために、双方とも、これからも関係は続くという固い約束を結びたいと考える。……多くの証拠が示しているように、そのような決断の際に中心的な役割を果たすのは、最初もっともお互いが惹かれあった客観的な個人的特徴であるかもしれない。しかし、詩人たちは必ず訂正する、私たちが愛と呼ぶ絆(きずな)はこうした特徴についての合理的な熟慮で成り立っているわけではない、と。そうではなく、それは、本質的な絆であって、この絆において個人は彼もしくは彼女にとって価値あるものとなるのだ。そしてまさしくそこに、契りを結ぶことにまつわる問題の解決としての愛の価値がある(Frank, 1988, pp.195-96)。

スティーブン・ピンカーが語っているように、「恋人の容貌や年収やＩＱが最低基準を満たしているとつぶやくのは、たとえそれが統計的に正しいとしても、ロマンティックなムードを損なう。心をつかむのはその反対の宣言——どうにもならずに恋に落ちたという宣言だ」(Pinker, 1997, p.418)[3]。この明示された(あるいは少なくとも情熱的に告白された)〈どうにもならなさ〉こそ、もう探し回ることはしないと保証することにほかならない。しかしながら、コミュニケーションのためのすべての振る舞いと同様に、愛していることを伝えようとしても、陳腐なやり方では伝わらないものなので、その結果、動物の世界でのコミュニケーションでは良くあることだが、自分の思いを伝える方法がますます派手になっていく(Zahavi, 1987)。これは、買えるだけのプレゼントを恋人に与える恋する若者だけに当てはまることではない。ニワシドリのバワーは、コストのかかる投資であるし、雄の蛾やカブトムシやコオロギやその他の多くの生物が雌に与える「結婚の贈り物」もそうである。

ロマンティックな愛のために進化してきた私たちの能力が、宗教的ミームによって利用されてきたのだろうか？　この能力は、確かに〈妙技〉であろう。それは実際、懐疑論者に対して腹を立て、激しく攻撃し、自分の身の安全も顧みず――もちろん攻撃対象の人間の身の安全も顧みず――襲いかかることが立派なことだと、人々に考えさせるだろう。自分の愛するもののためなら、このようなことをしても――冒瀆者を撲滅させるべく一生懸命努力しても――当然のことだと、彼らは考えている。そのようなものの一つとして〔イスラム教会令〕ファトワーがあるが、[4]しかしこのミームは、イスラム教に限定されるわけではまったくない。たとえば、たくさんの勘違いをしたキリスト教徒がおり、彼らは、彼らのイエスに対する愛を敢えて問いの対象にしようとする私に罵詈雑言を投げつけることで、自分の献身の深さを示せると思いこんでいる。自己満足的な幻想で行動する前に、そのような行動が自分の信仰を汚すことにならないか、ちょっと考えてほしいものである。

二〇世紀においてもっとも悲しむべきことの中には、信仰と民族帰属性を熱狂的に支持する人々が、その狂信的な忠誠心に発する行為によって、自分自身の寺院や聖地を汚し、自分の大義に恥辱と不名誉をもたらした、ということがある。コソボは、一三八九年の〔オスマントルコに大敗した〕戦争以来セルビア人にとって聖地であったはずなのだが、近年の歴史から見るとその記憶が大切にされているとは思えない。[5]タリバンは、アフガニスタンにある仏教の遺物、たとえば「バーミヤン遺跡」を破壊したが、それによって償っても償いきれないようなやり方で、自分自身と自分たちの伝統を汚した。〔インドのデリーにある〕クジャラート語でアクシャルダムと呼ばれるヒンドゥー教寺院で何十人もヒンドゥー教徒が殺された報復として何百人ものイスラム教徒が殺されたが、これは両宗教の評判を貶める行為であった。両宗教の狂信的な信者は、世界の人々が、宗教への帰依を喧伝する行為を冷めた目で見ているだけではなく、うんざりし飽き飽きしているということを、肝に銘じるべきだ。私たち異教徒にとって実際印象深かったのは、これに抗議する記事を載せているウェブサイトは今後〈恥辱の場〉とみなすという声明が、いずれの側からも出されたことだ。そうではなく、そのウェブサイトは狂信がもらすあらゆる悪を思い出させてくれるものなのである。

二〇〇一年九月十一日以来、テロリストが〈自由の女神〉ではなくワールド・トレード・センターを攻撃したのは、おそらく世界にとって幸運だったのだと思うことが良くある。なぜなら、もし民主主義の神聖なシンボルが破壊されたとしたら、私たちアメリカ人はこの世で見たこともないような過激な復讐をしないではいられなかったのではないかと考えるからである。もしそんなことになったら、〈自由の女神〉の意義を汚すことになっていたことだろうし、その汚れを永遠にぬぐい去ることはできなかっただろう。人々を困惑させるかも知れないこのような私の考え方がいくつかの不幸な誤解に基づいていると指摘した私の学生がいたので、そうではないことをここで示したいと思う。ワールド・トレード・センターで何千人もの罪もない人々が殺されたことは、〈自由の女神〉が破壊されるよりずっとひどい、極悪非道な犯罪である。確かにそのとおりである。ワールド・トレード・センターは、〈自由の女神〉よりも、アル・カイーダの攻撃対象としてずっとふさわしいシンボルだった。しかし、まさにその理由からいって、ワールド・トレード・センターは、私たちにとっては、それと同じようなシンボルという意味を持ってはいなかった。ワールド・トレード・センターは、〔悪徳の源泉としての〕〈富〉と〈金の亡者〉と〈グローバリゼーション〉のシンボルであって、〈自由の女神〉はそうではない。私たちが大切にしてきた国家的シンボルであり、私たちが渇望した民主主義のもっとも純粋なイメージを表している〈自由の女神〉が、筆舌に尽くし難いほど汚されたとしたら、多くのアメリカ人はそれに冷静にまた計画的に対応することなどできはしなかったのではないか、と私は考えるのである。これこそ、シンボルの一番危険なところである――それは「神聖に」なりすぎることもあるのである。二一世紀、様々な宗教を信仰している人々がなすべき重要なことの一つは、「異教徒」が、国旗や十字架や聖典に多少「礼を欠いていても」、その「異教徒」を傷つけること以上に不名誉な行為はないという確信を、広めていくことだろう。

宗教のプラス面とマイナス面を考えるように求める私は、まさにそのことによって、殴られて鼻の骨を折られるような危険に晒されているが、それでも私はこれを主張しつづける。なぜか？ なぜなら、私がとても重要だと考えているのは、このような呪縛(スペル)から解き放たれることであり、本節冒頭の、良い人生を送るための最善の方法は宗教によって生きることだという見解が、本当に正しいのかという問いを、私たちみんなで注意深く検討することだからである。ウィリアム・ジェイムズは、『宗教的経験の諸相』という偉大な著作にまとめ上げられることになる〈ギフォード講義〉を行なっていたまさにその時、同じ問題に直面したのだが、彼の寛容への訴えをここに引用しよう。

> 私は無秩序や懐疑そのものを愛するものではない。そうではなくて、むしろ私は、真理を完全に所有していると僭称することによって、かえって真理を失うことを恐れるのである。つねに正しい方向に向かって進んで行きさえすれば、私たちはだんだんと真理に近づいて行けることを、私は誰にも劣らずかたく信じている。そして私は、この講義が終わる前に、諸君が一人残らず私と同じ考え方をするようにしたいと思う。私が主張する経験主義に対して、諸君がどうしようもないほど心を頑固(かたくな)にしないよう、切にお願いしたい (James, 1902, p.334)[6]。

2　学問的世界の煙幕

神という言葉は、私たち人間が知っている、あるいは知ることができるどんなものとも違う「深淵」と「完全」を指している。確かにそれは、識別し分類するという私たちの能力を超えている。

ジェイムズ・B・アシュブルック、キャロル・ロッシュ・アルブライト『人間化する脳』

神秘は神秘である。他方において、何かが神秘であるという観念についてどうすれば私たちが意見交換できるかを研究することが重要だとすれば、それをするには科学的方法では無理だというア・プリオリな理由はない。

イリッカ・ピシエーアニアン『宗教はどのように機能するか』

同一物が存在すると同時に存在しないことは不可能である、全体は部分よりも大きい、二たす三は五である、というようなつまらない原理によってスコラ的宗教の激流に対抗することは、大洋を葦の穂で止めようとするようなものである。あなたは、神聖な神秘に対して冒瀆的理性を提起しようとするのか？　あなたの不敬虔に対しては、どんな罰も十分とはいえない。かくして、異教徒のために点火された炎と同じ炎が、哲学者たちの壊滅のためにも使われることになろう。

デヴィッド・ヒューム『宗教の自然史』[7]

ジェイムズは、敬虔な信者による〈よそ者排除〉を未然に防ごうとしていたのだが、敬虔な信者だけが保護主義に訴えるわけではない。宗教の本質を率直に探求しようという努力に対する、巧みな、またあまり見えではない障壁が、学問研究（スコラリィ）の領域に属する宗教の友たちによって、築かれ維持されてきた。この宗教の友たちの多くは、無神論や理神論の権威であるが、どんな教義の権威でもない。彼らは宗教を研究したいのだが、彼らなりのやり方でであって、彼らの目から見ると「科学的で」「還元主義的で」そしてもちろん通俗的である、私が提案しているやり方ではない。自然科学と説明〔解釈〕科学、つまり自然科学と精神科学の間に、多くの人々が発見したいと望んできた伝説的な溝を取り扱った第2章で、私と対立するこの立場をほのめかしておいた。宗教にかぎらず、人間文化に属する事柄に進化論的視点から関わろうとする者は誰でも、人文科学や社会科学に属する文学や歴史学や文化科学の専門家から、怒りの声からはじまって傲慢な〈よそ者排除〉にまで至る、拒否反応に出会う可能性が高い。

〔進化論的視点から関わろうとする〕文化的現象が宗教である場合、もっとも有名なやり口は、機先を制して、それを扱う資格なし、とすることである。これは、一八世紀以来、有名になったやり口であり、（デヴィッド・ヒューム、ドルバック男爵[8]、そして、ベンジャミン・フランクリンやトマス・ペインといった偉大なアメリカの英雄たちのような）初期の無神論者や理神論者の信用を失わせるために使われた。エミール・デュルケームの二〇世紀初期ヴァージョンは、「宗教研究に宗教感情を持ち込まない者には、宗教を語る資格はない。これは、盲人が色について語ろうとするようなものだ」（Durkheim, 1915, p.xvii）というものだ。さらにその半世紀後、しばしば引用されるヴァージョンがある。偉大な宗教学者ミルシャ・エリアーデのものである。

> 宗教的現象は、まさにそのレベルで把握される場合にだけ、つまり、宗教的なものとして研究される場合にだけ、真に理解されるだろう。宗教的現象の本質を、生理学・心理学・社会学・経済学・言語

学によって、また芸術やその他の研究によって、捉えようとするのは誤りである。このようなやり方では、宗教的現象にある独特で還元不可能な要素、つまり聖なるものという要素を取り逃がしてしまう（Eliade, 1963, p.iii）。

宗教以外のテーマに関しても、機先を制して、語る資格なしと宣言される場合がある。（あるラディカル・フェミニストによれば）女性だけが女性を研究する資格がある。なぜなら、男性を鈍感にしていると共に男性に偏った見方をさせている男根中心主義を、男性は気づくことも打ち破ることもできないが、女性だけがそれを克服することができるからである。ある多文化主義者の主張では、（アメリカ人を含む）ヨーロッパ人は、見方を狭めているヨーロッパ中心主義から抜け出せないので、第三世界の人々の独自性を理解できない。このように考えてくると、ある事柄について語る資格があるのは一部の人だけだ、ということになる。そうなると、〔男性と女性とが、ヨーロッパ人と第三世界の人々とが〕互いに理解し合うことができないのだから、それぞれの塹壕に死ぬまでじっとしていれば良いということなのだろうか？　私の専門領域である〈心の哲学〉にも、それ特有の敗北主義がある。人間の脳は人間の脳を理解するという仕事を絶対に果たせないとか、意識は難問なのではなく解明不可能な神秘である（だからそれを説明する努力をやめる）と主張する、神秘擁護的（ミステリアン）学説がそれである。このような主張のすべてから透けて見えてくることは、敗北主義というより保護主義である。つまり、努力さえするな、成功したら困るから！というわけである。「手品師のカーストに生まれないかぎり、インドの手品を理解することはできない。それは不可能なことだ」という主張は、間違っている。もちろん、可能なのである（Siegel, 1991）。「音楽のための偉大な耳、つまり絶対音感を持っていなければ、音楽の本質を理解することはできないだろう」という主張は、ナンセンスである。実際、苦労して自分を音楽家として鍛え上げてきた人々が、さして努力もせず音楽的に熟達した人々が手に入れることのできないような、音楽の本質への洞察力や演奏方法を獲得することがある。それと同様に、テンプル・グランディン（Grandin, 1996）は、自閉症であり、したがって指向的構えや人々の心理を理解できないのだが、人々が自分を表現する仕方についての魅力的な考察や、私たち健常者が避けてきた様々な洞察に辿り着いている。

自分は金持ちではないので、金融の世界を理解できる望みはなく、したがって、金融の世界の詳細を研究する資格はないと言って、せっかく来てくれた実業界の大物に帰ってもらうということは決してないだろう。将校たちは、制服組だけが自分たちのしていることを理解できるのだと主張して、市民の監視を逃れることはできない。また、医師たちは、自分たちの治療方法や治療行為を、医学博士ではない専門家たちの調査に公開しなければならなくなっている。小児性愛への傾向を理解している人だけが自分のことを本当に理解できるという主張を小児性愛者に許すとしたら、それは私たちの義務を放棄することに等しいだろう。したがって、信じる者だけが、聖なるものについて深い認識を持つ者だけが、宗教的現象の探求に関わるべきだという主張をする人々に対して、私たちが言うべきことはおそらく、そのような人々は事実と原理の両方に関して完全に間違っている、ということである。彼らは、彼らが排除する人々の想像力と探求力について思い違いをしているし、宗教の探求を宗教的な人々だけに限定するということを、何らかの根拠に基づいて正当化できると考えるのも、間違っている。もしこのことを礼儀正しく、断固として、また繰り返し語るならば、彼らも最後には、小細工をやめ、信仰を持たない私たちの探求と、多少邪魔するかもしれないが、うまくつき合っていこうと思うかもしれない。そうなれば、私たちも一層努力して研究するだろう。

同じような煙幕は、自然科学の方法に関する良く見られる見解にも現われる。つまり、自然科学の方法は、人間文化では機能できない、なぜなら人間文化は、実験ではなく「記号学」や「解釈学」を必要とするからだ、というわけである。人気のあるこの立場の提唱者は、人類学者のクリフォード・ギアーツであり、彼は以下のように言っている。

私は、マックス・ウェーバーと共に、人間は自分で張り巡らした意味の網(ウェブ)に引っかかっている動物と考えており、文化をこの網とみなしている。したがって(傍点引用者)、文化を分析することは、法則を探求する実験科学の一つにはならないのであり、意味を探求する解釈的学問になるのである[9](Geertz, 1973, p.5)。

「したがって」? このような議論は、一九七三年の時点では合格点だったかもしれないが、現在では時代遅れである。人間が意味の網を張り巡らせたのはまったく疑いようがないが、こうした網は必ず実験を伴う方法によって、そして自然科学の鍛え上げられた方法によって、分析することができる。自然科学における解釈は実験と対立するものではなく、科学はすべてを覆い尽くす何らかの法則に従属しているわけでもない。たとえば、どんな認知科学もどんな進化生物学も解釈を行なっており、人文科学や人類学のある種の解釈戦略ときわめて類似している(Dennett, 1983, 1995b)。

実のところ、自然科学と人文科学の重大な違いの一つは、人文科学のきわめて多くの思想家たちが皆、ポストモダンの、すべては物語だ、すべての真理は相対的だ、という主張は正しいのだと判定してきた点である。敢えて名を伏すある文化人類学者が、最近学生にこう言った。自分の研究分野で重要なことの一つは、同じデータが与えられても、同じ解釈に至る人類学者はいないことだ、と。これではもう先がない。確かに科学者の間でも、すでに共有され受け入れられているデータの解釈の仕方に関して、そのような意見の不一致は良くあることなのだが、しかし科学者にとって、これは解決へ向けての第一歩なのだ。どの科学者が間違っているか？　真理を発見してこの問題に答えるために、実験と統計学的分析などがデザインされる（もちろん、真理とはいっても、すべての事柄に関わる大文字の〈真理〉ではなく、この個別的な事実上の意見の不一致を解消するための、ささやかな真理にすぎない）。発見されるべき事柄について客観的真理があるという観念そのものを嘲笑するイデオローグたち[10]によって、不可能だとか不必要だとされるのは、意見の不一致の後に続くこの過程なのである。もちろん彼らは、客観的真理のようなものは存在しないことを証明すると、主張することはできないだろう。というのも、それは明らかに矛盾しているだろうし、彼らは少なくとも論理的思考をとても大切にしているはずだからだ。そういうわけで、彼らは、依然として真理が存在すると信じている人の厚かましさと素朴さに舌打ちして満足する。この容赦のない自衛的な冷笑が、どんなにつまらないものなのかを伝えるのは難しい。それだから、それに反論する努力をやめてしまって、ただからかうだけで我慢する研究者がいても、驚くにはあたらないのである。たとえば、こういうことだ。

たとえば、私は今、ポストモダニズムの論理に関する理路整然とした物語を書こうとして、キーボードを打っている。私のことをじっと観察して誰かがいるとしよう。彼は、私が示している表面的な意図を超えて、私が本当にやっていることは、私の学問業績を上げるために私の個人的な経験から物語を作り上げることなのだ、と推論するかもしれない。業績を上げるために、私は、私が他の人々とは違うことを示し、私の著述家としての価値を上げるような論文を書いている、と考えるかもしれない（人を当惑させればさせるほど、賢くみえる！）。なぜ私はこんなことをしているのか？　なぜなら、私は、利己的で、白人の、同性愛者でない、特権的地位にあるプロテスタントの男性で、権力のために知識を使う（実務的戦略ではなく操縦と利用の戦略）からである。ポストモダンを信奉する人々にとって、真理として提示されるもの（たとえばこの本）は、現実に対する一つの見方にすぎず、――権力を獲得・維持するために人々を欺すことによって――私が本当にやっていることを隠す発明品なのだ（Slone, 2004, pp.39-40）。

宗教の科学的研究に従事している先駆者たち、私が紹介してきた先駆者たち――アトラン、ボイヤー、ダイアモンド、ダンバー、ローソン、マッコリー、マクレーン、スペルベル、ウィルソンといった人人――は、同様のことを論じなければならなかった。彼らがこのような猛攻撃に対してどのような備えをし、また、ウィリアム・ジェイムズの足跡に従って、読者に対してどうやって広い心を願ったのかを知ることは、それ自体おもしろいことかもしれない。懇願のしすぎ、ということもないわけではない。皮肉なことに、これらの勇敢で、〔宗教から見れば〕邪魔な人々は、宗教に対する十分な情報に基づく共感を誘うような観点を手に入れようとしている点で、誠実であるし、彼らに抵抗する人々の見方や方法を理解する努力をしている点で、宗教の擁護者を自認する人々より、はるかに誠実である。人文科学の領域に属する擁護者たちが、科学者が様々な宗教の歴史や儀礼や教義を研究するために捧げてきたのと同じだけのエネルギーと想像力を使って、進化生物学や認知科学（また統計学など）を研究し続けるなら、擁護者たちは自分たちが恐れている研究の批判者としての価値を十分持つだろう。

チューリッヒの古典学者ヴァルター・ブルケルトは、一九八九年のギフォード記念講座において、宗教の起源に関する生物学的考え方を、敢えて同僚の人文科学者たちに提示した。まさにその時、彼は、科学とは別の方法で深い溝を渡ろうとした真に最初の人文科学者になった。ブルケルトは、人類学や言語学や社会学の著作を広く読んでいる、古代宗教についてのすぐれた歴史学者であり、自分の理論化努力の土台にすべきだと考えた進化生物学の勉強もすでにはじめていた。〔この講義をまとめた〕『聖なるものの創造──初期宗教の生物学的航跡〔邦訳『人はなぜ神を創りだすのか』〕』(Burkert, 1996)を読むことの喜びの一つは、彼の歴史的洞察の宝庫を生物学的問題の文脈におく時、その宝庫がどれほど価値があるのかを知ることである。とはいえ、ちょっとがっかりすることもある。それは、恐ろしげな生物学の概念を人文科学の世界に紹介する際、仲間の人文科学者たちの微妙な気持ちにあまりに配慮しすぎていることである(Dennett, 1997, 1998b)。

科学者は、歴史家や文化人類学者からきわめて多くのことを学んできた。建設的な共同作業を行なうための基盤は、すでに存在している。『科学的宗教研究』誌や『宗教研究における方法と理論』や『認知と文化』誌といった学際的な雑誌もあるし、専門家たちの学会やウェブサイトもある。この本の私の目的の一つは、後に続く研究者たちが、これまで入ることを禁じられてきた領域に入り、敵対的な擁護者のジャングルの中で道を切り開く苦労もなしに、共同作業をしてくれる友好的な土着民を発見するのを容易にすることなのだ。この領域に入った研究者は、彼らが「新しい」と考えてきた観念のほとんどを、人類学者や歴史家がすでに考えてきたということが分かるだろうし、共有すべき問題はどのようなものなのかについてたくさんの言うべきことを持っているということが分かるだろう。それだから、私は、研究者たちに謙虚に振る舞い、たくさんの問いを立ててほしいし、彼らが近づくことを恐れる人々に生じる、はっとす

るような無礼な行為や見下すようなこきおろし行為を、無視してほしい。(1)

3 何を信じているかがなぜ重要なのか

今日私たちは、記述から評価へと態度を変えなければならない。宗教が人間生活に付け加えてくれるものの絶対的な価値を判断しようとする私たちにとって、問題のこの成果なるものがはたして私たちを助けてくれるのかどうかを、私たちは問わなければならない。

ウィリアム・ジェイムズ『宗教経験の諸相』[11]

私は神の存在を信じないだけではない。当然のように、神が存在しないことを望んでいる！ 私は神に存在してほしくない。神が存在するような宇宙であってほしくない。

トマス・ネーゲル『最後の世界』

安心して重要問題に向かうのに先だって、事態を歪めてしまうものが最後に一つあるので、それを取り除いておく。神の存在を信じることになぜ価値があると思うのだろうか？ 多くの人々は、神は存在しているからだ、それだけ！と答えることだろう。彼らは、木々や山々が存在すると信じているし、人々やいろいろな場所や風や水が存在していると信じている——それと同じように、神が存在していると信じているのである。なるほどこのことは、彼らの神への信仰(ビリーフ)を説明するだろうが、彼らが神の存在を信じる（ビリーブ）ことがたいへん重要だとみなしているという事実を説明するわけではない。とりわけ、人々は、他の人々が神についての何を信じているかを、なぜ気にするのだろうか？　私は、地球の中心核が主に溶融した鉄とニッケルでできていると信じている。これは、私が信じている他のことに比べて、とてもわくわくするすごいことである。すぐ近くに、球形の溶融した鉄とニッケルがあると想像してみよう。だいたい月かそれに近い大きさである。地球上に置いてみれば、私とオーストラリアの間に入るくらいの大きさだ！　多くの人々はこのことを知らない。私はお気の毒と思うのだが、それは、このことがとても楽しい事実だからだ。しかし、私が信じているこのことを、私の楽しさを、他の人々が同じように信じなくても、同じように楽しがらなくても、私が気にすることはない。ところが、神のことになると、他人が自分と同じように神の存在を信じているかどうかが、なぜそんなにも重要なのだろうか？

神は気にするのだろうか？　良く知られているように、エホバは、たくさんの人々が自分の力と偉大さに気づいていないと、本当に腹を立てる。エホバを『旧約聖書』の物語の魅力的な登場人物にしていることの一つは、王のような嫉妬心であり誇りであり、崇拝と生贄を貪欲に求めることである。しかし私たちは、このような神を乗り越えた（と思う）。私たち進化論者が自然選択によってなされてきたと考えているデザイン作成作業を、すべて行なってきたと考えられている〈創造的知性〉は、嫉妬するような〈存在〉ではない（と思う）。自分の業績について聞いたことがない人物に出会うと、ひどくむっとする教授たちを、私は知っている。しかし、ＤＮＡや代謝サイクルやマングローブやマッコウクジラを創り出した〈創造的知性〉が、これらの被造物のあるもの〔人間〕がその創造者を知っているかどうかをなぜ気にするのか、理解するのは難しい。熱力学第二法則は、[12]誰かがその存在を信じているかを気にすることはできないし、〈万物の土台〉もそれと同様の不動の動者でなければならないと思う。

ある人類学者が昔、アフリカのある部族について話してくれたことがある（残念ながらその部族名を思い出せない）。この部族では、近隣の部族との付き合いは、ゆっくりとしたペースで行なわれる。近隣の部族の集落に徒歩で向かった使者は、到着後一日休息をとり、その後でやっとなにがしかの交渉事を行なう。なぜそんなにゆっくりとしたペースなのかといえば、この使者は自分の魂が追い付くのを待たなければならないからなのである。その文化において、魂はどうやら歩みが遅いらしい。人間にとても似た神から、もっと抽象的な神へ、思い浮かべることの難しい神へと信仰者（ビリーバー）が移って行くことに関しても、同じような時間のずれ（タイム・ラグ）を見ることができる。つまり、もはや超自然的〈存在〉ではなく〈スタークの、哲学的には見当違いだが役に立つ用語を使えば〉本質にすぎない神について語られる時も、依然として人間風の言葉が使われるのである。なぜそうなのかは、まったく明らかである。それによって、神の人としての愛を理解するために必要とされたすべての潜在的意味を受け継いで行くことができるからである。ある自然法則にある種の愛情と感謝を感じることのできる人もいるだろう――「おお、重力よ！　あなたは決して裏切ることはない」という具合に――。しかし実際のところ、崇拝の本来の対象は、羽毛のない鳥が考えられないように、たとえ話すとは考えられなくても、ある種の人でなければならない。ただ人だけが、あなたが間違った行動をすれば文字通り失望することができるのだし、あなたの祈りに答えることができるのだし、あなたを許すことができるのである。だから、神を〈天空にいる老賢人〉のように思い描き続けることが「神学的な誤り」であろうと、それは専門家によって容認されているだけではなく、それとなく推奨されているのである。

ウィリアム・ジェイムズは、二〇世紀の初頭、「怒りを静めるために流血の生贄を求めるような神は、今日では、あまりに残忍すぎて、とうてい真面目には考えられない」（James, 1902, p.328）[13]と書いている。

ところが、それから一世紀たっても、そのような神は存在してほしくないと率直に述べるトマス・ネーゲルの見解に公然と賛同する人はほとんどいない（ネーゲルがスピノザの神スナワチ自然に対しても嫌悪感を抱いているのかは分からないが、私と同じように、〈万物の土台〉――それがどのようなものであろうと――に関心がないのだろう）。促されれば神の特徴を述べ、その際人間風の言葉を使うが、それはあくまで比喩であって文字通りの意味ではないと、多くの人々は主張する。おそらく、「信心深い〔神を恐れる（ゴッド・フィアリング）〕」という奇妙な形容詞が、宗教上かなり未熟な時代の遺物として、何年もかけて廃れてったのと同じことを考えているのだろう。しかし、本当はそうではない。人々は、他の人を愛したり恐れたりするのと同じように、愛することができ恐れることができる神を望んでいる。「宗教とは、要するに、人間の自己中心主義（エゴイズム）の歴史における記念すべき一章なのである。神々は、――未開の人々が信ずる神であろうと、知的訓練を受けた人々の神であろうと――個人の要求を認める点においては、互いに一致している」とジェイムズは考えている。「今日でも、昔のあらゆる時代におけるのと同じように、宗教的な個々人は、神が私の個人的な関心事をかなえてくれる、と語るだろう」（1902, p.491）[14]。

　もちろん、多くの信仰者（ビリーバー）にとって、これはまったく明らかなことである。神は、――もちろん毎日ではなく、少なくとも人生のただ一度の啓示において――、彼らに直接語りかける人（パースン）である。しかし、ジェイムズが指摘しているように、信者はそのような経験を信用しすぎないようにすべきだ。

> 声を聞くとか、幻を見るとか、突然分かった聖句の意味に圧倒的な印象を受けるとか、変化の危機に結びついた穏やかな感動や激しい感激など、それらはみな自然的原因によって生じることがあるし、さらに悪いことには、悪魔によって偽造されることもありうるのである（1902, p.238）[15]。

したがって、自分の強力な個人的経験にどれほど確信を抱いていようと、そのような啓示はうまく伝わらない。今私たちが行なっている共同討議に貢献するものとして、使うことはできない。哲学者や神学者は、神がその行為を愛するからその行為が良いのか、それとも、その行為が良いから神はその行為を愛するのかという問題をめぐって論争を繰り返してきた。この問題を探求しても、神学的伝統の内部でしか意味を持たないが、「普遍的」合意（コンセンサス）を求める宗教諸派が集う環境では、後者の主張が選ばれなければならない。さらに、歴史的証拠が示しているように、何が許され何が許されないかに関する人々の道徳感覚は、時と共に変化してきたし、神が愛するものや憎むものについての確信も、それに伴って変化してきた。ありがたいことに、不敬や不倫が極刑に値する犯罪だと考える人々は、今日ますます少数派になっている。それでもやはり、他の人々が神について何を信じているかをひどく気にする理由は、それなりにすてきな理由である。つまり、そのことをひどく気にする人々は、世界がより良い場所であってほしいのであり、この目的を達成するための最善の方法は、神についての信念（ビリーフ）を他の人々と共有することだと、彼らは考えているのである。しかし、このことは明白なことではまったくない。

私も、世界がより良い場所であってほしいと思っている。実はこれが、人々に進化論を理解し受け入れてほしいと思う、私なりの理由なのだ。つまり私は、人々の救済が進化論にかかっていると信じているのである。どうすればそうなるのか？　世界的な流行病（パンデミック）や環境の劣化や生物の多様性の喪失といった危険に目を開かせることによってであり、人間が自ずから備えている弱点についての情報を与えることによってである。だから、進化が存在すると信じること（ビリーフ）が救済への道だという私の信念（ビリーフ）は、宗教ではない。大きな違いがある。進化を愛する私たちは、進化を愛するあまり、進化について明確にかつ合理的に考えることができなくなっている人々を尊敬しない。また、進化に関するすばらしいアイデアに関して、誤認したり見当外れのロマンティックな発言を行なうことで、自分だけではなく他人も誤った方向に導く人々には、とりわけ、私たちは批判的である。私たちから見れば、神秘や理解不可能性のための隠れ家はないのである。なるほど、進化の光景の壮麗さを前に、謙虚な気持ちにもなるし、畏敬の念を抱くし、大きな喜びを感じるが、それに自発的な（スリルいっぱいの）理性の放棄が伴うわけではないし、わざわざそんなことはしない。それだからこそ、私は、進化という言葉を広める道徳的責務を感じるのである。しかし、進化は私の宗教ではない。私には宗教はない。

宗教のプラス面とマイナス面は何であるか、宗教は世界中のほとんどの人々のうちで生じてきた強烈な忠誠心に値するのかという、私が立てた根本的な問いに、冷静さを失う人がもしいたら予めおわびしておく。ウィリアム・ジェイムズもまた、このような探求の道を進んだので、問題を私たちになり組み立てるために彼の言葉を使うことにしよう。なぜなら、彼の言葉はそれ自体すばらしいだけではなく、様々な点で私たちの思考を明確にし鋭くすることによって、前世紀の発展の道のある側面を見せてくれるからである。誰かがミームやミーム学について語る以前に、ジェイムズは次のように指摘していた。つまり、宗教は、そのすべてが「永遠で」「不変の」原理を主張するのもかかわらず、実のところ進化してきたのであり、この進化はつねに人間の価値判断に対応するものだった、と。

> そこで、したらどうかと私が提案するのは、簡単に言えば、常識によって聖徳（セイントリネス）を検証すること、宗教生活が人間の活動のある種の理想としてどこまで推奨されるべきかを判断するために人間的基準を使うこと、である。……それはつまり、人間の立場から見て不適当（アンフィット）なものを排除し、人間に

もっとも適したもの（フィテスト）が生き延びるという原則が、宗教的信仰に適用されたものにほかならない。そしてもし、私たちが歴史を率直に、偏見なしに見るならば、いかなる宗教もこれ以外の方法で確立されたことも維持されたこともないことを、私たちは認めなければならない（1902, p.331）[16]。

ジェイムズが、「人間の立場から見て不適当なもの（アンフィット）」ということで、何を言いたかったのかというと、それは「生物学的」不適応（アンフィット）や「遺伝的」不適応というよりはむしろ、「人間が用いるのに適さない」というようなことであり、この言葉の選択が彼の視点を曖昧なものにしている。偏見なしに歴史を見ようとしているにもかかわらず、この一節は彼の判断を楽観主義（オプティミズム）へと偏向させる。つまり、何世紀もの間絶滅しないように抵抗してきたミームは現実に何らかの仕方で人間性（ヒューマニティ）を高めるミームだけだ、ということなのだ。しかし、ミームがまさに高めたのは何なのだろうか？　人間の遺伝的適応度なのだろうか？　人間の幸福なのだろうか？　人間の福祉なのであろうか？　ジェイムズは、ダーウィニズムのまさにビクトリア王朝版[17]を私たちに教えているのである。つまり、進化というものはより良いものへと向かって前進していくことなのだから、生き延びるものこそ良いにちがいない、というわけである。進化は良いものを育むのだろうか？　すでに見たように、進化は、コレカラ利益ヲ得ルノハ誰カ？　という問いを私たちがどのように立てどのように答えるのかに、すべてかかっている。

さてここで、この本でははじめてのことであるが、説明と記述を離れ、どう考えるべきか考えてみよう。

回心の状態の生活に対する果実が良いものであれば、たとえ回心が自然的な心理現象の一つにすぎなくても、私たちはそれを理想とみなし尊重すべきである。もしそれが良き果実ではないなら、たとえそれが超自然的存在によって与えられたものであろうとも、そんなものは躊躇なくかたづけてしまうべきである（James, 1902, p.237）[18]。

宗教は私たちをより良くするのだろうか？　ジェイムズは、二つの方向性から、それが正しいとしている。まず一つ目の方向性は、次のようなものである。宗教は、人々を、日々の生活においてより活発にし、肉体的にも精神的にもより健康にし、より沈着冷静にし、誘惑に負けないより強い意志を持てるようにし、あまり絶望感にさいなまれなくなるようにし、不運に出会ってもあきらめることなくそれに耐えられるようにする。ジェイムズは、これを「心の癒し運動（マインド・キュア）」と呼んでいる。もう一つの方向性は、宗教は人々を道徳的により良いものにする、というものである。宗教がこれを成就するための在り方を、ジェイムズは「聖徳」と呼んでいる。宗教は、いろいろな状況下で程度の差こそあれ、両方の目的を達成できる可能性があると、彼は考えている。これら二つの方向性に関して、言わなければならないことはたくさんあるが、本章の残りの部分では、最初の方向性について考え、道徳における宗教の役割というきわめて重要な問題は、他の章にゆずることにする。

4　宗教はあなたのために何ができるのか

心の癒しという形をとった宗教は、私たちの一部に、明朗さや精神の安定や幸福を与えてくれるし、科学と同じくらいあるいは科学以上に、病気を予防してくれる。

ウィリアム・ジェイムズ『宗教的経験の諸相』[19]

「イエスはお救い下さいます」というメッセージを点滅させているネオンサインが嘘の広告かもしれないとは、敢えて誰も指摘しない。

R・ローレンス・ムーア『神を販売する』

【祈る】価値がないと主張するたった一人の嘆願者のために、宇宙の全法則を無効にするように頼むこと。

アンブローズ・ビアス『悪魔の辞典』

危険にみちた世界では、自分の安全のための祈りの言葉によって、願いがかなう人々の方が、願いがかなわない人々より、つねにたくさんいるだろう。

ニコラス・ハンフリーの〈祈り言葉の効き目の法則〉(2004)[2]

ジェイムズは、健康な心の人と心を病んでいる人という二つのまったく異なったタイプの人間がいて、それぞれ異なったものを宗教に求めていると推測し、教会は「少数派の熱烈な宗教と多数派の歴史ある宗教との永続的な内部抗争」に直面していると、指摘している(James, 1902, p.114)。[20] いつもすべての人々を喜ばせることができるわけではないのだから、どんな宗教でも妥協しなければならない。ジェイムズの杓子定規ではない調査と研究は、近年宗教指導者たちによって着手された、徹底的で時にきわめて洗練されている市場調査（マーケット・リサーチ）の先駆けであるばかりか、宗教を擁護する様々な主張を査定しようとする心理学者や社会科学者の学問的（アカデミック）な探求の先駆けでもある。ジェイムズの時代、宗教再生運動が盛んだったばかりか、風変わりなものや風変わりな養生法を宣伝する世俗の人々もたくさんいた。今日のテレビショッピングのようなテレビ番組は、サーカスのテントや芝居小屋を借りて自分の商品を売り歩く初期の行商人の遠い子孫である。

> 「リラクゼーション福音」や「心配するな運動（ドント・ウォリー）」というのを聞いたことがあるし、朝、着替えをしながら、一日のモットーとして「若さ、健康、元気」と繰り返し唱える人々についても聞いたことがある（p.95）[21]。

ジェイムズは、宗教が、世俗の競争相手と同じか、それ以上の〈元気づけ〉を与えているかという問題を立て、科学に対してよそよそしい態度をどれほど取ろうとも、宗教の方はいつでも「実験と検証」に拠り所にしているとみなした。「(宗教は) こう主張する[22]、あたかも私が正しいかのように生活せよ、そうすれば、日々の生活があなたが正しいことを実際証明してくれるだろう」（James, 1902, p.119）[23]。いいかえれば、あなたにとって良い結果になるだろう、ということである。試してみなさい、そうすれば好きになるでしょう、というわけである。「まさにしくこの点で、心の癒しは、科学が全盛をほこっている今日、科学的哲学に対して侵略戦をいどみ、科学固有の方法と武器を利用することによって、成功をおさめている」（James, 1902, p.120）[24]。

最高のセールスマンは、顧客を満足させる。そのセールスマンが教会のメンバーであろうとなかろうと重要ではない。活動的で誠実なメンバーの、心身双方の健康を改善する様々な要因に細心の注意をはらうことは、何も悪いことではない。たとえば、私が世界平和を推進する世俗的組織を立ち上げようとしているとしよう。私は、この組織に、協力してくれるメンバーの健康や繁栄に利するような特徴を与えようと一生懸命考えるだろう。なぜなら、時間とエネルギーを他のいろいろなことに使うことができるのに、この組織に協力してもらっていることを、私は知っているからである。たとえ、参加してくれる人々に奉仕を期待しそれを呼びかけたとしても、私はきっと、その奉仕を注意深く吟味し、無駄なものは排除するだろうし、できればそれを利益に変えなければならない。結果的にもっと重要な奉仕を手に入れるためである。(3)

さて、宗教はあなたの健康に良いのだろうか？　多くの宗教がこの点に関して顕著な成功をおさめ、他人のためになった良いこととはまったく別に、メンバーの健康とやる気を回復させたという証拠が出はじめている。たとえば、拒食症や過食症のような摂食障害は、イスラム教の国々の女性にはあまり見られない。これらの国々では、女性の肉体的魅力の役割は、西欧化した国々と比べて小さいからである（Abed, 1998）。習慣的に教会に礼拝に行く人々は長生きか、心臓発作を起こしにくいかなどの問題を、疫学と公衆衛生の統計的手段を使って検証しようという関心が最近高まっており、調査のほとんどにおいて、結果は肯定的であり、しばしばかなり肯定的である（このような調査はすぐに古くなってしまうが、その概要に関しては、Koening and al., 2000を見よ）。最初の結果は衝撃的で、これらの問題がその宗教的信仰（ビリーフ）が正しいかどうかということと無関係であることを忘れてしまった無神論者が、信用できないとして条件反射的に却下するほどだった。いろいろな課題をこなすことに関する研究から知られているのは、被験者集団を無作為に二つに分け、その一方にだけその課題に関して「平均以上です」と告げると、ますますうまくその課題をこなして行くということである。したがって、偽りの信念（ビリーフ）であっても、人間の能力を改善する力を持っているということが、明らかにされているのである。ある人々（たとえばTayler and Brown, 1988）によれば、強い思いこみは心の健康を改善することを証明しているとされる研究がある。しかし、それはまだ確証されていないと主張する批判者もいる（Colvin and Block, 1994）。

　神の存在を信じること（そして、その信仰（ビリーフ）に伴うすべての実践に参加すること）によって、一〇％くらい、精神状態が良くなり健康状態が改善されるかもしれない。とはいえ、確かなものを発見するために心しておくべきことは、地球が異星人に侵略されていると信じ、その異星人は地球人を自分たちの星に連れて行きすべての飛び方を教えることを計画していると信じていても（そして、この信仰にふさわしいすべての行動に関与していても）、二〇％くらい、精神状態と健康状態が改善することもあるかもしれない！ということである。実験を行なってはじめて分かることであるとはいえ、世界中の文学には、ごく親しい知人によって欺されることで、かえって大きな利益を得た人々の物語がたくさんあるのだから、入念な嘘によって、肯定的な効果が得られても驚くには当たらない。そして、もしも、良く知られた宗教的教義よりも、そのような作り話の方が効果があるとしたら、健康のために良い要素が含まれているなら意図的な嘘を伝えても正当化されうるのかという倫理的問題に、私たちは関わらなければならないだろう。

　これまで得られた結果は有力であるが、さらなる探求が必要である。(4) もし懐疑的な見方が定着したら、その見方が正当であるかどうかとは無関係に、宗教の良い効果は減少していく可能性があるので注意が必要である。心理学者によって研究された多くの効果は、その現象のメカニズムや条件に関する情報があまり与えられていない信じやすい被験者から引き出されている。被験者に十分な情報が与えられれば、効果は減少し、なくなりさえする。警戒しなければならないのは、良い効果というものが、さらなる調査対象になると、公平な調査というあまりにも強すぎる光の下で検討されることになるので、危険に晒される可能性があるということである。他方において、懐疑的な指摘の嵐の中で、びくともしない効果があるかもしれない。私たちはちゃんと調べなければならない。そしてもちろん容易に予想できることだが、これまで得られた結果が、徹底的に研究されると、結果としての意味を失っていくような場合、効果が本物だと確信している人々は、そもそも「懐疑論的風潮」がこの効果に敵意を抱いていると主張し、科学のぎらぎらした光の下におかれることで完全に本物の現象が見えなくなってしまっているのだと言い張るだろう。このような抗議をする人々は正しいかもしれないし、間違っているかもしれない。この点に関しても、間接的には検証可能である。

科学と宗教との紛争地帯にいる人々にかぎらず、科学の権威に疑いを抱いたり、恐れを抱いている人々は、自分を良く見つめ直さなければならない。彼らは、適切に行なわれている科学の力を、意見が対立している事実的問題を解決する科学の力を、知っているのだろうか？　あるいは、科学が下す最終判断がどのようなものになるかが明らかになるまで、判断を保留してくれるだろうか？　事例に基づく証拠や証言が山ほどあったとしても、宗教は他の幸福の源とさして違いはないということが明らかになった場合、彼らはすすんでその結果を受け入れ、キャンペーンをやめるだろうか？　最近、ある大手の製薬会社が激しい非難を受けている。この会社の薬に効果があるという結果が得られなかった——この会社が資金を出していた——研究の出版を、妨害しようとしたからである。将来、資金を出した研究は、たとえどんな結果が出ようとも、公にできるという同意が、このような会社に義務づけられることにきっとなるだろう。これこそ、科学のやり方である。大好きな仮説に関して権威ある検証を求めても、それが権威ある反証になってしまう危険はつねにある。宗教の健康効果を主張したい人々も、証明せよ、証明できなければそれを捨てろ、という同じルールの下で生きなければならない。そして、証明しようとしたがうまく行かなかった場合、そのすべてを公表すべきである。

このような問題を扱っている科学者の集まりに加わることにはそれなりの利益があり、かなり大きな利益になる可能性もある。というのも、全身全霊信じているとあなたが語っているものに対する、科学のお墨付きが手に入るからだ。一九世紀や二〇世紀の新しい宗教に、クリスチャン・サイエンスやサイエントロジーという名前が与えられたのは、理由がないことではないのだ。ローマ・カトリック教会でさえ、科学者たちを迫害してきた不幸な歴史があるにもかかわらず、たとえば、近年「トリノの聖骸布」に関する伝統的な主張の科学的確証を得ようと――かつ、反証の危険を受け入れようと――している。(5)

宗教研究の最近の傾向の一つは、明白な言葉で、はるかに根本的な問題を提起している。目下進行中の代祷(だいとう)の効果に関する諸研究が、それである。代祷とは、「神が、特定の他人(たち)あるいは他の存在の福利(グッド)に深く関与しそのために振る舞ってくれるよう、心の底から祈ること」(Longman, 2000) である。このような研究は、その重要さから見て、すでに言及して研究と類似性を持っていない。すでに指摘したように祈り、実践し、寄進する人々には一般的な健康的利益が与えられるということを説明しうる豊富な知的資源を、科学者たちはすでに十分手中にしている。宗教に関わるそのような健康的利益を説明するために、超自然的力を持ち出す必要はない。ところが、もし、同じ医学的治療を受けている十分な数の被験者の中で、二重盲検法を使って厳密に管理され適切に行なわれたテストによって、自分のための祈りがなされた人々の方が、その祈りがなされていない人々より、良くなる傾向が顕著であることが証明できたら、科学はこれを説明するために、大変革が必要不可欠になってしまうだろう。

多くの無神論者や懐疑論者は、そんな効果はありえないことに自信があるので、テストがなされる様子を見たがるだろう。それとは反対に、代祷の効果を信じる人々は、難しい決断が迫られる。これは大きな賭けである。なぜなら、適切に行なわれた研究によってまったく効果がないということが示されたなら、代祷を行なっている宗教は、そもそも真理を語ると公言していたのだから、代祷の効果に関するすべての主張を——例の製薬会社とちょうど同じように——捨てなければならなくなるだろうからである。他方、効果ありという肯定的な結果が出たら、科学はその場に立ちすくんでしまうだろう。宗教は、進歩する科学を前にして五〇〇年間絶えざる敗走を強いられてきたが、今度は真理であると主張してきたことが空疎なものではまったくないということが証明されたのだから、科学はそれに敬意を払わなければならないことになろう。

二〇〇一年一〇月『ニューヨーク・タイムズ』紙は、コロンビア大学の注目すべき研究を報じた。それによれば、自分のための祈りがなされた不妊女性たちが、祈りがなされていない〔不妊症ではない〕女性と同じ頻度で、二度妊娠したとのことである。有名な科学雑誌『再生医学』誌で公表されたその結果は、おおいに注目する価値のあるものだった。なぜなら、コロンビア大学は、多くの人々によってすぐに疑いの目で見られてしまうような聖書地帯（バイブル・ベルト）[25]の大学ではないからである。医学機関の最大拠点であるそのメディカル・スクールは、間違いの起きない体制の下、適切な管理下でなされた研究であることを保証するという公式声明を発表し、この結果を裏づけた。ところが、この長くおぞましい話を簡単に言うと、その後、これが科学的な詐欺行為とも呼ぶべきものだったことが判明したのだ。この研究に関わった三人のうち、二人はコロンビア大学からその地位を追われ、コロンビア大学とは何の関係もない三人目、ダニエル・ワースは最近、これとは無関係の事件で、つまりメール詐欺と銀行詐欺の共謀で自分の罪を認めた——彼は医師資格さえ持っていなかったことも判明した（Flamm, 2004）。一つの研究が信用されなくなると、その研究だけではなく他の研究も厳しい批判に晒されることになる。しかしながら、まだ進行中の研究もあり、その中にはテンプルトン財団の基金によって設立されたハーヴァード・メディカル・スクールで行なわれているハーバート・ベンソン博士とその仲間の重要な研究もあるので、代祷が現実に効果あるという仮説に関する最終判定はまだないことになる（たとえば、Dusek et al., 2002を見よ）。たとえ、こうした研究によって、効果なしと最終的に示されたとしても、教会の現役信者であることの――奇跡的なものとはあまり言えない――利益があるというたくさんの証言は、これからも出てくるだろうし、多くの教会もこうした証言を大切にして行くだろう。コロンビア大学メディカル・センターのニューヨーク長老派教会病院カウンセリング部長レイモンド・J・ローレンス・ジュニア師は、次のような進歩的（リベラル）な見解を表明している。

神を試す方法など存在しない。神が祈りに応えてくれるかどうかを研究しようとする時、なされているのはまさにこれだ。このような行為はみな、宗教の品位をおとし、神は祈りに応えて奇跡的な仕方で自然法則をいつでも無効にできるという子供じみた神学を助長することになる（Carey, 2004, p.32）。

長期にわたって香やロウソクの煙を吸い続けると、健康に悪い影響があるかもしれないという結論を、ある最近の研究は下している（Lung et al., 2003）。とはいっても、宗教組織に参加することによって、参加者が元気を回復し、したがって健康が改善されるという証言が他にもたくさんある。さらに、宗教の擁護者たちは、宗教の信奉者に、確実とまでは言えないまでも実質的な利益があると指摘する。たとえば、生きることの意味を発見できるといったことである。苦しんでいる人々は、自分が認識されている、注目されている、考えられていると知るだけで、たとえ元気を著しく回復することはないとしても、何らかの慰めを手に入れることができるかもしれない。このような「精神的な(スピリチュエル)」慰めには、懐疑論者たちの吟味に耐えうる根拠はないと仮定するのは、誤りだろう。それとまったく同様に、代祷に効果はないことが、祈りは役に立たない実践であることを示していると仮定することも、誤りだろう。価値のあるあまり目立たない利益はある――しかしその利益は、確認されなければならないのだ。

第9章の要旨

すべてを考慮した上で、宗教が良いものなのかどうかという問いを立てる前に、まず、愛という障壁や学問的世界の縄張り意識という障壁や〈神 - への - 忠誠〉という障壁といった、いくつかの防衛障壁をくぐり抜けなければならない。そのようにしてはじめて、宗教は人々にとって良いことなのかという問いを検討しながら、宗教に忠誠を誓うことのプラス面とマイナス面を冷静に考察することができる。今までのところ、この問いに答えを出しうる証拠には、いろいろな要素が混じり合っている。したがって、たとえば、宗教は健康上の利益を提供するように見えるが、このような利益をもたらすもっと良い他の方法があるかどうかを語るには時期尚早であるし、このような利益よりも副次的効果の方が重要かどうかを語るのも、時期尚早である。

第10章の要旨

さらに重要な問いは、結局のところ、宗教は道徳の基盤かどうかということである。私たちは、宗教から道徳の内容を手に入れているのだろうか、それとも、宗教は、きちんとした道徳的行動のためのかけがえのない構造基盤なのだろうか、それとも、宗教は道徳的ないし精神的力強さを与えてくれるのだろうか？多くの人々は、答えは明白で、その通りだと思っている。しかし、これらは、私たちが今まで学んできたことに照らして、再検討されるべき問いなのである。

第10章　道徳と宗教

1　宗教は私たちを道徳的にするか

イエスは彼に目をとめ、いつくしんで言われた、「あなたに足りないことが一つある。帰って、持っているものをみな売り払って、貧しい人々に施しなさい。そうすれば、天に宝を持つようになろう。そして、わたしに従ってきなさい」。

『マルコによる福音書』第十章一二一

主は正しき者をも、悪しき者をも調べ、そのみ心は乱暴を好む者を憎まれる。主は悪しき者の上に炭火と硫黄とを降らせられる。燃える風は彼らがその杯でうくべきものである。

『詩篇』第十一章一五〜六

人間は、遠い将来、今よりもずっと完全な生き物になっていると、私は信じている。したがって、人間と他のすべての感覚のある生き物が、長期にわたるゆっくりとした進歩の後、完全に絶滅する運命にあるというのは、耐え難い考えである。人間の魂の不死性を心底信じている人々にとっては、この世の破滅は、そんなに嫌なことには思えないだろう。

チャールズ・ダーウィン『生涯と書簡』

イスラム教徒ではない人間は自分の命を愛しすぎているから、戦うことができない腰抜けだ。彼らは、死後に生があることを理解していない。そもそも永遠に生きることはできず、いつかは死ぬ。死後の生は永遠だ。死後の生が大洋だとすれば、今の生はその大洋の一滴にすぎない。だから、アラーのために今の生を生きることはとても重要で、死後報われるのだ。

ジェシカ・スターン『神という名のテロ』で引用されている、パキスタン出身の若きイスラム戦士

良い人々は良いことをするだろうし、悪い人々は悪いことをするだろう。しかし、良い人々が悪いことをする場合がある――宗教が引き受けるのはこれである。

スティーブン・ワインバーグ　一九九九年

宗教が果たすべきもっとも重要な役目は、良いことをするための最強の根拠を示すことによって道徳を支えることだと、多くの人々は考えている。その根拠とは、良いことをすれば天国において永遠に報われるという約束であり、そうしなければ地獄において永遠に罰を受けるという脅しである。この推論では、神的な飴（あめ）と鞭（むち）がないと、人間は目的も持たずにただだらだらと過ごしたり、卑しい欲望を満たしたり、約束を破ったり、浮気をしたり、義務を怠ったりするだろう、というわけである。この推論をめぐって、良く知られた二つの事柄がある。（一）それはおそらく本当ではないだろうし、それはそれで良いことである。なぜなら（二）これは、人間の本性をあまりにおとしめる見方だからである。

天国で報われるとか地獄で罰を受けるということを信じていない――宗教的ないし宗教的ではない――人々が、信じている人々に比べて、殺したりレイプしたり盗んだり約束を破ったりする傾向があるという主張を裏づける証拠はない。(1) 合衆国で監獄に入っている人たちには、カトリックもプロテスタントもユダヤ教徒もイスラム教徒もいるし、宗教を持たない人々もいるが、これは市井（しせい）で暮らす人々と大差はない。

ブライトや宗教的にはどこにも属していない人々は、キリスト教徒と同じ程度の道徳的優秀さと不道徳性を示している。しかし、もっと重要なことがある。「この世における」道徳的行動と死後の褒賞や罰との関係を強調しない、もしくはそのような関係を否定する宗教のメンバーでも、やはり同じ道徳的優秀さと不道徳性を示すのだ。さらに「家庭の価値（ファミリー・ヴァリュー）」となると、現在入手可能な証拠は、合衆国における離婚率はブライトがもっとも低く、キリスト教徒がもっとも高いという仮説を、裏づけている（Barna, 1999）。言うまでもなく、このような結果は、宗教にはより大きな道徳的利点があるという今まで言われてきた主張に打撃を与えるので、その結果が誤りであるということを示したい宗教組織による調査研究が、かなり増えはじめている。今までのところ、何ら驚くべきことは出てきていないし、研究者の間で決着がついている合意事項に匹敵するものは何もない。しかしながら、確実に言えることが一つある。宗教に所属すること、宗教的な実践を行なうこと、信じることと、道徳的行動との間に、もし本当に重要な関係があるとすれば、その関係はすぐに発見されるだろう、ということである。なぜなら、非常に多くの宗教がこの関係を科学的に解明し、伝統的信仰を裏づけたいと思っているからである（多くの宗教は、自分が信じているものを裏づけてほしい時、科学の真理発見力に対して良い印象を持つ）。この関係を裏づける証拠がないままだと、そんな関係はないのではないかという疑いが強まっていく。

天国と地獄の存在を信じることには良い効果があることを示す証拠を、信仰者（ビリーバー）が手に入れたがる理由は、十分明らかである。それとは反対の仮説、つまり天国で報われると信じることが時として邪悪な行為を引き起こすこともあるという仮説を支持する証拠を、［イスラム戦士のテロ行為によって］すでに誰もが知っているからだ。にもかかわらず、宗教的コミュニティには、天国で褒賞し地獄で罰する神の存在を信じることは重要なことだと喧伝することを歓迎しないたくさんのメンバーもいる。なぜなら、このような人々は、そもそもこれは、本物の道徳的行為を推奨することではなく、未熟さにつけ込む子供じみた神概念だとみなしているからである。ミッチェル・シルバーが指摘しているように、天国において善行（グッドネス）を褒賞する神は、かの有名な『サンタが町にやってくる』のサンタクロースにとても良く似ている。

サンタと同じように、神は「君が眠っているかどうか知っている。君が起きているかどうか知っている。君が良い子だったか悪い子だったか知っている」……歌詞は「だから、お願いだから〔for goodness' sake（善＝神のために）〕良い子でいてね」と続く。おもしろいが論理的にはおかしい。論理的には、この歌は次のように続くべきだった。つまり「だから、ゲーム機や人形やスポーツ用具や他の贈り物のために（for the sake of）良い子でいてね。だって、君がほしがっても、何でも知っている公正なサンタは、君が贈り物をもらえる価値があると判断した時だけその贈り物を君にあげるのだから」と。善＝神のために（for goodess' sake）良い子でいるなら、すべてを見ているサンタは、君に善行をさせる存在ではないだろう（Silver, 印刷中の原稿）。

ヒュームとカントの時代からニーチェをへて現在に至るまで、道徳哲学者の間ですべて意見が一致することはないのだが、意見が一致していることはある。それは、このような道徳に関する空想的な見方を、軽率な道徳論者だけが陥る一種の罠であるとみなしていることである。多くの宗教思想家たちが一致して主張するのは、永遠の至福を手に入れさせることと交換に、最大限理性的に検討したいという誠意を捨てさせるような教えは、少数の利己的で想像力に欠ける魂をしばらくの間行動へと駆り立てて、わずかな安っぽい勝利を手に入れるかもしれないが、善（グッドネス）のための重要な行動の価値を下げるという犠牲が伴う。

この馴染み深い見立てと似たようなものは、殉教者の褒賞として（各人が）二一人の処女と天国で安楽に暮らすという目標のために行動した九・一一のアル・カイーダのハイジャック犯に対して、たくさんのコメンテーターがさんざん浴びせた嘲笑の中に見出される。

今日、道徳の土台として宗教を持ち出すことはあまりなされないかもしれない。しかし、宗教は、過去において道徳を基礎づける役割を果たしてきたのだから、まさにその理由で、宗教に対して敬意が払われているとも考えられる。どうしてそうなのか？　経済学者トマス・シェリングは「善行を褒賞し悪行を罰するような神の存在を信じることは、少なくとも信じる者の心の中では、多くの状況を〔そのつど判断が下されなければならない〕主観的なものから安定したものへと変える」と指摘していた（Nesse, 2001, p.16で引用）。次のような状況を考えてみよう。二つの党派があり、両方の党派が共に手に入れたがっているもののために、協力を期待して向き合っている。しかし、一方の党派が約束を破って裏切るのではないかと他方の党派が恐れていても、約束を守らせる権力もなければより強力な党派もない。約束は交わされた後破られることもあるが、もちろんしっかりと守られることもある。約束は、たとえば、退路を断って心変わりをしても逃げられないようにするような、固い決心によって、守られるかもしれない。あるいは、自分の評価を下げたくないという気持ちから、守られるかもしれない。自分の評判という価値ある社会的商品が危うくなるという理由から、契約を履行する理由がなくなってしまったとしても、契約上自分が行なうべきことを行なうかもしれない。あるいは、――これがシェリングの主張の要点なのだが――、もし約束が「神の眼前で」交わされ、人々が約束を交わした双方を見守る神を、仮想的な第三者としての神を信じているなら、人々は互いの裏切りを恐れることなく自信を持って行動することができるだろう。

イラクの現在の状況を考えてみよう。サダム後のイラクにきちんと機能する社会を構築するための一時的な足場を提供しているのは治安部隊だ、と想定されている。もし治安部隊が、訓練をつんだ部隊として十分な規模で展開され、発砲することなく人々を安心させることができたなら、実際最初からうまく行っていただろう。しかしながら、不十分な形での派遣であったため、平和維持軍の兵士たちへの信頼は失われて行き、暴力の悪循環が止むことなく、平和になるという希望が消え去った。このような悪循環から抜け出すために、どうすれば良いのだろうか？　これはなかなか難しい。イラクにその種が植え付けられた民主主義は、欠陥だらけで脆いため、その芽生えからして腐敗し暴力に満ちたものになった。はたして状況を克服できるだろうか？　今日見込みがありそうには見えないが、万一克服できれば世界にとって幸運である。失敗国家というものは、自らその状態を永続化させ、住民の悲惨さも近隣諸国の不安定状態も永続化させる。遠い昔には、まさに〈監督・監視する神〉という観念が、その観念がなければ無秩序で制御不能になってしまう国民をまとめ上げ、きちんと機能する国家――信頼しうる将来への展望を開くのに十分な法と秩序を備えた国家――を作り上げることを可能にした。神の監督・監視の下にあることから生まれるような信頼の雰囲気があってはじめて、投資や通商や自由な移動、また、その他きちんと機能している社会では当たり前のことが、すべて盛んになる。このようなミームは、信頼されなくなると簡単に壊れてしまうが、これは、イラクの占領軍が（たとえ疑わしくても）信頼されていなければ有効なことが何もできないのと、ちょうど同じである。疑い抑制装置のようなものが発見されたとしたら、それがいかなるものであれ、それを手に入れる理由は（文化選択の盲目的力には、またおそらくその筋の権威には）明白であるだろう。

今日、近代民主主義国家において、何かしらの共有された宗教的信念（ビリーフ）に頼ることなく、いろいろな形での相互信頼がしっかりと打ち立てられており、有害な疑いに対して宗教が逆上的に守りに入るということは、過去の遺物としてだんだんとなくなりはじめているように思われる。約束をしその約束に基づいて人間らしい振る舞い方をすることができる雰囲気を作り出す〈警察官〉としての神は、もはや必要とされていない。しかし、法廷での宣誓の中では生き続けている――、そして、宗教が見捨てられて行くかもしれないという可能性におびえる多くの人々の想像力の中では生き続けている。

しかしながら、天国での褒賞だけが、宗教的教えの唯一の刺激的なテーマではない――もちろん最善のテーマでもない。あなたを見つめている神は、贈り物リストを作成するサンタやオーウェルの〈ビッグ・ブラザー〉[1]のようなものではなく、今日私たちが目にするような英雄（ヒーロー）や「模範的な人物（ロール・モデル）」、恐れられるよりも手本となる何かであるとみなされる必要がある。もし神が公正で慈悲深く、許しを与え愛を与える〈存在〉、想像しうるもっともすばらしい〈存在〉であるとするなら、神を愛する誰もが、善＝神のために（フォー・グッドネス・セイク）、公正で慈悲深く、許しを与え愛を与える者になろうとすべきなのだ。神が人を動かす役割に関する、これら二つのまったく異なった見方が混じり合って一つになったのは、私たちが伝統的な仕方で宗教を考える際に、ぼんやりした崇敬の念というカーテン越しに宗教を見るからである。

それでも、これほど見事に異なった教えがあるにもかかわらず、そのことをきちんと調べない（浮動的）理由があって、これがその一番の理由だと言えるものがあるかもしれない。必要もないのに、なぜ内輪もめをしなければならないというのか、波風を立てるな、というのがその理由かもしれない。広く意見が一致しているのは、すべての宗教は、道徳的な共同行動（チームワーク）を生み出し維持するための社会的構造基盤（インフラストラクチャー）を提供している、ということだ。おそらく、教えの（いくつかの）間にある食い違いという欠点よりも、善意をまとめあげ拡大していくという宗教の価値の方が、はるかに重要なのだろう。おそらく、世界をより良い場所にするためになすべきことがたくさんあるのに、教えのわずかな対立で混乱状況を引き起こすのは、馬鹿げた完全主義であり、道徳的には愚かな行為なのだろう。

これは説得力のある主張であるが、自分の商品の価値を若干下げるという不利益がある。なぜなら、これは結局、「私たちは、なるほど、善良であるが完全ではない。しかし、宗教の基盤固めをするよりも重要なことが、私たちにはあるのだ」と認めることだからだ——このように遠慮がちに認められても、やはり、宗教が圧倒的な魅力を感じてきた純粋性に関する伝統的な主張とは相容れない。さらに、絶対主義〔理想主義〕からそのように逸脱することは、まさに現在知られつつある組織化能力の主たる心理的源泉を損なう恐れがある。今日の宗教的戦士（ウォリアー）たちは、あまりに教養がありすぎて、自分たちの神が自分たちの要請に従って空中で弾丸を止めてくれるなどと期待できないのかもしれないが、自分たちの大義の絶対的正しさを信じることこそ、まさに戦闘をするために戦場に向かう兵士の平静さを生み出す決定的な要因である。ウィリアム・ジェイムズは、次のように述べている。

「神の意思（みこころ）のままに成れかし」ということをただ口にするだけではなく、身をもって感じる者は誰でも、あらゆる弱さに負けない装甲を身につけている。普通なら人心を動揺させたり苦しめたりする状況の下でも、〔神に身を任せるという〕自己放棄が平静な心的状態を生み出すということは、歴史に名をつらねたすべての殉教者や伝道者や宗教改革者がこれを証明している (James, 1902, p.285)[2]。

この英雄的な心的状態は、世俗の慎み深さとは両立できない。多くの人々は、宗教的狂信がもっとも信頼できる兵士を作るというのは正しいと考えている。しかし、ジェイムズが（「オーストリアの頭脳明晰な将校」の言葉から）次のように引用する時、すべてのことを考慮しても彼が正しいかどうかは疑問である。

「軍隊にとっては、あまりに多くの感傷や思慮を有しているよりも、獰猛すぎたり残忍すぎたり、野蛮すぎる方が、はるかに良い」（James, 1902, p.366）[3]。ここには、注意深い探求に価する道徳をめぐる問いがある。つまり、神（あるいはアラー）への愛のためではなく、主として自由や民主主義への愛のために行動する世俗の軍隊が、狂信者の軍隊に対して、最低限の流血で効果的な行動をとり、その信頼を維持できるのか？という問いである。答えが見つからないと、恐怖にさいなまれて、戦闘部隊に野蛮な行為を命じてしまう危険がある。その答えを見出すために必要な研究をしようとするだけでも、勇気と知恵を総動員しなければならないし、おそらく幸運の助けも必要だろう。しかし、自分の命をかけている人々を支えるいかなる神話も本当は信じていない指導者によって、泥沼の戦場に誤って送り込まれた若者たちが戦い続ける「正義の」戦争のどうしようもない悪循環を永続化するという、もう一つの選択肢は、はるかに恐ろしい。ドストエフスキーの『カラマーゾフの兄弟』の中で〈大審問官〉が語るように、「棺のかなたにただ死を見出すのみである。しかしわれわれは秘密を守り、ほかならぬその人たちの幸福のために、天国での永遠の褒賞を餌に彼らを釣っていくのだ」[4]。

狂信者を釣り上げるもう一つの魅力的な餌がある。それは——ひょっとしたら——天国での褒賞以上にしっかりした行動の動機になるかもしれない。「殺しのライセンス」である（ご存じのように、イアン・フレミングが使った、ジェームズ・ボンドの正式な地位をアピールするイメージである）。——ひょっとしたら——血に飢えていたり、スリルを求める人々がいるかもしれない。文明化され、暴力に反対するようになっている社会の中で生きるそのような人々は、無鉄砲な行動を「道徳的に」正当化してくれる大義があれば、容易に行動へと移すだろう。たとえば、実験動物（その後幸福に暮らせば活動家の行動の十分な動機づけにはならないが）を「解放すること」[5]、オクラホマ・シティを爆破してルビー・リッジの仇を討つこと、妊娠中絶を行なう医師を殺害すること、「邪悪な」連邦政府職員に炭疽菌を送ること、ファトワーの名の下で罪なき人を殺すこと、聖戦（ジハード）で殉教をとげること、あるいはヨルダン川西岸地区の（完全武装した）「入植者」になること、などである。もちろん、宗教が、このような危険な願望の根本的な原因ではないかもしれない。ハリウッド映画に刺激された、冒険的で意味のある人生を送りたいという欲求が、宗教より大きな役割を演じていて、以上のような観点から人生を組み立てようと決断する若者の数を増やしているのかもしれない。とはいえ、宗教が、狂信者たちが拠り所とする「道徳的確信」と「絶対的なもの」をよりたくさん生み出す源であることは、確かである。そして、繊細な感性を持つ人々なら、犯罪的な行為に荷担するための口実を自分で見つけ出すことはできないだろうが、にもかかわらず、このような人々もまた、今日、刑罰を科す場面になると、誠実な宗教的確信を情状酌量の重要な要素とみなす傾向がある（願わくば、みんなで良く考えてこのような状況をすみやかに変えてほしいものだ。かつて、飲酒は、酔っぱらいの行動の責任性をいくぶん減じるものとみなされてきた——飲み過ぎて、自分が何をしているのか分からない「だからあまり責任は問えない」——、しかし今は、酔っぱらいも、彼らの酒を出したバーテンも、責任を負うべき者とみなされている。宗教的酔っぱらいにも、言い逃れはできないという言葉を広める必要がある）。

2　宗教は人生に意味を与えるだろうか

神々の操り人形というのは痛ましい姿であり、染色体の操り人形はグロテスクにすぎない。

アーサー・ケストラー『夢遊病者』

ああ、マクタヴィシュは死んでいる、でも兄はそれを知らない
兄は死んでいる、でもマクタヴィシュはそれを知らない
二人とも死んでいて、同じベッドにいる
でも、どちらも、相手が死んでいるのを知らない

『アイルランドの洗濯女』につけられた歌詞

調査によると、世界中の人のほとんどが、宗教は自分の人生にとても重要だと述べている（ピュー・リサーチ・センターのウェブサイトを見よ、http://people-press.org/）。そして、こう語る人々の多くが、宗教のない人生には意味がないと言う。これを額面通り受け取って、そうならこれ以上言うべきことは何もないと、ここから立ち去りたくもなる。そもそも、人生に意味を与えてくれるものが何であれ、それに口出しする人がいるだろうか？　しかしそうなると、いくつかの重要な問いを意図的に無視することになってしまう。たとえば、次のような問いである。どんな宗教でも、素晴らしい尊敬できるやり方で、人生に意味を与えることができるのだろうか？　カルト集団の指導者の手中に落ちた人々は、どうだろうか？　欺されて生活の糧を宗教的ペテン師に捧げた人々は、どうだろうか？　たとえ、自分が信じている「宗教」が詐欺であっても、人生には依然として意味があるのだろうか？

第6章で言及した、インチキ福音伝道師マージョー・ゴートナーの一九七二年のドキュメンタリー映画『マージョー〔史上最年少宣教師の素顔〕』の中で、財布が空になるまで献金する哀れな人々が、カリスマ性を持ったペテン師から「救済」が得られることに興奮して、喜びの涙で目を光らせている姿が見られる。公開時この映画を見て以来、私を困惑させてきた問題がある。非難されるべき行為を行なっているのは誰なのか、という問題である。金を手に入れるために人々に嘘をついたマージョー・ゴートナーなのか、それとも、こうした嘘を（ゴートナーの熱狂的な共犯者とともに）暴露し、その結果、善良な人々が人生に見出したと思った意味を、この人々から奪い去った映画制作者たちなのだろうか？　この善良な人々は、映画が制作されるまで、献金に値するものを手にしていなかったのだろうか？　彼らの人生を考えてみよう（以下は私が考え出したもので、映画の中にはない）。サムは高校中退者で、十字路にあるガソリンスタンドで働き、いつかオートバイを買いたいと思っている。彼は〔アメリカンフットボールの〕ダラス・カウボーイズのファンで、テレビで試合を見ながらビールを飲むのが好きだ。一度も結婚したことのないルシルは、地方のスーパーマーケットの在庫管理の夜間管理責任者であり、年老いた母親の介護をしながら、長年住み続けている質素な家に住んでいる。母子はいつも一緒に連続テレビドラマを見ている。サムやルシルの将来にも、彼ら以外の幸せそうな信徒団のほとんどの人の将来にも、わくわくする冒険的なことは起こりそうにない。ところが、彼らは、今やイエスと直接接することができるようになり、信仰を新たにした人々のコミュニティがよい評判を得る中、永遠に救われし者、愛されるメンバーとなったのである。彼らは、きわめてドラマチックな儀式において心を入れかえ、今までのおもしろみのない人生は、活気があり高揚したものになった。彼らの人生は物語を紡ぎ出し、その物語は〈今まで語られた中でもっとも偉大な物語〉[6]の一章となる。献金箱に入れた二十ドル紙幣で買うことのできるもので、少しでも彼らに価値があるものを、他に考えることができるだろうか？

他にはない、という答えが返ってくる。彼らはお金を、もっと真面目な宗教に、必要とする人たちを助けるために彼らの浄財を実際使っている宗教に、寄付することもできただろう。あるいは、世界中に存在する不幸を少しでも減らすために時間やエネルギーやお金を効果的に使ってくれる、世俗の組織に参加することもできただろう。宗教がアメリカの多くの地域できわめて盛況である主な理由は、おそらく、人々が他人を助けたいと本当に思っていることである。——他方、世俗の組織は、普通の人々をまとめ上げる宗教との競争に敗れてきた。これは重要なことだが、答えの簡単な部分で、まだ難しい部分が残っている。つまり、正直に言って欺されていると考えられる人々に対して、私たちは何をすべきか、という問題が残っている。慰めとなる幻想に彼らを委ねたままにしておくべきなのか、それとも警鐘を鳴らすべきなのか？　私が結局立ちいたった暫定的な結論は、マージョー・ゴートナーと彼の映画制作協力者は、その映画が、多くの罪なき人々に疑いもなく苦痛と屈辱を与えるものであるにもかかわらず、ある種の大切な公共サービスを行なったのだ、というものである。もちろん、さらに良く考えなければならないし、それに基づいてさらに反省を加えて行かなければならず、それによって、私の考え方が変化することもあるかもしれない。

このようなジレンマは、ちょっと違った文脈で良く出会うものである。介護施設で暮らす心根のやさしい老女に、息子さんが投獄されましたと言うべきか、言わざるべきか？　野球チームを首にならなかったへたくそな二十歳の選手に、両親がチームに残れるようにコーチに圧力をかけたことを言うべきか、言わざるべきか？　他の道徳的問題に関しては意見が非常に多様であるにもかかわらず、人生を高揚したものにする他人の幻想に口出しすることは、残酷で意地悪なことだというのが合意事項になりそうな状況だ――もちろん、この幻想自身がずっと大きな悪の原因にならないという条件付きで、である。より大きな悪が行なわれれば、意見は一致しなくなるだろうし、先の合意事項を支える原理は崩壊してしまうだろう。人々のために、その人々に対して秘密にしておくのが賢明である場合もあるが、しかし、その秘密を知っている人が少なくとも一人は必要である。そして、どのような場合に口を閉ざしておくべきかについて意見が一致しない以上、結論として出てくるのは、いかがわしい雰囲気をただよわせた偽善や嘘であり、実りのない支離滅裂な試みである。

マージョー・ゴートナーが幹部の真面目な福音伝道師を欺して、自分のために汚い仕事をさせていたとしたらどうだろう？　彼らが個人的には罪なき人であった場合、事態は一変して、彼らが促し集めた浄財を差し出した人々の人生に本当の意味が与えられた、ということになるのだろうか？　ついでに言えば、福音伝道師のみんながみんな、マージョー・ゴートナーほど嘘つきではないのではなかろうか？　イスラム教徒は、口が硬いのでそうは言わないが、きっと嘘つきだと思っている。さらにカトリックは、ユダヤ教徒は福音伝道師と同じくらい勘違いしていると思っているし、プロテスタントは、カトリックはほとんど嘘の宗教に時間とエネルギーを浪費していると思っているし、ユダヤ教徒もやはり……。すべてのイスラム教徒、すべてのカトリック、すべてのプロテスタント、すべてのユダヤ教徒がそんな風に考えているのだろうか？　もちろんそうではない。とはいえ、どの宗教にも、人数は少ないが口をすべらせるおしゃべりがいる。たとえば、カトリックの映画スター、メル・ギブソンがそうだ。彼は、『ニューヨーカー』誌の人物紹介でピーター・ボイヤーからインタビューを受けた。ボイヤーは彼に、プロテスタントには永遠の救済はないのかとたずねた。

「〈教会〉の外にいる人々にはいかなる救済もありません」とギブソンは答える。「私はそう信じているのです」と言う。彼は次のように説明する。「こんな風に考えてみて下さい。私の妻は聖者です。彼女は私よりずっと善良です。正直に言うと、彼女は、イングランド国教会の監督派のような存在です。彼女は祈り、神の存在を信じていますし、彼女はイエスを知っています。彼女はそのことを信じているのです。彼女が成功しないとしたら、彼女が私より優れているのですから、公正ではありません。彼女〔〈教会〉〕の成功は、玉座（チェアー）からの公式表明なのです。私はそう考えています」。

このような発言は、カトリックの二つのグループをひどく困惑させる。一方は、「〈教会〉の外にいる人々にはいかなる救済もない」と信じているが口に出さない方が懸命だと考えている人々のグループであり、他方は、――「玉座」から何が表明されようと――それをまったく信じていない人々のグループである。そもそも、カトリックのどのグループがより大きく、より影響力があるのだろうか？ それは、まったく分からないし、今のところ知ることもできないので、先に述べた「いかがわしい雰囲気」の一部を生み出している。

同様に知られていないことがある。どれほどの数のイスラム教徒が、すべての異教徒、とりわけカフィル（イスラムの教えに背く者）は死に値すると、本当に信じているのか、ということである。確かに、これは『コーラン』（四―八九）で疑いようもなく言われていることだ。しかし、ヨハネス・ジャンセン（Jansen, 1997, p.23）が指摘しているように、初期のユダヤ教（『申命記』第十八章二〇）でもキリスト教（『使徒行伝』第三章二三）でも、背教は重罪とみなされていた。[7] しかし、アブラハムの宗教の中で、唯一イスラム教だけが、この野蛮な教えを、胸を張って捨てることができないでいる。『コーラン』は明確な形で、背教者を殺せと命じているわけではないが、ハディス文学（預言者の生涯の叙述）は確かにそう命じている。ほとんどのイスラム教徒は、背教者を殺せというハディス的命令は無視されるべきだと実は考えているだろうと、私は推測する。しかし、イスラム世界内部では、背教者とみなされることへの恐れが重要な行動原理になっているようなので、そんなことを口に出せるはずもない。ジャンセンが主張するように、「メッカやカイロには、〔ヒンドゥー教の〕ハレ・クリシュナもバグワンもありえないし、サイエントロジーもモルモン教も超越論的省察もありえない。イスラム世界の内部では、宗教に手を加える際には、背教を含意したり示唆するものは何であれ避けられなければならない」(Janse, 1997, pp.88-89)[2]。したがって、推測しかできないのは、外部の私たちだけではない。「内部の」イスラム教徒でさえ、自分たちが背教についてどう考えているのかを分かっていない。彼らは、そんなことのために命をかける気はないし、第8章で見たように、むしろそうしないことが、信仰のもっとも確かなしるしなのだ。

さて、ここで、〈信じることに価値がある〉に関して第8章で出会った認識論的問題のもう一つの側面を見ることができる。そこで私たちが発見したのは、純粋に信じている人々と、(単に)信じていることに価値があると信じている人々とを、ほとんど区別することができないということだった。なぜなら、どちらの信念も、都合良く活躍の場を移動するからである。今やその理由の一つは明らかである。それは、教義を上手に曖昧にし、矛盾する教義間の衝突を避けるため――少なくともそれを先送りにするため――である。そうしないと、敬虔な信徒たちに、その意に反したひどく不寛容な行動をさせてしまうことになる（いつも思い出すべきなのは、それほど昔ではない〈キリスト教ヨーロッパ〉のもっとも「文明化された」地域で、人々が異端や背教のため追放されたり、拷問されたり、処刑すらされたことだ)。

だとすると、今日、自分を宗教的であると公言するが寛大さも強く擁護する人々の間で一般的な態度は、どのようなものであるのか？　主なものは三つある。

——まず不誠実な権謀術数的（マキャベリアン）見解。

一、政治的戦略からいって、自分の宗教の優位性を率直に宣言する時期には至っていないので、他の宗教の人々が何世紀もかけて目覚めるのを願いつつ、時間稼ぎをし、寝た子を起こさないようにすべきだ。

——次に、「我が政府は、深く奉じられた宗教的信仰を土台としてはじめて意味を持つ——その信仰が何であっても私は気にしない」という、真に寛大なアイゼンハワー的見解がある。

二、あなたが何らかの宗教を信奉するかぎり、どの宗教に忠誠を誓うかなんて、問題ではない。

——最後に、さらに柔軟な、悪意のないモイニハン的な穏やかな無視の見解がある。

三、宗教は、あまりに多くの人々にあまりに愛されているので、捨てるなどとは考えられない。たとえ、宗教が本当は何も良いことをしなくても、ずっと先の未来のある時に静かに消え去るまで維持される空虚な歴史的遺産にすぎないとしても、そうなのである。

人々がどれを選ぶかと問うても、無駄である。なぜなら、容易に予測できるように、両極端の見解は外交的配慮があまりに欠けているので、ほとんど人々は、それを信じようと信じまいと、（キム・フィルビーについての私の危険な仮説に対するモーリス・オールドフィールド卿の予想通りの非難にまさに見られるように）すべてを包み込むような寛大さを持つ見解に惹かれるからである。

私たちは偽善的行為の罠に捕らわれてきたし、そこから脱出する術もない。私たちは家族のようなもので、子供たちのために大人たちがサンタクロースを信じているふりをし、大人たちの楽しみを台無しにしないように子供たちがまだサンタクロースを信じているふりをしているのだろうか？　私たちの現在の困った事態も、それと同じように無害で、漫画的でさえあるものであれば良いのだが！　大人の宗教世界では、人々は殺し殺され、宗教的過激派の妥協しない態度のために穏健な人々は沈黙を強いられている。そして、多くの人々は、実際に自分が何を信じているのかを知るのを恐れている。祖父母を嘆かせてしまうのではないか、大切な隣人が腹を立ててつき合うのをやめてしまうのではないかと心配なのである。

こんなことが、宗教に忠誠を誓うことで人生に保証される重要な意味であるなら、私から言わせれば、そんなものはいらない。こんなことが、私たちにできる最善のことなのだろうか？　世界中のたくさんの人々が、自分の意に反して、みんなで沈黙を守ることに荷担してしまっているとしたら、それこそ悲劇ではないだろうか？　なぜ沈黙しているのかといえば、一方では、世界中のほとんどの人々が自分の人生を妄想の中で浪費していると信じているにもかかわらず、心が優しすぎて――あるいはずる賢くも――そんなことを口に出さないからであり、他方では、自分たちの伝統はそのような妄想にすぎないと心密かに信じていながらも、それを認めてしまうと、自分の安全が脅かされるかもしれないからである。

何か代案はないだろうか？　自分が生まれ育った伝統を大事にする穏健な人々がいる。彼らが伝統を大事にするのは、それが自分たちの伝統であるという理由からにすぎない。また自分たちの伝統の細部を明らかにしようとする運動に、ためらいがちであるが、関わろうとする人々もいる。細部を明らかにしようとするのは、観念の市場では、**すべてのことを考慮して**、〈良いもの〉と〈より良いもの〉が区別され、最終的に〈もっとも良いもの〉が発見されないかぎり、誰かしらがそれぞれの伝統の味方になってくれるはずだという理由からにすぎない。これは、スポーツ・チームへの忠誠と似ているし、この忠誠心も——あまり真面目に受け取らなければ——人生の意味を与えることができる。私はレッドソックスのファンである。理由は簡単だ。私がボストン地区で育ち、テッド・ウィリアムズ、カール・ヤストレムスキー、ウェイド・ボッグス、ルイス・ティアント、カールトン・フィスクなど選手たちについての幸福な思い出を持っているからである。レッドソックスへの私の忠誠は、熱狂的であるが、いかなる妄想も持っていないし好き勝手な論評もする。実際レッドソックスが〈もっとも良いもの〉だから、レッドソックスが私のチームなのではない。私のチームだから、（私の目には）〈もっとも良いもの〉なのだ。私は（今まででもっともすばらしく驚くべき優勝のドラマだった）二〇〇四年の勝利の栄光に酔ったし、もしチームが恥をかくようなことをすれば、私は心の底から悔しがるだけではなく、私自身個人として恥ずかしい思いをするだろう——まるで私がそれに関係しているかのように——。いや、私はそれに**関係している**のである。なぜなら、（選手たちがいつも言っているように）チームへの誇りの高さや熱狂的な応援が選手たちを実際元気づけており、私もささやかながらその一翼を担っているからである。

　これは一種の愛であるが、人々に嘘をつかせたり、誰かを苦しめ殺すように仕向ける愛ではない。自分の愛する伝統に賛成できない要素があることを知ったがために、その伝統を「裏切る」かもしれないという思いを抱き、罪の意識を感じてしまう人々は、若き日に「永遠なる」伝統として教え込まれた、まさにその愛すべき伝統が、実は、同じ伝統を愛した昔の人々によって大胆にかつ繊細に多くの調整がほどこされることで進化してきたものだという事実を、良く考えるべきである。

3　神聖なる価値についてどう言えば良いのだろうか

私たちは、他人に良いことをするために、この地上にいる。他人が何のためにここにいるのか、私は知らない。

W・H・オーデン

何年もの間、そして今でも、私たちは、子供のように静かにするように言われ、私たちの理解を超えた複雑な問題に単純な答えはないと聞かされてきました。しかし、本当は単純な答えはあるのです。それは易しくないだけです。

一九七七年一月のロナルド・レーガンによるカリフォルニア州知事就任演説

私たちの同族意識が、何らかの拡大した道徳的立脚基盤（アイデンティティ）に取って代わられると、私たちの宗教的信仰は、本格的な研究や批判の潮流からもはや身を守ることができなくなる。宗教に基づく希望を持っているだけなのに、それを知識だと思いこむことは、一種の悪であると自覚すべき時である。確信と理由づけが反比例の関係になっているところではどこでも、人間の共同行動の基盤がまさに失われてしまっている。

サム・ハリス『信仰の終焉』

しかしながら、そのような穏健な立場に立つためには、多くの宗教的教義の主たる魅力の一つとされる絶対的なものを手放さなければならない。道徳的であることは容易ではなく、今日、ますます難しくなっているように見える。昔だったら、――疾病や貧困や戦争といった――世界の不幸のほとんどは、普通の人々の力ではまったくどうしようないものだった。できることは何もなかった。「べき」は「できる」を必要とするので、人々は、地球の裏側の災禍を――たとえそれを知ってはいても――、明確な自覚を持って無視することができた。なぜなら、彼らは無力であり、なす術がなかったからだ。人間にそれを避ける力がなかったからだ。地域限定的で単純な〈昔からの教え〉に従って生きることは、当時において可能なかぎり良い人生を、多少なりとも保証することができた。今はもうそういう状態ではない。

科学技術のおかげで、ほとんど誰にでもできることは一〇〇〇倍に増えたのだが、なすべきことについての道徳的理解は同じようには増えていない（Dennett, 1986, 1988）。試験管ベビーを作ることができるし、子供を作らないために事後用ピルを服用できる。インターネットからポルノをダウンロードして私室で性的欲求を満足させることができるし、大好きな音楽を買わずにコピーできる。海外の秘密の銀行口座に財産を蓄えることができるし、そのお金で、第三世界の貧しい国々を食い物にしているタバコ会社の株を買うことができる。地雷原を設置することができるし、スーツケースで核兵器を不法に持ち出すことができるし、「誘導爆弾（スマート）」をピンポイントで投下することができる。あるいはまた、銀行口座から毎月自動的に引きおとされる一〇〇ドルを使って、読み書きを学べないイスラム教国の十人の女子に教育を受けさせたり、一〇〇人の栄養失調者に食料を与えたり、アフリカのエイズ患者に医療を提供することもできる。また、インターネットを使って、環境破壊の状態を調査する市民組織を立ち上げることができるし、政府高官の誠実さや行状をチェックすることができるし、隣人をスパイすることもできる。さて、私たちは何をなすべきなのか？

こうした真に難しい問題に直面した時、単純な答えを探す方がきわめて合理的である。H・L・メンケンは、「どんな複雑な問題にも、単純な答えがある……そしてそれは間違っている」と皮肉をこめて語っていたが、おそらく彼が間違っている！〔「他人にしてもらいたいことを自分でも行なえ」という〕〈黄金律〉や〈十戒〉といったものが、その単純な答えだろうが、使い方が分かっていれば問題はない。とはいっても、このようなルールや原理をどのように解釈して、私たちが陥っているジレンマに適用するかという話になると、明確な答えが出てこないのは否定し難い。スコット・アトランが指摘しているように、〔十戒の一つ〕「汝殺すなかれ」という戒め(いまし)は、その宗教に反対するがゆえに死の罰に値する者によっても、もちろんその宗教を支持する者によっても、使われている（Atran, 2002, p.253）。〈人間の命は神聖にして犯すべからざるものだ〉という原理は、きわめて確実で絶対的なように聞こえる。つまり、どの人間の生命も、等しく神聖であり、等しく犯すべからざるものなのだ。それは、まるでチェスのキングのように、それに勝るものは何もない。しかし、生命はチェスのようなものではないし、またありえないということを、私たちは皆知っている。多数の干渉し合う「ゲーム」が同時進行している。一つ以上の人間の生命が危険に晒されている時、私たちは何をすべきなのか？　個々の生命は、無限に価値あるもので、それ以上に価値あるものは何もないのだとしたら、たとえば、利用できる少数の移植可能な腎臓をどう配分すべきなのか？　現代の科学技術は、昔から存在している問題をいっそう難しくしているだけである。賢者ソロモンは、難しい選択に類い希なる知恵で立ち向かったが、自分の子供に（もちろん隣人の子供にも）十分な食べ物を与えたことのない母親は、〈人間の命は神聖にして犯すべからざるものだ〉という原理を適用することの非現実性を実感せざるをえない。

確かに、ほとんどすべての人々が道徳的ジレンマに直面してきたたし、「誰かが——信頼できる誰かが――何をすべきか私に言ってくれたらなあ」と心密かに願ったことだろう。これは道徳的に正しくないだろうか？　私たちには、私たち自身の道徳的決断に対して、責任がないのだろうか？　いや、私たちに責任がある。しかし、「自分のことは自分で（ドゥ・イット・ユアセルフ）」という道徳的思考法の力には限界があるのであり、もしあなたが、自分の道徳的決断は自分のこれから先の道徳的決断を信頼できる専門家に委任することだ、と熟慮の上決断するなら、あなたはあなた自身の道徳的決断をしたことになる。あなたは、文明を可能にしてきた分業を利用し、専門家の助言を得ようと決断したのである。

決断を行なう必要のある他の重要な領域でもこのような方針を取る知恵は、賞賛されるだろう（たとえば、医者ではないのだから、自分で自分の治療をしてはいけないとか、法律家ではないのだから、法的問題に自分で判断を下してはいけない等々）。どちらに投票するかという政治的決断の場合でさえ、この委任という方策は擁護できる。私の妻と私がタウンミーティング[8]に参加する場合を考えてみよう。私は、妻がこの町が抱えている問題を私よりもはるかに熱心に研究していることを知っているので、たとえ私がなぜそうするかについて確かなことが言えなくても、いつも彼女の意見に従い、彼女の言う通りに投票する。というのも、私たちが時間とエネルギーをかけて徹底的に議論したとしても、彼女は、すべてを考慮して到達した自分の見解は正しいと私を説得するという確信が、私にはあるからである。これは、市民としての自分の義務を放棄したということになるのだろうか？　私はそうは思わないが、これは結局、彼女の判断を信頼する十分な根拠があるかどうかにかかっている。愛だけでは十分ではない。そうなると、問題なのは、自分の宗教の道徳的な教えの正しさを何の疑問も抱かず信じている人々である。もし、牧師や司祭やラビやイマームが、自分の人生に関わる事柄の決定権を委任する価値があるかどうかを、まさに自分自身で自覚的に考えたことがないとすれば、彼らは、事実上、個人としては不道徳な立場に立っているのである。

これは、おそらく、私の研究が含んでいるものの中でもっとも衝撃的なことであり、たとえ、自分のことを心底道徳的だと考えている多くの人々を怒らせても、私はひるむつもりはない。自分の宗教の道徳的な教えに何の疑問を抱かず従うことは、普通、りっぱなことだと考えられている。なぜ何の疑問を抱かず従うのかといえば、——要するに——それが（たいていは、権限を委任された専門家によって解釈された）神の言葉だからである。それとは反対に、私が強く主張したいのは、次のことである。すなわち、神の言葉だからという単純な理由で、また、『聖書』にそう書いてあるという理由で、あるいは、「それは、すべてのイスラム教徒（ヒンドゥー教徒、シーク教徒……）が信じていることであり、私はまさにイスラム教徒（ヒンドゥー教徒、シーク教徒……）なのだ」という理由で、道徳的確信の個々の要点は議論できないと言い張り、討論の対象や協議の対象にはなりえないと主張する人々は、自分の見解が真面目に受け取られないようにしているとしか思えないし、道徳的対話を免れる言い訳をしているようにも見える。彼ら自身の見解は、そもそも自覚的に主張されたものではないので、これ以上聞いても意味がないということを認めているのだ。

このことを論証するのは、簡単である。私にフレッドという友人がいるとしよう。彼は、（注意深く観察して得た結論として）いつも正しい。〔再生医療で使われる〕幹細胞研究に関して、「友人のフレッドがその研究は誤りであり、それ以上言うべきことはない」と言っていることを理由に、私はその研究には反対だと述べたとしたら、あなたは、まるで論点の分かっていない私のことをポカンと見つめるだろう。問題なのは根拠であるのに、私は、あなたに論評してもらえるような根拠をまったく提示していないのである。たとえ神がそう言ったからということを理由に、あなたが幹細胞研究は誤りであると信じているとしよう。たとえあなたが正しくても——つまり、たとえ神が本当に存在し、幹細胞研究は誤りだと、個人的にあなたに語ったとしても――、あなたの信仰や経験を共有していない他人が、これを根拠として受け取ってくれることは、およそ期待できない。あなたは、自分の立場を表明しても、それは根拠なきものなのである。あなたの信仰がきわめて強固なためそれ以外にしようがないという事実は、（もし本当にそれ以外にしようがないなら）あなたは道徳的説得に関しては無能であり、あなたが価値を検討することのできないミームの一種の奴隷的なロボットであるということを示しているだけだ。そしてもしあなたが、自分の確信を支える根拠を検討できないのではなくするつもりがないのだ（なぜなら、それは神の言葉であり、それが誤りかどうか検討することすら冒瀆的であるから）と答えるなら、合理的議論の最低限の条件に従うのを頑なに拒んでいるということを公然と認めたことになる。いずれにせよ、あなたが心底信じている見解を宣言するだけでは、それは思わせぶりな言動にすぎず、場違いで、問題解決の一歩どころか、問題そのものであり、あなたとは違う私たちがやらなければならないことは、あなたを遠目で見ながら、できるかぎり研究することだけだ。

　このような立場に立つからといって、神があなたに語った可能性を軽視したり最初から疑いの目で見ているわけではない。もし神があなたに語ったのであれば、あなたのなすべきことの一つは、神に（まだ）話かけられたことのない他人を説得して、これこそ私たちが信ずべきことなのだと、納得させることである。もしもこれをやろうしなかったり、できないなら、あなたは、あなたの一途な愛を証明するふりをしながら、あなたの神を実は裏切っているのである。あなたがこの議論から退席しなければならないなら――それがあなたにとって正しいのなら――、退席することはできる。しかしその場合には、あなたの見解に、私たちがどんな手段を使っても発見できない特別な重要性があると私たちが考えるという期待は抱かないでほしいし、私たちが「分からなく」ても咎めないでほしい。

信仰心の篤(あつ)い多くの人々は、長い間、理性的で説得力のある研究の場で、自分の確信が擁護されることを望んできた。彼らにとって、そのような研究がなされても、別に困ったことではないだろう――ただし、妥協することによって宗教に悪影響が生じると頑なに信じている信徒を説得する場に、私を参加させるかどうかに関する外交的な決断に直面した場合は別である。これは、世界が今日直面している道徳的問題の中でもっとも扱いにくいものである。とはいえ、――真に有害な崇拝対象を無造作に撒き散らすカルトを除いて――、どの宗教にも心の広い健全な人々がたくさんおり、彼らは、自分とは別の信仰を持つ人々や、信仰をまったく持たない人々と、心を通わせ、理性的議論に基づいて世界の道徳的問題を考察したいと願っている。二〇〇四年七月、「第四回世界宗教会議」がバルセロナで開催された。(3) 異なった宗教から何千人もの人々が集い、一週間、研究集会(ワークショップ)・討論会(シンポジウム)・総会・講演さらに礼拝式が行なわれたのだが、参加者すべては、以下の同じ原則を守らなければならなかった。

話す人が誰であれ、その話が聞けるように、互いにちゃんと耳を傾けること
恥ずかしくないやり方で、お互い話し合うこと
相互理解を発展させ深めること
他の宗教の視点を学び、自分の宗教の観点について考え直すこと
そして、
新たな洞察を発見すること

(大会プログラム「平和への道」)

色とりどりの式服を着た司祭やグルや修道女や修道士、そして聖歌隊やダンサーたちは皆、手を握り合い、互いの話に尊敬を込めて耳を傾けていた。何とも心暖まる光景だった。しかし、こうした精力的な善意の人々は、自分の宗教に属するかなり過激なメンバーとうまくつき合えないという現実がある。多くの場合、彼らは、本当は、過激なメンバーを恐れている。穏健なイスラム教徒は、今までのところ、イスラム社会の見解の主流を、ワハビー派や他の過激派に反対するものに変えることができないでいる。とはいえ、穏健なキリスト教徒もユダヤ教徒も、彼らの信仰の過激な要素であるとてつもない要求や行為を、取り消す気はまったくない。

今や、すべての宗教の理性的な信徒は、神への一途な愛を栄誉とする伝統を覆す勇気とスタミナを持つべきなのだ。やむを得ないと言うことは、栄誉でも何でもなく、恥ずべきことである。そして、もっとも恥ずべきことは、道徳的指針を人々から真摯に求められているにもかかわらず、司祭やラビやイマームや他の専門家がそれに答える際に、難しい問題に関する彼らの見解の根拠を提示できないという無能さを隠すために、聖典の「誤りのない」(つまり批判できない)解釈を楯にすることである。ある宗教的伝統に深い忠誠心を抱く一般人が、様々な事柄に関する決定権を宗教的指導者に委任することと、その指導者たちが、信仰に基づく手法で——善意の批判が届かない手法で——伝統の中に正しい答えを(自分の専門知識のおかげで)発見したかのようなふりをすることとは、まったく別のことだ。

私たちが認めるべきなのは、以前からしばしばそうであったように、言い逃れ的な問題回避の原理は完全に浮動的である可能性がかなり高いということだ。言いかえれば、人々が、愛すべき神からの不可解な命令の根拠を提示する責任を神への愛ゆえに免除されていると、まったく無邪気に信じ込む可能性が、かなりの確率でありうるのである。不誠実さや狡猾さを非難するつもりはないが、誰かの無邪気さを顧慮するにしても、それによって、その誰かの信仰に敬意を払わなければならないということにはならない。そのような無邪気な人には、こう言うべきである。すなわち、神が与えたとされる道徳的命令の中身に敬意を払う唯一の方法がある、それは、理性の光の下で、私たちの言う通りにすべての証拠を使って、その命令を自覚的に考察することだ、と。非合理的な愛が示されることを嬉しがる神は、崇拝に値しないだろう。

なぞなぞがある。あなたの信じている宗教とスイミング・プールはどこが似ているでしょう？　その答え。法律では迷惑誘引物として知られているもの。迷惑誘引物という考え方は、子供たちを引きつけそうな危険なものを所有地内に維持管理している人々には、注意喚起する掲示を行ない、誘引的な働きをする危険物から子供たちを守る積極的な行為をする義務がある、という原則を表している。土地所有者が侵入者を被害から守ることを求められない特別な場合も、例外としてある。迷惑誘引物としては、柵で囲まれていないスイミング・プールが一番良い例であるが、開閉ドアが壊れた古い冷蔵庫や、機械類や積み上げられた建築資材、その他小さな子供がどうしても登りたくなってしまうようなものも、迷惑誘引物とみなされてきた。土地所有者は、無邪気な子供たちが引きつけられて被害を受けるかもしれないものを維持管理している場合、結果的に生じた被害に責任を負わなければならない。

宗教を維持管理し、それをより魅力的〔誘引的〕にするための策を講じている人々は、自分たちが引き寄せ社会的信用という衣を与えた人々の一部によって害悪が生み出された場合、同様に責任を負わなければならない。宗教の擁護者はすぐに、テロリストはたいてい宗教上の目的ではなく政治的目的を持っていると指摘する。これは、多くの場合あるいはほとんどの場合、あるいはすべての場合において正しいのかもしれないが、それで終わりではない。暴力的狂信者の政治的目的は、しばしばテロリストによって宗教的偽装がほどこされ、手元にある宗教への絶対的忠誠心という組織の構造基盤と伝統を利用する。そして、このような狂信者がごくまれにしか、その宗教的伝統の最深・最善の教えに刺激されたり、導かれることはない、というのは本当である。でも、それがどうしたというのだろう？　アル・カイーダとハマスは、やはりイスラム教の責任であり、妊娠中絶医のいる診療所の爆破は、やはりキリスト教の責任であり、ヒンドゥー教過激派の殺害行為は、やはりヒンドゥー教の責任である。

サム・ハリスが彼の勇敢な著作『信仰の終焉』で論じているように、すべての宗教に存在している穏健な人々や心の広い人々の価値ある努力には、残酷なジレンマがある。このような人々はとても良いことをしているのだが、そのこと自体が、狂信的な信者たちの本質を見えなくする保護色となっているのである。狂信的な信者の方は、心の広さと変えて行こうという意欲を影で非難する一方で、心の広さと変えて行こうという意欲によって手に入る外部世界との良好な関係による利益を享受している。要するに、すべての宗教の穏健派は、狂信者たちによって利用されているのだ。これに腹を立てるだけではすまない。穏健派は、自分自身の伝統の中に存在するこのような事態をなくすための方策を見出すべきなのだ。おそらく、その宗教に属する人しか、そうしたことはできない。心に留めておくべき考え方がある。

イスラム教と西洋社会との間の安定した平和が打ち立てられるべきだとすれば、イスラム教は根底的な変革を行なわなければならない。イスラム教徒にとって好ましいはずのこのような変革は、イスラム教徒自身の手でなされていると見えなければならない。文明の運命は、「穏健な」イスラム教徒の手に大部分委ねられていると言っても過言ではないのだ（Harris, 2004, p.154）。

こうした穏健なイスラム教徒に、自分自身の宗教を作りかえる責任を負ってもらわなければならないのだが、それと同時に、穏健なキリスト教徒、穏健なユダヤ教徒、穏健な他の信仰者に、自分たちの伝統の中に発生した〈行き過ぎた行為〉に責任を負ってもらわなければならないということでもある。ジョージ・レイコフが指摘しているように、私たちは、イスラム教の指導者たちに対して、私たち自身の道徳的な声だけではなく彼らの道徳的な声にも耳を傾けるということを、証明する必要がある。

すべては、穏健なイスラム教指導者の善意と勇気にかかっている。絶望に至る社会的・政治的状況に本気で対処する姿勢を打ち出すことで、私たちは私たちの善意を示さなければならない（Lakoff, 2004, p.61）。

宗教の社会的信用という衣が、正気とは思えない〈行き過ぎた行為〉を隠すものとして使われないようにするためには、私たちは皆、何をしたら良いのだろうか？　問題解決の一つとして、宗教から「侵してはならない聖域」の数を減らし、「価値ある代替物」の数を増やすというものがある。これは、不幸なことに私たちブライトの一部――無神論者、不可知論者、〔宗教にとらわれない〕自由思想家、そして、特定の宗教への忠誠心から解放された人々――によってとられた方策だ。私たちブライトは、宗教によってたくさんの良いことがなされているのを知っているが、私たちの義援金や善行を世俗の組織を通じて広めたいと思っている。なぜなら、私たちは、宗教に良い評判を与える共犯になりたくないからだ！　こうすれば、私たちの手はきれいだが、それだけでは十分ではない。穏健なキリスト教徒にとって、キリスト教内部では反ユダヤ的組織に財源が渡らないようにすれば十分だし、穏健なユダヤ教徒にとって、義援金が、パレスチナ人とイスラエル人の平和的共存を確立するために働いてる人々にだけ、与えられるようになれば、それで十分なのだが、それ以上のことが必要なのだ。これははじまりでしかなく、なされるべきことがまだある。各宗教において、その宗教内部から、〈行き過ぎた行為〉を決して神聖化しないという、喜ばしくない、また危険ですらある仕事が、それである。このような努力に積極的にまた公然と関与しない宗教人は、責任を逃れている――そして、不愉快な信徒団や教派に属していないことは、言い訳にはならない。迷惑誘引物であるのは、分派だけではなく、まさにその分派が属しているキリスト教であり、イスラム教であり、ユダヤ教であり、ヒンドゥー教なのだ。

たとえば、キリスト教の形象や文献を利用する凶悪なカルトは、厚かましくも自分をキリスト教徒と呼んでひどい嘘をついている。司祭やラビやイマームやその宗教の信者は、内部にはびこる危険な個人や信徒団を名指しで明確に非難するようになるまで、ずっと共犯者である。「イエスの名の下に」発せられる言葉やなされる行為に個人的にはうんざりしているたくさんのキリスト教徒を、私は知っているが、親しい友人に自分の落胆を表明するだけでは十分ではない。私は、『ダーウィンの危険な思想』[9]で、『悪魔の詩』の著者サルマーン・ラシュディーに下された異端としての死の宣告というファトワーの欺瞞性に公然と反対した勇気あるイスラム教徒たちについて書き、「私たちもみんな、彼らと手をたずさえることによって、危険を分散させるようにしようではないか」と強調した(p.517n)[10]。しかし、ここには本当につらいジレンマがある。もし私たち非イスラム教徒が彼らと手をたずさえるとすれば、それによって、私たちは、多くのイスラム教徒の目に、彼らを「イスラム教徒の敵の操り人形」であるという印象を与えてしまうのである。宗教的コミュニティの内部の人々だけしか、実は、ひどく不道徳な態度を壊していくという行為に着手できないのであり、手加減しろと促す多文化主義者は問題を深刻化させるにすぎない。

4　我が魂に祝福あれ――精神性と利己性

死ぬ時もっともたくさんのオモチャを持っている者が勝者である。

有名な物質主義者のスローガン

その通り、私たちには魂がある。ただしそれは、たくさんの小さなロボットでできている。

唯物論者である私のスローガン（4）

「マテリアリスティック」という言葉の二つのまったく異なった意味について考えてみよう。もっとも普通の一般的な意味では、この言葉は、「物質的」所有物、財産、そしてあらゆる贅沢品だけを気にかける人を指す〔物質主義者〕。科学的ないし哲学的意味では、この言葉は、すべての現象を――デカルト的な魂や「エクトプラズム」のような――非物質的なものや神を拠り所とせずに、説明しようとする理論を指す〔唯物論〕。科学的意味での唯物論を否定する標準形態は、物体と心という――それがどんなもので構成されていようと――まったく異なる二つの実体があると主張する、二元論である。物質主義と唯物論という二つの意味を結びつける橋は、十分明らかなように思われる。すなわち、もしあなたが不死の魂を持たないと考えるなら、天国で褒賞されるとは信じていないことになる。だから……この物質的世界の中で得られるものは何でも手に入れた方が良い。もし普通の意味での物質主義〔的〕とは反対の言葉は何かと聞かれるなら、精神的という言葉を選ぶのが良いかもしれない。

この本を書くために私が研究している時、様々な宗教的見解を持つ人々の中に、少し変わった意見があることが分かった。それは、「人間」には「精神性（スピリチュアリティ）」に対する「深い要求」がある、というものである。この要求は、ある人たちにとっては伝統的な組織化された宗教によって満たされ、他の人たちにとっては新世代のカルトや運動や趣味によって満たされ、さらに他の人たちにとっては芸術活動や音楽活動や陶芸や環境保護活動を——あるいはフットボールを!!——一生懸命にやることで満たされるものである。多様な姿で表現される「精神性」を求めるこの欲求に関して、私が興味をそそられたことは、たとえ自分が何を言いたいかをわざわざ説明しなくても——あるいはむしろ、おそらくわざわざ説明しないから——、自分が何について話しているのかをちゃんと分かっていると思っていることだった。思うに、それは明らかだと思いこまれているのである。しかし、本当は明らかではない。私が人々に精神性を説明して下さいと頼むと、たいていは言い訳をして説明してくれない。これは、「ジャズとは何ですか」と聞かれたルイ・アームストロングが、「誰かにたずねてみても、答えは見つからない」と答えたのと同じであるように思える、しかし、同じではない。精神性とは何かを言うことがどれほど難しいかを自分で分からなければならないし、分かっているつもりになっているだけで実は説明すらできないという滑稽な状況を改善しなければならない。精神性に関する、ある意見がある。「精神性というのは、ご存じのように、誰がより素敵な服を手に入れたとか、新しい車を買おうかどうしようかとか、夕食の食材を何にしようかとか、そんなことを考えるのではなく、あなたの魂に注意を払うとか、あなたを本当に動かしているものを深く考えるとか、そういったようなことです」。精神性に関するこの普通のまたあまり熟慮されたとはいえない見解は、無神論者について、無神論者には「価値」が欠けているとか、無神論者は不注意で自己中心的で浅薄で自信過剰だといった、固定観念（ステロタイプ）と似ている。精神性（スピリチュアリティ）を良く分かっていると思っている人々（精神的（スピリチュアル）生活がないと、本当に良い人間にはなれないよ、と語る人々）は、しかし、精神（スピリット）を完全に取り逃がしている。

　このような人々に、もっとちゃんとした言葉で語ってもらおう。彼らが実感したことは、自己を解放せよという人生の最良の秘密の一つである。栄光と恐怖を共に備えた複雑な世界に、謙虚な好奇心を持って関わっていくことはできるのだが、どれほど深く探求しても表面をひっかくぐらいしかできないことが分かる。もしそうなら、世界の内部にはもっといろいろな世界があることを分かった方が良いし、想像したこともない美しいものを発見した方が良い。そうすれば、あなたの平凡な日々の気づかいは、それにふさわしい大きさに縮小され、より大きな全体状況から見てさして重要ではないことが分かる。日々の生活の要求に応えながら、世界を畏敬の念を持って眺め続けることは、簡単なことではない。しかし、そうする努力をすることに価値がある。というのも、集中し関心を持ち続ければ困難な選択が簡単に見えてくるし、必要な時にあなたの口から正しい言葉が出てくるし、あなたは実際、より良い人間になるだろう。思うにこれが、精神性の秘密であり、不死の魂や超自然的なものを信じることとは何の関係もない。

　心理学者ニコラス・ハンフリーは、「超能力（サイキック・フォース）〔霊能力〕を信じることと、日常的な道徳感覚との関係を、少し詳細に探求している。超常現象や、超感覚的知覚〔テレパシー〕、予知能力や、降霊会で亡くなった友人や親類と話をするといったことに関わるほとんどすべての物語は、「幾分独善的な雰囲気を持っており、神聖なので深く掘り下げてはならないのだ」と指摘している（Humphrey, 1995, p.186）。このような雰囲気を持つのは、こうした物語が人々の生活の一番感情的に敏感な領域にしばしば関わっているためなのかもしれない。とはいえ、彼は別の説明もしている。

……それは、私たちの文化が生み出した様々な技の中でもっとも注目すべきものである信頼という技からはじまる。これによって、超能力の可能性を信じることと、やさしく正直でまっすぐで信頼に値する社会メンバーであることとの間に深い結びつきがあると考えるように仕向けられてきた……。

彼は手際良く明確に浮動的原理を述べる。

明確な宗教教育を受けてきたか否かに関わらず、人々は、ある種の超自然的な親のような存在に見守られ、気にかけられているという観念に晒されてきた。そのため人々は、自分たちの正義感と道徳的センスに照らして、たとえ自分たちを見守ってくれるような存在が現実には存在しなくても、そのような存在を信じないことはきわめて良くないことだと考えるようになった。もしそのような存在を信じない人々が一般に善良ではないとすれば、当然のように、そのような存在を信じる人々は一般に善良だと（ほとんど論理的ではないが）想定される。したがって、ある人が超自然的な親のような存在を信じるか否かは、それ自体で、その人の道徳性を測る尺度になる……。不条理ではあるがきわめて広く受け入れられているこのような見方があるために、私たちが耳にするあらゆる超常現象の物語は、ほとんど自動的に注目と敬意に値するものだとみなされてしまう（Humphrey, 1995, pp.186-87）。

このように道徳的な善良さと「精神性（スピリチュアリティ）」とが結びつけられ、道徳的な邪悪さと「唯物論（マテリアリズム）〔物質主義〕」とが結びつけられるというのは、単にイライラする事実にすぎないのだと、私は受け取っていた。

しかし、このような見方が現代の考え方の枠組みにきわめて深く根づいている以上、これは唯物論的科学が抵抗しなければならない一般的風潮なのである。私たち唯物論者は悪いヤツで、何であれ超自然的なものを信じる人々は、たとえどれほど愚かでも、特定の信念(ビリーフ)にどれほど欺されやすくても、少なくともいろいろ良いところをたくさん持っている。彼らは「天使の側に立っている」というわけである。

ところで、この有名なフレーズが生まれたのは、オックスフォード大学の学生連合会のディベート・クラブでだった。このフレーズは、一八六四年、ベンジャミン・ディスラエリが行なったダーウィニズムの挑戦に応える演説に含まれている。「驚くべき問いが奇妙な自信と共に我がクラブの前におかれた。その問いとは、人間はサルか天使か、というものである。主よ、私は天使の側に立ちます」。科学的唯物論を否定することと善良さとをこのように誤った形で結びつけることには、長い歴史がある。しかし、それは誤った結びつけなのである。(5) 魂(ソウル)の非物質性と不死性を信じないと、人間は、「精神(スピリット)」を信じている人に比べて、あまり気づかいをしなくなり、あまり道徳的ではなくなり、地球上のすべての人々の幸福にあまり関心を持たなくなるということは、まったくありえない。しかし、そのような唯物論者(マテリアリスト)は人々の物質的幸福にしか関心がないのではなかろうか？　もしそれが、自分の住宅や車や食事、「心の(メンタル)」健康とは対立するものとしての自分の「肉体的(フィジカル)」健康にしか、関心がないのだという意味であるならば、答えは、否である。善良な科学的唯物論者は、心の健康――精神的(スピリチュアル)健康と呼んでも良い――が、物質的健康、つまり「肉体的」健康と同じだと信じている。善良な唯物論者は、たとえば、十分な食料や衣服があるかどうかに関心があるのとちょうど同じように、十分な正義や愛や喜びや美や政治的自由があるのかどうか、そう、宗教的自由があるのかどうかにさえ、関心がある。なぜなら、これらのものはすべて、物質的恩恵であり、あるものは他のものよりも重要だからだ（お願いだから〔善＝神のために〕(フォー・グッド・セイク)、必要とする人たちのために可能なかぎりすぐに食料と衣服を手に入れる努力をすることにしよう。なぜなら、それらがなければ、正義も芸術も音楽も市民権も茶番のようなものだからだ）。

理解可能な論理的混乱は、訂正されるべきである。事実関係に誤りのある考え方がもう一つあり、それも訂正されるべきだ。その考え方というのは、「深い精神性を持つ」人々は――誰もが知っているように――冷酷で、傲慢で、自分本位で、世界の道徳的問題にまるで関心がない、というものだ。事実、道徳的善良さと「精神性」とを混同するという一般に見られる見解の不快な副次的効果の一つは、犠牲を必要とする良い行為に関わらなくて良いという口実を人々に与え、その人々が、敬虔さと道徳的深さという、言葉で言い表すことのできない神聖な（そして頑迷な）仮面の後ろに隠れることを許してしまうことだ。まわりにはいつもたくさんの偽善者がいるが、これは偽善者にかぎったことではない。もし自分自身の個人的な「精神的」要求に本気で従っていれば、これが結局、道徳的に良い人生を送ることになると、無邪気にまた心底信じている多くの人々がいる。私は、世俗の活動家ばかりか宗教的活動家をたくさん知っているが、彼らは、このような人々は勘違いしているという私の意見にみんな同意してくれる。詩人オーデンの強烈な皮肉は、他人を助けなさいという命令の明白性に対する私たちの信念を揺るがせるかもしれないが、自分自身の「魂（ソウル）」だけの世話をすることがまったく利己的なことではないということを示すものなど、確かに何もない。たとえば、主としてキリスト教や仏教の中にいる現代の修道士〔僧侶〕のことを考えてみよう。ここで問題になっている修道士は、学校や病院で献身的に働く修道女とは違って、自分の仕事の時間のほとんどを自分自身の「魂」の純化に捧げ、他の時間を自分が慣れ親しんできた現代の生活様式（ライフスタイル）を維持するのに使う、そんな修道士である。そもそも彼らは、切手収集やゴルフに生涯を捧げる人々に比べて、いかなる点で道徳的に優れているのだろうか？　せいぜい言いうることは、彼らは困難な状況から逃れようとしているだけだ、ただそれだけだ、ということである。

「精神（スピリット）」と「善良さ」とは結びつく傾向にあるという何世紀にもわたる想定をなくすことがどれほど困難であるかに関して、私はいかなる幻想も抱いてはいない。「団体精神（チーム・スピリット）」は明らかに良いことなのだから、「精神（スピリット）」を否定することはどうして悪くないことでありえようか？ 認知神経学の現場の深いところでさえ、そのような偏見が何となく存在していて、私たち「頭の硬い」唯物論者は、魂の非物質性を信じているという単純な理由から、（少なくとも一般の人々には）道徳的に優位に立っているように見える――今や絶滅種である――「心優しき」二元論者に対して、守勢のままである。苦しい戦いではあるが、おそらく白昼の下での戦いであるなら、私たちに勝機はあるだろう。

しかし、私に情報をくれた多くの人々が、宗教的忠誠心の原動力だと考えている〈精神性への渇望〉はどうだろうか？ 人々が善良になりたいと本気で思っているというのは、良いニュースである。信仰を持つ人々も信仰を持たないブライトも、大衆文化のえげつない（日常的意味での）物質主義（マテリアリズム）には断固反対であり、純真な愛の美しさを享受するだけではなく、その喜びを他者にも伝えたいと思っている。ほとんど人々にとって、それを実現する唯一可能な道は、超自然的なものに関わること、あるいは、超自然的なものを制度化したものに関わることだというのは、過去において本当だったかもしれないが、今日、私たちには、立派な別の高速道路や小道があることを知るべきであるし、それを考察すべきである。

第10章の要旨

宗教は道徳の砦であるという広く見られる見解には、問題がある。天国における褒賞が人々に良い行動をさせる動機だという観念は、下品で不必要である。宗教は人生に意味を与えてくれるという観念は、私たちが陥ってきた偽善性の罠によって危機に陥っている。宗教的権威が道徳的判断を根拠づけるという観念は、本物の統合的研究には役に立たない。精神性と道徳的善良さの間に想定されてきた関係は、幻想である。

第11章の要旨

この本に書かれている研究は、はじまりにすぎない。進化論的宗教史の研究と現代的現象としての宗教の研究が両方とも――それぞれまったく違ったものに見えようとも――さらに必要である。もっとも喫緊(きっきん)の問題は、宗教的しつけの過剰と、テロリストの新兵募集(リクルートメント)に、どう関わるかということであるが、これらは、宗教的確信と宗教的実践に関するより広範な理論を背景にしてしか理解できない。民主主義を神権政治への踏み台として利用しその後捨ててしまうような人々の破壊活動から、この研究の拠点である私たちの民主主義社会を守る必要があるし、自由な研究の成果である知識を広める必要がある。

第11章　今何をすれば良いのか

1

理論にすぎない

あなたがた哲学者は幸運な人々です。紙に書けば良いのですから。――哀れな女帝である私は、人間の敏感な皮膚の上に書くように強いられているのです。

女帝エカテリーナ二世の（彼女に国家改革について助言を与えていた）ディドロへの言葉

二〇〇二年以来、ジョージア州コブ郡の学校では、生物学の教科書に「進化論は理論であり、事実ではない」というステッカーが貼られていた。しかし、最近ある判事が、それをはがすように命じる裁定を下した。なぜなら、そのステッカーは宗教の推奨するメッセージを伝えるものであり、「これは、宗教と国家の分離をうたうアメリカ合衆国憲法修正第一条と、宗教支援のために公金を使うことを禁じるジョージア州法に違反するからである」（二〇〇五年一月一四日付『ニューヨーク・タイムズ』紙）。進化論に対してそのような措置がなされる唯一の動機は宗教的なものだから、それはその通りである。化学や地質学の本に、「この中で説明されている理論は理論であって事実ではない」というステッカーを、誰も貼らない。化学や地質学にはまだたくさんの論争があるが、対抗しあう理論は、それぞれの分野でしっかりと確立した——理論であると共に事実でもある——基礎理論の内部で競い合っている。生物学にも対立する理論はたくさんあるが、その中で異議が唱えられない基礎理論が進化論なのである。脊椎動物の飛行能力や種分化の役割をめぐって競い合ういろいろな理論があるし、もっと人間に近づけて言えば、言語や二足歩行や胎生や統合失調症の進化に関する理論は、とりわけ活発に議論されている事柄である。このような理論は、いずれ整理されて、いくつかの理論が、理論というだけではなく事実でもあるということが示されるだろう。

宗教の様々な特徴の進化に関する第4章から第8章までの私の記述は、確かに「理論でしかない」——あるいはむしろ、出発点としての理論であり、さらに探求される必要がある。要するに、私が言いたかったことは、宗教は進化したが、進化するために私たちにとって良いものである必要はない、ということなのだ（タバコは私たちには良くない。しかし、生き残っている。それだけのことだ）。私たちにとって良いことだから、みんなが言語を学ぶわけではない。（正常な神経系を持っていれば）それ以外はできないから、言語を学ぶのである。宗教の場合、言語の学習以上に、たくさんの教育と練習（ドリル）があり、意図的な社会的圧力がある。この点に関して言えば、宗教は、話すことより読むことに似ている。読むことができるということにはとてつもない利益があるし、おそらく宗教的であることにもそれと同様に、あるいはそれ以上の利益があるのだろう。しかし、人々は、宗教が与えてくれる利益など関係なく、宗教を愛しているのかもしれないのだ（赤ワインは適度に飲むかぎり私の健康に良いことを知って、うれしい。なぜなら、私は、それが私にとって良かろうと良くなかろうと、好きだからであり、私はそれを飲み続けたいからである。宗教もそのようなものでありえるだろう）。宗教が生き残っていることは、何ら驚くべきことではない。宗教は、何千年にもわたって剪定され改訂され編集されてきたのであり、その過程で何百万もの変種が淘汰されてきた。だからこそ宗教は、人々に訴えるたくさんの特徴を持っているのだし、さらにこのような特徴を同一のままに維持していくのに必要な特徴や、敵や競争相手からの攻撃をかわしたり、相手を打ち破ることができるような特徴、忠誠心を安定的なものにするような特徴を備えているのである。人々が、こうした特徴が存在することの様々な――それまでは浮動的原理でしかなかった――理由を認識するようになるのは、ひたすらゆっくりと、である。宗教は、多くの人々にとって多くの意味がある。ある人たちにとって、宗教のミームは相利共生的であり、他のどこにも見つけられないような重要な利益を与えてくれる。このような人々は、まさにその生活そのものにおいて宗教に依存している。これは、私たちが皆、食べ物の消化を助けてくれる内臓にいるバクテリアに依存しているのと同じである。宗教は、良いことをする――社会正義、教育、政治行動、経済改革などを遂行する――ために作られた組織を提供してくれる。他の人々にとって、宗教のミームははるかに有害である。なぜなら、人間の心理の好ましくない側面を利用し、罪の意識や孤独や、満たされぬ自尊心と尊大さにつけ込むからである。宗教の多様な側面を包括的に把握できる観点を形成できてはじめて、これから宗教にどう関わるべきかに関する正しい方策が生まれてくる。

今まで述べてきた理論的概観のある部分は十分に確立したものであるが、細部に取り組みさらに検証可能な仮説を生み出すことは、これから先の仕事である。検証可能な理論はどのようなものか、どのような問いを立てることができるのか、どのような説明原理が利用できるか、ということに関する私なりの考え方を、私は読者に示したいと思っていた。確かに、私の理論的概観には多くの点で誤りがあるかもしれないが、もしそうなら、同じ種類のそれに替わる理論によってそのことが示されるだろう。科学において取られている戦術は、あることが提案され、より良いものによってそれが確定されたり否定されたりする、というものである。一世紀前、動力を持った固定翼による飛行が可能だというのは、理論でしかなかったが、今は事実である。数十年前、エイズ〔後天性免疫不全症候群〕の原因はウィルスであるというのは、理論でしかなかったが、ＨＩＶ〔ヒト免疫不全ウィルス〕の実在することは、もはや単なる理論ではない。

私の理論はまだ出発点であって、確立されているわけではなく、間違っていると証明されるかもしれないので、私たちが取るべき政策を決定するためにまだ利用されるべきではない。私は最初から、十分な情報のもとになにがしか決定を下すためにはもっと多くの研究が必要だと主張してきた。したがって、私の最初の一歩を基点にどう行為すべきかを決定しようとするなら、それは自己矛盾であろう。第３章で、トーブスが、人々を低脂肪摂取運動へと導いた方向の誤った活動の歴史から引き出した教訓を思い出そう。彼は、「これは、公衆衛生政策の諸要求――そして大衆からの単純なアドバイスの要求――が現実の科学のややこしい曖昧さにぶつかる時どんなことが起こりうるのかについての物語である」と述べていた。私たちがすでに知っている（と思っている）わずかなことを基点にして、断固として行為せよという圧力は確かにあるのだが、私は我慢せよと言いたい。現在の状況は――あれこれの宗教的狂信によって世界的規模の大惨事が引き起こされる可能性があるのだから――恐ろしいものであるが、せっかちな「解決策」をとろうとしたり、過剰反応すべきではない。とはいっても、今日いろいろな選択肢を議論することは可能であるし、宗教についての私のような説明の仕方がもし正しいなら妥当な方策とはどのようなものかと、仮定の話として考えることも可能である。そのように可能な方策を考えてみることは、さらなる研究を促すことになるだろうし、どのような仮説が本当に正しいのかを発見するための必要な根拠を与えてくれるだろう。

「これは事実ではなく理論を提示しています」というステッカーをこの本に貼りたいなら、私は喜んで同意するだろう。私だったら、「注意！ここで論じられていることを、研究がさらに行なわれないのに、正しいと考えてしまうと、悲惨な結果になります」というステッカーの方が良い。とはいえ、宗教は世界の救命ボートであると主張しまた想定するどんな著作や論文にも、やはり同じステッカーを貼ってほしい。神が存在するという命題は、第8章で見たように、理論でさえない。神が存在するという主張は、おどろくほど曖昧なので、何十、何百——あるいは何百万——のきわめて異なった理論の雑多なかたまりを表現しているにすぎないし、いずれにしても、その理論のほとんどは理論の名に値しない。というのも、それらは検証にも反証にも晒されていないからである。神が存在するという主張のうち論破可能なものは、〔寿命が短い〕カゲロウのようなライフサイクルを持っている。それは、当たらぬ予言と同じように、ほんの数週間の間隔で生まれそして死んで行く（大事な試合での勝利を神に祈り、実際に勝利したどの選手も、自分の味方になってくれたことを神に感謝し、それを神についての自分の理論が正しいこと示す「証拠」とみなす——しかし、祈ったにもかかわらず負けた時はいつでも、静かに自分の理論を訂正する）。宗教は一般的に言って、個人としての信仰者（ビリーバー）だけではなく社会全体にとって無害有益であるという、世俗の主張あるいは党派性のない主張でさえ、第9章と第10章で見たように、適切な形でほとんど検証されてきていない。

そこで、私が断固として提示したい処方箋が一つだけある。もっと研究をする、ということである。〈じっと目を閉じ、伝統を信頼し、うまくやって行こう。宗教が私たちの救済にとって重要なもの——あるいは重要なものの一つだと固く信じよう〉という選択肢があり、これは依然として多くの人々に強く訴えかけるものだということを、私も知っている。このような（天国のために？（フォー・ヘヴンズ・セイク））信仰（フェイス）と、あるいは盲目的信仰と、どうして私が喧嘩できようか？　どうか考えてほしい。私たちが出発したのは、まさしくそこからなのだ。私がまず示そうとしたのは、信仰（フェイス）という伝統を問題にするのに十分な理由があり、気が咎めるからといって、その伝統にまつわる様々な発見可能な事実から目をそらすことはできない、ということだった。宗教に関する証拠・証言を調べ、いろいろな科学的宗教理論を検討する準備は、すっかり整っている。このような研究をしないことこそ言い訳できない無茶なことだという私の言い分はすでに述べたと、私は思っている。

この本での私の探求は、すでに行なわれた研究の小さな断片に光を当て、それを使って、宗教はどのようにして現在の形になったのかを説明できるような理論の一つを提示することであり、他の言及されていない理論ももちろんある。私は今のところ一番良い考え方だと思うものを述べたが、もっと重要なものだったと後から分かるものを見過ごしているかもしれない。これは、私がやっている仕事につきまとうリスクである。もし一つの研究手法にだけ注意を向けて他の手法を忘却の中に葬り去ったとしたら、私は自分の名を汚したことになるだろう。この可能性のことを私は十分理解しているので、宗教の科学的研究の分野がどのように前進してきたかについて自分なりの見解を持つ研究者たちに、この本の草稿を読んでもらった。しかしながら、私に協力してくれた人々に偏りがないとは言えないので、この本によって新しい挑戦が——私とは対立する観点を持つ研究者からの——筋の通った証拠満載の科学的挑戦が生まれてくることを期待している。(1)

私が期待する挑戦の一つは、第9章の「2　学問的世界の煙幕」についての議論によっても考えを変えず、そのような研究を行なう唯一資格があるのは神聖なものに「適切な尊敬」を持ちながら、改宗しないなら少なくとも伝統に対して深い崇拝心を持って、宗教研究に関与する人々だけだと頑なに信じている学問的世界からの挑戦である。これはなかなか難しい。彼らは、私が擁護するような経験と生物学を基盤とした——さらに数学的モデルや統計的手段をなどを利用する——研究は、間違いなくひどく皮相で、無神経で、訳が分からないと主張したがるからである。

最近の歴史は、このような研究のやり方が本気でなされるべきだということを示している。「科学研究」という分野が生まれたのは、ほんの数十年前である。当時、科学史家と科学哲学者たちは、遠いジャングルや島々に点在する部族文化の探求で磨いてきた自分の技術を応用しようを決断した人類学者と社会学者を介して、科学それ自体の関わり、素粒子物理学者や分子生物学者や数学者たちと交流するようになっていった。その黎明期、たとえば、志のある社会科学者たちの研究グループによって物理学的現象や生物学的現象の研究がなされ、その研究が公にされた。しかし、それらは、まさにその現象に関わっていた科学者たちの嘲笑の的になったし、またそうなっても仕方がないものだった。人類学者たちが人類学の研究者としてどれほど優れていようと、彼らはやはり初心者であり、彼らがじっと見つめている科学の専門事項についてほぼ無知なのである。まさにそれゆえに、彼らは、彼らが考察していた対象についての滑稽なほどひどい解釈にしばしば至ってしまった。自分が研究したいと思っている研究者の研究の詳細を理解せず、その研究に関われば当然出てくる研究者からの反応も反響も、ほとんど理解できない。これと同じ教訓が、宗教的言説や実践の研究にも適応されるべきなのだ。

「科学研究」に関わる人々は、黎明期に受けたこの学問領域の悪評を払拭するために、ひどく苦労しなければならなかったし、現在でも軽蔑を隠そうとしない多くの科学者がいる。しかし、見当違いな研究が徐々に減っていったし、今はもう十分な情報と深い理解を基盤にした研究が増え、科学者の実践の傾向や弱点に対して科学者自身の目を開かせるほどの研究も現実に出てきた。最近このようにうまく行きはじめた原因は、簡単なことである。宿題をやれ、である。人間の努力が注がれたどんな高度に洗練された難しい分野であっても、それを理解したいと思うなら、自分の専門分野での訓練を積むのに加えて、その分野での専門家に近い存在になる必要があるのだ。宗教研究に当てはめてみると、明確なやり方が見えてくる。

宗教的現象を説明しようとする科学者は、研究対象となる教えと実践、基本文献と関連文献、人々の日常生活とその人々が抱える諸問題へと、深くまた自覚的に探求の目を注がなければならないだろう。

このようなやり方はどうすれば保証されるのだろうか？　自分たちを研究しようとする科学者たちの研究資格を疑問視する——司祭、イマーム、ラビ、牧師、神学者、宗教史家などの——宗教の専門家が、入学試験を作って実施してくれることによって、保証されるだろう。彼らが考えた入学試験に合格できない者は誰でも、探求される現象を理解するのに十分な知識を持っていないと判断されるだろうし、その現象に近づくことも関与することも否定されるが、それはまったく適切なことだ。専門家たちにできるだけ厳しい試験問題を作ってもらい、採点する権利を全面的に彼らに与えよう。しかし、専門家の一部にも同じ試験を受けてもらいたいし、試験の採点者が誰か分からないようにしてほしいし、また同時に採点者には受験者の出自が分からないようにしてほしい。これこそ、宗教の専門家にとって互いの尊敬を確認する方法になる一方で、研究者が何をしたいのかを知る手がかりになるだろうし、研究者にとっては研究が保証され研究資格が与えられることになるだろう。(2)

2　探求されるべきいくつかの道——どうすれば宗教的確信に至ることができるのか

なんじ世界情勢に関する
調査、質問に応じたり、
愛想良くテストを
受けたりするな。なんじ統計学者と
同席したり、社会科学に
手出しをするな。

W・H・オーデン『反動時評[1]』

どのような研究が必要なのだろうか？　この本ではすでに提起したが、まだ答えていない問いを考えてみよう。

第4章——宗教のようなものが存在する以前、私たちの祖先はどのようなものだったのだろうか？　チンパンジーの集団のようなものだったのだろうか？　彼らは、食料や捕食者や交尾とは別に、何について話したのだろうか？　ネアンデルタール人の埋葬行為は、彼らが十分に分節された言語を有していたはずだということを示しているのだろうか？

第5章——サルは、歩く木や目に見えないバナナのような反直感的組み合わせを（言語なしに）、どうやって作り上げることができたのだろうか？　なぜ人間以外の種には芸術がないのだろうか？　人間はなぜいつも自分たちの祖先について空想を作るのだろうか？　親が催眠術師でなくても、即席の催眠は催眠術師と同じ効果があるのだろうか？　文字のない文化は、どのようにして何世代も儀式や教義を保存してきたのだろうか？　癒しの儀式は、どのようにして生じたのだろうか？　運営を助ける誰かが存在しなければならないのだろうか？（宗教集団の起源において、カリスマ性を持った革新者の役割は何なのだろうか？）。

第6章――民俗宗教は、反省がそれを変形させる以前に、祖先によってどのくらいの間維持されてきたのだろうか？　民俗宗教から組織化された宗教へとなぜ移行したのだろうか、またどのようにして移行したのだろうか？

第7章――なぜ人々は集団に参加するのだろうか？　宗教の堅牢さは、アリの群生の堅牢さに近いのだろうか、それとも企業体の堅牢さに近いのだろうか？　宗教は、盲目的に進化した本能の所産なのだろうか、それとも合理的選択の所産なのだろうか？　それとも他の可能性があるのだろうか？　スタークとフィンクは、第二バチカン公会議以後、教会に神の召命を求めるカトリック人口が減少傾向にある主たる理由を語っているが、彼らは正しいだろうか？

第8章――神の存在を信じることに価値があると信じているすべての人々のうち、（大雑把に言って！）何パーセントが実際神の存在を信じているのだろうか？　一見すると、以下のような選択式のアンケートを配るだけで良いように思える。

私は神の存在を信じている――□はい、□いいえ、□分からない

あるいは、次のように質問すべきだろうか？

神は存在する――□はい、□いいえ、□分からない

どのような形で質問するかで違いが出てくるだろうか？

このような問いは、ほとんどどれも間接的にしか脳や遺伝子に関わっていないと指摘されるだろう。なぜそうなのか？　なぜなら、宗教的確信を持つということは、てんかん発作の症状を呈したり青い目を持つのと同じようなことではないからである。「神遺伝子」や「精神性」遺伝子すらないし、カトリックの脳にカトリック中枢もなければ「宗教的経験」中枢もないということは、すでに十分な確信を持って主張することができる。なるほど、あなたがイエス（*Jesus*）について考えている時はいつでも、脳のある部分は他の部分よりも活発に働くだろう。しかし、これは、あなたがどんなことを考えていようとも当てはまることなのだ。冗談（*jesting*）やジェット・スキーや宝石（*jewls*）（あるいはユダヤ教徒（*Jews*））を考えている時に活性化する場所を脳機能地図に書き込もうとする前に指摘するべきなのは、活性化する場所は次々変わっていくしまた一カ所ではなく、状況によってまったく異なっているということを示す十分な証拠があるということである――皮質の各所がアルファベット順に配置されているわけではないのである。事実上、今日あなたが〈イエス〉のことを考えた時に活性化した場所が、来週〈イエス〉のことを考えた時に活性化するであろう場所と同じである可能性は、そう高くはない。ある種の宗教的経験と宗教的確信に関わる神経上のメカニズムが発見される可能性はないわけではないが、そのような研究の初期の挑戦はうまく行かなかった。[3]

脳における内容表象の認知構造に関するより良い一般理論ができあがってもいないのに、宗教的信仰を

研究するために脳機能イメージング[2]を用いることは、チェスをするコンピュータを研究するのに電圧計を使うくらい無駄なことだ。いずれは、何らかの手段によって発見されたすべてのことを、脳の中の何百万ものニューロン間で生じていることと関係づけることができるようになるだろう。しかし、はるかに実りの多いやり方は、心理学や他の社会科学の方法に比重を置くことである。[4]

遺伝子に関しては、私がこれまでの章で述べてきたことと、「神の遺伝子」という特集を組んだ雑誌『タイム』〔二〇〇四年十月二十四日号〕の掲載論文「神は私たちの遺伝子の中に？」からの引用を比較してみよう。

> 精神的感受性（スピリチュアル・センス）を発達させてきた人間は、繁栄しその特徴を子孫に遺していった。そのため、人間は混乱のうちに死に絶えることなく、消滅する危険もなかった。この進化の方程式は単純であるが強力である（Kluger, 2004, p.65）。

この大胆なメッセージのうちにひそんでいる観念は、宗教は進化によって是認されたのだから「あなたにとって良い」というものである。これは、敏感な宗教学者や宗教理論家を当然はらはらさせているダーウィニズムを単純化したものにすぎない。実際は、ダーウィニズムはそんなに単純ではなく、もっと強力な進化の「方程式」がある。人間の遺伝子レベルの適応度を高める遺伝可能な「精神的感受性」が存在するという仮説は、進化論的にはあまり興味深くもないしまたありそうにないものの一つである。進化論において考察されてきたのは、ただ一つの精神的感受性ではなく、神や宗教とはまったく何の関係もない様々な過敏な気質や感性、また進化の途上で選ばれた適応方法の集合体である。遺伝子として存在する可能性が比較的高いのは、すでに見たように、被催眠性を高める遺伝子である。この遺伝子は、大昔、重要な健康的利益をもたらしてきたかもしれないもので、ハマーの「神の遺伝子」という仮説がまともに受け取られる理由ともなっているものだ。さらに、二種類の人間がいるというウィリアム・ジェイムズの古い考察を考えてみることができる。二種類の人間とは、「激しい」宗教を要求する人間と、「永続的で」「より穏やかな」宗教を求める人間である。ひどく宗教的な人間と、宗教への熱中度がほどほどか存在しない人間との間に、重要な器質的違いが本当に存在するかどうかを考察してみることは可能だ。

　私たちが思いがけない発見をして、確かにそのような違いがありそうだと分かったとしよう。その場合どんな影響が出てくるのだろうか？　まず、そのような相違を、アジア人とネイティブ・アメリカンとでアルコールとの相性が違うことを説明する遺伝子レベルの相違と類似していると考えることができるだろう。ラクトース耐性の場合と同じように、酵素、主にアルコール脱水素酵素とアセトアルデヒド脱水素酵[3]素の存在状態によって、アルコール代謝能力に違いが生じるが、これは遺伝的に伝達される。[5]言うまでもなく、アルコール代謝能力が遺伝的に弱い人々にとって、もちろん本人の責任ではないが、アルコールは有害である——あるいはアルコール中毒になりやすい——ので、禁酒を勧めるのがよいアドバイスになる。また、別の相違と類似していると考えることもできる。ブロッコリーやカリフラワーやコリアンダーに対する遺伝的に伝達された嫌悪感である。このような嫌悪感を持つ人々は、もちろんこれらの食べ物を代謝できないのではなく、嗅覚受容体への遺伝コードを指定する多くの遺伝子の違いから、まずいと感じている。彼らに対して、これらの食べ物を食べるなとアドバイスする必要はない。存在するかもしれないのは、「代謝に関わる」「精神的経験耐性」だろうか、それとも、「代謝に関わらない」「精神的経験嫌悪感」だろうか？　どちらも存在するかもしれない。遺伝子を基盤にした、宗教的刺激に対する反応の違いに現われる心理的特徴が存在するのかもしれない。ウィリアム・ジェイムズが提供する考察は、もしかしたらこういうことがあるかもしれないということを示している。宗教的儀式やその宗教に関わるものすべてに鈍感であるように見える人々もいれば、宗教的な儀式や音楽や芸術に深く心を動かされるが、宗教の教えをまったく信じない——私のような——人々もいるのである。なるほど、宗教的刺激を渇望する人々が存在し、彼らはその宗教的刺激を自分の人生に統合する必要があると感じているのかもしれない。しかし、それを避けるようにアドバイスするのが良いだろう。なぜなら、私たちとは違って、彼らはそれを「代謝」できない（彼らは熱狂的になって抑えがきかなくなることもあるし、抑鬱的になったり、ヒステリックになったり、混乱したり、中毒状態になったりする）からである。

これらの仮説は、もし個人の違いにパターンがあることが、遺伝子レベルのことであろうとなかろうと（結局、文化的に伝達されたものだろうが）明らかに分かるならば、間違いなく詳細に検討し検証するに値するものではあろう。しかし、こうした仮説を風変わりな例で表現すれば、（遺伝的に継承されているものが何であろうと）フィンランド語を母国語にする人々に、宗教の摂取量はほどほどにとアドバスするのが良い！と言おうとするに等しいのである。

「精神的感受性」は（それがどんなものであろうと）、もっとも単純な意味で遺伝子レベルの適応であると証明されるかもしれない。しかし、宗教に対する人間の反応傾向についてのより明確な仮説の方が、信憑性が高くすぐに検証できそうであるし、私たちが直面している難しい政策上の問題に対処するのに有用だと証明されるかもしれない。たとえば、世俗的な信念（ビリーフ）と宗教的信仰（ビリーフ）（第8章で見たように、「信仰」という言葉はここではふさわしくない。違いを表すために、宗教的確信（コンヴィクションと呼ぶ方が良い）とどう違うのかについて、より多くのことを知るのに、とりわけ有用かもしれない。宗教的確信は、その獲得・存続・消失という点で、また、人々の意欲や行動において果たす役割という点で、世俗的信念とどう違うのか？　宗教的態度のすべての側面について調査を行なうために作られた重要な調査業界が存在している。[6]私たちは、メディアを通じて最新の調査結果の重要部分を定期的に見ることができる。しかし、調査方法の理論的拠り所やその方法を採用した理由に関しては、注意深い分析が必要である。少なくともアラン・ウルフ（Wolfe, 2003, p.152）は、調査は信頼できないと考えている。「調査結果は、一貫性を持たず、理解困難で、このような調査には良くあることだが、質問の文言や、分析のために抽出されたサンプル次第で、変化してしまう」。はたして、ウルフは正しいだろうか？　これは、個人的見解のレベルに留まらせるべきではない。調べる必要がある。

かなり注目を浴びた最近の報告の一つを見てみよう。二〇〇一年のＡＲＩＳ（アメリカ宗教状況確認調査）によれば、前回行なわれた一九九〇年の調査以来最大の増加を示したものが三つあった。新たに福音主義に属した者が四二％増、無宗派が三七％増、無宗教が二三％増だった。これらのデータは、アメリカ合衆国において福音主義が成長しているという見解を支持しているが、世俗主義〔無宗教主義〕も増加傾向にあるという見解も支持している。最近多くの研究者が指摘しているように、二極化が進んでいるように思われる。なぜか？　スタークとフィンクのような供給量重視派が考えているように、時間と資源を扱う市場において、もっともコストのかかる宗教だけが、完全な無宗教と競争できるからなのだろうか？　それとも、科学が学ばれれば学ばれるほど、科学は多くの人々に感銘を与え、反科学的な視点を提供できるものの場所がなくなって行くからなのだろうか？　あるいは、もっと他の説明があるだろうか？

急いでデータの説明をする前に、データを集める際に使われた方法はどの程度確実なのか、と問うべきである。データはどの程度信頼できるのか、またデータはどのようにして集められたのか、と問うべきである（ARISの場合、質問用紙ではなく、電話調査である）。また、判断の偏りを避けるためにどんな手段が講じられたのか、他にどんな質問がなされたのか、質問にかかった時間はどのくらいなのか、と問うべきである。さらに、ちょっと変わってはいるが、その答えが重要性を持つかもしれない問いもある。調査が行なわれた時どんなニュースがあったとか、質問者になまりがあったかといった問いである。[7] 長期にわたる調査にはお金がかかるし、行き当たりばったりで作られた「手段」（質問用紙）を使ってデータを集めるのに何千ドルも費やす者は誰もいない。調査において誘導が生じる場合や偏りが生じる場合についての多くの研究がなされてきた。単純な「はい・いいえ」の（もちろん、重要な「分からない」という選択肢を含んだ）質問を使う場合と、（そう思う・どちらかといえばそう思う・分からない・どちらかといえばそう思わない・そう思わない、というような）五段階の回答を予め用意するリカート・スケール方式を使う場合とでは、違いが出てくるだろうか？　ARISが一九九〇年に調査を行なった時、最初の質問は「あなたの宗教は何ですか？」というものだった。二〇〇一年の調査では、「もしあれば、あなたの宗教は何ですか？」に修正された。無宗派と無宗教の増加に、質問の文言の変化はどの程度貢献したのだろうか？　なぜ、「もしあれば」という文言が付け加えられたのだろうか？

懐疑主義協会理事マイケル・シャーマーは、『どのようにして私たちは信じるのか——科学、懐疑主義、神の探索』（Shermer, 2nd ed., 2003）の執筆中、宗教的確信に関する野心的な調査を行なった。その結果は、他の類似の調査の結果とは異なったものになったという意味で、とても興味深いものであった。最近のほとんどの調査では、アメリカ人のほぼ九〇％が神——「本質」としての神だけではなく、祈りに応えてくれる神——の存在を信じているとしているのに対して、シャーマーの調査では、六四％しか信じていると語っておらず、二五％は信じていないと述べている（p.79）。これは、きわめて大きな違いであるが、

（有名な懐疑主義者に質問用紙を送った！というような）単純な抽出方法の誤りに由来するものではない[8]。シャーマーは、問題は教育だ、と考えている。彼の調査では、「自由回答形式の質問」が用いられ、なぜ神の存在を信じるのかを自分の言葉で述べるように求めている。

> 明らかに、私たちの調査に協力してくれた人々は、平均的なアメリカ人よりもかなり高度な教育を受けており、教育の高さと信仰心の低さとは関連がある。一九九八年の合衆国国勢調査局の調査によれば、二五歳以上のアメリカ人の四分の一が学士号を持っているが、私たちの調査に応じてくれた人々の三分の二が学士号所持者であった（どうしてそうなったのかを説明するのは難しいが、教養のある人々は適度に複雑な調査に応じてくれる傾向がある、というのが可能性としてはある）(p.79)。

しかし（私の学生であるデヴィッド・ポークが指摘してくれたように）、自分で書き込むことが重要な要素であるとするなら、誰がそのような〔なぜ神の存在を信じているのか、自分の言葉で説明せよと求める〕質問用紙に時間をかけて書き込んだのかと、さらに問うべきだろう。おそらく、もっとも強い信仰を持つ人々だけが、時間をかけてそれに書き込むだろう。宗教は重要なことではないと考えている人々は、文章作成によって答えるそのような質問項目に進んで答えようとはしない。郵送された調査用紙を受け取って返送した人は一〇人に一人しかいなかったのだから、かなり低い回収率である。したがって、シェーマーの六四％という数字からおもしろい結果を引き出すことはできないのであって、彼もそれは分かっている(Shermer amd Sulloway, 2005)[9]。

3　子供たちに何を語るべきか

「信仰とは、信じていないと自分で分かっているものを、信じることだ」と語ったのは、その男子生徒だった。

マーク・トゥエイン

特に急を要する事柄だけではなく倫理的感性や政治的感性が調査対象になると、子供時代の宗教的しつけや宗教教育の効果が顕著になる。言語習得や栄養摂取や親の行動、周囲の人々からの影響、その他人生の最初の十年で観察しうるほとんどあらゆる事柄を扱っている、幼児期の発達に関する研究はたくさんあるが、良いものもあれば悪いものもある。ところが、これらの研究のほとんどすべては、——私が知るかぎり——、まだほとんどが未知ノ世界である宗教になるべく触れないようにしている。これにはちゃんとした——実際申し分のない——倫理的理由がある。人間を被験者にした危険な医学的研究を未然に防ぐために越えてはならない一線というものがある。宗教的なしつけの様々な在り様に関して行なわれるかもしれない研究にも、それと同じように、越えてはならない一線というものがある。集団Aにはあるカテキズム〔教理問答〕を暗記させ、集団Bには別のカテキズムを暗記させ、集団Cには無意味な言葉を暗記させるといった、プラシーボ研究は行なわれないだろうし、イスラム教徒の両親から生まれた赤ちゃんと、カトリックの両親から生まれた赤ちゃんを交換するといった、育児交換研究も行なわれないだろう。これらはやってはならないこと（オフ・リミッツ）であり、ずっとそうであり続けるべきだ。しかし、やってはならないという制限（リミッツ）とは何であるか？　この問いは重要である。なぜなら、人権侵害にならない間接的な方法をデザインし、何か証拠を得ようとしても、治療法を発見しようとする医学研究者がしばしば直面するのと同じ二律背反性に直面することになるからである。つまり、こうしたテーマに関する完全に危険のない研究は、おそらく不可能なのである。何を〈正しい情報を与えられた上での同意（インフォームド・コンセント）〉とみなし、同意したからといって、その同意した人にどの程度の危険に耐えてもらうのが許されるのか？　さらに、誰の同意なのか？　両親の同意なのか？　子供の同意なのか？

こうした方法論上の問題は、〈宗教には立ち入ってはならない、以上〉という最初の呪文（スペル）で出現した闇の中で検討されずに放置されている。私たちの側から敢えて近づかない方が良いと言うべきではない。なぜなら、良く知られているように、個人のプライバシーと信教の自由を保護するという傘に隠れて、もしやったら研究者であろうと医療関係者であろうと刑務所に送られてしまうような治療を、親が子供に受けさせるということが起こっているからである。そんなことをするような親の権利とは何なのか、また「どこで線を引いたら良いのか」？　これは政治的問題であり、「答え」を発見することによってではなく、正しい情報が与えられたできるだけ多くの人々が受け入れられる一つの答えを作り上げることによって決着する問題なのである。

飲酒はすべての人々に歓迎されているわけではないだろうが、飲酒に関する現在の法律やそれを遵守した行為なら、すべての人に受け入れられているだろう。禁酒法が作られた時代があったが、一般的な同意によって——決して全員一致ではないが——それは失敗だったとされた。飲酒に関する最近の理解は、かなり安定している。禁酒法の時代にすぐに戻ろうとはもはや思わない。しかし、未成年者（州によって年齢は異なるが）に酒類を販売することを禁じる法律は依然として存在している。とはいっても、判断に迷う場合がたくさんある。親が子供に酒を与えているのを見たら、どうすべきなのだろうか？　野球場でそんなことをしたら、親は非難されるかもしれないが、自宅だったらどうだろう？　さらに言えば、姉の結婚式で飲む一杯のシャンパンと、毎晩宿題をしながら飲むビールとには違いがあるのだ。公的機関の人間が、家の中に入ってきて虐待（アビューズ）を止めさせる権利を持つだけではなく、その義務を負うのは、いつなのだろうか？　難しい問題である。テーマが酒ではなく宗教になったからといって、問題がやさしくなるわけではない。ただし、酒の場合には、短期および長期の飲酒による影響に関してすでに学ばれてきたことがあり、それによって政治的な知恵が形成されている。これは大事なことだ。しかし、宗教の場合、私たちは依然として勘を頼りに行動している。

宗教的しつけが子供に有害かもしれないという観念そのものを、嘲笑う人たちがいる。しかし、それができるのは、宗教的な政治体制のかなり過酷な現実について考えていない場合、世界各地で行なわれているが合衆国ではすでに禁じられている宗教的行為があるのを知らない場合だけだ。リチャード・ドーキンスはさらに踏み込んでいく。カトリックの子供だとか、イスラム教徒の子供だとかという形で、子供を特定すべきではないと述べている。なぜなら、〜教徒の子供だと特定すること自体、きちんと熟慮されなければならない判断を誤った方向に導くからである。

この子はレーニン主義者の子供だとか、新保守主義者の子供だとか、ハイエク的なマネタリスト[4]の子供だと言われたら、私たちはあっけにとられてしまうだろう。この子はカトリックの子供だとか、プロテスタントの子供だと言うこと自体、一種の悪弊（アビューズ）ではないだろうか？　とりわけ、何世代にもわたってそのようなレッテルが継承されている北アイルランドやグラスゴーは、何世紀もそのレッテルによって隣人同士が敵対し、命を奪い合うという事態にさえなっている (Dawkins, 2003b)。

あるいは、両親が喫煙者だから、両親が酒飲みだからという理由で、この子は生まれた時から喫煙者であるとか酒飲みであると考える場合を想像してみてほしい。この点に関して (他の誰でもない) ドーキンスは、私の祖父のことを思い出させてくれた。祖父は物理学者だったが、一九五〇年代、ボストンの新聞各紙の編集長に熱のこもった手紙を送り、親が自宅で喫煙する際に発生する副流煙によって子供の健康が危険に晒されていることを、強く訴えた——この手紙を読んだ人々は祖父を嘲笑い、喫煙を続けた。ほんのちょっとした煙でどれだけ害になるというのか?——しかし今の私たちは、それを知っている。

誰も引用する (あるいは誤って引用する) イエズス会士の言葉がある。「七歳まで子供を私にあずけなさい。そうすれば彼が終生私のものだとあなたは分かるでしょう」。しかし、誰も——このイエズス会士も他の誰も——、子供がどれだけ柔軟性があるか、まったく分かっていない。小さな子供が数年間宗教的伝統の中に浸り、その中でもてはやされた後、その伝統に背を向ける場合、それによる悪影響は見られないという事例に基づく証拠はたくさんある。他方、ニラランス・ハンフリーが指摘するように (Humphrey, 1999)、そのようなイデオロギー的牢獄の中で育てられたために、変節を促す可能性のある解放的な思想との接触を禁じるこの牢獄の看守役に自ら進んでなろうとする子供たちもいる。深い思索に基づくエッセイ『子供に何を語れば良いのか?』の中で、ハンフリーは数々の倫理的問題の考察を披露しているが、それには「信念体系(ビリーフ・システム)をいつ子供に教えることが道徳的に正しいのか、そもそも教えることそのものが道徳的に正当化できるのか」という問いにどのような判断を下すべきかというものも含まれている(p.68)[5]。彼は、——あくまで仮定の上で応用したにすぎず、またそうならざるを得ない——〈正しい情報を与えられた上での同意（インフォームド・コンセント）〉の原理を基盤にした「一般的テスト」を提案している。つまり、子供たちに、もし〈正しい情報に基づく選択（インフォームド・チョイス）〉を行なうために必要な情報が、後の人生において与えられたとしたら、彼らは何を選択するだろうか？と考えてみるのである。[6] このような仮定上の問いには答えられないという主張に対して、彼は、明確な結論をきちんと引き出すことができるたくさんの証拠と一般的原理があると反論している。他方でまた、何らかの理由で、正しい情報に基づく判断を自分で行なえない人々に代わって、私たちがきちんと判断することが許される場合があることを、またそうせざるを得ない場合があることを私たちは知っているのである。このような問題に取り組むためには、意見調整の手法が、つまり、様々なテーマに関して政治的合意に達するためになされる意見調整の手法が必要である。

　このようなジレンマの解消法は、（まだ）明らかではない。これと密接に関係している問題を考えてみよう。それは、インド洋のはるか沖のアンダマン・ニコバル諸島で[7]、完全なる孤立状態でまだ原始時代の暮らしをしているセンティネレーズ族やジャワラ族などの部族に対して、その外部にいる私たちが何をなすべきかという問題である。これらの人々は、何世紀もの間、自分たちの島の縄張りを激しい弓矢の攻撃で勇敢な探検家や商人から守り続けてきた。したがって、彼らについてほとんど何も分からないし、今でも、この諸島を遠い領土としているインド政府も、彼らとの接触を禁じている。彼らは、二〇〇四年一二月の大津波の結果［上空に飛来したヘリコプターを矢で打ち落とそうとしたので］世界から注目されるようになった現在、このような孤立状態を維持できるかどうか判断するのは難しいし、たとえ維持できたとしても、維持されるべきなのだろうか？　この問題に判断を下す権利を持っているのは、誰だろうか？　もちろん人類学者ではない。たとえ人類学者が、自分たちも含む誰とも彼らに接触しないように何十年も努力してきたとしても、そうなのである。人類学者は、何様のつもりで、これらの人間を保護しますよと言えるのだろうか？　人類学者は、注意深く集められ、汚染物質から保護されている研究室の標本のように、彼らを所有しているのではない。この諸島が人間動物園として取り扱われるべきだとか保護されるべきだという考えそのものが、不愉快である。疑いもなく彼らの魂を救うためにやって来ようとするであろうすべての宗教の宣教師に扉を開けてあげるという選択肢は、それよりはるかに不愉快である。

保護者であろうと搾取者であろうと調査員であろうと魂の救済者であろうとおかまいなく、外部の人間は誰も入れないという決断がこの種族の大人によってなされたのだから、倫理的問題は解決されたのだと考えることは、魅力的ではあるが、幻想である。確かに彼らは放っておいてほしいし、私たちも彼らを放っておくべきなのだ！　しかし、このような都合の良い提案には、二つ問題がある。一つは、彼らの決断は明らかに誤った情報に基づいているのだから、その決断に影響を与える情報をそれに無理やり混入させたとしても、毒入りのカクテルをその人に警告することもなく「自分の自由意思で」[8]飲ませる人間ほどの罪はないのではないか、という問題である。もう一つは、部族の大人は承諾年齢に達したかもしれないが、彼らの子供たちは、親の無知によって犠牲者にされ続けているのではないか、という問題である。私たちは、隣人の子供が考え違いをさせられ続けているのを決して許すことはないだろうから、私たちは海を渡り、子供たちがどんなにショックを受けようと、子供たちを救うために島に足を踏み入れるべきではないだろうか？

ここまで読んできて、あなたは少し興奮してアドレナリンの増加を感じるだろうか？〈親の権利〉対〈子供の権利〉という問題ほど、理性的反応ではなく情緒的反応を引き起こすものを、私は他に知らない。私は、これは遺伝子レベルの要因が直接的な役割を果たしているのではないか、と思っている。自分の子孫を世話しなければならない哺乳類や鳥類では、あらゆる外部介入から子供を守るという本能は普遍的に見られるもので、とりわけ強力な本能である。想像の上だろうと現実だろうと、私たちは子供を危険から守るために、躊躇なく――考えるまでもなく――自分の命を危険に晒すだろう。それは、反射のようなものだ。この点から見ると、親には自分が良かれと思うやり方で子供を育てる権利があるのかな、と感じるかもしれない。母グマと子グマの間に入りこむという過ちは決して冒してはならないのと同じように、親と子の間に何も介入すべきではない、というわけである。これが「家族の価値（ファミリー・ヴァリュー）」の中核である。しかしそれと同時に、親は子供を（かつて奴隷所有者が奴隷を所有していたように）文字通り所有しているのではないということを、認めなければならない。そうではなくて、親はむしろ子供たちの世話役や保護責任者であり、その保護責任に関して外部の人間によって求められた説明責任を果たすべきなのだ。このことは、外部の人間に介入の権利があるということを含意している――これまた、アドレナリンを増加させそうだ。直感的に把握されているものが理性という法廷では守られるのが難しい場合、私たちはしばしば、イライラして自己防衛をはかり、何か楯になるものを探し求める。神聖で（それゆえ）誰もが認める絆についてはどうだろう？　今これを考えるのにちょうど良い場所である！

この点に関して、神聖だとされる諸原理の間には、明らかに（しかし議論されたことがほとんどない）緊張関係がある。一方で、多くの人々はこう宣言する、生命に対する神聖不可侵な権利がある、まだ胎内にいる子供であっても生命に対する権利を持っており、これから親になる人間に（おそらく母体そのものが危険に晒されている場合を除いて）人工妊娠中絶する権利はない、と。他方で、こう宣言した人々の多くが、こうも宣言する、子供は、生まれた段階で、親によって教化されない権利を、洗脳されたり他の仕方で心理的に虐待されない権利を失う、なぜなら、親は自分が選んだしつけ方で子供を育てる権利があるからだ、と。私たちは、世界中に自由の価値を広めようとしてきたが、どうやら子供たちに対してはそうでないらしい。子供には、洗脳・教化からの自由という権利はない。私たちはこれを変えるべきではないのだろうか？　何？　私の子供の育て方に対して、外部の人間に意見を言わせろ、だって？（また、アドレナリンの増加をあなたは感じるだろうか？）。

アンダマン諸島の人々の問題を考えていると、それが、宗教的しつけ一般の問題を考えるための方法的な基礎づけになっているのが分かる。私たちは、起こりそうな影響を心配しながら、西洋の文化の魅力によって他の文化のすべての脆い宝は破壊されてしまうだろうと、最初から決めてかかるべきではない。指摘しておく価値のあることだが、イスラム教徒ではない女性だったらほぼ耐えることの難しい状況で育ったイスラム教徒の女性の多くは、正しい情報を知りヴェールだけでなく他の伝統の多くを捨て去る機会が与えられても、そういうことはせず、伝統を維持する方を選ぶ。

おそらくどこにいる人々に対しても信頼をおくことができるだろうし、それゆえ、その人自身が〈正しい情報を与えられた上での選択〉（インフォームド・チョイス）を行なうことを許すことができるだろう。〈正しい情報を与えられた上での選択〉！　何と革命的な素晴らしい概念だろう！　おそらく人々には信頼して選択をさせるべきであり、その選択は必ずしも私たちが推奨するものである必要はなく、彼らが目標と考えるものに到達する最善の機会となるものであれば良い。とはいっても、彼らが正しい情報を十分に得て、自力で決断できるほど成熟するまで、私たちは彼らに何を教えるべきなのだろうか？　私たちは彼らに、地理や歴史や算数を教えるのとまったく同じように、歴史的なまた生物学的な正しい情報に基づいて世界中のすべての宗教を淡々と教えるのである。学校での宗教についての教育の時間を、少なくでなく、多くしよう。私たちは子供たちに教義と習慣を、禁忌と儀礼を、基本文献と音楽を教えるべきである。宗教の歴史を扱う時には、その肯定的な側面――たとえば、一九六〇年代の公民権運動における教会の役割、昔のイスラム世界の科学と芸術の繁栄、また、刑務所の収容者に希望と栄誉と自尊を教え前向きな生き方を示した〈ブラック・ムスリム〔黒人イスラム教徒〕〉の役割など――と同時に、その否定的側面――宗教裁判所、長期にわたる反ユダヤ主義、コンドームの使用に反対したことでアフリカでのエイズの広がりを助長したカトリック教会の役割――も、教えるべきである。どの宗教も優遇されることも無視されることもない。そして、宗教的行為や宗教的態度の生物学的・心理学的土台についてますます多くのことが発見されて行くのだから、科学や健康や最近の出来事についての教育が更新（アップデイト）されるのとまったく同じように、そのような発見はカリキュラムに順次追加されるべきだ。これらすべては、公立学校であろうと自宅での教育であろうと、義務教育としてカリキュラムの一部になるべきである。

一つ提案がある。

一、恐怖や憎悪によって、
あるいは
二、（たとえば、子供に教育を受けさせなかったり、世間から完全に孤立させることによって）知識を獲得できないようにすることによって、

子供が心を閉ざすかもしれないものを親が教えることがないかぎりにおいて、親は自分好みの宗教的教えを子供に教えて良い、というものだ。これは一つのアイデアにすぎず、もっと良いものがあるかもしれないが、どこにでもいる自由を愛する人々には訴えかけるはずだ。なぜなら、このアイデアが強調している

のは、すべての宗教の敬虔な信者は、自分たちの宗教教義が十分に価値があるものなのかを、競争相手の誘惑に負けないほど魅力的で信憑性が高く意義深いものなのかを、確認する挑戦を行なうべきだということだからである。もしあなたが子供を欺して――あるいは真実を見えないようにして――、大人になっても子供自身が自分の宗教が正しいと信じ込ませなければならないとしたら、あなたの宗教はなくなるべきだ。

4 有害なミーム

悪との創造的な遭遇はどれも、悪しき行為を行なった人々を単に悪者扱いして私たちから悪を遠ざけるべきではない、ということと要求する。悪について書くためには、書き手は内部から悪を捉える努力をしなければならない。つまり、加害者を理解しなければならないが、必ずしも加害者に共感する必要はない。ところが、アメリカ人は、理解と共感との間に違いがあるのを理解するのが、なかなか困難であるようだ。悪につながるものについて情報を得ようとする試みは、その悪の言い訳を探す試みだと、どういうわけか信じられている。私の考えでは、まさにその逆が正しいのであって、悪にうまく対処できるようになった時、私たちの最悪の敵は無知なのだ。

キャサリン・ノリス『生粋の悪』(10)

この本を書くことによって、私は宗教が一種のテクノロジーだと理解できた。それは、慰めを与え説明することができるという点できわめて魅力的だが、危険でもある。

ジェシカ・スターン『神の名のテロ――なぜ宗教戦士は殺すのか』

あなたは〈ヤヒューズ（Yahuuz）〉について聞いたことがあるだろうか？　彼らは児童ポルノと呼ばれているものが大好きである。毎日大麻（マリファナ）を吸い、（おしりを拭く格好を競う爆笑コンテストを含む）公開の脱糞式を開催し、年長者が八〇歳になると、その年長者が自殺するふりをし、それをみんなが食べるふりをする特別な祝宴を開催する。あなたはこれに嫌悪感を抱くだろうか？　もしそうなら、酒や挑発的な服や家長に対する尊敬のない態度を含む私たちの現代の文化を、多くのイスラム教徒がどう感じているか、分かるはずだ。この本で私が努力していることの一つは、あなたに、単に感じてもらうだけではなく考えてもらうことである。この場合知る必要があるのは、あなたが抱く嫌悪感がどれほど強くても、それは一つのデータ、あなたについての一つの事実、重要であるがやはり一つの事実にすぎず、嫌悪感それ自体が道徳的な真理を示すものではない、ということである。あなたが抱く嫌悪感は、私たちの文化の中で行なわれているものに対するイスラム教徒の嫌悪感と同じなのだ。私たちは、イスラム教徒を尊敬すべきであり、彼らの感じ方を知るべきであり、彼らの嫌悪感を真摯に受け止めるべきだ――もしそれができたら、その時には、私たちとは異なったものの見方について議論しようと、彼らに提案すべきである。敢えてこれをやってみようとすることは、（仮想的人間集団！）〈ヤヒューズ〉の生活様式を冷静に考察しそれが明らかに許し難いものなのかどうかを進んで考えるのと同じことである。強制的なものを何も伴わずにお互いを受け入れるなら、おそらく私たちは「それぞれの生き方を認めよう（リブ・アンド・レット・リブ）」と言うはずだ。

だが、なかなかそうはなりそうにない。生活様式には恥ずべきもの、取り除かれるべきものが含まれていると、ヤヒューズに示すという重荷は、私たちが負わなければならない。おそらく、私たちが誠実にこれを行なおうとすれば、彼らの生活様式に対して私たち抱く嫌悪感の一部は非常に偏狭で不当なものだということが分かるかもしれない。こうすることで、彼らは私たちに何かを教え、私たちも彼らに何かを教える。私たちと彼らの違いという深い溝は決して埋まることはないだろうが、深い溝は埋められないというこの最悪の可能性を、はじめから想定すべきではないだろう。

一方、地球規模の対話という夢物語のようなものを準備する方法は、お互いの生活様式をできるかぎり思いやりを持って冷静に研究することである。現代パレスチナを理解することついて書いている勇敢なラジャ・シャハデの自己考察、「お前のエネルギーのほとんどは、自分の行動を周りがどう見ているかを感知する触覚を広げるに費やされている。なぜなら、お前が生き残るためには、自分が属する社会とうまくやって行くしかないからだ」[11]という自己考察を考えてみよう。私たちが、私たち自身の社会の問題について同じような考察を共有することができるなら、私たちの相互理解へと続く素敵な道の上にいることになるだろう。シャハデが正しいとするなら、パレスチナ社会は、「罰を下そうとしない者に罰を下せ」という有害なミームに取り憑かれている。このミームには(Boyd and Richerson, 1992 が最初となる)いくつかのモデルがあり、そのモデルによって、このミームはさらに探求されるべき特性を持つと予想されている。この特殊な特徴によって、それが存在しない社会ではうまく行くはずの善意の計画が失敗するという可能性がないわけではない。したがって、私たちの社会での良い政策は他の社会でも悪い政策にはならないだろうと、最初から決めてかかってはならないのだ。ジェシカ・スターンは次のように主張している。

私は、テロリズムを一種のウィルスとみなすようになった。それは、地球規模というレベルや各国間というレベル、また国内というレベルそして個人というレベルといった様々なレベルで、危険因子を抱えながら広がって行く。ところが、これがまさに危険因子だと特定することは、困難である。ある人をテロリストにしたと思われる同じ（政治的、宗教的、社会的、あるいは以上のすべての）要因が、他の人を聖人にするかもしれないのである（Stern, 2003, p.283）。

通信技術の発達によって、指導者が自国民に対して外部情報を遮断することはますます難しくなり、二一世紀の経済的現実によって、親が子供に行なうことができるもっとも重要な投資が教育であることがますます明らかになっている。したがって、水門は世界中で開かれているであり、それは強烈な効果を引き起こすだろう。宝物のような現代教育や、女性に対する平等な権利や、より良い医療や、労働者の権利や、民主主義の理想や、他の文化への開放性などだけではなく、大衆文化（ポップ・カルチャー）のがらくたも、自由社会の隅にたまったゴミくずも、比較的汚れのない地域に押し寄せて行くだろう。旧ソ連の経験が明確すぎるほど示しているように、資本主義とハイ・テクの最悪の特徴は、ミームの爆発的な増加において出現したもっとも頑丈な自己複製子の中にあり、そのため、外国人嫌いやテクノロジー嫌いの基盤が、時代遅れの原理主義の「清廉さ」が魅力的に見える基盤が、たくさん生み出されることになる。それと同時に、私たちは、アメリカの大衆文化に関して、あわてて謝罪すべきではない。確かに行き過ぎはあるが、こうした行き過ぎが平等主義と寛容さに背いているわけではない。このアメリカの強力な輸出品に対する憎悪をしばしば支えているのは、――アメリカの大衆文化にはアフリカ系アメリカ人の存在感が強いので嫌だという――人種差別主義や、――女性の地位を尊重し、同性愛に（比較的）寛容なので嫌だという――性差別主義なのである（たとえば、Stern, 2003, p.99 参照）。

ジャレド・ダイアモンドが『銃・病原菌・鉄』で示しているように、一七世紀西半球の人口を激減させたのは、ヨーロッパの病原菌だった。というのも、西半球の人々には、この病原菌に対する耐性を強くするための歴史がなかったからである。今世紀、備えができていない世界に大きな被害をもたらすのは、元気づけると同時に有害でもある私たちの様々なミームであるだろう。自由の有害な行き過ぎに耐えることができるという私たちの能力が、他の人々にもあるとか、もう一つの商品として輸出されるだろうとか、最初から決めてかかるべきではない。人間を教育する可能性は実際のところ限りのないものであるので、うまく行くだろうという希望はあるが、私たちのミームによる被害を避けるために必要な文化的な予防接種を作り、予防接種を必要とする人々の権利を尊重しつつ、接種を実行しなければならない。これは、社会的知識がさらに必要となるだけではなく思いやりと想像力と勇気も必要とする、ひどく複雑な緊急課題である。文化衛生（カルチュラル・ヘルス）を含むまでに拡大された公衆衛生（パブリック・ヘルス）は、次の世紀においてもっとも偉大な挑戦の領域になるだろう。[12]

　このような試みの勇敢な先駆者であるジェシカ・スターンは、彼女が行なっているような個人的考察ははじまりにすぎない、と指摘している。

> 個人のレベルでのテロリズムの根本原因の、厳密で統計学的に公平な研究には、同じ環境にある若者たち、同じ屈辱感を味わい、人権を侵され、近親者との死別を経験しながらも、自分たちの苦しみを非暴力的な手段で表現する方を選んだり、あるいはそれをまったく表現しないことを選んだ若者たちを、どう取り扱っていくかを考えることが必要だろう。精神科医や医師また様々な社会科学者を含む研究チームは、ランダムに抽出された対象者とその家族に渡す質問用紙と医学検査項目一覧を作成することになるだろう（Stern, 2003, p.xxx）。

私は第10章で、研究者は理解者になるために信者になる必要はないと述べた。私の意見は正しいと思ってほしいものだ。なぜなら、私たちは、研究者にイスラム教徒のテロ行為を内部から理解してほしいが、その研究過程でイスラム教徒に——もちろんテロリストに——ならなければならないと思ってはいないからである。(13) しかしまた、イスラム教徒のテロ行為を理解するのに先だって、ヒンドゥー教やキリスト教のテロリズムや環境テロリズムやグローバリゼーションに反対するテロリズムを含む別の種類のテロリズムと、それがどの点が似ていてどの点が似ていないのかを理解することができなければならない。さらに、イスラム教やヒンドゥー教やキリスト教のテロリズムを理解するのに先だって、比較的穏健な団体が、ガイアナのジョーンズタウンやテキサス州ワコ[9]や日本のオウム真理教で経験した悲惨な現象を引き起こすようなカルト集団へと変質していく際の力学を、理解しなければならない。

もっとも魅力的な仮説の一つは、これらの特に有害な突然変異が生じがちになるのは、カリスマ性を持つ指導者がミーム工学者になろうとする際に計算違いをし、〈初心者の魔法使い〉のようにもやは自分では制御できないミーム改良を開始する時である、というものだ。そうなると、指導者は幾分破れかぶれになり、坂から転げ落ちるように行き過ぎた行為を行なっていく。人類学者ハーヴェイ・ホワイトハウス(Whitehouse, 1995)は、第4章の最初に言及したパプアニューギニアの新宗教ポミオ・キヴング信仰の指導者に襲いかかった瓦解を、暴走ぎみの性的選択のようなものが支配的になったからだと説明している。指導者は、〈お前の言っていることを証明しろ〉という人々からのプレッシャーに応えなければならないので、かつては指導者に力をもたらしてきた主張や約束をどんどんエスカレートさせていく。虚言癖のある人は、嘘がばれそうになると、どんどん嘘に嘘を重ねていくことを思い出せば良い。〈交わりの時〉が近づいてきた、捧げ物としてすべての豚を殺せ、といったん命じたら、もはや後戻りはできない。〈交わりの時〉が来なかったらこう叫ぶのだ、われわれの不幸のすべての原因は、あいつらだ――異教徒だ！と。

複雑なことがたくさんあり、変化要因も多く存在する中で、私たちは上手に予測を立ててそれに従って行動することができるのだろうか？　できるのである。実際、そうしている。一つだけ挙げる。テロ行為が頻繁に起こるようになった所はどこでも、それに引き込まれた人々ほとんどすべては、世間について十分学んだ上で（マージョー・ゴートナーの餌食になった人々の将来のように）将来への展望が開けず日常に倦怠感を覚えている若者たちなのだ。

> 戦闘的な宗教集団――個々人が挙げる参加理由がどんなものであれ――に関してもっとも魅力的に見えるものは、生き方が単純化されるという点である。善と悪の区別ははっきりと浮き彫りにされ、人生は行動によって形を変えていく。殉教――英雄として賛美される至高の行為――は、とりわけ、深い疎外感や屈辱感を抱き、何をしたら良いのか分からず絶望している人々にとって、人生のジレンマからの最終的な逃げ道を準備する（Stern, 2003, pp.5-6）。

ごく近い将来、そのような若者がたくさん現われそうなのはどこだろうか？　多くの国々で現われるだろうが、とりわけ中国で現われるだろう。人口増加率を劇的に鈍化させ（また中国にものすごい勢いの経済成長力を持たせ）た厳格な一人っ子政策は、子供の男女比率をひどく不均衡にするという副産物を生んだ。誰もが男の子を持ちたかった（昔の経済環境において進化し繁栄したミームだが、もはや古くなって役に立たないミームである）ので、多数の女の子は中絶され（あるいは誕生時に殺され）たため、妻として必要とされる女性の人数が十分ではないという状態になっている。妻を見つけられない若者はどうするのだろうか？　男性ホルモンたっぷりのエネルギーが向かうことのできる良い方向づけを、数年で見つけ出さなければならない。

5　忍耐と政治

合衆国議会は、国教の樹立、または宗教上の行為を自由に行なうことを禁止する法律、言論または出版の自由を制限する法律、ならびに、市民が平穏に集会しまた苦情の処理を求めて政府に対して請願する権利を侵害する法律を制定してはならない。

アメリカ合衆国憲法修正第一条

伝統は、ただそれが尊敬されるべきであるかぎりにおいて、つまり、男性と女性の基本的な権利を尊敬するそのかぎりにおいて、尊敬されるに値する。

アミン・マルーフ『アイデンティティの名において――暴力と所属要求』

インターネットのことで神に感謝しよう。検閲を役に立たなくする――言ってほしくないことでも誰かが必ず言っている――ウェブがあるので、インターネットは危険を冒して語る知識人を輩出する場所になった。

イルシャド・マンジ『イスラム世界の問題』[14]

永遠の警戒は自由の対価である。

トマス・ジェファーソン（年度不明）ないしウェンデル・フィリップス（1852）

成長が速すぎるものがある。私たちは皆、幼年期から思春期を経て青年期へとぎこちない移行を経験しなければならないし、時として大きな変化があまりに早い時期に起こり、悲しむべき結果を引き起こしてしまうこともある。しかし、幼年期の純粋無垢な状態を維持し続けることはできない。誰でも成長しなければならない。私たちは互いに助け合わなければならないし、忍耐強くなければならない。私たちの前進をしばしば妨げてきたものは、過剰反応である。成長に時間をかけ、成長の手助けをしよう。そうすればより良い成長を目にできるだろう。信頼しなければならないのは、開かれた社会であり、知識であり、世界を住みやすい場所にしようとする絶え間ない努力であり、認めなければならないのは、人々が自分の人生を意味あるものとしたいという思いである。知りたいという欲求、目的や価値を手にしたいという渇望は、飽くなきものなので、良い方法あるいは少なくとも悪くないやり方が提供されないと、いつも有害な宗教の方に顔が向いてしまう。

何千人ものイスラム教徒の少年たちが他人の意見に耳を貸さなくなってしまうイスラム神学校(マドラサ)を破壊しようとするのではなく、それに代わる——イスラム教徒の少年と少女のための[15]——学校を作り、今彼らに本当に必要なものを教えるべきであり、このような学校とイスラム神学校とを、生徒の獲得で競争させるべきである。私たちは、どうすれば救済の約束と殉教の栄誉に競争を挑むことができるだろうか？　嘘をついて、人生では決して果たされることのない約束をすることができるし、もっと正直なことを試してみることもできよう。たとえば、どんな宗教の主張も話半分に聞いておくようにと言うことができる。また、宗教を議論や批判や異議申し立ての対象にならないとする世論の空気を変えようとすることもできるだろう。嘘の宣伝は嘘の宣伝でしかないのだから、宗教組織に対して——裁判所に訴えるのではなく、こんな主張は馬鹿げていると淡々とした調子で指摘することによって——その主張の説明責任を求め続けるなら、おそらく、簡単に信じてしまうという文化をゆっくりとなくして行くことができるだろう。私たちは、マス・メディアを通じて（「あなたは自分には口臭がないと思っていますか?」「鉄分を十分摂っていますか?」「加入している保険会社は最近あなたのために何をしてくれましたか?」といった）疑問を投げかける技術を習得しているので、この技術を利用して、これまで手出しできなかった（オフ・リミット）テーマについて考えてみることもできる。正直な宗教は、そのメンバーは十分に正しい情報を与えられた上での選択者として自分が何を望んでいるのかを知っているので、繁栄させれば良い。

しかし、このような競争が起こる場所となる風景には特殊な所があり、まずそれに手をつけなければならない。この風景には特に舗装しておかないと奈落の底に落ちてしまうものがある。それは、「聖なる土[10]」という伝統である。イスラエル人で以前テロリストだったヨエル・ラーナー[11]という人物がいる。スターンは彼の言葉を引用している。

> 彼は手短に次のように述べている。「律法（トーラー）には六一三の指示があります[12]。寺院（テンプル）が行なうべきことは、そのうちの約二四〇を占めています。エルサレム神殿の破壊以後およそ二千年もの間、ユダヤの民は、その望みに反して、寺院が行なうべきことを行なってもらえない状態が続いています。つまり、その指示に従えない状態が続いているのです。エルサレム神殿は、神とつながる一種の電話回線でした。その通信手段が破壊されたのです。私たちはそれを再構築したいと思っています」(Stern, 2003, p.88)。

馬鹿げたこと（ナンセンス）だと、私は言いたい。仮想の事例をあげてみよう。（自由の女神が立っている、かつてはベドローズ島と呼ばれた）リバティー島が、以前モホーク族の人々[13]——たとえばロングアイランドの近郊のシンネコック族の人々――の埋葬地であったとしよう。さらに、そのモホーク族の人々が（カジノもない、自由の女神もない、大きな神聖なる墓地だけの）もとの状態に戻すべきだと主張したとしよう。馬鹿げたことである。こんな理不尽な要求をしたモホーク族の人間は、仲間の勇者たちを激怒させてしまうだろう。これは、もう歴史的出来事――エルサレム神殿と比べればはるかに新しい歴史的出来事――なのだから、滑らかに過去へと退かせて良い事柄なのである。

聖なる伝統は左利きの人間が奴隷になることを求めているとか、ノルウェーに住む人間は殺されるべきだとか、宗教に主張させるべきではない。それと同様に、何世代も「聖なる」場所に悪意なくに住み続けている「異教徒」にはそこに住む権利はないと主張させるべきではない。もちろん、意図的に新しい入植地を作って、そのような「悪意のない」人々をわざわざそこに住まわせ、もともと住んでいる住民の権利を奪うという〔イスラエルの〕政策には、責められるべき欺瞞がある。これは何世紀も時間を戻そうとする政策である。西半球のほとんどを征服したスペイン人は、征服した土地にあった寺院を破壊してキリスト教の教会を建てようとしてきた。去る者は日々に疎し。[14]紛争の当事者は双方とも、批判を免れることはできない。もし、「聖なる土」という伝統全体とその場所を占有することの価値を減じることができるなら、住むことにまつわる不正行為をもっとちゃんと考えることもできよう。

あなたは、これに関して私と意見を同じくしないかもしれない。結構である。冷静かつ率直にそれを議論しよう、ただし、そのような議論には場違いの神聖なるものに訴えるという手段は使わないでほしい。もし「聖なる土」に関する主張に敬意を払い続けるべきだということになったとしたら、その理由は、すべてを考慮して、これこそ正しい取るべき行動であり、それは生を育むものであり、平和への最善の道である、ということになるだろう。この理由に当てはまらないどんな政策も、尊敬に値しないことになる。

そのような率直な議論を支えるのは、自由社会の安全性である。妨害行為が続くなら、警戒を怠ることなく、民主主義の制度と原理原則をその妨害行為から守らなければならない。マルクス主義を覚えているだろうか？　マルクス主義者のお気に入りの観念の矛盾をからかうことが、意地の悪い楽しみだった時代があった。プロレタリア革命は不可避だ、良きマルクス主義者はそう信じていたが、もしそうなら、なぜ自分たちの主義主張を支持してほしいとあんなにも願ったのだろうか？　それがともかくも起こる予定なら、私たちが支持しようとしまいと、起こるはずなのだ。しかし、マルクス主義者が信じた不可避性は、もちろん、革命運動の拡大と個々の政治活動全体に依存するものでしかない。革命を起こそうと一生懸命活動したマルクス主義者はいたが、結局成功は保証されているのだと信じ込むことだけが、彼らの慰めだった。本当に危険な一部のマルクス主義者だけは、自分たちの運動の正当性を固く信じていたので、運動を進めるためには嘘をついても欺しても良いと考えていた。彼らは、自分の子供に幼い頃からこれを教え込んだ。これが、アメリカ共産党の強硬派の子供たち、「赤いおむつの赤ん坊」である。成長した彼らの一部は、今なお左派団体の政治行動に影響を与えているのが見られ、まともな社会主義者や左派の一部をひどくイライラさせている。

今日、〈終わりの時〉、〈イエス・キリストの再臨〉、最後の審判において天国に召される者と地獄に堕ちる者とが分かたれる〈ハルマゲドン〉の到来の不可避性を主張する宗教右派〔保守派〕にも、同様の現象が見られる。世界の終わりが近づいていると公言してはばからないカルト集団と予言者は、数千年間ずっと存在しているが、彼らが自分の計算違いに気づいた時彼らを嘲笑するのも、意地の悪い楽しみだろう。しかし、マルクス主義者と同様に、「不可避なものをもっと速やかに到来させ」ようと努力する者たちがいる。単に〈終わりの時〉を喜びを抱きながら待ち望むのではなく、それが到来するための条件だと考えられるものを実現するために政治行動を行なうのである。これらの人々は、まったく笑えるような存在ではない。〈赤いおむつの赤ん坊〉が危険であるのとまったく同じ理由で、危険きわまりない。というのも、彼らは、民主主義や平和や（地球規模の）正義――そして真理――のために献身するのではなく、彼らの教義に忠誠心を抱いているからである。いざとなったら、彼らの一部は嘘をついたり、殺したり、罪人とされる人々に天誅を下すためなら何でもする。彼らは狂信的な過激派集団だろうか？　確かに、彼らは危険なほど現実離れしている。しかし、彼らが何人いるのか知るのは難しい。(16)数は増えているのだろうか？どうもそのようだ。彼らは、世界中の政府で力と影響力の持てる地位を得ようとしているのだろうか？これも、そのようだ。私たちは、このような現象についてすべてを知るべきだろうか？　もちろん、知るべきである。

何百ものウェブサイトがこの現象を扱っているとされるが、どれが正確なものとみなされるべきか分からないので、リストは挙げられない。このこと自体がとても困ったことであり、それだけで〈終わりの時〉運動全体の客観的研究を、とりわけ政府や軍の権力ある地位にその狂信的信奉者がどれだけいるのかについての客観的研究を行なうのに十分な理由となる。私たちができることは何なのだろうか？　この広がりつつある風潮の全面的開示を求めることができる最善の地位にいる政治的指導者こそ、無神論者やブライトを恐れる人々によってもほとんど異議を唱えられることのない人々である。たとえば、ワシントンD・Cに何十年も影響力を持ち続けている秘密主義のキリスト教組織「ファミリィ」（つまり、「フェローシップ財団」）のメンバーである上院議員チャールズ・グラッスリー（アイオワ州・共和党）、ピート・ドミニッチ（ニューメキシコ州・共和党）、ジョン・エンサイン（ネバダ州・共和党）、ジェームズ・インホフ（オクラホマ州・共和党）、ビル・ネルソン（フロリダ州・民主党）、コンラッド・バーンズ（モンタナ州・共和党）と、下院議員ジム・デミント（サウスカロライナ州・共和党）、フランク・ウルフ（ヴァージニア州・共和党）、ジョセフ・ピッツ（ペンシルバニア州・共和党）、ザック・ワンプ（テネシー州・共和党）、バート・ステューパック（ミシガン州・民主党）の十一人である。[17] イスラム教徒の過激な行為を世界からなくしてほしいと期待されているイスラム世界の穏健な指導者と同じように穏健な、これらのキリスト教徒は、影響力もあるし知識もあるし、自分たちの宗教的な目的の成就のために民主主義を裏切る連中から国民を守る責任もある。もちろん、二一世紀の今日、マッカーシズム[15]を再び体験したくはないので、この仕事は、超党派で、世論の監視の下、最大限の情報公開と説明責任を果たすことで、行なわれなければならない。しかし、どの宗派に属しているかやどのような宗教的確信を抱いているかを率直にかつ徹底的に調査することに反対する伝統的なタブーは、もちろん破られることになるだろう。

　結局のところ、私が何よりしてほしいことは、世界中の人々が穏やかにまたしっかりと教育を受けることであり、そのようにして、自分の人生に関して〈正しい情報を与えた上での選択〉を行なえるようにすることである。[18] 無知は恥ずべきことではない。無知を強いることこそが、恥ずべきことなのだ。ほとんどの人々は、その無知ゆえに責められるべきではないが、その状態のままでいようとするなら、責めを負うべきである。これはわざわざ提案する必要もないほど明らかなことだと考えるかもしれないが、多方面で、この提案にはかなりの抵抗があるのである。人々は、自分の子供より――とりわけ、自分の娘より――無知であることを恐れている。私たちは、自分の子供に教えられるようなことがあったとしても、それはすばらしい喜びであり、誇るべきことだと、彼らを説得しなければならないだろう。前の世代の人間が彼らのために作り上げ維持してきたものを土台として、私たち皆が安心して未来へと進んでいけるどんな制度を子供たちが作り上げ、どんな計画を実行するのかを見るのは、何とも魅力的なことではないだろうか？

補論A　新しい自己複製子

（第3章一二四頁を参照。本稿は『進化百科事典』（Oxford University Press, 2002）から許可を得て再録）

以前から明らかなように、自然選択の過程は原理的に基体-中立的であるので、進化は、

一、自己複製
二、変動（突然変異）
三、差異化的適応度（競争）

という三つの条件がそろえば、いつでもどこでも生じる。

ダーウィンの用語法を使えば、「激しい生存競争のもとで（三）」「変様をも伴う（二）子孫発生（一）」がある場合、競争のおかげでより良い素質を備えた子孫が栄えるだろう、ということである。周知のように、地球上の生命に最初の二つの条件を保証している唯一の物質的基体は、ＤＮＡ（とそれを取り巻く遺伝子の発現、転写、翻訳のシステム）であり、第三の条件を保証しているのは、この惑星の有限性であり、もっと直接的には環境からの無数の挑戦である。これまた周知のように、ＤＮＡは、痕跡しか残していない初期の変種や、ＲＮＡウィルスとプリオンのような現在も存在しているものに打ち勝った。これとは

まったく異なった進化に関わる基体がこの惑星上に存在するだろうか？　最善の候補は、ホモ・サピエンスという一つの種の——計画的ないし無計画の——脳の産物たちである。

ダーウィン自身、例として単語を挙げている。「単語の生存競争において、ある特定の単語が好まれて生き残りまた保持されるというのは、自然選択である」（Descent of Man, 1871, p.61）。[1] 何十億もの単語が、毎日口にされ（あるいは書かれ）るが、そのほとんどすべては、——以下で論じられるような意味で——それを口にする人々によって以前知覚された単語の複製物である。複製は完全ではなく、発音や抑揚や意味（書き言葉であれば綴り方）に変動や変異が起こる場合が多々ある。さらに、単語は、自己複製を繰り返しながら大まかな形で[2]いろいろな系統に分かれて行く。たとえば、ある単語の子孫を、ラテン語からフランス語、ケイジャン語へと辿ることができる。単語は、多くのメディアで放送時間や印刷場所をめぐって競争しており、ある単語は時代遅れになって使われなくなり、ある単語は単語集積所（プール）から出て行っていなくなる。他方において、別の単語が出現し繁栄しはじめることもある。*Controversy*〔論争〕がある分野では*conTROVersy*という表記が定着しはじめ、他の分野では*CONtroversy*という表記が定着しはじめると、「問題を提起し合う」というもともと持っていた意味もある領域では別の意味に取って代わられている。言語に認められる歴史的変化は、ダーウィンの時代からダーウィンの観点や他の観点から研究され、今日の多様な言語を生み出してきた過程で生じた複製や変動や競争について多くのことが知られている。たとえば、生物情報学（バイオインフィマティックス）において使われる現代の進化生物学の研究方法のいくつかは、実際には、古文書学者や初期の歴史言語学者によって行なわれたダーウィン以前の研究の子孫である。ダーウィンが指摘しているように、「様々な言語が形成されて行くことと、異なる種が生じてくること、そしてそのどちらも漸進的な過程によって進んできたという証明は、奇妙にも一致している」（1871, p.59）。[3]

しかしながら、単語、そしてそれらが住み着いている言語は、文化的に伝達されてきたとみなされる唯一のものではない。模倣によって広がった人間の他の行為や実践も、人間以外の動物の習慣のいくつかと同様に、潜在的な自己複製子とみなされてきた。これらを伝達する媒体（メディア）の物理的基体は、実際多様であり、音声もあれば、伝達媒体（ヴェクター）の行動において見たり触れたりできるものすべてがそれに含まれる。さらに行動はしばしば、人工物（道、住居、武器……信号（サイン）あるいは象徴（シンボル）など）を生み出す。これらの人工物は、これらを生み出す行動よりも複製目的を示すより良い事例とみなされる。なぜなら、それらは、時間を通じて比較的安定性を持ち、したがって、ある意味でコピーしやすく、それだけ切り離して動かせたり――種（たね）と同じように――蓄えておけるからである。人間が作った人工物の一つ、豊富なコピー能力を備えたコンピュータは、最近、人工的な進化実験のまったく新しい基体となっている。この実験は、きちんとした意図を持ってなされているものもあれば何の意図も持たない形でなされている場合もあるが、急増していることには間違いはない。特に利用されているのは、ビット[4]で形成された情報にすぎない繁殖体（ムカゴ）が即座に分散できるように接続（リンク）されているコンピュータ群の巨大なネットワークである。このようなコンピュータ・ウィルスは、二進数字の単なる列にすぎないので、自己複製を効果的に行なうことができる。それは、高分子ウィルスと同様に、ネットワーク上で出会った自己複製可能な機器に侵入できる表現型的な概観を持つ情報の塊[5]でしかないので、軽やかの移動できる。最後に、〈人工生命〉という新しい領域の研究者たちは、仮想的（ヴァーチャル）（擬似的、抽象的）であると同時に現実的（ロボット的）な自己複製的行為主体を生み出したいと思っている。この自己複製的行為主体は、自らが位置づけられた適応の地形を探索するために進化アルゴリズム[6]を利用することができ、炭素を基盤にした生命形態とはまったく異なった形ではあるが、左記の三つの条件に出会う過程でより良いデザインを生み出すことができる。一見したところ、これらの現象は、

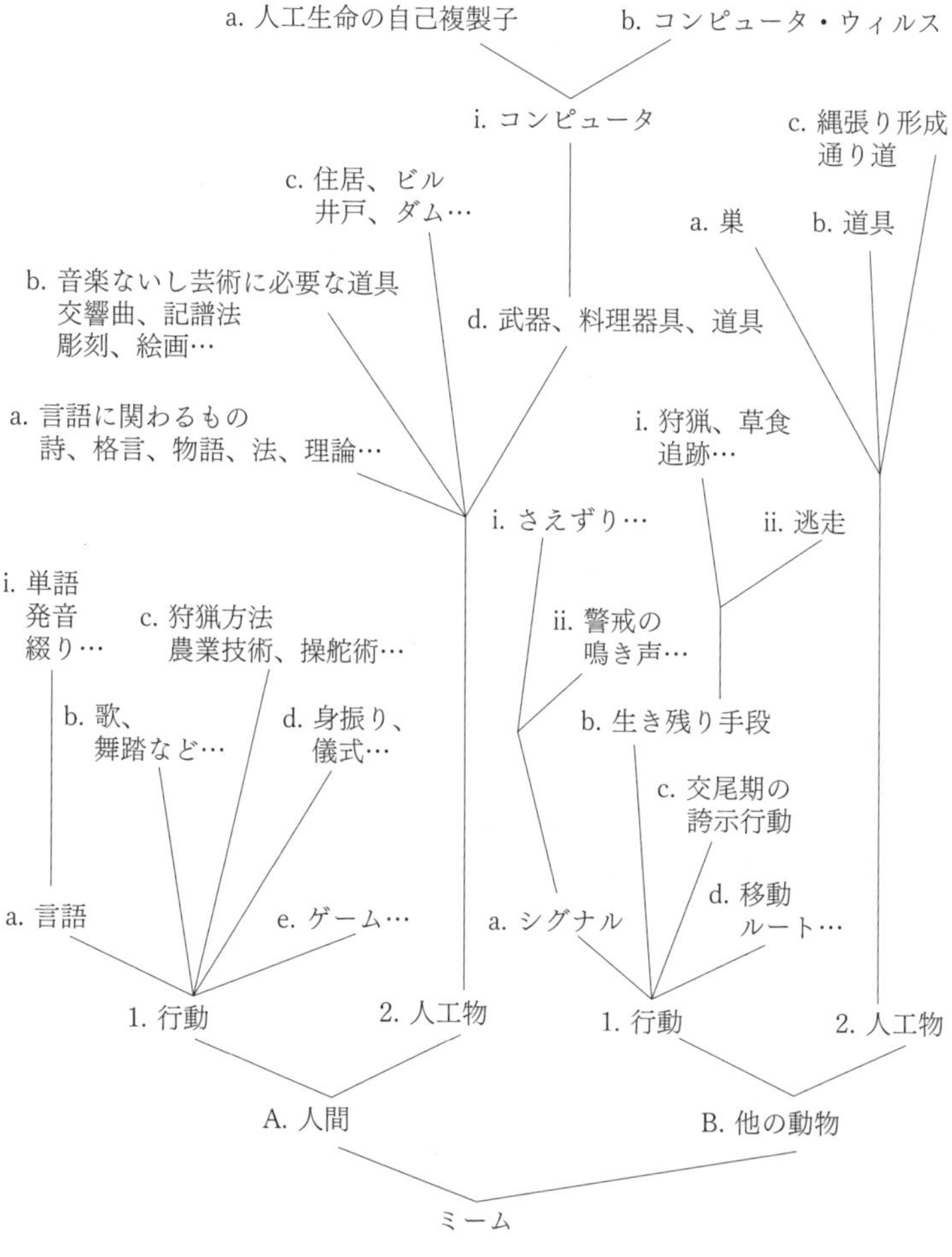
a. 人工生命の自己複製子
b. コンピュータ・ウィルス
i. コンピュータ
c. 縄張り形成
通り道
c. 住居、ビル
井戸、ダム…
a. 巣
b. 道具
b. 音楽ないし芸術に必要な道具
交響曲、記譜法
彫刻、絵画…
d. 武器、料理器具、道具
a. 言語に関わるもの
詩、格言、物語、法、理論…
i. 狩猟、草食
追跡…
i. さえずり…
ii. 逃走
i. 単語
発音
綴り…
c. 狩猟方法
農業技術、操舵術…
ii. 警戒の
鳴き声…
b. 歌、
舞踏など…
d. 身振り、
儀式…
b. 生き残り手段
c. 交尾期の
誇示行動
a. 言語
e. ゲーム…
a. シグナル
d. 移動
ルート…
1. 行動
2. 人工物
1. 行動
2. 人工物
A. 人間
B. 他の動物
ミーム

新しい自己複製子の簡単な分類

進化する存在の単なるモデルにすぎず、それがモデルとしての環境で繁殖にするにすぎないと思えるかもしれない。しかし、抽象的な実演的立証（デモンストレーション）と現実の世界への応用との境界は、何よりもこれらの進化現象によって簡単に越えられてしまう。というのも、土台にある進化アルゴリズムは、基体－中立的だからである。人工物の自己複製子は、研究者たちのコンピュータというもともといた環境から逃れ、インターネットという豊かな新しい媒体の中で、それ特有の「命」を持つようになれるのである。

新しい自己複製子のこれらすべてのカテゴリーは、ウィルスと同じように、生物学的進化という親とも言える過程によって作られると共に直接・間接に維持管理されている複製機構に依存していると考えられる。もしすべてのDNA生命体が絶滅したら、そのすべての習慣とそれに伴う習慣も、その人工物とそれに伴う人工物も、一緒に死滅してしまうだろう。なぜなら、（複製機構と複製機構を作動させるエネルギーという）再生に必要不可欠なものを失ってしまうからである。もしかしたら、これはこの惑星の永続的な特徴ではないかもしれない。コンピュータ・ネットワークとロボット制作と修復能力が私たちによる大がかりな維持管理を要求するのは当分の間だけで、ロボット工学者ハンス・モラベック（Moravec, 1988）が指摘したように、電気的エネルギー（ないし光のエネルギー）で動くシリコンを基盤とする人工物が完全に自立し、自己複製できるようになって、この人工物を作った炭素を基盤とする存在に依存するのをやめるかもしれない。この、ずっと先にもしかしたら起こるかもしれないことは、しかしながら、進化の必要条件でも生命自身の必要条件でもない。結局のところ、私たち自身の自己複製と維持管理は、何十億ものバクテリアに完全に依存しており、それなしには新陳代謝が行なえないように、もし私たちの人工物の子孫が、自分のシステムを保ち稼働し続けるために私たちの生物学的子孫を利用しなければならないとしたら、この生命の樹の枝が増えることはあっても減ることはないだろう。

進化論の多くの分類と同様に、枝分かれをどこにし、それを何と名づけるかは、難問であり論争の対象である。そのような難問には本質的なものもあるが、どの用語を使うかに関する意見の不一致にすぎないものもある。動物学者リチャード・ドーキンスが一九七六年の著作『利己的な遺伝子』のある章で、「ミーム」という用語を作り出し、この用語は流行することになった。彼は鳥のさえずりを取り上げて、「新しい自己複製子」に関する議論の扉を開いた。[7] しかし、この用語を使おうと決めた人々でも、ミームを人間の文化に限定しようと考えていた。警戒の鳴き声や巣の作製方法やチンパンジーが使う道具のような進化した動物の伝統もミームと呼ばれるべきだろうか？　ジョン・タイラー・ボナー（Bonner, 1980）やエイタン・アヴィタルやエヴァ・ジャブロンカ（Avital and Jablonka, 2000）のような、主に動物における文化的伝達を研究している研究者は、この用語を使うのを嫌っており、ルイジ・ルカ・キャヴァリ＝スフォルツァやマーカス・フェルドマン（Cavalli-Sforza, and Feldman, 1981）やロバート・ボイドやピーター・リチャーソン（Boyd and Richerson, 1985）のような人間の文化的進化について書いている人たちも、別の用語を使うことを選んだ。しかし、「ミーム」という単語が英語という言語に足場を確保し、もっとも新しい『オックスフォード英語辞典』に「遺伝子のレベルではない手段で伝達されるとみなされる文化の要素」という定義がなされて掲載されてから、文化を基盤にした自己複製子――もしそのようなものがあれば――を指す一般的な用語として採用して良い状況になっている。これがミームだと言える条件に関してまだ論争のあるような用語を使いたくないと思っている人々が考えるべきなのは、同じような論争がその対応物である「遺伝子」の定義の仕方に関して続いており、論争が続いているからといってこの「遺伝子」という用語を完全に捨ててしまった方が良いと言う人はほとんどいないということである。

ミームには、動物の伝統だけではなく、コンピュータを基盤にした自己複製子も含まれる。理由は二つある。まず、コンピュータ自体とその維持管理、そしてその操作は、まさに人間の文化に依存しているからであり、第二に、コンピュータ・ウィルスとずっと伝統的な人間のミームとの境界は、すでにぼやけてしまっているからである。実際、簡単なコンピュータ・ウィルスは、「私をコピーせよ」という命令を含んでおり、この命令は機械語で直接コンピュータになされるもので、コンピュータ・ユーザーにはまったく見えない。淡水魚を釣って食べたために、それとは気づかずに摂取してしまった毒素と同じように、コンピュータ・ウィルスは、ユーザーが置かれている環境の要素ではあるが、ユーザーの文化的環境の一部ではない。しかしながら、少なくとも「本物の」コンピュータ・ウィルスのような広範に広まる感染力の強いウィルスは、偽のコンピュータ・ウィルス警報をユーザーに向けて自然言語で出す。このようなウィルスは、インターネット上で複製されるために、理解力のある（しかし欺されている）人間という伝達媒体に依存しているので、ミームとして理解して良いものの中に確かに含まれる。またその中間に位置しているコンピュータ・ウィルスもある。それは、おもしろそうなあるいは扇情的なコンテンツを約束することで添付ファイルを開くように人間のユーザーをそそのかす（添付ファイルを開かせることによってコピーせよという不可視の命令を実行させる）ものである。これもまた、人間の理解に依存している。なぜなら、ドイツ語で書かれたものなら、（オンラインの翻訳サービスが普通に使われるようになれば、事態は変わって行くかもしれないが）英語だけを使うユーザーのコンピュータに即座に広がることはないだろうからだ。ウィルスとアンチウィルス〔ウィルスの検出と駆除〕との軍拡競争では、人間の利害関心がさらに巧みに利用されると予想されるので、これらすべての自己複製子をミームの範疇に入れ、その一部は人間という伝達媒体を間接的に利用するだけなので人間の文化の要素であるのはただ間接的なだけだと指摘するのが一番良いように思われる。境界を定めようとしても、それをすり抜けて行くものが発見されはじめている。

かつて正しいとされていたのは、歌や詩や調理法(レシピ)のような古典的ミームの差異化的複製は、人間の脳に住みつく競争に勝利するかしないかにかかっているということだった。しかし今は、ウェブ上の多数の検索エンジンが立案者と（人間の）読者・視聴者の間に入り込み、文化的なものをどれだけ高性能に検索できるかを競争しているので、ひどく適応度の異なるミームたちが、人間の評価や認識とはまったく無関係に蓄積されることが可能である。ある本の巧みに変えられた一節が、その本を読んだ人間が誰もいないのに、多くの検索エンジンによって検索項目化され、新しい常套句として言語の一部になるような日が来るかもしれない。

分類と個体化の問題

分類にまつわる問題の中には、まだ十分に明確化されていない歴史的事実に依存している本質的な問題もあれば、現象をどのように分けて行くのが一番明解かという理論家の戦術的な問題もある。すべてのコンピュータ・ウィルスは〈人工生命〉への最初の侵略者の子孫なのだろうか、あるいは、少なくともその一部は知的な働きとは独立に生まれてきたとみなされるべきなのだろうか？　コンピュータ・ハッカー[8]はすべて〈人工生命ハッカー〉というわけではないし、コピーされるものをどのように特徴づけるかという まだ答えの出ていない問題もある。もしあるハッカーが誰かからコンピュータ・ウィルスについての一般的なアイデアを手に入れ、まったく新しい種類のコンピュータ・ウィルスを作ったとしたら、この新しいウィルスは、それを作り出すように促したウィルスを変化させたものだという意味でそのウィルスの子孫なのだろうか？　ハッカーが、もとのウィルスのデザイン要素をまったく持たない新しいものに改造した場合はどうだろうか？　自動的なコピー作業がどれだけ存在しているのだろうか、あるいはまた、複製の場合、複製を理解した上で複製が開始されるのはどれだけあるだろうか？（この問いはさらに続いて行く）動物の世界で種の違うもの同士でミームをコピーし合うことはあるのだろうか？　北極グマは、盛り上げた雪で巣穴を作るが、そこには冷気を排出するためのすき間が開けられている。北極テクノロジーにおけるこの賢明なる流行（トレンド）は、（今となっては）完全に生得的なものなのだろうか、それとも子グマが母グマの様子を見てコピーしなければならないのだろうか？　同様のものがイヌイットのイグルーつまり氷の家にも見られる。イヌイットは北極グマからこの伝統をコピーしたのだろうか、それとも、それとは無関係の発明なのだろうか？　ある種が他の種の警戒の鳴き声に注意を向け、独自の警戒の鳴き声の伝統を発達させて行くといったことが、今まで起こったことがあるのだろうか？　警戒の鳴き声ミームは種から種へと広がるのだろうか、警戒の鳴き声は種の内部で考えられるべきで、様々な警戒の鳴き声は相互に無関係だとみなされるべきなのだろうか？

イライラするようなこれらの問題は、さらにミームの個体化という別の問題を生み出す。（英語の）単語としての「ウィンドサーフィン」は（言語‐中立的な）ウィンドサーフィン・ミームと区別されるべきなのだろうか？　これらは、二つのミームなのだろうか、一つのミームなのだろうか？　パンク・ロックとグランジ・ロックのような音楽スタイルは、そういう名前を持つ前からミームとみなされるのだろうか？　もちろんである。名前‐ミームと協力することは、疑いもなく、ほとんどすべてのミームにとって適応度を高める優れた働きをする（じわじわ広がって行くかどうかにかかっているミームは例外であるかもしれない。たとえば、男性優位主義のような名前－ミームによる新語作製は、潜在的伝達媒体の免疫反応のようなものに感知されて、男性優位主義の広がりをむしろ妨げるかもしれない）。[9] 人間のどんなミームでも、認識されている環境の中で目立つようになれば、ただちにそれを認識した人の誰かによって名づけられ、名前－ミームとその名前を与えられたもののミームがその後しっかりと結びつき、必ずしもいつもというわけではないが運命を共にする（これがブルースだとされる音楽的特徴は、実際にブルースを演奏し聴く人々によってブルースとは呼ばれない要素もたくさん含まれている）。はっきりと認識されないミームが繁殖することもありうる。たとえば、ある単語の発音や意味の変化が、鋭い耳を持った言語学者や文化学者に注目される前に、大きな共同体に定着して行くこともある。せいぜいぼんやりとしか認識されてこなかった様々な文化的パターンの中に進化する流行を発見し意見を述べることで生計を立てている人々――文化人類学者やコメディアンや他の分野の社会科学者――が数人以上はいる。

理論的方向性をめぐるこれらの問題が解決するまで、ミームを疑う議論は広がり続けるだろうし、それなりの力を持つだろう。多くの評論家は、社会科学や人文科学の問題を文化的進化という観点から作り直してみるという提案に、はっきり反対しており、この反対論はしばしば、「ミームが存在する」ことを証明してみろという挑発的な見地から表明される。たとえば、こうである。

遺伝子は存在しているが、ミームとは何なのだろうか？　ミームは何で作られているのだろうか？　遺伝子はＤＮＡで作られている。ミームは、文化適応した人間の脳のニューロンの活動パターンで作られているのだろうか？　ミームの物質的基体は何なのだろうか？

ミームの擁護者でも、ミームと脳の特定の状態とを同一視する試み——もちろん、まだ先の見通しが全然立たない試み——を支持する議論を展開する人々がいる。しかし、脳がどのようにして文化的情報を蓄積するかに関する現今の理解からすれば、脳の特定の状態を、ある特定のミームの物質的基体として取り出し、これこそまさに、どんな脳にでも共通の、このミームに対応する脳の状態だとは言えそうにない。蝿のゲノムだろうと、魚のゲノムだろうと、象のゲノムだろうと、目を作る遺伝子のいくつかは特定可能だと判明しているが、遠近両用メガネ着用・ミームを、ニューロンの活動パターンと一対一に対応するものとして取り出せると予想できるような根拠はない。つまり、遠近両用メガネを発明したベンジャミン・フランクリンの脳と、それを着用している人々の脳には、共通のブレイン・コード[10]で遠近両用メガネという観念が「綴られている（スペル）」可能性はきわめて低い。その上、これが科学的に信用されるものになって行くだろうという想定自体、誤った類推に基づいている。進化論者ジョージ・ウィリアムスは、一九六六年の著作『適応と自然選択』で、遺伝子に関する影響力のある定義を述べている。つまり、遺伝子とは「内因的変化を伴う可能性のある遺伝的に継承される情報」であるという定義である。一九九二年の著作『自然選択——領域・レベル・挑戦』の中でこの定義をさらに強調し、「遺伝子はDNA細胞ではない。それは、分子によってコード化された転写可能な情報のことだ」と述べている。

　遺伝子、遺伝子のレシピは、ただ一つの基準になる言語によって、DNAという物質的媒体にすべて書かれている。DNAの二重らせん構造を構成する単位はヌクレオチドであり、このヌクレオチドは糖とリン酸と塩基の三つで構成され、ヌクレオチドを構成する塩基は、アデン（A）、シトシン（C）、グアニン（G）、チミン（T）の四つの内の一つであり、四つの内の三つの塩基によってどのアミノ酸が作られているかが決められている。天然痘のDNAがこの世からすべてなくなったと考えてみよう。もし天然痘のゲノムが保存され（たとえば、ヌクレオチドがA、C、G、Tという文字に翻訳され、コンピュータのハードディスクに保存され）ているのなら、天然痘は完全になくなってしまったわけではない。天然痘はいつの日か自分の子孫を持てるかもしれないのだ。なぜなら、その遺伝子は、ウィリアムズが「情報のパッケージ」（Williams, 1992, p.13）と呼ぶものとして、ハードディスクの中に依然として存在しているからである。

ミーム、文化的なもののレシピも同様に、（魔法ではないのだから）存在し続けるために物理的な媒体を必要とする。しかし、ミームは、言語から言語へ、言語から図表へ、図表から繰り返される行動などへと翻訳されることで、媒体から媒体へと飛び移ることができる。チョコレート・ケーキのレシピは、紙にインクで英語を使って書かれていようと、ビデオ画面でイタリア語で説明されようと、コンピュータのハードディスクに図解されたデータとして蓄えられていようと、保存され、伝達され、翻訳され、コピーされる。プディングの味は食べてみてわかる〔論より証拠〕なのだから、レシピが物理的コピーのどれかによって複製される可能性は、（主に）そのケーキがどの程度成功するかによって決まる。何をもって成功したと言えるのか？　それは、宿主にもう一度同じケーキを作らせることだろうか？　ふつうは、宿主にレシピの別のコピーを作らせ、それを伝達させることの方が、はるかに重要である。結局、重要なことはそれだけだ。そのケーキは、それを食べる人々の適応度を高めないかもしれない。もしかしたら、その人々の害になるかもしれない。しかし、ミームは、自分のレシピを伝達するように人々を駆り立てることができるなら、繁栄するのである。

これはおそらく、ミームという視点から作り直された研究によって可能になるもっとも重要な大革新である。ミームは、その宿主である人間という伝達媒体の遺伝的適応度に貢献しようがしまいが、自己複製子として自らの適応度を持っている。ドーキンスは、「単にそれ自身にとって有利だというだけの理由で文化的な特性が進化しうる、そんな進化の様式がありうるなどとは、これまで考えられもしなかったことである」(Dawkins, 1989, p.200 of rev. ed)[11]、と主張している。人類学者F・T・クローク(Cloak, 1975)はまた、「文化的な［このようにせよという］指示の生存価(サヴァイバル・ヴァリュー)は、その機能と同じである。それは、まさに生き残る(サバイバル)――自己複製つまりレプリカの――ための価値(ヴァリュー)である」と述べている。

ミームがどんな物質でできているのか分からないという理由から「ミームが存在する」ことに疑問を持つ人々は、単語が存在することに対して同じように疑いを持っているかどうか、自問してほしい。「猫」という単語は何でできているのだろうか？　単語は、人間の活動の、それとして見分けられる産物である。単語は多くの媒体(メディア)に侵入し、複製される過程で基体から基体へと飛び移ることができる。単語は現実的(リアル)なものだという評価は、単語が抽象的なものだからといって少しも疑問視されることはない。先の分類において、単語はミームの一つの種にすぎず、他の種のミームも、単語と同じ種類のミームなのである――ただ、単語と違って発音されたり綴られたりできないだけのことなのである。ダンスを可能にするミームがあるし、歌うことを可能にするミームがあるし、演奏を可能にするミームもあれば、入手できる建築材料で何かを作り出すことを可能にするミームもある。「猫」という単語は、紙の上のインクで作られているのではないし、チョコレート・ケーキのレシピは、小麦粉とチョコレートで作られているのではない。

遺伝子に関しては、四つの要素からなるDNAコードがあって、それが遺伝子の個性を決定するのであるが、ミームに関しては、ミームの個性を決定するのはこのコードだと言えるような唯一のコードはない。これは重要な差異ではあるが、その重要性は低い。言語の消滅という現在の流れが今のペースで続くならば、そう遠くない将来、地球上のどの人も同じ言語を話しているだろうし、その場合には、ミームと（一対一に対応することになる）その口頭表示とを同一視するという（抵抗すべき！）誘惑に抵抗するのは難しくなるだろう。しかし、非言語的な文化物が複製される際の多様な媒体はもちろんのこと、多様な言語が存在するかぎりにおいて、ミームは「情報のパッケージ」であるという抽象的でコード・中立的な理解を厳格に守り続けた方が良い。しかし他方において、高度な再現性を持つ自己複製が起こるためには何らかの「コード」が存在していなければならないということもまた、心に留めておいた方が良い。コードは、再現性の高いあらゆる自己複製システムにおいて、重要な役割を果たしている。なぜなら、コードは、有限な規範を提起することによって、修正や校正が軽率になされるのを防ぐからである。しかし、コードというもっとも明確な場合でさえ、多様なレベルの規範がしばしば存在している。トミーが黒板に“SePERate”という文字を書き、ビリーがそれを“seperate”と書いて「コピー」したとしよう。すべて小文字でそろえたということは、ビリーがトミーの書いたものを盲目的にコピーしているのではなく、むしろ、小文字の“s”、小文字の“e”を使えという規範として認められている行為を実行するように促されていることを示している。ビリーがトミーの書いた単語をちゃんと「コピー」できるのは、このような文字－規範のおかげである。しかし、ビリーは、トミーの綴りの間違いもコピーしている。それとは違って、モリーは、単語の綴りというレベルにあるより高い規範に従って、“separate”と書いて、トミーが書いたもの「コピー」した。その後サリーは、もう一歩先に進み、――辞書にちゃんとのっている単語で書かれた――“separate butt equal”というフレーズを「コピーする」際、フレーズ・レベルの知られている規範に従って、“separate but equal”と書いた。[12] もっと高いレベルの規範にまで行けるだろうか？　もちろん。「卵を三つ割って、黄身をメレンゲ状になるまでかき混ぜる」というレシピの一文を「コピーする」時、「黄身」を「白身」に置き換える人は誰でも、誤りを見つけそれを訂正できるほど料理について知っている。綴り方の規範と統語論的な規範だけではなく、意味論的な規範の宿主も存在している。

規範は、自己複製を妨げることもあるし助長することもある。人類学者ダン・スペルベル（Sperber, 2000）は、コピーすることと、彼が「促された生産行為」と呼ぶものを区別し、文化的な伝達においては「刺激によって提供された情報はシステム内にすでに存在している情報によって補完される」と指摘している。この補完作用は、突然変異を伝達せず、それを取り込んでしまう。進化は、自己複製の校正過程をうまく切り抜けて無傷のまま生き残ることができる突然変異に依存しているが、この生き残りがどのレベルで生じなければならないかを指定することはできない。すばらしい革新的な料理が生まれても、レシピに関して何でも知っているシェフによって訂正されてしまうかもしれないのだが、他の「誤り」は訂正をすり抜け、際限なく自己複製し続けるかもしれない。またその一方で、綴り方の規範などに従って様々なレベルの多様なノイズは訂正され続けられなければならず、そうされることで、コピーの過程は信頼しうるものであり続け、〔単なるコピーではない〕多様な革新的なものは環境に照らして検討されることにもなる。ウィリアムズが指摘しているように、「与えられた情報のパッケージ（写本（コデックス））は、変化するよりも速く増殖しなければならず、そうすることで認知可能な家系図を生み出すことができる」（Williams, 1992, p.13）。〈認知可能な〉というのは、目標を持たずにそれ自体で変化して行く環境から見て、それとすぐ分かるということであり、そうなると、自然選択の判決が下されて、優れた適応度を持つ適応であるとされる可能性が生まれる。

どのくらい大きなあるいは小さなミームだけが存在できるのだろうか？　たった一つの音はミームではなく、記憶可能なメロディーはミームである。交響曲は一つのミームなのだろうか、それとも複数のミームのシステムなのだろうか？　もちろん、類似の問題が遺伝子にもある。ただ一つのヌクレオチドあるいはコドン[13]は遺伝子ではない。遺伝子はいくつの記録や文字やコドンを受け入れているのだろうか？　いずれの場合の答えも、ぼんやりしたもので我慢するほかない。つまり、ミームも遺伝子も、コピーする価値のある情報を担うのに十分な大きさを持たなければならない。明確な尺度はないのだが、版権侵害や特許侵害に関する豊富な判例法が示しているように、個々の裁判における判決においてほとんどの事例に十分対応できる比較的信用できる偏りのない判断を行なえる状態にはある。

ミームに対する他の反論は、人気と健全さの関係を逆転させているように見える。というのも、熱狂的に擁護される反論であればあるほど、誤った情報に基づくものが増えて行くからである。そのような反論は、ミームの擁護者たちによって、忍耐強く繰り返し「それは違う」と言われ続けているのだが、人間の文化に存在するものはどんなものでも進化論的説明ができそうだという可能性に愕然とする人々は、それに気づかないようだ。ミームには先の三つの条件がそろう必要がある。しかし、ミームを批判する人々は、ミームは三つの条件以外に遺伝子にもっと似ているのでなければならないと考えており、これが共通の誤りである。たとえば、よく知られているように、個人が文化的なものをはじめて習得する場合、たいていは、ただ一つのその実例を模倣するわけではない（私が野球帽を前後逆に被りはじめたり、研究のために使う語彙に新しい語を加えはじめる場合、私は、出会った最初の実例をコピーしているのだろうか、それとも一番最近出会った実例をコピーしているのだろうか、あるいは、実例すべてを平均してコピーしているのだろうか？）。あまりにたくさんありすぎて，新しい子孫の親とはこれだとはなかなか言えないということが、文化的な自己複製子のモデルを作りにくくしている。だからといって、この親から子孫への過程を複製の一つとまでは言えない、ということにはならない。たとえば、コンピュータ上のファイルが高度な再現性を持ってコピーされるということは、多くの実例から明らかなように、エラー訂正システムやコード解読システムといった様々なシステムに依存しており、これらのシステムは実際のところ、標準的とされて良いいくつかの候補の中から「多数決原理」によって一つを決定している。このような場合、情報の伝達媒体は、自己複製の一つの実例にすぎず、その源泉ではありえない。ダーウィンの三つの必要条件は、必ずしも認識されてこなかったが、基体‐中立的であるとともに、手段‐中立的である。

文化的進化はダーウィン的なものか

命名や個体化というまだ解かれていない問題を立てることによって、もっと根本的で重要な問題に向かうことができる。以上のようなダーウィン的な自己複製子の候補者の中のどれかが現実に三つの必要条件を満たし、進化論は、伝統的な社会科学の方法と理論によってこれまで説明できなかった現象を説明できるだろうか？　あるいは、このようなダーウィン的視点は、かなりつまらない統一的視点しか提供しないのだろうか？　たとえそうだとしても、文化の進化はダーウィンの諸原理に従っていると結論することが大切だろう。ただし、たとえ文化的現象が他の観点からの方が良く説明できるとしても、文化の中で生じることはどれも、進化論と矛盾しないというひかえめな意味において、である。ダーウィンは、『種の起源』において、三つの選択過程を掲げている。まず、意図的に選択を行なう農夫などの先見性のある計画的な行為による「方法的」選択、次に、動物の家畜化・植物の栽培品種化がなされる場合に、種を他の種と区別して生き残らせたり繁殖させたりすることに無自覚的に人間が関与するという「無意識的」選択、最後に、人間の意図がまったく何の役割も果たさない「自然」選択の三つである。この三つの選択に、人間のデザイナーの意図と先見性が突出した役割を果たしている遺伝子工学という四つ目の現象を付け加えることができる。これら四つすべてが、控え目に言ってもダーウィン的である。遺伝子工学者は、大昔からの植物栽培家と同じように、自然選択による進化の理論に対する反例を作り出すことはない。つまり、遺伝子工学者は、自然選択による進化の果実の、その果実の、そのまた斬新な果実を生み出すのである。ミームというアイデアによってただ一つの視点の下に統一化できるのは、多様な文化現象、計画的な発明、先見性のある科学的発明や文化的発明（ミーム工学）だけではなく、民間伝承のような作者不詳のものや、言語や社会的習慣のようなまったく意図的ではないデザイン変更がなされる現象でさえも統一化できる。人間のゲノムや他の種のゲノムに先見性がありそうな仕方で計画的に手を加える時代に入っているので、まったく予想すらできないようなものが出現するかもしれず、遺伝子上の進化とミーム的な進化との強い相互作用が出てくる可能性もある。私たちは、このような可能性を探究しなければならず、その際、炭素を基盤とする病原体の進化の研究と、ごく最近まで生命圏を組み立ててきた自然な障壁のすみやかな除去とに捧げてきたのと、同じ熱意と細心の注意力を持たなければならない。

さらに心しておかなければならないことがある。集団遺伝学は、遺伝学によって想定される適応度の違いを最終的に生み出す、〔遺伝子の〕表現型と環境との複雑な相互作用を研究するのだから、生態学に取って代わるものではないのである。それと同じように、ミーム学という新しい科学が、社会科学によって繰り広げられた文化現象のモデルと説明をひっくり返し、それに取って代わると想定すべきではない。とはいえ、ミーム学は、そのようなモデルや説明を作りかえ、遺伝学によって生態学の研究を多数生み出すように刺激されたのと同じように、新しい探求を引き起こすかもしれない。以下に掲げた「読書案内」によって、このような可能性を少し詳細に、しかし、まだ計画段階で推測の域を出ないレベルで知ることができるだろう。今のところ、将来ミーム学の専門的研究分野の先駆け的な研究として掲げられるかもしれない研究は、まだわずかしかない。それは、ハル（Hull, 1998）、ポックリントンとベスト（Pocklington and Best, 1997）、グレイとジョーダン（Gray and Jordan, 2000）である。

読書案内

Aunger, Robert, [June 2002], *The Electric Meme : A New Theory of How We Think and Communicate*. New York: Free Press.

——, ed., 2000, *Darwinizing Culture: The Status of Memetics as a Science*. Oxford: Oxford University Press.

Avital, Eytan, and Eva Jablonka, 2000, *Animal Traditions : Behavioural Inheritance in Evolution*. Cambridge: Cambridge University Press.

Blackmore, Susan, 1999, *The Meme Machine*. Oxford: Oxford University Press.

Bonner, John Tyler, 1980, *The Evolution of Culture in Animals*. Princeton: Princeton University Press.

Boyd, Robert, and Peter Richerson, 1985, *Culture and the evolutionary Process*. Chicago: University of Chicago Press.

Brodie, Richard, 1996, *Virus of the Mind: The New Science of the Meme*. Seattle: Integral Press.

Cavalli-Sforza, Luigi Luca, and Marcus Feldman, 1981, *Cultural Transmission and Evolution : A Quantitative Approach*.

Princeton: Princeton University Press.
Dawkins, Richard, 1976, *The Selfish Gene*. Oxford: Oxford University Press. Rev. ed., 1989.
Dennett, Daniel, 1995, *Darwin's Dangerous Idea*. New York: Simon & Schuster.
—— , 2001, "The Evolution of Culture." *Monist*, vol. 84, no. 3, pp. 305-24.
—— , 2005, "From Typo to Thinko: When Evolution Graduated to Semantic Norms." In S. Levinson and P. Jaisson, eds., *Culture and Evolution*. Cambridge, Mass.: MIT Press.
Durham, William, 1992, *Coevolution : Genes, Vulture and Human Diversity*. Stanford, Calif.: Stanford University Press.
Hull, David, 1988, *Science as a Process*. Chicago: University of Chicago Press.
Laland, Kevin, and Gillian Brown, 2002, *Sense and Nonsense: Evolutionary Perspectives on Human Behaviour*. Oxford: Oxford University Press.
Lynch, Aaron, 1996, *Thought Contagion : How Belief Spreads Through Society*. New York: Basic Books.
Pocklington, Richard, in press, "Memes and Cultursl Viruses." In *Encyclopedia of The Social and Behavioral Sciences*.
〔巻末の「参考文献」も参照〕

雑誌

Artificial Life

ウェブ・ジャーナル

Journal of Memetics. Available at http://www.cpm.mmu.ac.uk/jom-emit/.

他の文献

Cloak. F. T., 1975, "Is a Cultural Ethology Possible?" *Human Ecology*, vol. 3, pp. 161-82
Gray, Russell D., and Fiona M. Jordan, 2000, "Language Trees Support the Express-Train Sequence of Austronesian Expansion." *Nature*, vol. 405 (June 29,2000), pp. 1052-55.
Moravec, Hans, 1988, *Mind Children : The Future of Robot and Human Intelligence*. Cambridge, Mass.: Harvard Universi-

ty Press.

Pocklington, Richard, and Michael L. Best, 1997, "Cultural Evolution and Units of Selection in Replicating Text." *Journal of Theoretical Biology*, vol. 188, pp. 78-87.

Sperber, Dan 2000, "An Objection to the Memetic Approach to Culture." In Robert Aunger, ed., *Darwinizing Culture*. Oxford: Oxford University Press.

Williams, George, 1966, *Adaptation and Natural Selection*. Princeton: Princeton University Press.

—— , 1992, *Natural Selection: domains, Levels, and Challenges*. Oxford: Oxford University Press.

補論B　科学に関する諸問題

1　探求への招待

（第3章一三九頁参照）

信教の自由のある民主主義では、人々は、自分が信じている宗教が唯一本当の宗教だと宣言することができるし、このような宣言を擁護してほしいという誘いを拒むこともできる。民主主義では、良心的兵役忌避を唱えても良いが、だからといって、その主張がどんなものであれ、必ずしも支持されるわけではない。あなたの信仰（ビリーフ）が問題にされる場合、その信仰がどんなものであれ、探求がなされる際に格段の配慮が与えられるわけではない。厳格な吟味と多方面からの検討に服さないという一方的な宣言は、探求に無用なものなのだ。私たちは、あなたの信仰（と見えるもの）をデータとしてだけ扱うだろう。様々なことが公言されるが、そのような公言を探求の場に置きたがらない人々が存在する。もしあなたがその一人であれば、私たちは、あなたの宣言を私たちの研究に貢献するものとして与えられた見解だとは、間違っても思わないだろう。

教義が調査研究の対象になることを拒むことこそ、宗教集団への忠誠心を示す褒められるべき行為なのだ、讃えられるべき信仰告白なのだと、主張される場合がある。あなたは、家族や友人や国家などへの誠実さよりも宗教の方が自分にとっては大切だと誇らしげに主張する多くの人々の一人かもしれない。「別のことは考えなくて良い！」が、自虐的な発言ではなく、あなたのモットーであるかもしれない。第1章で見たように、このように主張されるモットーは、あなたの宗教があなたにとって神聖であると言うことで表現されている一つの事柄である。

私は、このような態度をもう少し広い文脈に置きたいと思う。たとえあなたの宗教が真理への唯一の道であるとあなたが確信していても、他の様々な宗教がなぜ世界中で人気があるのかについてあなたは知ろうとしなければならない。さらに、――あなたの宗教が何であれ、世界中の人々の多数派を形成している――あなたの宗教とは別の宗教を信じている人々に、あなたが見ているような真理を見せることは良いことだと思うなら、あなたは、「人々を駆り立てている理由」を発見するために、外部の人間がやるように、これらの宗教をじっくり調べることの重要性を理解するはずだ。あなたの宗教が外部の人間にどのように見えるのかを考えることも、価値ある行為であろう。なぜなら、外部の人間があなたと出会った時に発見するものにどのように反応するかを理解することは、あなたのメッセージを他人に伝える時の効果をおそらく高めることになるからである。

今日様々な課題を抱えた世界を見まわすと、失敗国家もあれば民族間の暴力的対立もあるし、あちこちに見られるとんでもない不公正もある。私たち皆が立ち向かわなければならない一つの問題は、沈まないように努力すべきなのはどの救命ボートなのか、ということである。次のように信じている人々がいる。すなわち、世界の民主主義国家こそ、世界の最大の希望であり、人間の福祉を向上させ核拡散と大量虐殺を防ぐための、もっとも安全で信頼できる――成功間違いなしというわけでは全然ないが――足場となる、と。この観点からすれば、もし民主主義国家が転覆したら、私たちは皆ひどい状態に陥ってしまうことになろう。これとは違って、次のように信じている人々がいる。つまり、自分たちの多国籍的宗教こそ、より良い救命ボートを作り出すのであり、自分たちの宗教の幸福と、自分が市民として所属する国家の幸福とのどちらを選ぶかという選択が迫られた場合、ためらうことなく自分たちの宗教を選ぶだろう、と。あなたは、このような人々の一人かもしれない。――あなたがこの本を読んでいるとすれば――あなたはほぼ確実に、信教の自由を保障する民主主義国家で暮らしていることになるが、そうなるとあなたは微妙な立場に立つことになる。なぜなら、あなたは、民主主義的な救命ボートの安全性を享受する一方で、究極的な忠誠心をそれに向けていないからである。

あなたは、信教の自由を大切にする国家によって保証された自由を利用して、最大の緊急性を要する国家の安全の問題や国際的な安全の問題に頭を悩ませる同胞を、――（法廷で証言するように召喚された時、合衆国憲法修正第五条[14]を持ち出すように）自分の権利であるからとして――お先に失礼とばかりに助けようとしないからである。あなたの同胞への義務よりも宗教への忠誠心を大切にするとすれば、あなたは労せずして利益を得る人（フリー・ライダー）である。あなたにとって幸運なのは、あなたが「主義として」信仰を基盤にした在り方を維持し続けても、そのような損失を埋め合わせ国家が傷つかないようにしようという公共心のある市民がたくさんいる、ということである。この点から見れば、自分たちの宗教集団が繁栄するなら、必要とあればイラクを崩壊させても良いと思っているシーア派やスンニ派と、あなたは全然違っていない。重要な違い（大きな違い）は、イラクという不安定な国家が航海に耐える救命ボートだとは（今のところ）誰も考えていないのに、あなたが生きている自由社会は、明らかに、私たちが現在享受しているような安全と自由を保証してくれていることだ。したがって、あなたが国家とその法律に忠誠を誓わない根拠など、イラク国民よりはるかに少ないのである。

多くの人々にとって、——世俗の法律というルールを受け入れることで——手に入るものは、この惑星での最上の掘り出し物の一つである。それゆえ、民主主義という世俗のシステムに——批判的であろうと、とりあえずであろうと、条件付きであろうと——まず何より従っていこうと考える人々は、信教の自由という原則が持つ知恵を認識しているし、宗教が私たちの個別的な利害関心にひどく介入することがあっても宗教を擁護するだろう。このような関わりを拒んで忠誠心を別の方面に向ける人々は——ただ単に理論的問題ではなく——問題である。今日トルコでは、イスラム派政党の政府が国民全体にイスラム法を課することができるほど多数を占めているにもかかわらず、賢明にもそんなことはせず、万人にとっての宗教的自由という見解に耳を貸さない過激なイスラム教徒の活動を非合法化さえしている。確かに多くの問題を抱え、危なげではあるが、アルジェリアの状況とはまったく対照的である。アルジェリアでは、民主主義への階段を捨てて神権国家を作ろうとしたイスラム派政党が民主的選挙によって権力の座についた一九九〇年にはじまった内戦以後、暴力行為と不安定な状態が人々の生命を奪い続けているのである。

五〇年前、アイゼンハワー大統領が、当時ジェネラル・モータース会長だったチャールズ・E・ウィルソンを国防長官に指名した。上院軍事委員会に先立つ指名承認公聴会で、ウィルソンは、自分が所有しているジェネラル・モータース株を売却するように求められたが、拒絶した。株を持ち続けることで政治判断に影響がないかどうかをたずねられると、彼は、「何年も考えていたことですが、我が国にとって良いことはジェネラル・モータースにとっても良いことですし、その逆も同じです」と答えた。この答えに不満を抱いた一部のマスコミは、彼の答えの後半——「ジェネラル・モータースにとって良いことは我が国にとっても良い」——だけを強調して報道したため、大騒ぎになり、ウィルソンは指名獲得のために株を売らざるを得なかった。これは、優先順位を明確にすることの重要性を示す良い実例である。ジェネラル・モータースにとって良いことが我が国にとっても良いことだという主張が、たとえ正しくても、人々は、対立状況が万が一生じた場合、ウィルソンの忠誠心はどちらに向くのかを明確にしてほしかったのだ。そのような状況が生じた場合、ウィルソンが追求するのは誰の利益なのだろうか？　それこそが、人々が心配したことであり、確かにそうなのである。人々は、国家の利益を直接にもたらすような、現実的な国防上の決断を望んでいたのだ。もし、良好な状況下でなされた判断が結果的にジェネラル・モータースに利益をもたらしたとしたら（おそらく国民のほとんどの利益にもなると、ウィルソンが力説し、かつ、それが本当であるとしたら）、それはそれで良いのである。しかし、人々は、ウィルソンが彼なりの優先順位を隠しているのではないかと、恐れたのである。ウィルソンが、「善良なるメソジストとしてずっと信じていることなのですが、メソジスト派教会にとって良いことは我が国にとっても良いことです」と語ったために、この大騒ぎが起こったと想像してみてほしい。

自由で民主的な社会の様々な原則があなたの宗教の利益に資するかぎりにおいて、その原則に忠誠を誓うのは、出発点にすぎず、私たちはもっと多くのことを要求することができる。もし出発点だけで精一杯だとしても、それはそれで仕方がない。しかし、その場合あなたが認識しなければならないのは、私たちがあなたを問題のある人物だとみなしても正当だ、ということである。これは公正な判断だろうか？　議論の余地はあるが、私は、あなたの姿勢を浮き出させるために、あえてきつい言葉を使って表現したのである。これは、緊密な調査を免除されているすべてのものに深い尊敬が払われるべきだという、もっと昔からあり、明らかに偏った主張と同じくらい直視する価値のある見方なのである。科学と宗教というまったく異なった観点を統合しようという試みがなされる時も、しばしば同じような行き詰まりに出会い、科学的な観点から議論する人々を、どう答えるべきなのだろうと、困惑させてしまう。ものの見方の根本的な違いを理解し、互いに尊敬し合っているという信頼感で亀裂を覆うことが得策である。しかし、そうすることによって、考察の不釣り合いが隠蔽され永遠に放置されることになる。なぜなら、科学者の側にも問題があるからだ。「君が私の理論を理解できないのは、君が私の理論を信用していないからだ」と言って逃げる科学者を、私たちは尊敬したり注目したりすることはない。「私の研究室の正式なメンバーだけがこのような効果を見つける能力を持っている」とか、「君が私の論証の中にあると思っている矛盾は、人間の理解力に制限があることのしるしにすぎない。理解を超えるようなものがあるのだ」と言って逃げる科学者も、同様である。このような発言は、科学研究者としての我慢ならない責任の放棄であり、知の破綻の告白でしかない。

アヴェリー・ダレス枢機卿（Dulles, 2004）によれば、護教論は「理性的な信仰擁護」にほかならない。ところが、過去において護教論は、神は存在し、イエスは神的であり、処女から生まれたことなどを厳密に証明するものだと考えられてきたので、もはや相手にされなくなってしまった。「護教論は、それがもたらすことのできる以上のものを約束し、望ましい結論を得るために証拠を改竄したために、疑われるようになった。パウル・ティリッヒが〈聖なる不正〉と呼んだ悪事に手を染めてしまうこともあったのである」（p.19）。この問題を知ることによって、多くの敬虔な信者は、あまり攻撃的ではない信仰告白へと退却して行ったが、ダレス枢機卿はこのような展開を残念に思っており、護教論の改革・改善を要求している。

論争からの離脱は、それはそれで良いようにも思えるしふさわしいとも思えるのだが、事態を深刻化させてしまう。宗教が公の発言をやめてしまえばしまうほど、軽んじられるようになる。信仰者（ビリーバー）が自分の信仰（フェイス）を守ろうという努力を怠ってきたことが、信じられるべきものは何かについてほとんど気にかけない、思慮を欠いた無気力なキリスト教徒をあまりに多く生み出してきた（Dulles, 2004, p.20）。

ダレスは、護教論の土台を変える必要があることを、力説する。

> キリスト教のような啓示宗教において、中心的問題は、どのようにして神が私たちのもとにやって来て、人間の探求力では遠く及ばない意味のある世界を開くのか、ということである。その答えは信仰の証言であると、私は言いたい。……個人の信仰の証言は、普通に理解されているような科学的な認識論とはまったく異なった認識論を必要とする。科学者は、探求されるべきデータを、探求者の知的領域の内部に取り込まれ征服されるべき無抵抗の対象として、扱う。他者によって提示された解釈は、簡単には受け入れられないが、批判的探求による検証はなされる。ところが、証言が問題になると、状況はまったく別のものになる。証人が積極的な役割を果たし、私たちに影響を及ぼすような場面で起こることは、個人個人が出会うということなのである。証人は、私たちに信じることをまったく強制することなく、個人的な尊敬と信頼を含む自由な共感を求める。語られたことを受け入れないことは、証人を信頼しないでおくということである。それを受け入れることは、証人の正当性を認め信頼して従うことである。私たちが信じれば信じるほど、私たちは自らの自律性を放棄し、自ら進んで他者の判断に依存することになる（p.22）。

この率直な判断は、「証人になる」という行為そのものの浮動的原理を表現している。それは、証人に、いささか無礼な、あるいはもっとひどい質問をして侮辱する科学者の批判的吟味を、巧みに避ける行為なのである。この戦略は、他人の感情を害するようなことはしたくないという、多くの人々が持つ気持ちを利用し、科学の批判装置を見事に機能不全する。すなわち、ダレスは、信仰へと導くという視点から、科学的方法には欠陥があるとやはり率直に述べている。「私たちは、哲学者や歴史家のように、データを、私たち自身の思考の世界の内部にもたらされた非人格的なものとして、扱う。この方法は、ある教説を裏づけたり、ある誤りを指摘するには有用であるが、入信にまで至ることはめったにない」(p.21)。言いかえれば、役に立つ時は、科学的方法を使い、役に立たないときは、別の方法を使う、ということだ。このような行為は、科学者の間で名前を持っている。それは良いとこ取りとして知られ、科学的には罪な行為である。[1]

証人になるという行為を、誰も発明する必要はなかった。それは、単に生じたのであり、うまく機能し(ある状況では競争よりうまく機能し)、それゆえ複製される。ダレス枢機卿は、この行為を推奨し、なぜそれがうまく機能するか説明しているが、それに責任を持つわけではないし、証人になることの基本原理は、カトリックだけのものでは決してない。私は、数年前、非常に不愉快になったことを鮮明におぼえている。インドからやって来た私の学生が、帰国中、彼女にとっての聖なる人間が彼女の目の前で行なった奇跡について、私に話した。彼女は遠慮がちにそれを語ったのだが、個人としてでさえ(つまり授業中ではなくても)私が彼女の説明に異議を唱えたとしたら、彼女が深く傷つき恥をかくのはあまりに明白だった。私は自分の学生にそんなことはできない! 彼女は、さらに危険な賭に出て、寮の部屋においてある写真、グルの目から本物のハチミツが出ている写真のことを私に話した時、そのハチミツを自分の目で見て調べてみたいと彼女に言った。彼女はその驚くべきものを私自身が調べられるようにすぐに手配すると言っていたのだが、探求への招待は以後私に寄せられることはなかった。私は今でも考えている。彼女はあの時のことをじっくり考えられるようになっただろうか、もしそうならどんな結論に至ったのだろうか、と。しかし、もちろん、礼儀の命ずるところに従い、もう関わらないことにした。礼儀を重んずる態度は、詐欺師の標的となる多くの懐疑的な本能にも打ち勝つ。なぜなら、詐欺師は、「他人の感情を傷つける」という事態が少しでもあれば、理性的な人ならもうすでに答えが分かっているような質問を、すべてではないにせよそのほとんどを、することができないということを知っているからである。うまく機能する戦略は、意図的に悪意を持って利用できるが、時には――不誠実なことをしようなどとは夢にも思わない無邪気な熱狂的信者においては――もっとうまく機能することがきる。

ダレス枢機卿は、改宗させることに関心がある。科学者もそうである。科学者は、精力的にまた創意工夫をして、自分の気に入った理論を求めている。しかし、科学者は、自分たちが広めたいと考えているミームの潜在的宿主の批判機能を働かなくするような行為に関わるなという、科学のルールに縛られている。宗教的実践を縛るそのようなルールは、今のところ進化していない。

2　科学の対価は何か

科学を恐れる宗教は、神の名を汚し、自殺行為を行なっている

ラルフ・ワルド・エマーソン

科学自身についてはどうだろうか？　たとえば、進化論のぎらぎらした光を進化論自身に当てて、どんな条件や見返りが束になって進化論を存在させるようになったのかと問うと、何が起こるだろうか？　科学は、一般に、非常にコストのかかる人間の活動である。科学はどんな暗い欲望を満足させているのだろうか？　科学は、恥ずべき祖先の血を引き継いだり、やっかいな欲求に突き動かされていたりしていないだろうか？　科学的探求を動かしてきた現実的利益は、おそらくあるにはあるのだが、ほとんどの場合、科学は病的とも言える過剰な好奇心――どんなにコストをかけても、知識そのものを得たいという好奇心――によって進んできた。科学が我慢ならない悪しき習慣であることが判明することがあるのだろうか？　そういうことになるのかもしれないが、それは宗教も同じだ。すでに十分進行している探求を使って、科学自身の科学的研究をしてみよう。

なぜ科学が行なわれるのだろうか？　私たちの脳が、量子物理学を形成したり長除法[15]を行なうために進化したのではないのは確かである。重大な複雑さを隠してしまうかもしれない標準的な答えは、素朴な好奇心こそ科学の原動力だ、というものである。好奇心は、人間だけではなく動物も持っているもので、目新しいものや複雑なものに、それが動いている場合は特に、私たちの注意を集中させ、それを（慎重に）

調べるように多かれ少なかれ強制するものである。この浮動的原理は明らかだ。私たちは、移動することで被害の危険を減少させ、到着した場所で観察することによって必要なものを見つけるチャンスを高めるのである。もちろん、樹木も好奇心を持っているということが分かったら、この常識的な知恵を考え直さなければならないだろうが、この原理を考え直す必要がないことを示す有名な実例は、ホヤである。ホヤの幼生〔変態前の子供〕は、固着するのに良い場所を探すために海を動き回る。この課題をこなすためには、原始的な神経系が必要である。以後の生活を（海水を濾(こ)して栄養を摂る成体として）送るための、固着できる適当な岩を発見すると、もはやその神経系は不必要になり、分解・吸収される。これは、好奇心にはコストがかかるという仮説を支持する、あざやかな実例である。移動をコントロールすることでコストが回収できなければ、捨てられてしまうのである。ジョークで言えば、これは、いったん終身教授在職権を手に入れれば、あとは自由に自分の脳を食べて良いというのと、同じことなのだ。

　好奇心は、警戒によって、またいつものように倹約のために、コントロールされなければならない。動物が、もっとも直接的に緊急性を持つ生態学的関心事にだけ好奇心を示す傾向にあるのは、驚くべきことではない。草食動物は、肉食動物が自分にあまり関心を向けないような場所で植物を食べる。雑食動物は、草食動物と同じように捕食者に目を光らせているが、草食動物よりも忙しい探求者である。私たちにもっとも近い親類である大型類人猿は、ほとんどすべてのものにより偏りのない(カトリック)関心を示すが、飼育されて生まれたチンパンジーでさえ、――進化の過程で置かれたことのない環境に置かれていることに、生態学的な関連が確かにあるのかもしれないが――生まれた時から聞いている人間の話す音声のすべてに著しい関心を示すわけではない。人間の幼児が人間の話す音声に強い関心を抱くことは、私たちとチンパンジーの間の、遺伝子上のもっとも重要な違いの一つかもしれない。もし子供のチンパンジーの脳が、その聴覚システムは受け取るが——風にゆれる葉のカサカサという音を、私たちの聴覚システムが捨てるように——定期的に捨てる、あふれるほど聞こえてくる音声入力を、**処理したい**という衝動を備えた場合、その脳がどれほど違った発達を見せるのかは誰にも分からない。脳以上に、「使わなければ失われる」という格言を誉め称える身体器官を、私たちは知らない。話し言葉の音声に関わる遺伝子にちょっとした変化が起こり、その変化が影響力を持つまで大きくなった時、発達中の脳に大きな解剖学的変化をもたらすというのは、考えられることである。

遺伝子のそのような小さな変化が、チンパンジーの脳と人間の脳との**すべての**違いを招いたというのはありそうもないが、いずれにせよ、私たちの脳がチンパンジーの脳より言語友好的（ランゲージ・フレンドリィ）になるための遺伝子上の調整がすべてそろうまでには、ものすごく時間がかかった。違いが何であろうと、人間の脳は進化の歴史における重要な革新を示している。なぜなら、進化して言語を獲得したからには、私たちは好奇心を持つだけではなく**探求的**にもなった。私たちは、実際、分節された言語で、声を出して問いを立ててきた。問いは、知覚世界において、いつでもどこでも誰にでも使えるもの（ユビキタス）になり、問いは反応を引き起こし、その反応はもっと多くの問いを引き起こして行き、当初は口頭で伝達され、最終的には書き残された知識が雪だるま式に蓄積されるようになった。少なくともこの一点で、**私たち**はダーウィンの説明と聖書の説明は一致していると考える、つまり〈はじめに、言葉ありき〉である。

しかし、このような知識の蓄積——知恵と迷信、歴史と神話、現実的事実と固定化した嘘の両方からなる知識の蓄積——が、科学のような姿を見せるまで、これまたものすごく時間がかかった。科学は、方法について体系的でも自覚的でもなかった。まだ自分自身にちゃんとした注意を払っていなかった。科学についての科学、哲学についての哲学、論理学についての論理学などを私たちに与えるこのような反省の動きは、数千年にもわたる奔放な好奇心によって獲得された鉱物を、探求という純化された金属へと精錬することで、人間の文明を可能にする偉大なる一歩となった。「他人に助けを借りずに自分で道を切り開く」とはできるだろうか？　これは、重力の法則を無視するくらい無理な話だ。確かにそれなりのことはできるだろう。不完全で誤解に基づいた研究方法をとりあえず使うことはできるし、まさにその方法を、良い考えとより良い考えとを対立させながら、また一時的で期限付きの改善の指針とするのは良いと今直観されるものを使って、精錬して行くことができる。一時的な指針として役に立ちそうなものを使うというのは、外国へ移り住む時、数人の情報提供者を選んで彼らを信用するという戦略に似ている。しかし、それが戦略でありうるのは、情報とは違っていた事実に直面するまでのことだ。運悪く最初の選択を誤ってしまえば、結局、どうにもならない間違った情報をつかまされた犠牲者になってしまうかもしれない。他方で、もし情報提供者がかなり信頼できる場合、その信頼度には限界があることをすぐに察知して、情報の修正に着手することができる。うまく行くことが論理的に保証されているわけではないが、それがどうしたというのだろうか？　コインを投げて決めるよりははるかにましなことであり、時間をかければ事態は好転して行く。

直線を引くという興味深い問題を考えてみよう。本当の直線である。もちろん、直定規を使う。しかし、私たちは、それをどこで手に入れたのだろうか？　何世紀もかけて、直定規と呼ばれるものを管理検査し微調整しながら精度を上げ続け、よりまっすぐな直定規を作る技術が磨かれてきた。今や、その全長において誤差が百万分の一インチの大きな直定規が存在し、私たちは、この有利な立場を利用して、完全ではないがすぐに考えられる基準、本当の直定規の基準を、難なく知ることができる。この基準、言ってみれば、プラトン的な永遠なる〈まっすぐ〉のイデアは、私たちの創造的活動を通じて発見されたのである。(2)

科学のはじまりを、古代エジプトの幾何学（文字通りの、土地の測量）に置こうと、「天体」の動きと暦に魅了された宗教的な状態が変化して天文学が生まれたと考えようと、科学が証拠と厳密な論証に自己批判的な関心を向けはじめたのは、わずか数千年前のことである。もちろん、宗教はそれよりずっと古い。ただし、――教義と、聖職者の地位の序列化と、禁止事項と要求事項の成文体系を備えた――組織化された宗教は、組織化された科学、そして文字を書くことと、だいたい同じ時代に生まれた。これは、偶然の一致ではなさそうだ。人間の脳の記憶力の限界を乗り越えるには、たくさん記録できることが必要なのだ――これは、第5章と第6章でもっと詳しく扱われているテーマである。

天文学者と数学者は、最初、僧侶と協力し、難問解決のために助け合っていた。たとえば、冬至に儀式を行なえるまであと何日か、生贄の儀式を行なうのにもっとも効果的で適切な位置に星々が来るのはいつか、といった問題である。したがって、宗教が問いを立てることなしには、科学は独立に必要な資金調達ができなかったかもしれない。もちろん、ごく最近になって、天文学者や数学者や僧侶といった専門家の見方は、競争する世界観へと分かれてしまい、一七世紀の近代科学の黎明期には、このような分離は周知のものとなり取り消せないものとなった。戦争の進化も科学の発達に重要な役割を演じてきた。というのも、戦争の進化は、新しい武器、乗り物、地図、ナビゲーション装置、兵士の組織化システムといったものの調査研究がなされる文字通りの軍拡競争だからである。疑いもなく、鋤（すき）の刃があってはじめて武器があり、鳥類の一覧表や植物の分類があってはじめて商品カタログがある。農業、製造業、貿易業といった人間の文明におけるあらゆる企ては、答えを必要とする問いを生み出し、時間をかけて、体系的にまた信頼できる形で〈問いを立て－答える〉ための技術を、遺伝子上の進化ではなく、文化レベルの進化によって進化させてきた。

こうして、科学は、宗教と文明の様々な企てから生まれてきたもので、ごく最近の文化的現象ではあるが、この六千五百万年でこれほどこの惑星を変貌させてきたものは他にない。独創的なエンジニア、ポール・マクレディは、興味深い計算を行なった。それによれば、一万年前、人間（と家畜動物）は、地上と空中のすべての脊椎動物の（重量換算で）〇・一％以下しか占めていない。当時、人間は、哺乳類に属する一つの種にすぎず、とりわけ数の多い種というわけではなかった（彼は、地球全体で八千万人だと考えている）。ところが現在では、家畜類とペットを含めれば、約九八％を占めている。マクレディ（MacCready, 2004）が主張しているように、

何十億年もかけて、偶然の刷毛（はけ）が、独特の球体に、——複雑で、予見不可能で、すばらしくもまた脆い——生命という絵の具をうっすらと塗った。ところが突然、（自然の中で受け継がれてきた、抑制と均衡にもはや従わない、最近生まれた種である）私たち人間が、数を増やし、技術と知能を手に入れ、おそろしい力を持つに至った。今や、刷毛を手にしているのは、私たち人間である。(3)

そういうわけで、科学と、それによって生み出されたテクノロジーは、急激に実用的になり、考えうるほとんどすべての領域で人間の力を増幅させ、私たちをより強く、より速くし、時間・空間の双方でより遠くを見ることができるようにし、より健康に、より安全にし、自分自身の起源さえも含むあらゆることについての知識を増加させた——しかし、これは、すべての問いに答えることできるとか、すべての必要性（ニーズ）に対応できるという意味ではない。

科学が真理を独占しているわけではないのだが、科学批判を行なう人の中には、科学は客観的知識の信

頼できる源泉であるという自己宣伝にふさわしいものでは全然ないと、論じる人たちがいる。この奇妙な主張になるべく早く対処するつもりなのだが、理由は二つある。一つ目は、ようやく私や他の人々がどこかで対処しはじめた（Dennett, 1997; Gross and Levitt, 1998; Weinberg, 2003）ということ、二つ目は、——学問の世界の論争のただ中で何が言われようと——道理を弁えている人たちがたくさんいること、である。日々の生活の中で、人々が道理を弁えているのは、まったく明らかである。飛行の原理を証明し利用してきた何千人もの航空技師や物理学者の計算が信用できないから、飛行機に乗るのを怖がるポストモダンの科学批判者に、まだ会ったことはないし、サウジアラビアのある場所の石油埋蔵量について地質学者の計算を信用しないで、大好きなイマームにお伺いを立てるような〔イスラム原理主義〕ワッハーヴ派のことも聞いたことはない。もし携帯電話の新しいバッテリーを買って、それをはめ込んだ場合、携帯電話が使えるようになるのが当然期待されているし、もし使えるようにならなければ、非常に驚くだけでなく腹を立てるだろう。私たちは、命すら賭けるほど、私たちの周りにあるテクノロジーを驚くほど信頼しており、この驚くほど信頼していることをあらためて考えることさえしない。どの教会も、献金箱に入れられた正確な金額を知るために、計算方法を信頼しているし、私たちは、安全で効果があるという仮説を支持する豊富な科学的証拠があるのを信じて、アスピリンや〔高脂血症用薬剤〕ゾカーといった薬を平然と飲み込む。

しかし、科学の内部での論争はどうだろうか？　新しい理論は、一週間喝采を受けるが、次の週には信用を失っている。ノーベル賞受賞者たちが、ある科学的主張について意見が合わない時、少なくとも彼らの中の一人は、科学という教会の第一人者に指名されたにもかかわらず、単純に間違っている。さらに、不正なデータや結果の隠蔽といった時として生じる不祥事についてはどうだろうか？　科学者が常に正しいわけではないし、普通の人々より高潔だということもない。しかし、科学者は、彼らの本当の姿がどうであろうと、自制と再検討の精緻なシステムを自分たちに課すことによって、自分たちを正直にしておく重要な規律に服しているし、個人的な貢献をその個人だけの栄誉とはしないというやり方に服している。だから、人種差別主義者や性差別主義者や薬物中毒の著名な科学者やただ頭のおかしい著名な科学者がいるのが本当だとしても、彼らの貢献は、個人的欠点とは別に、信頼できない研究を排除する濾過装置・チェック機能・バランス感覚のおかげで、いつも評価されたりされなかったりするのである（時々、科学者や科学的研究集団が信用されなくなったり相手にされなくなることがあり、まじめな科学者は自分の研究にこうした輩から引用したいと思わないので、良い研究が一、二世代完全に動かなくなることがある。たとえば、心理学において、直観像記憶――「鮮明な像の記憶」――の研究が長い間進まなかったのは、初期の研究のいくつかがナチスによってなされたからだ）。

美しく研がれた斧の先端の刃（カッティング・エッジ）は、顕微鏡で見れば、ロッキー山脈のように見え、全体にわたってギザギザでデコボコしている。しかし、斧に力を与えているのは、美しい刃の背後にあるずっしりとした重量の鋼である。それと同様に、科学の最先端（カッティング・エッジ）は、間近で見れば、ばらばらで混沌としており、真剣勝負に参加している自尊心の集まりであり、彼らの判断は嫉妬心や野心や貪欲さで歪められている。しかし、その背後には、論者すべてによって支持されている、膨大な量の蓄積された成果と事実があり、それが科学に力を与えている。驚くべきことではないが、科学の評判を落とし、その威信と影響力を傷つけようと画策する人々は、広角的視点を無視し、学派間の衝突とそんなに隠されているわけではない意図にだけ注目する傾向がある。しかし、皮肉なことに、彼らが（論理と統計という洗練された道具を使って）科学を告発する理由を述べる時、科学の欠点と偏向を示す十分な証拠のすべては、自己管理と自己訂正の中で行なわれる科学の活発な実践に由来するのである。批判者に選択の余地はない。いかなるテーマであっても、きちんと営まれた科学以上に真理の源泉はないのであり、彼らもそれを知っている。

物理学、化学、数学、分子生物学、地質学や、自然科学に属するその親戚である「硬質（ハード）」科学と、（歴史学や、人文学に属する他の分野を含む）「軟質（ソフト）」社会科学、つまり精神科学との対立についてはどうだろうか？　社会科学は実は科学ではなくて、むしろ、きれいな格好をしているだけのあれこれの政治宣伝にすぎないとか、せいぜいのところ、いろいろな規則、いろいろな目的、いろいろな方法論で動く一種の科学（解釈論的ないし説明的科学）にすぎないと、広く信じられている。これに関する問題だけでも、社会科学の内部でイデオロギー戦争が勃発するのは否定できない。このような状態で、合格とされるような研究がなされ、その研究が、私たちが硬質科学の成果に与えているような尊敬を込めた注目に値するものになることが、はたしてあるのだろうか？　人類学が二派に分かれているのは、有名である。生物学者や他の硬質科学者の側に立つ自然人類学者は、たいていの場合、文化人類学者への軽蔑を隠すことができず、その文化人類学者は、文学理論家や他の人文学の人々の側に立ち、たいていの場合、自然人類学の「還元主義的な」同業者に同じような馬鹿にした態度を取る。これは嘆かわしいことだ。——アルファベット順に並べると——アトラン（Atran, 2002）、ボイヤー（Boyer, 2001）、クロンクその他（Cronk, et. al, 2000）、ダンバー（Dunbar, 2004）、ダーハム（Durham, 1992）、スペルベル（Sperber, 1996）のような小数の硬質人類学者は、進化生物学と文化の溝を埋めようと努力しており、ひっきりなしに押し寄せるイデオロギーに基づく批判の対処に追われている。

心理学や経済学や政治学や社会学でも、対立はそれほど極端ではないにしてもあるし、似たような状態に置かれている。フロイト派、マルクス主義者、スキナー派、ギブソン派、ピアジェ派、チョムスキー派、フーコー派、さらに、構造主義者、脱構築派、計算主義者、機能主義者がそれぞれの活動を行ない、これらの科学的だと思われている研究の方法に、イデオロギーが大きな役割を果たしていることは否定しがたい。全部が全部、イデオロギーにすぎないのだろうか？　ごつごつした山頂で論争の地響きが続く一方で、どんな考え方を持った人でも使える価値ある客観的な成果が、渓谷に落ち堆積しているのではないだろうか？　その通りである。まったく明らかなことだ。ある学派に属する研究者が、論争相手が苦労して得た成果を利用するのは普通のことである。なぜなら、科学というものが正しく遂行されているのなら、誰もが――その成果になされる解釈ではなく――その成果そのものを受け入れなければならないからである。いろいろな領域でなされたたくさんの価値ある研究の本領は、きちんと集められたデータを裏づけること（実験を再現すること）であり、成果に関するより良い解釈は競争相手の理論的視点からも必然的に導き出されることを示すことである。

3　イデオロギーに身の程を知らせる

イデオロギーは口臭に似ている。口が臭いのはいつも他人だ。

テリー・イーグルトン『イデオロギーとは何か』

これは現実的な答えであるが、私はもう少し深く議論したい（哲学者というものは、それが現実に可能だということはわかっているが、原理的に可能かどうかを考え抜きたいと語る人種である）。一九九八年、エール大学の法学者Ｊ・Ｍ・バルキンは『文化的ソフトウェア――イデオロギーの理論』（Balkin, 1998）を出版した。この本は、生物学から得られた成果を軸に先の論争を研究する魅力的なものである。特に、「すべての言説がイデオロギー的なら、イデオロギーについてのイデオロギー的言説とは別のものが存在するのはいかにして可能か？」（p.125）という〈マンハイムのパラドックス〉と呼ばれるものを解決しようと試みている。客観的に問題を判断できる、イデオロギー的ではない中立的な観点は、存在する――あるいは、存在しうる――のだろうか？　そもそもイデオロギーとは何であるか？　それは、何らかの誤った考え方というだけではなく、ある意味で、病的で、私たちにとって良くない考え方である。イデオロギーの代表的な（もちろん、きわめてイデオロギー的な！）定義のいくつかを再検討してから、バルキンは、イデオロギーは不公正な社会的諸条件を維持するのに貢献する考え方だ、とみなしてはどうかと提案する。

> イデオロギーが何であるかを理解するためには、真実とは何かだけではなく、公正とは何かについての理解を持つ必要がある。他の人々についての間違った信念は、それがいかに誤りで不快であろうとも、社会的世界の中でイデオロギー的効果を持つと証明されるまで、イデオロギー的ではない（p.105）。

これは、社会科学と硬質科学における目標と方法の重要な差異を、明るみにもたらしてくれる。すなわち、社会科学は、人々について考える（この点では、ＨＩＶを扱う分子生物学も人間の栄養摂取を研究する化学も同じだ）だけではなく、人々がどのように生きるべきかを考える。社会科学の諸分野で研究目標が設定されることそのものに含意された、道徳的判断が存在する。これらは、「ＨＩＶの複製をどうすれば阻止できるか？」（〔に含意されている〕私たちがこれをしたい理由についての価値判断）や「どうすれば人間の栄養状態を改善できるか？」（〔に含意されている〕良い栄養状態と言える基準について価値判断）といった問いに含意されている価値判断と似ていようとも、社会科学に含意された価値判断は、すべての健全な人々が合意できる判断であるとはかぎらない。誰かの考え方をイデオロギー的と呼ぶことは、相手が受け入れることのない道徳的観点からそれを非難することである。バルキンが指摘するように、論争の多くは、彼が帝国主義的普遍主義と呼んでいるものに対するまっとうな恐れが原動力になっている。帝国主義的普遍主義とは次のような見方である。

産業化以前の社会であろうと産業化以後の社会であろうと、世俗的な社会であろうと宗教的な社会だろうと、どんな社会にも当てはまる正義と人権についての普遍的で具体的な基準が存在し、これらの正義と人権についての普遍的な規範に適合するように、すべての社会の規範と制度を変えて行くことが、正しい心を持つ人々の義務である、という見方……（p.150）。

確かに、合衆国の多くの人々は、軽率にもこれが正しいと思いこんでいるし、世界中のすべての国民に〈アメリカのやり方〉を広めるのが自分たちの義務だと主張する。我がアメリカのメッセージに嫌悪感を抱くいかなる文化も、事態が現にどうなっているのか、また事態がどうあるべきかについて、完全に間違ったことしか知らされていないのだと、考えている。このような文化が見つけることのできる唯一の代案は、実に驚くべきことに**道徳的相対主義**である。つまり、個々の文化が是認するものは**何であれ**——複婚性〔一夫多妻制・一妻多夫制〕であろうと、奴隷制度であろうと、嬰児殺害〔間引き〕であろうと、女子割礼であろうと、また何と名づけられるものであろうと——理性的批判の対象にならないと主張する、**道徳的相対主義**である。しかしながら、そのような相対主義は、その文化に属している人々にも耐え難いはずだから、帝国主義的普遍主義こそ支持されなければならない。われわれアメリカ人が正しく他国人が間違っているか、あるいは、「善」と「悪」に意味がないかの、どちらかだ！というわけである。

他方、たとえば、多くのイスラム教徒は、道徳的相対主義は軽蔑にも値しないという点では、同意するだろうが、自分たちは、世界で行なわれるべきことについて唯一正しい洞察力を持っているとも主張するだろう。もちろん、多くのヒンドゥー教徒も同じように考えている。世界中の民族によって熱烈に主張される確信の違いを学べば学ぶほど、真に普遍的な判断がなされまたそれが正しいとされるような観点など実は存在しえないと考えたくなってしまう。それだから、文化人類学者がある種の道徳的相対主義を自分たちの研究を可能にする仮定の一つとみなす傾向があっても、驚くべきことではないのだ。道徳的相対主義は、学究的世界の木立にもはびこっているが、全体ではない。たとえば、決然と少数派の立場に与する倫理学者も哲学者もいるし、道徳的相対主義が、科学の心の広さの必然的な前提条件では決してない。

他の文化を公平に客観的に研究するために、道徳的真理は存在しないと仮定する必要はない。しばらくの間、その文化がどのようなものかをすでに知っているという仮定を、脇に置いておくだけで良いのである。帝国主義的普遍主義は（たとえどんな種類のものであっても）出発点としては良くない。たとえ「私たちが」正しいとしても、最初からそう主張することは、結局、外交的でも**科学的でもない**。科学は、すべての道徳的答えを持っているとは考えられていないし、道徳的答えを提供すると宣伝するべきでもない。

科学に求めることができるのは、私たちの道徳的議論の事実的な前提を明らかにし裏づけることであって、倫理的判断や議論の基礎となるべき価値を提供したり打ち立てることではない。ある種の宗教を信じている人々はこれを進んで認めるはずだが、科学を信頼する私たちもやはり進んで認めるべきである。誰もが、バルキンが提起する安定的な妥協案――文化的背景がどれほど違っていようと、合理的な対話で、人々の間で生じた問題に関われるようにする心の広い（「偏りのない」）態度――を取るようにつとめるべきだ。私たちは、ある文化が力で他の文化を圧倒するといった単純なものではない解決策に至ろうという希望を抱いて、この会話に参加することができる。バルキンが論じているように、私たちが誰かを説得しうると期待できるのは、その誰かが私たちを説得する余地とチャンスがある場合だけである。会話の成功は、真理と正義という二つの超越的な価値を、参加者が共有すること、また、共有していると分かっていることにかかっている。これが意味しているのはただ、私たち皆が参加する人間的な企て、生き続けるという企て、安全であり続けるという企てによって、これら二つの価値が不可避的に前提とされるということを、対立する者同士が受け入れるということにすぎない。これ以上のことは決める必要はなく、これだったら、「火星人」も同意できるはずだ。

超越的な価値という観念は、――現実には不可能な――完全な直線という観念にかなり似ている。しかし、十分明確に表現できなくても近づくことはできる理想として、ただちに理解されるだろう。超越的な価値という観念は、――それが何であるかを誰も言うことができなくても私たち皆が何となく受け入れている理想なので――、最初うさんくさい逃げ口上のように見えるかもしれない。しかし、実際のところ、そのような理想だけが、もっとも厳格な探求やもっとも形式主義的な探求に受け入れられるものであり、そのような探求には欠かせないものなのである。たとえば、古典論理は直観主義論理よりも好ましいかどうかについて、[16]論理学者の意見が合わない場合、論理学者は、一方の論理より他方の論理の方が良いと（誰もが）みなすことができるような合理性の基準を、前もって心の中に持っていなければならず、この合理性の基準という理想を共有していることを前提にしなければならない。しかし、この基準を明確に定式化できる必要はない——それこそ彼らが取り組んでいることに他ならない。それと同様に、どのような政策や法が人類に一番役に立つかについて根本的に異なった考えを持っている人々でも、話し合われなければならない重要なことが何かあれば、共有されている何らかの理想を想定できるし、また事実上想定しなければならない。

バルキンは、超越的な価値を拠り所にすることを、簡単に例示するために想像上の対話を述べている。ある軍隊があり、それが略奪を繰り返し、住民を虐殺した。私たちは、彼らを戦争犯罪人と呼ぶ。ところが、彼らは、自分たちの文化はこれを許していると反論するが、私たちは次のように言って彼らの意見を拒むことができる。

……「もし正義と真理の基準が各文化の内部にしかないとすれば、君たちを戦争犯罪人と呼ぶ私たちに反論することはできない。なぜなら、私たちの基準が君たちに適用できないのとちょうど同じように、君たちの基準を私たちに適用できないからだ。君たちの文化で君たちが正当な行為をしたと言われるのが正しいのと同じように、私たちの文化では君たちが邪悪な行為をしたと言われるのが正しい。ところが、私たちが君たちを誤解したという君たちの主張そのものが、君たちの見解の仇となる。誤解したという主張は、私たちと君たちがどういうわけか認めざるをえない真理と正義についての共通の価値を想定している。もしそういうことであれば、私たちは、君たちの邪悪さについて喜んで論じよう」(p.148)。

この訴えは聞き入れられないかもしれない。もしそうなら、不合理だという判断に客観的な根拠が本当にあることになる。つまり、彼らは弁解するのに必要な根拠をまったく持たず、いかなる尊敬にも値しない誤りを犯し続けることになる。

文化的進化は、社会とそのすべての組織と見通しを創造する知的道具を私たちに与えてきたし、バルキンが考えるように、この知的道具――彼が文化的ソフトウェアと呼ぶもの――は、必ず、解放すると同時に抑制し、力を与えると同時に制限する。初期の選択圧力の下で進化したミームが私たちの脳に住むようになると、母国語を学ぶことによって話し方と聞き方に制限が加えられるのとちょうど同じように、考え方に制限が加えられる。しかし、人間の文化の中で進化してきた反省行為、つまり、思考について思考し、表象について表象するという仕掛けは、あらゆる制限を一時的なもの、訂正可能なものにする。このことを理解すれば、マンハイムのパラドックスを無効にする、イデオロギーについての偏りのない考え方とバルキンが呼ぶものを、すぐにでも採用できる。「文化的ソフトウェアで構成された主体は、この主体を構成している文化的ソフトウェアについて考えている。このような再帰はそれ自体において、いかなる矛盾も不整合も論理的難点も含んでいないということを認識することが重要である」(p.127-28)。「イデオロギー的批判は、他の知識創造形態や知識獲得形態より優位に立っているわけではない。それは知ることの主要な形態ではない」(p.134)と、バルキンは主張する。この本は、真理への尊敬と真理発見のための道具を拠り所にして、共有できる知識の集まり（プール）を提供しようという統合的な努力の一つの実例でありたいと願っている。この知識の集まりから出発すれば、何が善で何が正しいのかについての、お互いが理解しまたお互いが受け入れられる観点に向かって、一緒になって努力できるはずだ。このような考え方は、科学を人々に強引に押しつけることではなく、自分たちがすでに知っていること、また知ることができることが、論争中の問題に対する答え方に影響を及ぼしているということを、知ってもらうことなのである。

補論C　ベルボーイとタックという名の女性

ダン・スペルベルと、彼の同僚であるスコット・アトランとパスカル・ボイヤーは、ミームという視点の有用性に懐疑の目を向けている。彼らから多くのことを学んできたにもかかわらず、彼らはなぜ私を納得させられないのかを言う前に、まず私は、彼らの主要な反論を明確に表現してみよう。以下は、彼らの立場の私なりの要約である。

きわめて明らかなように、文化的アイテム（観念、デザイン、方法、行動……）は、大量に増加し大量に消滅し、そのようなアイテムと、そのアイテムに着想を与えたり、そのアイテムの祖先となっているモデルとの間には、偶然とは言えない類似点がある。しかし、この伝達現象は、すべてではないがほとんどの場合、遺伝子モデルが要求するような再現性のきわめて高いコピーではない。新しい実例が出現する原因は、コピーではまったくない。「原因とは、おそらく、似たような結果を生み出す引き金にすぎない」(Sperber, 2000, p.169)。そのように生み出されるのだから、実例間の類似性は、遺伝子間の類似性と似ていないので、別の種類のダーウィン的な説明を必要とする。文化は進化するが、厳密に言って、変異を伴った遺伝のようなものではない。なるほど、チェーンメールのような、ダーウィンの種分化に相当するいくつかのミームはある。しかし、そのような本物のミームは、文化的進化の力学においては相対的に無視できる役割しか演じていない（Sperber, 2000, p.163)。その代わりに、人間すべてが持っている心理的

（第5章の原註（11）を参照）

メカニズムの制約と偏向に考察を集中させる方が良い(Atran, 2002, pp.237-38; Boyer, 2001, pp.35-40)。

このような反論に対する私の主な答えは、補論A「新しい自己複製子」にある。ここでは、その答えを、傍点を付した「その代わりに」という言葉に焦点を当てて、敷衍(ふえん)してみよう。心理の制約と偏向を研究するためには、ミームに背を向ける必要があるというスペルベル的確信に挑んでみたいと思う。たとえば、アトランは、ミームを基点にする研究は、増加する文化的アイテムを形作る上で心理的メカニズムが演じている詳細な役割を無視している点で、「心(マインド・ブラインド)を見ていない」(2002, pp.241ff.)と、不満を述べている。これは、明確な見解の相違ではまったくない。なぜなら、アトランは、文化的アイテムの差異化的増加を認めているからだ。論争は、過大な約束をする(一部の)ミーム学者と、その言葉を真に受ける反ミーム学者とのコミュニケーション不足の産物だと言いたくなる。補論Aの終わりで指摘しているように、ミーム学が心理学に取って代わったりそれを占領することはない。これは、集団遺伝学が生態学(エコロジー)に取って代わったりそれを占領しないのと同じだ(集団遺伝学は、環境を見ていないのだろうか? 一般的に言って、その通りである。それは少しも悪いことではない。なぜなら、集団遺伝学のモデルは、たいていの場合、環境の中の選択圧力がどのようにしてまたなぜ存在するかの詳細を明らかにすることはないからである。集団遺伝学のモデルはただ、選択的力の結果が——それがどんなものであれ——どのようにして、移動と誕生と死を繰り返して時間をかけ集団の中に現われてくるかを示す。生物学的説明全体を手に入れるためには、生態学は必要だし、文化的説明全体を手に入れるためには、ミーム学者は——ミームにのぼせ上がっているので否定するかもしれないが——やはり心理学を必要としている)。

ボイヤーは、同じような言葉でスペルベル的な反論を表明しているが、彼のミーム反対表明にもかかわらず、彼はしばしば、差異化的自己複製という観点から自分の主張を言い表してしまう。実際、彼の理論は、彼に共感している解説者によって次のように要約されている。すなわち、彼の理論は、「宗教は、主に、文化的諸概念の中でとりわけ伝染力のある品種による、非凡な心理的システムの組織的利用として、理解することができる」という主張である（Bering, 2004, p.126）。「伝染力のある（ヴィルレント）」は、ベーリングが探し求めている単語ではない。なぜなら、この単語の意味は（辞書的には）すべて否定的なもの〔毒性の強い・悪意に満ちた〕だからである。「繁殖力のある（プロウリフィック）」や「適した（フィット）」を使ったほうが、ボイヤーの主張をもっと正確に要約したものになるだろう。なぜなら、ボイヤーは、宗教が人間の人生の良き同伴者なのか悪しき同伴者なのかという問題に関して、注意深く中立を守っているからである。しかし、それはさておき、ベーリングは、ボイヤーが否認しているにもかかわらず、彼をミーム学者の一員と見ているようだ。しかし、彼は否認しているのは事実なのだから、ボイヤーにせよアトランにせよスペルベルにせよ、彼らが良い研究を行なっている心理による選択的力に集中してもらって、（つまらない？）統合的な研究はミーム学者にまかせておけば良い、ということになるのだろうか？

そうはならない。まだ言うべきことがある。私たちは、ミームという観点からだけではなく、心理の制約という観点からも――さらにミームと心理的制約の最初の相互作用から出現するさらなる制約という観点からも――文化レベルの進化を考えたいのである！　ヒースとベルとスターンバーグ（Heath, Bell, and Sternberg, 2001）による「都市伝説」に関する調査研究から着想を得た実験を考えてみよう。都市伝説というのは、〈ベルボーイのこと聞いたことある？　彼は宿泊客の歯ブラシを自分の……に入れるのを防犯ビデオで撮られたんだって〉、〈何かぶつかった音を聞いたドライバーの話、知っている？　何マイルも走ってから車を止めると、フロントグリルに赤ん坊の死体が引っかかっていたらしいよ〉といったものである。ヒースたちは、有名な都市伝説の多くがひどい嫌悪感を抱かせる話を含んでいると指摘し、多種多様な都市伝説が伝達される可能性を高めることに、嫌悪感が果たしている役割を研究している。彼らは、競争する対立因子（似ているが別の話）を提供して調査したが、より嫌悪感を抱かせる話の方がうまく伝わって行くのは確実だと考えた。残念ながら、彼らは、現実の伝達そのものを扱わず、被験者がその話をどの程度他人に伝えたがるかということだけを調べた。研究にはコストがかかる。でも、思考実験なら安上がりなので、ある実験を想像してみよう。その実験は、スペルベル的な論点を——ミームを基点とする研究に反対する議論を私がなぜ良いと思わないかとともに——具体的に示してくれるだろう。

千種類の——まだネット上に広まっていない新しい——都市伝説をでっち上げ、一対一で、一つの話を十人に聞かせ、総計一万人にこの都市伝説を注意深く教えたとしよう。そして、「ブラジル人のタクシー運転手の話、聞いたことある？　彼は……」と語られるたびに「放射性同位元素」がたまって行く仕組みを、これらのミーム候補者たちに与えたとしよう。さらに、どうなって行くのかを知るために、たくさんのお金を使って、大量の私立探偵を雇い、最初の被験者の話を盗み聞きしたり、電話での会話の録音などをさせたとしよう（思考実験の良いところは、大学内部の調査員会や警察で事の詳細を明らかにする必要がないことだ！）。そのようにして、最初に教えられた後どの話が消えてなくなり、どの話が、どんな言葉で、実際伝達されたのかに関する、膨大なデータを手に入れることができる。スペルベルが夢見た結果に私たちは近づいていったのだろうか？　残念！　放射性同位元素はほとんど見つからないだろうし、千個の都市伝説のうち残るのは、繰り返し捏造され続けるのは、（あれ！）七個くらいだろう。というのも、これら七個の都市伝説だけが、生まれつき備わっている心理的制約を刺激したからである。おそらく、最初の百個の異なる都市伝説が集まって、最終的にはただ一つの都市伝説に、都市伝説空間でもっとも「魅力的なもの」に、なっていったことだろう。物語は、時として、好意を持って受け入れられるように、徐々に変様することがあるが、もしその物語をすでに知っている人がそれを聞けば、行き場を失って突然終わりを迎えるだろう。つまり、「あぁ、おもしろいね。それで思い出した、……という男のこと、聞いたことある？」となって行く。

もし結果が本当にこのようなものであったら、時間をかけて行き渡った都市伝説のすべての内容は、それを話す人間と聞く人間の心理にすでに何らかの形で存在しており、どの都市伝説も、実質的には、最初の物語から忠実に複製されていないことになる。これが、アトランの論点の述べ方である。

遺伝子上の進化においては、方向転換の強い決定要因がないという意味で、「弱い選択」しかない。その結果、（ごくまれにしか起こらない）小さな突然変異が積み重ねられて、それよって、安定した方向転換に至ることができる。それとは反対に、文化的な進化においては、モジュール方式で組み立てられた諸々の期待が、伝達される情報を、あのもしくはこの経路に流れるように強力に制約することができるという意味で、とても「強い選択」が存在する。その結果、社会的に伝達される情報には「エラー」や「ノイズ」や「突然変異」がしばしば存在するにもかかわらず、メッセージは、（繰り返し言われたりあちこちで行なわれることによって）、認知上安定した道へと導かれる傾向がある。ミームそれ自体ではなく、認知モジュールが、信念と実践が流れて行く文化的な経路を作り上げるのである（Atran, 2002, p.248）。

これは言ってみれば、脳の中に、いくつかの（十？　百？）都市伝説が記録されているＣＤを、私たち一人一人が持っているようなものだ。これらの都市伝説の一つに非常に近いものを聞くたびに、それをきっかけにCDの当該部分が再生されるというわけだ――これは、聞いた経験があることの模倣ではなく、「誘発された再生」である（これは、録音機についてのスペルベルの「理論的実例」（Sperber, 2000, p.169）にヒントを得たものである）。もちろん、そのように極端なことはありそうもない。もしもある都市伝説の内容が宿主から宿主へと複製されたとしたら、その内容に感染した人々は、次に聞く都市伝説がどんなものであれ、それに対する新しい制約を作り上げるだろう。文化的な経路を開くことができるのは、認知モジュールだけではなく、まず何より文化という次元に置かれることそれ自体である。おそらく、もし中国人の小人についての都市伝説を聞いたことがなければ、アレチネズミをペットにしている少年の都市伝説を複製し、ほとんどそのまま伝達するだろうが、もし聞いたことがあれば、二つの都市伝説と合体させて、さらに女性警官とアレチネズミにまつわる都市伝説のようなものを作り上げるかもしれない。文化的に伝達される内容と、文化とは独立に共有されている制約との相互関係を研究するためには、ミームの自己複製をできるかぎり跡づけていかなければならない。これこそ、ほとんどの場合の現実的な研究プログラムになると、今まで誰も言わなかった。

この本の準備段階で起こったおもしろい実例がある。最終稿直前の原稿を読んでくれた人の一人が、第2章での誤りを発見し、参考文献のところでもやはり間違っていたので、私が打ち間違いをしたと思った。彼によれば、グールドの一九九九年の著作は“*Rocks of Ages*”であるが、私は“*Rock of Ages*”と書いてしまっているというのである。私の最初の反応は、まさかそんなことはない、というものだった。彼が間違っていると私は考えた。グールドの著作の最初の単語が“Rocks”ではありえないと、思った。私はこの本を読んでいたし、彼の言葉遊び（この古生物学者は、……する一方で、「化石が発見される」変成岩の年代（the ages of rocks）を研究している）に気づいていたからだ。しかし、私は完全に勘違いをして、彼の著作のタイトルを突然変異させてしまった。なぜなら、賛美歌のタイトル〔*the Rock of Ages*〕[17]が私の記憶に深く刻み込まれていたからだ。自分で調べてみると、確かに、タイトルは"*Rocks of Ages*"だった。しかしそれから、思い立って、間違ったのは私だけかどうか知りたくて、ネットを調べてみた。すると、二〇〇五年三月二三日の時点でグーグルで検索された数は、"Gould 'Rock of Ages'"が三八六〇件、"Gould 'Rocks of Ages'"が三九五〇件と、ほぼ同じだった。前者の数の多さは、グールドの著作のタイトルの思い違いと、賛美歌のタイトルとに起因しているとはいえ、誤って綴られたタイトルの検索項目の中には、この著作の批評（レビュー）も、この著作の否定的もしくは肯定的な議論もあった。簡単に調べてみるだけでは、間違い（エラー）に明確なパターンがあるようには思えなかったが、しかしここには、コンピュータを使ったミーム研究における、もっと深く掘り下げたいと思っている人なら誰にとっても魅力的な、基礎研究課題がある。どれくらいの頻度でこの誤りが変異しながら浸透したのか、誰の誤りを誰がコピーしたのかを語る物語は、きっとおもしろいにちがいない（同様のタイトルの書き間違いと、『科学引用索引』を使ったミーム学の研究方法入門を扱ったドーキンス（Dawkins, 1989, pp.325-29）参照）。[18]

私たちの脳は、進化心理学者に愛されている遺伝的に進化したメカニズムないしモジュールを持っているだけではなく、想像しうるあらゆる種類の文化的に伝達されたメカニズムが詰め込まれており、このメカニズムのどれかが存在することあるいは存在しないことによって、宿主の中に、土台にある機構によって示される制約とちょうど同じくらい強力な――あるいはそれよりはるかに強力な――抵抗力と感受性が作られる。アトランは、ミームに反対する議論を展開する章の中で、私の著作から引用しているが、私が示そうとしたことを取り逃がしている。私は、中国人や韓国人の心の構造は、アメリカ人やフランス人の心の構造とは「劇的に異なっている」と述べたのだが（Dennett, 1995b, p.365）[19]、アトランは、母国語の異なる人々が異なった仕方でデッサンを解釈し、原因を追求し、責任を問うという主張を私が展開しようとしているとみなしている。彼は、そのような差異を際立たせるために心理学者によってデザインされた様々な状況下でも、異なった文化集団に属する人々がきわめて類似した反応を示すという実験を、引用している。しかし、私が考えていたのは、もっと単純で明確なことなのだ。つまり、英語で語られたジョークに、中国人は〔たとえ英語が分かっても〕笑わないだろうし、記憶したり繰り返したりしないだろう、ということなのである！（数年前、素晴らしいシンガー・ソングライターであるライル・ラヴェットが『ヨシュア・ジャッジズ・ルツ』というアルバムをリリースした。私の友人たちはこのアルバムを買っていないようだった。私は彼らにラヴェットの次のアルバムのタイトルはどんなものになると思うか聞いてみたが、誰も答えなかった。私の心にすぐ浮かんだのは『ファースト・アンド・セカンド・サムエル』では？だった。これは、半世紀以上前の日曜学校のおかげである）[20]。さらに、フランス語で語られたジョークが英語使用者に広がるのはひどく難しいのが確実であるのと同様に、ある人の政治的見方や芸術（あるいは量子物理学あるいは性行為）についての知識が、その人が何かを受容したり、様々なミーム候補者を伝達しようとすることに、強い制約となることは確実である。私が読んだことのある滑稽詩の中で、次に引用するものが、私にとっては一番おもしろいのだが、たくさんの滑稽五行詩（リメリック）を読まないと、そのおもしろさはわからない。

タック（Tuck）という名の若い女性がいた
彼女はひどい運命（*luck*）に出会った
彼女は小舟（*punt*）に乗って出かけたが
舳先（*front*）につまずいて倒れ

カモ（*duck*）に足を噛まれた[21]

私はこの滑稽五行詩をあなたに伝達したいのだが、たとえ伝達したとしても、誰がさらに伝達するだろうか？　これは、他のどんなミームがあなたの脳に、またあなたが話す人々の脳に感染しているかにかかっている。文化的伝達という複雑な世界には、人間の心理の一定の特徴に直接起因するパターンは、おそらく大きな意味を持たない。それだから、スペルベルのミーム反対論に追従する人々が、私から見れば、ミームという言葉を使った方がうまく展開できる主張を行なっているのである。たとえば、彼らが語っていることの一つに、収斂して行く進化は、文化的進化において非常に影響力のある役割を演じているので、観察される類似性を説明する際に、文化的連鎖を通じての子孫によるデザインの伝達の方が選択的力によるデザインの形成より重要な要因となる、というものがある。これはかなりありそうなことで、いずれにせよ研究対象になりうるものである。しかし、たとえば、イスラム教とキリスト教との類似性の多くが、それぞれの宗教の信奉者となるべき人々に類似した条件を見出しそれに順応してきたよりもむしろ、アブラハムを共通の祖先としていることに起因するかもしれないという可能性にも、注意を向けておくべきである。

補論D　根底的解釈の不確定性の実例としてのキム・フィルビー

（第8章の原註（14）を参照）

哲学者たちは、W・v・O・クワイン（Quine, 1960）の根底的翻訳の不確定性の原理を支持もしくは不支持を表明するためにデザインされた思考実験を、数十年かけて考え出してきた。これは、ある自然言語から他の自然言語への翻訳の仕方には原理的には異なった二つのものがありえ、いずれかの方が言語の翻訳として正しいやり方であるということを示す証拠はまったくない、という驚くべき主張である（クワインの主張は、一つの正しいやり方はないだろうというものである。一方のやり方が他方のやり方と同じくらい良いだろうし、それ以上のことは問題ではない、ということである）。一見すると、こんなことはありそうもないように思われる。たとえば、十分に知識のある二カ国語（バイリンガル）を操る人が、一方の言語で表現された一節を他の言語へ翻訳する場合、競争する二つの翻訳の内の一方が良いと、言うことができないなんてありうるだろうか？　二つの翻訳の一方を支持するたくさんの証拠がないなんて、ありうるのだろうか？

答えは明確だともし考えるなら、この奇妙な難問を扱った大部の哲学書を読んでいないか、理解していないかのいずれかである。クワインの代表作『ことばと対象』(1960) が広く読まれた後、一九七四年『ジンテーゼ』が出版された。これは、指向性や言語、そして翻訳に関するコネチカット大学での会議を扱ったもので、クワインはもっとも手強い相手たちと対戦し、この対戦状態はその後にも続いていた。根底的翻訳の不確定性の問題は解決しておらず、今日も問題であり続けている。

フィルビーが最終的に何を考えていたのかという問題の場合、(多くの哲学者が行なう思考実験という奇妙な世界とは対照的に)現実の世界で、根底的解釈(一九七四年『ジンテーゼ』所収、デヴィッド・ルイスの論文「根底的解釈」を見よ)の不確定性という問題にどれだけ近づけるかという、少し難しい問題になる。二人の不撓不屈の観察者がいて、フィルビーのすべての行為を辿り、あらゆる発言を録音し、彼の極秘書類を読み、寝言に聞き耳を立て、脳波の記録さえ行なうと、想像してみよう(私たちは今、哲学者のやり方にもどっている)。そして、フィルビーは英国に忠誠心を抱いているという判断とソ連に忠誠心を抱いているという判断が、まったく同じ証拠に基づいて二人の観察者から下されたとしよう。

もちろん、フィルビーに聞いてみても無駄だろう。二人の観察者はともに、そのような質問に彼がどう答えるかを良く知っており、二人の意見が対立していても、同じようにうまくそれを説明できる(これに関しては、『リアルパターン』1991b に登場する「エラ」の信念に関する私の議論を見よ)。疑いもなく、二つのうちどちらの解釈でも決着がつかないということは、ありそうにないが、(クワインが主張するように)ありえないわけではない。これがクワインの論点である。現実の世界のあらゆる状況に、ある人生全体についての、そのように根底的に異なる二つの解釈があり、おそらく、短い時間ではいかなる判断も下せないというきわめて微妙な状態でバランスが取られているだろう。最終的には、一方の解釈がつぶれ、他方の解釈が勝利をおさめるかもしれない。しかし、これこそ、問題を解決する特別な何らかの内密の事実によって保証されている形而上学的確実さだと思いこんでしまうという過ちを犯すべきではない。以上のような視点からみれば、フィルビー自身、どちらの見方が真実か分かっていない――さらに言うことができない!――のかもしれないのだ。これは、先ほど登場した二カ国語を操る人が、どちらの翻訳のやり方が正しいのかとたずねられた時、直面することでもある。彼は、自分自身どちらが「正しい」のかを言える

クワイン式クロスワード・パズル

1	2	3	4
2			
3			
4			

ヨコ

1. 汚いもの
2. 人間の大きな欲求
3. 滑らかにすること
4. 映画俳優

タテ

1. 水に依存する乗り物
2. 私たちは普通これが欲しい
3. ちょうど真上
4. アメリカの州（短縮形）[22]

根拠を持っていないことに気づき、驚くだろう。そのような場合でも、クワインが主張するように、どちらが正しいのかは、重要なことではない。等しく良い翻訳がある、言いうることはそれだけのことだ。

まだ分かりにくければ、これと同じ現象を示す簡単な事例、私が作った「クワイン式クロスワード・パズル」を取り上げよう。同じように良い二種類の答えで埋まるクロスワード・パズルを作るのは簡単ではないが、ここに一つある。どちらが本当の答えか？　どちらかが本当の答えだ、ということはない。なぜなら、二つの答えが出る問題を意図的に作ったからだ。全体構造と歴史と様々な気質などを基点として作り上げても、二つの異なった解釈にいたってしまう、フィルビーという名の高度なクロスワード・パズルを作るのは、原理的に不可能である。しかし、だからと言って、いかなる問題にも決着をつけるような内奥の事実というカテゴリーを、思い描くべきではない。

原註

第1章　どの呪縛を解くべきか

（1）私は、Dennett, 2003c で鋭尖吸虫という例を論じた。そのおもしろいライフ・サイクルについては、Ridley（1995）と、Sober and Wilson（1998）を見よ。魚の寄生虫の驚くべき事例については、LoBue and Bell（1993）を見よ。ネズミの寄生虫トキソプラズマについいは、第3章で詳しく論じられるだろう。ヒュージ・パイパーの風刺的な表現は、Blackmore（1999）や Pyper（1998）に見出される。参考文献は、末尾の「参考文献」で見つけることができるが、だいたい、本文の当該箇所に——脚註ではなく——挿入されている。註は、本文の論点を拡張するために、専門家だけが関心を持つようなものを取り上げている。

（2）忠誠心を育む可能性が、犬にはあって猫にはない理由は、それ自体、生物学のおもしろいテーマであるが、あまりに寄り道をしすぎることになるだろう。飼い馴らし〔家畜化〕の限界に関しては、Diamond, 1997 を見よ。

（3）ここに、宗教の定義としてもっともよく知られたものが二つある。私のものと比較してほしい。

宗教とは、聖なるもの、言いかえれば、分離され禁忌とされたものと関係する信念と実践の統一化されたシステム——〈教会〉と呼ばれる一つの道徳的コミュニティへと統合される信念と実践の統一されたシステム——である（デュルケム『宗教生活の原初形態』上八五頁）。

宗教とは、一般的な存在秩序の概念を形成し、情調と動機づけが独特の現実性を持つように見えるような事実性のオーラでこの概念を覆うことによって、人間の中に強力で浸透的でまた永続的な情調と動機づけを打ち立てるように働く、象徴の体系である（クリフォード・ギアーツ『文化の解釈学』Ⅰ一五〇〜一五一頁）。

〔ギアーツの記述の順序では、宗教は、
(1)=(2)のように働く象徴の体系である
(2)=(3)と(4)によって人間の中に強力で浸透的でまた永続的な情調と動機づけを打ち立てる
(3)=一般的な存在秩序の概念を形成する
(4)=(5)のような事実性のオーラでこの概念をおおう
(5)=情調と動機づけが独特の現実性を持つように見える〕。

(4) このような変様は、たいてい徐々に起こる。〈一番目の哺乳類〉つまり最初の哺乳類でその母親が哺乳類ではないものが、存在しなかったのだろうか? それは、ない。〔古生物〕獣弓類、すなわち、すべての哺乳類がその子孫の一部である爬虫類の子孫と、哺乳類との間に境界線を引く原則に基づくやり方はない(この長年にわたる難しい問題については、Dennett, *Freedom Evolves*, 2003c, pp.126-28〔『自由は進化する』一八〇~一八二頁〕を見よ)。古くからある宗教でも、大切だとされてきた教えや実践を信者が徐々に捨てることによって、しだいに以前の宗教に取って代わって行くということはありえる。しかし、そのように言ったところで、何らかの価値判断が示されるというわけではない。哺乳類は以前、獣弓類だった、鳥類は以前、恐竜だった、それで十分なのである。もちろん、境界が横断されたかどうかについての合意可能な結果は、得られる必要はある。しかし境界という問題自体は、タコの〔たとえば殺して良いとか悪いとかという〕道徳的位置づけのような、政治的問題であって、理論的問題ではない。

(5)「フォースが共にあらんことを!」。〔映画『スターウォーズ』の〕ルーク・スカイウォーカーは、宗教的なのだろうか? 考えてみれば、ジョージ・ルーカスによってフォースが邪悪なものとして描かれたとしたら、この言葉に対する反応はかなり違ったものになっていただろう。近年、虚構の宗教が関わっている――『ロード・オブ・ザ・リング』や『マトリックス』のような――冒険映画が増加しているのは、きわめて興味深い現象である。昔だったら、そのようなデリケートなテーマが受け入れられたとは思えない。一つの宗教や様々な宗教について、いささか過剰と思われる点もあるが、私たちがちゃんと意識するようになるのは良いことである。一般的なSFのように、それは、様々な可能性について私たちの目を開かせてくれるし、現実の世界をもっと良い視点から見せてくれることもある。

(6) 一九五〇年代と一九六〇年代、フロイトの精神分析がもてはやされた時、その信奉者たちに、フロイト理論の多くの弱点と誤りを指摘し批判しようとした人々は、次のような語り口でなされる精神分析的はぐらかしというひどく腹立たしい壁にぶち当たった。すなわち、「あなたが、精神分析に対してひどくて敵対的なのはなぜか、精神分析の主張に『反対したい』という情緒的欲求を感じるのはなぜか、ちょっと私たちが調べてみましょう。まず、あなたとあなたの母親との関係について、話してください……」と。これは、どう考えても、論点先取（循環論法）〔論証すべきこと（精神分析）を前提にして、議論を組み立てること〕だったし、しばしば不誠実なものだった。神が存在するかどうかという問題の考察を、私が後回しにしていることは、理論武装しながら手ぐすねを引いて待っている人々からすれば、この精神分析学者と同様に、恥知らずの知的責任逃れのように見えるだろうということは、私も分かっている。しかし、伝統的に行なわれてきたようなやり方でこの問題に取り組んでしまうと、私が何らかの新しい貢献ができるまで、地ならしとして数百頁必要になる。我慢していただきたい。このテーマを扱う義務があることは決して忘れていない。

第2章　科学に関する諸問題

（1）「避けること」における科学の役割、人間の文明が確立した「回避」の増加については、私の『自由は進化する』(2003c) を参照。

（2）民主主義や女性の権利、および科学やテクノロジーが繁栄できるための研究の自由に対して、概して激しく非難する人々、つまり、過激なあるいは原理主義的なイスラム思想を抱く人々を指すのに、最近の傾向に従って「イスラミスト」という言葉を使う。多くの、あるいは、おそらくほとんどのイスラム思想家ないし指導者は、イスラミストの立場に完全に反対である。

（3）私が知る唯一の研究は、Anderson and Prentice. 1994 である。

第3章　なぜ良いことが起こるのか

（1）数える程であるが、同じ宗派に属する小さなグループと出会い、そのグループの属している複数の人から得た情報を私から聞いて、何か本質的なことをたまたま発見し生き方を変えた人までいた。

（2）コヨーテの様々な鳴き声はいろいろな目的に役立っているというのが、最近の考え方である。ぞっとするような「集団での遠吠え」は、どうやら、「ここが自分たちの縄張りであることを伝え、他のコヨーテの集団と視覚的に接触しないようにするという重要な働き」がある (Lehner, 1978a, p.144 ; Lehner, 1978b も見よ)。威嚇を行なうことで縄張り争いを避けることができるなら、これは、後日の狩猟のためのエネルギーと健康を温存する倹約的なやり方であるかもしれない。この仮説からすると、鳴き声の大きさが、この仮説が真実であることの紛れもない証拠であり、これは動物のコミュニケーションにおいて普通に見られる現象だということになる（Hauser, 1996 の第6章を見よ。そこには、鳴き声で合図を送る行為の進化に関する、理論的であるとともに実験的な研究のすばらしい議論がある）。高音質で録音されたコヨーテの遠吠えを再生し、個体の密集状態を調節するという、興味深い実験も紹介されている。コヨーテ〔研究〕は人気を得るだろう？　それには、どのくらい時間がかかるだろうか？

（3）　創造論と知的デザインに関して最初に読むべきなのは、Pennock, 1999, *Tower of Babel : The Evidence Against the New Creationism* ; Perakh, 2003, *Unintelligent Design* ; Shank, 2004, *God, the Devil, and Darwin : A Critique of Intelligent Design Theory* ; Young and Edis, *Why Intelligent Design Fails : A Scientific Critique of the New Creationism* ; and National Academy of Science, 1999, *Science and Creationism* である。また、"*Reports of the National Center for Science Education*" の二〇〇四年五―八月号では、このテーマに関する最新の数十冊の著作が検討されている。キリスト教徒やユダヤ教徒の視点から書かれた（質にばらつきがある）ものも含まれている。現代の進化生物学のすぐれた研究としては、Moya and Font, 2004, 選集 *Evolution : From Molecules to Ecosystems*、Pagel 編集の二巻本 *Encyclopedia of Evolution*, 2002、Purves et al., 2004（一七版）*Life ; The Science of Biology* がある。その他、ウィリアム・デムスキーやマイケル・ベーエのような、もっとも有力な進化論批判者の研究についての信頼できかつ公正な反論を発見できる数十のウェブサイトもある。国立科学教育センターは、その中で一番良い（http://www.ncseweb.org.）。

もちろん、〈知的デザイン〉説を支持するウェブサイトもたくさんあるが、専門家から検討を受けた本格的な雑誌はない。なぜそうなのか？　もし〈知的デザイン〉が時宜を得たアイデアであるなら、若手科学者は研究室に閉じこもり、コンピュータにはりついて、現在の進化生物学の重要な主張を覆せるなら誰にでも可能性のあるノーベル賞を獲得しようとするだろうが、そんなことは起こっていない。〈知的デザイン〉好きな人々は、科学機関が彼らの研究に偏見を持っており、そのために主要な雑誌に研究が載せられないと主張する。しかし、それは信用できない。〈ディスカヴァリー・インスティテュート〉や、その他の〈知的デザイン〉研究の巣窟は、資金があるので、やろうと思えば、また、査読する信頼できる科学者が見つかれば、査読つき雑誌を出版することができるだろう。文字通り数千もの査読された論文が毎年公表され、進化の基礎理論が入念に検討され拡大されている。これらの論文の執筆者のほとんどは、折り紙付きの専門性にもかかわらず、決して有名ではない。もちろん、彼の中の少数の人間が、現状を脱し、研究機関から軽蔑される危険を犯し、「ダーウィンを否定した科学者」として世界に名を馳せるチャンスを手に入れようとするかもしれない。ところが、創造論を支持する人間は、その魅力を示すことさえしない。彼らは分別がある。彼らのしていることは宣伝であり、そのために寄付金を使っているということを、彼らは分かっているのである。

ウィリアム・デムスキー（Dembski, 2003）は、査読を受けた四つの科学論文のリストをかかげ、彼の言うところでは、これらの論文は〈知的デザイン〉説を支持するものである（彼自身の一九九八年の著作もリストにあげているが、実際、この著作は、査読を受けた上でケンブリッジ大学出版によって出版されている）。ところが、これらの論文に対するデムスキー自身の評価はというと、これらはせいぜい「非ダーウィン的」であること（ことさらダーウィン的な前提を何も使っていないこと）は明らかだというものであるので、〈知的デザイン〉を論証するのに役に立つかもしれないというものである。これらの論文はどれも、〈知的デザイン〉の論証には至っていない。

（4）このように普通に語ってしまうと、複雑さが見えなくなる。ここで「あなたの遺伝子の半分」という言い方をしているが、それが意味しているのは、同じ種に属する他者からあなたを区別する、あなたの独特な遺伝子の半分、ということである。クローンを作る場合、（良い悪いは別に）あなたを「独特な」存在にしている遺伝子はすべて、子孫に受け継がれる。有性生殖の場合、遺伝子の半分だけが子孫に受け継がれ、生殖相手が提供する独特の遺伝子によってバランスがとられる。

（5）貨幣は、純粋な物々交換システムから、ゆっくりとしたほとんど気づかれることのない変化によって、出現したのだろうか（「商品」理論）？　それとも、貨幣は、何らかの国家権威による「布告」や自覚的な同意ないし契約をつねに必要とするのだろうか（「計画性」理論）？　貨幣の起源は、何世紀にもわたって議論されてきた。論争の歴史についての素晴らしい議論、および、魅力的な経済モデルを使った可能性の探求は、Awai, 2001, Burdett et al, 2001, Seabright, 2004 を参照。

（6）ある歴史上の個人が、立案者として貨幣や言語の初期のデザイン作製作業に関わったということは、もちろんありうる。しかし、これは、可能性としては極端に低いし、また必要でもない。遺伝子を改訂するデザインの革新とまったく同じように、文化的デザインの革新が進化によって蓄積されるのはきわめてゆっくりとなので、立案者であるという資格は、何千世代にもわたる何百万人もの名もなき革新者に与えられなければならない。

（7）再生産システムの違いは、もちろん大きな差異を生む。造幣局が硬貨に刻印する金型をその年の年号を入れるために変える時、一種の突然変異が起こる。しかし、そのような変異は、通常蓄積されない。もし、金型の傷やへこみが修理されず、何年もすべての硬貨にその痕跡を残し、後継の金型にもコピーされることがあるかもしれない（その金型で作られた硬貨の一つが、オス型として選ばれ、そのオス型から新しいメス型が作られる場合を考えれば良い)。これは、子孫に伝達される遺伝子レベルの突然変異にとても良く似ている。

(8) 貨幣の想像可能な「内在的」価値については、Dennett, 2005c の "Consciousness : How Much Is That in Real Money?" を見よ。

(9) コンドルがヒメコンドルとどの点が似ているかについては、Dennett, 1955a を見よ。これは、Dennett, 1998a に再録されている。

(10) 生物学者は、生物学を物理学化するような試みに不快感を抱いたことがあるので、多くの社会学者に自分の専門分野が生物学化されることに対する抵抗感があるのをよく理解できる。伝説的な進化生物学者エルンスト・マイヤーは、(百歳の誕生日のすぐ後) 生物学の自律性に関する著作を出版し、生物学がなぜ物理学に「還元され」ないのかを示している (Mayr, 2004)。私は、彼の主張のほとんどには賛成である。しかし彼は、生物学が理解すべきでまた利用するかもしれない制約や原則を、物理学が提供しないとは言っていない。いろいろな還元主義の考え方があって、その内のいくつかだけが、——私はそれを貪欲な還元主義と呼んでいる (Dennett, 1995b [たとえば『ダーウィンの危険な思想』一一三頁]) ——、誤りなのである。攻撃対象である見解が還元主義的だと非難された場合、それが悪い意味での還元主義なのかどうかを良く検討しなければならない。

(11) このアフォリズムを信じる人々には、ウィトゲンシュタイン、パウル・クレー、批評家ヴィクター・スクレフスキーがいる。

(12) もちろん、たくさんの中間的事例があり、船大工が持ち込む変異の背後には、あれこれのアイデア、変なあるいは素晴らしいアイデアがあるのだから、変異がすべて手斧のちょっとしたミスから生まれてくるわけではない。その時良さそうに思えたアイデアでも、短期間で無価値なことが判明するかもしれない。良いアイデアが試行錯誤で試されると同時に、かなり悪いアイデアも試行錯誤で試されれば、デザイン過程はスピードアップするリチャード・ドーキンスは、デザイナーのいないデザインを「デジグノイド (designoid) と呼ぶよう提案している (Dawkins, 1996, p.4) [oid は「似たもの」を意味している。ヒューマノイド humanoid は、「人間に似たもの」たとえば、「人型ロボット」を指す]。「デジグノイド」は、デザイナーがいてデザインされたように見えるが実はそうではないものを指す]。このような新しい言葉を作ることは、デザインされたように見えるものは意図を持つ自覚的な心によって生み出されたにちがいないと考えてしまうといった、しばしば陥る過ちを指摘することに役に立つ。しかしながら、はっきりとした線引きができると思ってはならない。ダックスフントの短い脚は、デザインなのだろうか、デジグノイドなのだろうか？　ブリーダーがそうしようと企てたわけだが、それにはちゃんと理由があった。遺伝子レベルで設計された有機組織は、デザインなのだろうか、デジグノイドなのだろうか？　一定の場所でなかなか出会えないチャンスを利用して作られるビバーのダムは、デザインなのだろうか、デジグノイドなのだろうか？　ビバーのダムは、ウスバカゲロウが蟻地獄を作る以上に、はるかに認知的な才能を必要としている。壮大な〈デザイン空間〉を探求する研究は、自然選択による遺伝子の数のゆっくりとした調整から、個々の脳の中での即座の試行錯誤にまで及ぶ。したがって、私は、デザインという言葉をこの先も使い続けるつもりである。

(13)『ダーウィンの危険な思想』(Dennett, 1995b) の主要なテーマの一つは、ダーウィンが発見したものは、根本的にはアルゴリズム、つまり、多くの異なった媒体で実行される情報処理のレシピである、ということである。たとえば、長除法アルゴリズムは、鉛筆やペンやチョークでも、地面を棒でひっかいてもできる〔訳註「第2章［10］」、「補論［6］」［15］」も参照〕。

(14) ミームに関しては、さらに、Dennett, 1995b, 2001b, 2001c, 2005c、またこの本の「補論C」も参照。

(15) 詳細については、Dawkins, 2004a, pp.31-32 を見よ。

(16) 集団選択は、進化論では異論の多い問題である。いろいろな技術的論争があり、初心者が手を出すのは危険である。Wilson and Sober, 1994 を見よ（また、同誌で発表されているすべての解説を見よ）。Sober and Wilson, 1998、また Dennett, 2002a（さらに、同誌掲載の Sober and Wilson に関する解釈）を参照。ウィルソンの見解に関しては、後の章で詳細に論じられる。

第４章　宗教のルーツ

(1) 宗教がいくつあるかに関する研究において、(カルトや比較的短命の組織とは反対に) 意見の一致はない。しかし、どんな基準で考えても、何千もの別々の（独立した、他と交流のない）宗教がある。すべての宗教に関する標準的な参考文献は、Barrett et al, *World Christian Encyclopedia* (2nd ed., 2001) である。宗教はしばしば突然生じるので、ウェブサイトでさえ、宗教のリストを最新版にしておくことは難しい。その中の良いものとしては、http://www.religioustolerance.org/worldrel.htm と http://watchman.org/cat95.htm である。後者は、千以上の新しいカルトや宗教を検索項目に掲げている。新宗教の研究を行なっている定期刊行物や雑誌もあるが、ウェブで簡単に見つけられる。

（2）ダンバー（Dunber, 2004）は、このような墓を宗教の疑いの余地のない証拠とみなしているが、かなり謎が多い。死体は、紅土〔赤鉄鉱の赤色土状のもの。顔料に使われる〕で彩色されたいろいろなものと共に、一定の場所に意図的に置かれている。しかし、その状態の意味については様々な意見がある。たとえば、http://home/earthlink.net/~ekerilaz/dolni.html を見よ。

（3）概観として役立つのは、Atran and Norenzayan, 2004 で、専門家による二十四のコメントとそれに対する著者の応答がついている。読んでおくべきものとして、Sperber, 1975, 1996 ; Lawson and McCauley, 1990, 2002 ; Guthrie, 1993 ; Whitehouse, 1995 ; Barrett, 2000 ; Pyysièaine, 2001 ; Anderson ; 2001 ; Shermer, 2003 がある。

（4）このテーマは、多くの著述家によって近年取り上げられている。このテーマに関する私の貢献としては、Dennett, 1991a, 1995b, 1996 および多くの論文がある。

（5）動物について――人間の大人についてさえも――「心の理論」を持っていると語ることに、私は反対である。その主な理由は、このように語ることで、たいてい、定理を駆使したり命題を検討したり仮説を検証している小さな科学者のようなあまりに知的すぎるイメージを喚起してしまうということである。それに対して、私は、指向的構えをとる存在を、――名人芸のように指向的構えを巧みに操る人を含め――、洗練された理論家というより直観的な芸術家に似ていると考えている。工芸は、イデオロギーよりずっと人目を惹くものであるし、民間工芸の明確で自覚的な様式の開発は、近年の革新である。しかしながら、素晴らしく斬新なものが出現したのは一七世紀から一九世紀にかけてであり、心理学や社会学者などによって（脆弱な形で）体系化されたのは、二〇世紀になってからである（Dennett, 1990, 1991c）。素晴らしい工芸あるいはそのノーハウが、能力ある人々の脳の中でともかくも実行に移されなければならず、コンピュータを用いてこの能力の神経科学的な研究が行なわれるべきだと、「理論‐の‐理論家」は言い返すだろう。私もそれには全面的に賛成である。しかし、これを理論と呼ぶことは、やはり、私は避けるべきだと考えているやり方であり、理論家の想像力を締めつけてしまう。他のものでやはり理論のようなものがありうるのだろうか？　これは、問題を排除する口先だけの問いではなく、答えようと努力すべき良い問いである。

（6）たとえば、Tomasello and Call, 1997 ; Hauser, 2000 ; Povinelli, 2003 を参照。

（7）これは、昨今の理論的認知科学の微妙で議論の余地のあるテーマである。喜びや苦痛とは何か、依存症や習慣や意志力とは何か？　私は芸術の現状との関連で少し述べておいたが（Dennett, 2003b）、いっそう探求されるべき問題である。

第5章　宗教、その黎明期

（1）人間以外の種が言語や芸術を持っていないということを、知っているだろうか？　もし知っているなら、どうやって知ったのだろうか？　このようなテーマに関する最近のとても良い著作として私が推薦するのは、Hauser, 1996, 2000である。ニワシドリが作るバワーは、おそらく、人間の芸術にもっとも近いものだろう。というのも、それは、機能性を欠いた派手な人工物であり、その明白な（あるいは浮動的な）目的は異性を魅了することであり、まさにそれこそ人間の芸術的衝動の元々の原動力を説明する仮説とされてきたからである。

（2）ダンバー（Dunbar, 2004）は、私たちにもっとも近い親類であるチンパンジーでも、せいぜい第二水準の指向性（信念についての信念、欲望についての信念）くらいしか扱えないのに、普通の人間は複雑な第四水準や第五水準の指向性を認識しかつそれに応えることができるという主張を支持し、名人ともなれば、余人にも増してより上の第六水準の指向性さえ扱えると論じている。「良い小説家と同じように、宗教的指導者はきわめて希な人種である」（p.86）。Tomasello, 1999も参照。

（3）フェイバー（Faber, 2004）の考察によれば、人間の生活は、食べ物や安楽さや（怖いものからの）保護や手助けや大きな温かいものからの応答を求める子供の泣き声からはじまる。子供は、何千回も泣き、何千回もそれに応えてもらう。「困ったことに、深さや持続性においてこれに匹敵する心理的で情緒的な条件を持つものが自然界の内部に発見されない」（p.18）。フェイバーの論じるところでは、これが子供にとっての宗教的物語の準備になる。子供は超自然的な領域と簡単に接触する。なぜなら、ある意味で子供はずっとそうしてきたからである。心身の成長過程のはじめから、あるいは、生理的な相互作用的すり込みのはじめから、子供は、見えないが命を支える力強いものと共に生きてきた。空腹や悲しみから救われたり、情緒的な要求や愛情への深い渇望に応えてくれることは、一万回繰り返し現われた万能の大きな存在との情緒的交流から、自然にまた持続的に生じてきた（p.20）。……子供の無意識的心性は、理性的能力が成熟するのに先だって、理解し賛同するのを求めているものを批判的に評価するのに先だって、宗教的な話に共鳴する（p.25）。

（4）八十以上の異なったやり方のリストは、http://en.wikipedia.org/wiki/Divination で見ることができる。

（5）ダンボの魔法の翼は、Dennet,2003b で幾分詳しく論じられている。

（6）ブルケルトは、宗教を受け入れやすくする遺伝子が選択される可能性を示す、目新しい進化論のシナリオを提供している。「宗教的な強迫観念は、一種の偏執症（パラノイア）だと呼ばれようが、他の人々、おそらく非宗教的な人間なら倒れるか諦めてしまいますような絶望的な状況にあっても、生き残るチャンスを与えることすらある。人類は、その長い過去において何度となく絶望的な状況を経験し、そのつど、信心する人々としてそれを突破してきたと思われる」（Burkert, 1996, p.16〔『人はなぜ神を創りだすのか』三四頁〕）。私はまだこの仮説をどう検証すれば良いのは分からない。しかし、そうする意味があるとするなら、確かにこの可能性をきちんと考察すべきだ。

（7） 民俗宗教という語の私の使い方は、人類学者や民俗音楽学者の使い方（たとえば、Yoder, 1974 ; Titon, 1988）とは異なっている。彼は、「公式の」組織化された宗教と、その宗派の人々が日々の生活の中で現実に信じ実践しているものを対比させるために、この言葉を使っている（Titon, 1988, pp.144ff., を参照）。私が民俗宗教と呼んでいるのは、しばしば部族宗教や原始宗教と呼ばれるもののことである。

（8） 民俗音楽（フォーク・ミュージック）の愛好家で、作曲された「フォーク」ソングをすべて拒絶するような純粋主義者はほとんどいない。しかし、私の目的では純粋主義はすべてに勝る。つまり、立案者のいない比較的古いメロディーと歌詞は、まさに私が話題にしている民俗音楽なのである。各世代で、これらの歌は、新しい歌詞やリズム、時には新しいメロディーが加えられて人為的に補正されアレンジし直されるし、民俗音楽家が自分で作曲したものを付け加えることもある。ちょっと昔の例をあげれば、ハディー・レッドベターやウディ・ガスリーやピート・シガーは、何百もの「フォーク・ソング」を作曲し、それらは名作の仲間入りをしているが、もちろん、この場合にはそれを作ったのは誰なのかが知られている。ギルバートやサリヴァンやガーシュインのバラードは、このような名作の部類になかなか入れられないが、時が経てばそんな区別はなくなる。私が言いたいことは、完全な歴史的知識があれば作曲家と作詞家をつねに特定することは原理的に可能ではあるが、多くの場合何世紀も経てば誰が作ったのかを言うことができず、現在名作の部類に入っている「古典的」フォーク・ソングの曲や詩を誰かの功績にすることはできなくなるという可能性の方が高い、ということである。

（9） これに関することは、指摘するにはあまりに明らかすぎる。なぜ書かれた言葉は（たとえ単語一つでも）直列なのか？ 大まかに言えば、話すための口が一つしかないからである。日本語や中国語の表意文字は、口頭表現という拘束着を、完全に脱ぎ捨てるのではないにせよ、その拘束をゆるめる可能性を示している。しかし、「発音」できない象徴体系を、（単語彫刻のように）三次元的であったり、色彩を必ず使用しなければならないような象徴体系を、言語とみなすことができるだろうか？ 唇を動かさずに読むことである黙読という観念は、書くことの発展において遅ればせに（歴史家たちの主張では中世に、たとえば Saenger, 2000 を見よ）登場した。古い綴り方もやはり、初期の発音の痕跡である。

（10）ブラックモア（Blackmore, 1999, p.197）によれば、「ミームによる駆動」が可能であり、儀式を愛することを説明するのに使えそうである。つまり、文化的に伝達された儀式における特定行動に対して人々がいろいろな反応をし、これによって、新しい選択環境が創造され、その選択環境において、こうした特定行動への才能や認識が遺伝的に選択される――言語がいったん広まりはじめると言語への才能が遺伝的に選択されたのと同じように――。言いかえれば、漠然とした儀式への嗜好としてはじまったものが、特定行動に対する嗜好へと遺伝子的に進化することがあるのである。これは、可能性に満ちた空間の文化的探求によって発見された遺伝子と文化の共進化であり、〔進化と学習の相互作用である〕ボールドウィン効果の拡張版である。つまり、個々人がその人生に間に成し遂げた行動上の革新（彼らが発見しまた学んだ革新）が選択圧力を作り出したり集約することがあり、ついには、このような革新を実行に移す生得的性向を生み出すまで至るのである。これは、獲得形質が遺伝的に限定された形質の進化に影響を及ぼすことがあるという非ラマルク的な考え方である（Dennett, 1955b, 2003a, 2003d を見よ）。

（11）本章で私がミームについて語り続けていることに戸惑いを覚える読者がいるかもしれない。なぜなら、私が好んで言及している研究を行なっている人類学者、ボイヤーやアトラン、また彼らの良き助言者スペルベルは、彼らの著書や論文で明確なように、ミームという観点を拒むことで結びついているからである。私は、学会や印刷物で（Dennett, 2000, 2001a2001b,〔「補論A」に再録した〕2002b、特に 2005b と Sperber, 2000 を見よ）彼らと議論したことがある。私は彼らが間違いを犯していると考えているが、それはほとんどの読者を混乱させるような技術的問題のわずかな不一致にすぎない。それでもやはり、彼らの異論への答えは適切であるし、それは「補論C」で提供されている。

（12）これは、Mahadevan and Staal, 2003 からの引用で、この著作に私の注意を向けてくれたのはダン・スペルベル Sperber, 2000 も掲載されている Aunger, ed., 2000 の他の論文、および、Laland and Brown,2002 第6章を参照。

（13）この分野に関する明解であるが議論の余地もある入門書として、少し古いが Ruhlen, 1994 を見よ。この分野の科学的研究の現状の概観としては、Christiansen and Kirby, eds., 2003 を参照。他の考え方を提示している研究としては、Carstairs-McCarthy, 1999 と Cavalli-Sforza, 2001 がある。

（14）水泳はおもしろい中間事例である。走ることや歩くこととは違って、泳法はミームの歴史を持っている。一九世紀後半、アーサー・トラジオンというイギリス人がネイティブ・アメリカンのクロールをイギリスに持ち帰った（このミーム媒介者にちなんですぐにこの泳法は「トラジオン」とか「トラジオン・クロール」と呼ばれた）。しかし、彼はけり足をミスコピーした。ネイティブ・アメリカンが使っていたバタ足ではなく平泳ぎのカエル足を使ったのである。この伝達ミスは、一九〇二年リチャード・キャビルによって訂正された。今日のいわゆるクロールは、ごく最近の改善から生まれたのである。しかし、いろいろな種類のクロールが非常に長い時間の中で幾度となく発明されたり再発明されたりしてきただろう。なぜなら、この泳法は、他の泳法に比べて高速で水中を進むのに優れているからである。この〈妙技〉は、それなりの理由があって競技水泳では自由形（*freestyle*）と呼ばれている。自由形の唯一の規則は時々水面に現われなければならないということである（そしてこの規則は、気絶して溺れるかもしれない危険な潜水泳法を試させないために導入さえた）。自由形では、もしできるならクロールを改良しても良い。

（15）今日書くことや他の伝達媒体があるために、これはそんなに問題ではなくなっているだから、宗教はそのもとの姿を純粋なまま保つために定期的に一体化する儀式をもはや必要としなくなっている。しかし、儀式をやったりやらなかったりする宗教は、他の理由から消滅の危機に晒される。

（16）Atran, 2002 や Lawson and McCauly, 2002 は、Whitehouse（1995, 2000）や他の人々の仮説を詳細に批判している。

（17）オーゲルの第二法則は「進化はあなたより賢い」というものである（Dennett, 1995b, p.74〔第7章訳註［8］参照〕）。Stark and Finke（2000）が論じるところでは、近年意図的かつ自覚的になされた多くの宗教「改革」は伝統的な宗教的実践に含まれている賢いデザイン作製作業から逸脱している。つまり、宗教的儀式をあまりに容易に、また安価に、さらに苦痛のないものにするということは、重大なデザインミスである、というわけである。

第6章　管理運営の進化

（1）民俗音楽学者ジェフ・トッド・タイトンのジョン・シャーフェイ芸術の先駆的分析（Tiron, 1988）によって、私はゴスペル音楽説教について知った。シャーフェイのドキュメンタリー・ビデオ『パワーハウス・フォー・ゴッド』（Documentary Educational Resources, 101 Morse Street, Watertown, MA 02472）で実際見聞きすることができる。デトロイトとメンフィスでC・L・フランクリンの何十もの説教は、チェス・レコード社にレコード化され全国で放送もされた。いろいろなウェブサイトでも聞くことができる。

（2）レックの安定的な要素が遺伝子によってではなく模倣によって伝達されている可能性もある。しかしそれは、動物的伝統のそれとは違う事例であって、本能ではない（Avital and Jablonka, 2000）。あるレック伝統から生まれた鳥の卵が、別のレック伝統を持つ鳥たちによって孵（かえ）され育てられるという養育交換の研究は、これに光を当てるかもしれない。

（3）Pinker, 1994 と Deacon, 1997 と Jackendoff, 2002 は、このテーマに関する手に取りやすい最近の文献である。

（4）小麦色の肌〔日焼け〕については反対の傾向になりつつある。多くの皮膚科医による太陽光を避けよという見解はあまりに度を超していたので、太陽光は（適度であれば）良いという意見が今出はじめている。すべての情報に精通することは困難なので、たいていの場合「誰もが知っていること」を問題にしさえしない。

（5）善意はあるが間違った方向に導かれている多文化主義者たちを食い止めるために、部族民が信じている存在――神々や他の霊的なもの――は存在しないということを、私は強調すべきだと考えている。このような部族民は間違っていると、私だけでなく皆分かっている。とても頭の良い人々が、とても役に立つが間違っている理論を構想することはありえることであり、このような部族民やその生活様式に尊敬を示すために、彼らが信じているものを理解しているふりをする必要はないのである。

（6）スペルベル（Sperber, 1985, pp.49ff.）は、重要であるがきちんと評価されていない議論の中で、このような漠然とした認知状態を半命題的表象と呼ぼうと提案している。このような表象は、私たちが毎日使っている「何となく理解されている観念」であり、たいていの場合、体系的な探求圧力の下でのみ本来の命題的表象になるものである。本文のように仮定された二人がかりのエスカレートという神学生成過程は、Dennett, 1991a〔『解明される意識』第1章「いかにして幻覚は可能であるか」〕で記述された夢や幻覚の生成の生成‐検証モデルと似ている。

（7）私がここで語っているのは「利己的なミーム」のことである。これは、ＨＩＶが「攻撃する」とか「身を隠す」とか、それを根絶させる努力に対抗して「戦略を練る」と言うのと同じ簡略な表現の仕方である。観念は、ウィルスやバクテリアと同じように心を持っていないが、あたかも利己的で賢いかのように記述する方が有効である場合がある。

（8）何年も前、私は苦痛に関する論文（Dennett, 1975, 再録は 1978）を書いた。その中で、手術中不十分な麻酔状態の患者が経験した苦痛についての術後の記憶を消すために、麻酔専門医が記憶喪失を利用するという驚くべき事実に触れた。私の草稿の一部を読んだ数人の麻酔専門医は、医学雑誌以外でその詳細を公表しないように懇願した。なぜなら、彼らの仕事に支障をきたしてしまうだろうからだ。手術前に患者の不安を高めるようなことは、患者の催眠導入を困難にし、したがって、患者にも危険だから、この情報はしかるべき場所に置いておいた方が、つまり、医学界だけに限定した方が一番良い、というわけである。これは、人々が知らない方が良いと思われるもっとも強烈な事実である。しかし、私を思いとどまらせるほど強烈ではない。患者に何としてでも隠しておきたい秘密の知識を医者が持つというやり方に賛成できるか、良く考えてほしい。

（9）すべての宗教は司祭の欺瞞、すなわち聖職者が自分の利益追求のために行なう操作や詐欺にすぎないという理論は、ディドロや啓蒙思想にさかのぼる歴史を持っている。「しかしながら、今も昔も疑念を持たれてはいても、また人が狡猾さと策略を持ちあわせていることには反論しようがないとしても、まったくのペテンだという仮説では何も明らかにならない」とブルケルトは主張するが（Burkert, 1996, p.118［『人はなぜ神を創りだすのか』一六二頁］）、これは言い過ぎである。確かにすべてを説明するわけではないが、心霊治療という欺瞞からテレビ伝道の悪用まで、世界中の宗教の多くの特徴を説明する。

第7章　団体精神の発明

（1）この点に関して、「無私」の思いやりについて語る伝統もあるだろう。しかし、真の無私性などは存在することはないという反論が当然ありえるので、私は無私性を自己の領域の拡大の可能性として考えた方が良いと思っている。その理由の一つを述べよう。一般に言われているところでは、「無私の」行為主体であっても、経済専門家が記述する利己的な行為主体を悩ませる問題を免れてはいない。たとえば、私は、交渉のテーブルについている行為主体であり、あるいは、囚人のジレンマに陥っている行為主体であり、あるいは、威圧的な申し出を受けている行為主体であり、あるいは強請られている行為主体である。この場合、私が守っている「自己」が私に固有の自己以外のものであるなら、つまり、私が自分だけ難を逃れようとだけしているのでないとしたら、私の問題は解決されないか、あるいは、小さくなるか、あるいはちゃんと解決される。私の心配事を知っている恐喝者ないし恩人は、私にとっての問題が何であれ、その問題を抱えている私が直面する状況を組み立てる立場に立っている（この註は、Dennett, 2001b と 2003b を利用している）。

（2）マンジは本質を言い当てている事例をあげている。それは、一〇世紀まで繁栄し（初期イスラム教の素晴らしい知的・芸術的業績を説明する）イスラム教の研究的伝統イジハード［たとえば『コーラン』から独立した解釈によって何らかの決定を行なうことを表す用語。反対語はタクリッドつまり模倣である。第11章註（14）も参照〕の意図的な封じ込めである。

（フィトナとして知られ、また罪だとみなされる）分裂から世界中のイスラム国家を守るという口実の下で、バグダッド公認の学者たちは、イスラム世界内部での論争を行なわないという合意をとりつけた。これらの学者たちは、パトロンに養ってもらっており、彼らがより厳しい詩を望めば頌詩(オード)を吟じようともしなかった。……この傲慢なやり方からもたらされた唯一のことは、イスラム教徒によるイスラム教徒への絶えざる迫害であり、解釈の固定化である（Manji, 2003, p.59）。

マンジが指摘するように、広められたのは「模倣の模倣」、第5章で論じられたような高度な再現性のあるコピー・メカニズムである。しかし、管理運営者によって意図的デザインされたこのメカニズムの場合、あらゆる変異はそれが広まる前に削除されてしまう。

（3）ウィルソンの著作は、重要な証拠と分析で満ちているのだが、進化論者を失望させることが一つある。それは、ソーバーとウィルソンが*Unto Others*（Wilson and Sober, 1998）で必死になって展開しているマルチレベル選択理論の仕組みがここでは活用されていないということである。いくつもの集団が周期的に構成要素へと分解し、たとえば利他主義者の割合が多い集団へと再編されることを示すようなデータの分析を一度も見たことがない。差異化的集団自己複製などまったく見たことがない。ただし、この本の途中で、確立された宗教が分派を生み出すことに関するちょっとした指摘がある。また、最初の方の後註（p.14, n.3）は、このような問題に気づいていることを示している。すなわち「集団がつねに孤立した状態にとどまるなら、利己性の利点はつねに支持され、利他主義は排除される。新しい集団形成に際して諸集団が競争することに意味があるのに違いないのだが、競争は直接的である必要はない……」（p.235）。しかし、ここだけがこの問題が扱われている唯一の場所である。「一般的に言って、社会制御メカニズムは、集団レベルの適応がそれに対応する集団選択の過程を必要とするという基本的な結論を変えるものではない」（p.19）というきちんと論じられていない主張はあるのだが、この主張こそもっと注意深く論じられるべきで、批判的に言えば、この主張は使用されている集団選択という言葉の定義に依存しているのである。

（4）彼は、様々な理論のリストを作製し、ミーム理論を「人間個人と集団をしばしば犠牲にして進化する文化的寄生虫としての宗教」と定義している。

（5）ウィルソンが自分の集団選択理論を基点にして行なっている主張の多くは、すぐミームという観点から翻訳できるし、ミーム選択理論を支持するものとして利用できる。それだけはなく、ウィルソンは、自分の集団選択理論が文化的進化の存在に依存していることを認めている。

……銘記しておくべき重要なことは、次のことである。すなわち、数百人以上からなる道徳的コミュニティは、私たちが知るかぎり、農業の出現以前には存在していなかったのだから、「非自然的」である、ということである。これは、対峙する諸集団のレベルを越えて人間社会が協力しあうためには、文化的に進化したメカニズムが絶対に必要だということを意味している（Wilson, 2002, p.119）。

ウィルソンが指摘しているように、ある宗教のすぐれた特徴はその宗教とは無関係な宗教にしばしばコピーされるのだから、子孫の集団への「垂直的な」特徴伝達とは別の、革新的なものが容易に宿主から宿主へと飛び移るという事態に、彼はすでに辿り着いている。ウィルソンは重要な主張をいろいろ行なっており、それらは「ミームという観点」からしか本当は理解できないものなので、私はウィルソンが集団選択という観点を主張し続けてほしいと思ってはいるが、私の「ミームからの穏やかな観点」は彼の理論に対する友好的な修正だとみなしてくれるだろう。結局彼が自分の研究で広めようとしているのは、ミームなのである。

（6）サプライサイド理論が彼らの心を傷つけているという事実それ自体は、この理論に反対する論拠にはならない。彼らが自分の宗教に関して合理的な市場選択を行なっているとは考えていないという主張も、同様である。彼らは、自分たちの現実の思考過程について思い違いをしているのかもしれない。しかしながら、サプライサイドの観点に立つ様々な理論が問題になる時、人々がそのような理論に対して不信を表明したり激怒したりするという事実は、これらの理論の合理性がスタークや彼の仲間たちが主張したがるほど明確ではない証拠かもしれない。宗教の合理的選択理論の詳細な批判に関しては、Bruce, 1999を見よ。

（7）近年の研究に関する入門的議論は、Dennett, 203c〔『自由は進化する』〕の「第7章　道徳的行為の進化」にある。

（8）Armstrong, 1979,p.249に引用されている。

（9）私の用語法からすれば、意識的存在としての神々は、高水準の指向システムであり、話し合ったり交渉したりでき、また約束を交わし合うことができる合理的な行為主体である。〈全存在の基底〉と約束を交わし合うことを想定するのは困難である。

（10）ギンタスとボウルズのモデルは、彼らはミームという用語を使いたがらないが、それでも、コミュニティ内部のミームの進化に関するものである。「……私たちは進化論的観点を採用し、私たちが研究しているような社会的相互作用における行動を理解する鍵になるのは差異化的自己複製だと考える。すなわち、規範を含む行動の持続的な側面は、それらの行動がコピーされ保持され拡散するという事実によって説明されるが、他の特徴はそうではない」(Bowles and Gintis, 1998, p.347)。さらに彼らは、あたかも彼らがコミュニティが示すような適応を有機体の適応のように説明するかのように、こうしたことが集団選択メカニズムの結果ではない(p.349)と述べている。

第8章　信じることに価値がある

(1)リチャード・ローンティンは最近次のように述べている。「科学は、生き残るために不正を明らかにしなければならないが、そのような情報開示はいつも、科学という制度の純粋性と中立性への不信を生み出しイデオロギー的な反-合理主義を煽(あお)る。〔洪積世最古の人類とされた〕不可解なピルトダウン人の頭蓋骨の化石が偽物だと判明したことは、困惑した古生物学者たちをおおいに安心させたが、テキサスの教会堂を大喜びさせた」(Lewontin, 2004, p.39)。

(2)ニーチェが行なっている議論とダーウィンの自然選択による進化の理論に対する彼の哲学的応答については、私の『ダーウィンの危険な思想』(Dennett, 1995b)を見よ。

(3)乳癌、高血圧、糖尿病、アルコール耐性には大きな違いがあるし、他にもたくさん良く研究された身体的条件がある。概観としては、Health Science Policy (HSP) Board, 2003を見よ。

(4)『科学革命の構造』(Kuhn, 1962)の著者トーマス・クーンは、このようなすべての議論のボスである。指摘すべきは、クーンのこの著作は、ひどい誤解のある古典というカテゴリーのチャンピオンであるということである。もちろん、いろいろな誤解はあっても素晴らしい著作には違いない。

(5)ニューバーグ、ダキリ、そしてローズは、二〇〇一年の著作に『脳はいかにして「神」を見るか：宗教体験のブレイン・サイエンス』というタイトルを付け、「従来の科学」(Newberg, D'Aquili and Rause, 2001, p.141)によって「神を実在的(リアル)にしている保証を神経学的考察」(p.164)から得たと主張している。しかし、「超越の神経学」を研究することで発見したという神は、彼らが〈絶対的な単一的存在〉と呼ぶものであり、あまりに定義不可能なので私自身その存在を信じて良いかどうかまったく分からない(私はあるものが存在していることを信じているが、それが〈絶対的な単一的存在〉なのだろうか?)。彼らは、「もし〈絶対的な単一的存在〉が実在的であるならば、人間が擬人的なやり方で知っている神は、比喩でしかありえない」(p.171)ということを認識している。言いかえれば、彼らの神経科学には無神論者が反対しなければならないようなものは何もないのである。

(6) リー・シーゲルの素敵な小説『ラブ・アンド・アザー・ゲームズ・オブ・チャンス』(Siegel, 2003) には、『どういうわけか彼は神と呼ばれている』というタイトルのベストセラーになった宗教本を書いた人物が登場する。

(7) このような乗り気薄の態度が、創造論と「知的デザイン」に関する論争の害となっている。極端な例をあげれば、「ヤング・アース」創造論者は、私たちの惑星の年齢が数十億才であることを否定し、化石の存在や他のすべての証拠を釈明する爆笑ものの仮説を擁護している。また、この惑星の年齢をあっさり認めるもう少し合理的な〈知的デザイン〉論者がいて、彼らは、化石がすべての動植物の共通の祖先である単細胞生物の子孫の記録であると主張するが、〈知的デザイナー〉がやるべき仕事があると依然として考えている。これらの見識ある思想家たちは、プライベートな会話の時、促されれば、〈ヤング・アース〉は幻想とペテンからできた馬鹿げたことだと認めるのだが、公にはそんな話はしない。さらに彼らは、科学のコミュニティが自分たちを無視していると憤慨する。つまり、「私たちは真面目に考えているのです」と主張する。「しかし、私たちの立場に愚かなものが含まれていることを認識しているかとは聞かないでください」とも言う。それではダメだ。大リーグでプレイしたいなら、それではダメだ。

(8) 一九八〇年ころのこの分野の研究状態に関しては(私自身の反論を呼びそうな提案と共に)Dennett, 1982 (1987に再録)を見よ。私は、その時以来このテーマを扱ってきた文献をいろいろ見てきたが、四半世紀努力が積み重ねられても、一九八二年の私の見解を実質的に変えなければならなくなるようなものは何もないというのが、私の結論だった。もちろん多くの哲学者たちは断固としてそれを認めないだろう。

(9) キャノン (Cannon, 1957) は、呪文が実際の人を殺したという広く行き渡っている話の古典的な説明である。彼は、その人物をひどく狼狽させることでその人物を死に至らしめることは、決して不可能ではないと結論する。「恐怖のために、その人物は食べ物も飲み物も受け付けなくなる。多くの研究者が指摘し、また私たちも後に見るような事実は、ゆっくりと弱さだけが増していく過程を理解することの重要性を示している。彼は憔悴する。彼の強さは水のように流れ去り、一日、二日で、彼は弱さに負ける」(p.186)。

(10) Dennett,1978 で、信念(ビリーフ)と、(たとえまったく理解されてなくても)真であるとみなされるような「見解(オピニオン)」とを区別するように提案した。スペルベル (Sperber, 1975) も直観的信念と反省的信念という同じような区別を行なっており、Sperber, 1996 ではこの分析をさらに拡張しかつ改訂している。

(11) 比喩を文字通り理解するという戦略に関しては、Palmer and Steadman, 2004 を見よ。

(12) 幾分気が滅入るようなこのアイデアを最初に取り上げたのは、一九八二年である。ダグラス・フォスターと私が編纂した“*The Mind's I*”という哲学とサイエンス・フィクションの選集のペーパーバックの出版権の入札に参加するという出版社の編集者から、入札理由が「きっと明確でカルト本にならない」というものであることを聞いた。彼女が言わんとすることは、私にはすぐ分かった。実際私たちは、物事をできるかぎり注意深く説明してきた。ジョン・サールは以前、晩年のミシェル・フーコーと行なった会話を私に教えてくれた。「ミシェル、あなたは会話では明解なのに、なぜ書いたものは分かりにくいのですか？」と問うと、フーコーはこう答えた。「フランスの哲学者に真面目に受け入れられるためには、私の書いたものの二五％は、不可解でなければならないからさ」。フーコーの率直さにちなんで、私はこのような戦略を指す *eumerdification*〔良き混乱化〕という言葉を作った（Dennett, 2001a）。

(13) フェイス教授は、『解明される意識』（Dennett, 1991a）のオットーおよび『自由は進化する』（Dennett, 2003c）のコンラッドの後継者である。現実に私と付き合いのある特定の人物ではなく、私が聞いたことのある様々な反論をできるかぎり表明する人物である。

(14) 哲学者たちは、W・v・O・クワイン（Quine, 1960）の根底的翻訳の不確定性の原理を支持もしくは不支持を表明するためにデザインされた思考実験を、数十年かけて考え出してきた。これは、ある自然言語から他の自然言語への翻訳の仕方には原理的には異なった二つのものがありえ、いずれかの方が言語の翻訳として正しいやり方であるということを示す証拠はまったくない、という驚くべき主張である（クワインの主張は、一つの正しいやり方はないだろうというものである。一方のやり方が他方のやり方と同じくらい良いだろうし、それ以上のことは問題ではない、ということである）。フィルビーの事例は、クワインの主張が最初にそう見えるほど、信用できないものではないということを教えてくれる。「補論D」では、この問題に関する（おそらく哲学者のためだけの）簡単な議論を提示してある。

(15) 哲学者たちは、これがクワインの意味の理論（Quine, 1960）の応用であり、「信念の網」の中では周辺の経験的確証や反証から完全に独立した理論的言明がすぐに不可解な言及性を示すという彼の考察の拡張であることが分かるだろう。

(16) ゲーデルの定理が述べているのは、もしあなたが（平面幾何学はユークリッドによって自明なものとされたように）算術を自明なものにしようとするなら、あなたの公理系は矛盾するか不完全かのいずれかになるというものである。あなたの公理によっては決して証明できない算術の真理が、体系のゲーデル文が、少なくとも一つあるだろう。ゲーデルの定理はア・プリオリに証明可能であるが、現実の世界に応用することはできない。あなたは経験的前提を一つか二つ付け加えなければならないが、そうなると解釈に関わる問題がいろいろと生じてしまう。Dennett, 1978 の中の「人間の能力と機械」および Dennett, 1995b のロジャー・ペンローズに関する章〔『ダーウィンの危険な思想』第15章「皇帝の新しい心などの寓話」〕を見よ。

(17) もちろん、私が間違っているのかもしれない。(多くのひどい誤解もあるが) 私の本に対する宗教の側からの価値ある批判がいくつかある。たとえば、キリスト教形而上学者アルヴィン・プランティンガの否定的見解がある (Plantinga, 1996)。これについては (このテーマに関する他の論文と共に) 彼のウェブ・サイト http://id.www.ucsd.edu/fscf/library/plantinga/dennett.html で見ることができる。彼は私の論拠のいくつかをどうしても誤解してしまうにしても、キリスト教に対するダーウィニズムの挑戦する力をきわめて明確に説明しているので、出発点としては良い場所である。少なくとも彼は、第2章で扱ったスティーヴン・ジェイ・グールドの二つの「教導権」にいかなる幻想も持っていない。もしダーウィニズムが正しければ、たくさんの大切なキリスト教の教えが窮地に陥る。まさにこれこそが――科学哲学者ではなく形而上学者である――彼が〈知的デザイン〉コミュニティの悪しき議論さえ支持しようとする理由である。多くの著作や論文において、プランティンガは、ア・プリオリは神学的証明の、不撓不屈のまた独創的な擁護者でもあり続けている。その中には、無神論者が大好きな証明である〈悪からの証明〉に対する反論も含まれているが、最近インド洋の津波のために再び耳目を集めたものである。プランティンガと比較するために、ジョン・マッキーの比較的古い著作『有神論の奇跡――神の存在に賛成する証明と反対する証明』(Mackie, 1982) をあげておこう。これは、私の出会ったもの中で一番根気強いものでありまた共感が持てる――しかし、厳密で容赦のない――論じ方をしているものである。

(18) デカルトは、神が数学の真理を創造したかどうかという問いを立てた。彼に続くニコラス・ド・マルブランシュ (1638-1715) は、それらの真理は何よりも永遠なものなので、はじまりを必要としないと述べた。

第9章　宗教選びの手引き

(1) 最近の事例としては、Dupré, 2001 がある。私が述べたように無視した方が良いのだが、論評を頼まれたので、これを叱責の機会にしようと決心した (Dennett, 2004)。ポストモダニズムのお粗末な行き過ぎについては、Dennett, 1997 も見よ。

(2) ブルケルトによれば、ディアゴラスは数千年前同じ主張をした。

「これらの捧げ物を見よ」。無神論者ディアゴラスはサモトケラ島の聖地でそう言われた。ここには海難から人々を救うことで有名な、偉大な神々が宿っている。この無神論者はひるまず言い返した。「実際に海で溺れ死んだ人々が皆、碑を立てる機会に恵まれていたなら、捧げ物はもっと増えたかもしれない」(Burkert, 1996, p.141〔『人はなぜ神を創りだすのか』一九一頁〕)。

(3) 第7章で見たように、スタークとフィンクは、コストのかかる奉仕こそ宗教の重要な誘引作用であると論じている。しかし、そうであるのはただ、「あなたがコストをかけたものをあなたが手に入れる」からにすぎないし、あなたが手に入れるものが健康や繁栄であるかもしれないからにすぎない。

(4) このテーマに関しては大量の研究がある。いくつか良いものをあげれば、Ellison and Levin, 1998、Chatters, 2000、Sloan and Bagiella, 2002、さらにDaaleman et al., 2004がある。

(5) 一九九六年、教皇ヨハネ・パウロ二世は、「新しい知識は、進化の理論において仮定以上ものを私たちに教えてくれる」と述べている。多くの生物学者は、生物学を統合しているこの基本的な科学理論が認められたことを歓迎したが、ヨハネ・パウロ二世がそれに続けて、サルから人間への移行には生物学によっては説明できないような「精神的なもの(スピリチュアル)への移行が含まれている」と主張しているのを知って呆然とした。

> したがって、進化の理論は、それに影響を与えている哲学者たちに従って、精神(スピリット)を生き物の力から出現したとか生き物の単なる随伴現象とみなすのだから、人間の真理とは両立不可能である、進化の理論は、人間の尊厳を基礎づけることもできない……。観察科学は、正確さを増しながら生命の多様な現象を記述し判断し、それを時間の流れと関係づける。精神的なものへの移行の瞬間は、この種の観察対象ではありえない。にもかかわらず、人間に固有なものを示す一連の価値あるしるしを、この種の観察は発見することができる(John Paul II, 1996)。

ごく最近、ウィーンのローマ・カトリック大聖堂の大司教クリストフ・シェーンボーン(二〇〇五年七月七日付けの)『ニューヨーク・タイムズ』論説文を寄稿し、この書簡が進化の是認として歪曲されているのを非難し、ローマ・カトリック教会の公式の立場はネオ・ダーウィニズム的な自然選択による進化の理論に反対であると宣言している。ネオ・ダーウィニズム的生物学が誤りであるということを信徒に教えている司教や枢機卿の様子は、教義上都合の悪い理論の作り上げた科学者を迫害してきた教会の悲しい歴史がきっぱり忘れ去られているようで、滑稽にすら見える。

シェーンボーン大司教によれば、カトリックは「理性の光」を使って、「ネオ・ダーウィニズム的な意味での進化——何によっても導かれず計画されもしないランダムな変化と自然選択の過程——」は不可能であるという結論に至る。しかしこの結論は、生物学の専門家が自分自身の理性の光を使う時、彼らによってなされた何千もの観察と実験と計算によってきっぱり拒絶されているものである。したがって、何年にもわたって重要な譲歩してきたにもかかわらず――事後的にガリレオの世紀を公式に讃えたにもかかわらず――、ローマ・カトリック教会は、カトリックが気に入るような結論を出してくれるなら科学的権威に頼ろうとし、伝統に矛盾する場合にはそれをきっぱりと拒絶するという、言い訳のできない困った立場に依然として留まっているのである。

第10章　道徳と宗教

（1）ある人々は、McCleary（2003）とMcCleary and Barro（2003）の調査を引用し、天国と地獄の存在を信じることと強い倫理的な態度を取ることとの間に結びつきがあることを示すものだと考えた。しかし、彼らの研究についての別の解釈も存在し、それなりに注目されてきた。計量経済学は、許されるかぎりデータを整理しなおして驚くほど異なる「結果」を生み出す領域である。したがって、説得力のある理論家たちがデータに異なった解釈をほどこしても、驚くにあたらない。

（2）イスラム教の学者たちの間には、『コーラン』に関わる文言の解釈に関する意見の対立がある。しかし、『コーラン』そのものの文言は明確の存在しているのだから、誤訳されることはなかった。

（3）初期の会議は、たとえば、一八九三年にシカゴで開催された。一九九三年にはやはりシカゴで、一九九九年にはケープタウンで開催された。

（4）これは、ジュリオ・ジョレッリがイタリアでの私との対談で発した言葉である。それ以来、私はこれを自分のスローガンとして、私の著作『自由は進化する』（Dennett, 2003c）でも言葉からはじめている〔八頁〕。

（5）この結びつけを巧みに利用した最近の試みには、Johnson, 1996がある。

第11章　今何をすれば良いのか

（1）私は、『ダーウィンの危険な思想』の中で、哲学的神学を「ネットのない知的テニス」に例えるロナルド・デ・スーザの意見に賛成を表明し（Dennett, 1995b, p.154〔二一一頁〕）、経験的探求の真面目なゲームではなぜ信仰への訴えをやってはないかを示した。これに対してプランティンガ（Plantinga, 1996）や他の人々は激しく非難したが、私は自説を曲げるつもりはない。本当の知的テニスをやろうではないか。この本は私のサーブである。真面目なリターンだったら歓迎する――もちろん理性というネットが張られているが。

（2） 自衛的な嘲笑いという通常見られる反応を予め潰しておけるかもしれないというわずかな希望から、私はこれを提案しているのである。ジャレド・ダイアモンドの新しい著作『文明崩壊：滅亡と存続の命運を分けるもの』（Diamond, 2005）に対する反応、たとえば、クリストファー・シーが『ボストン・グローブ』に書いたものを考えてみよう。

「――彼は素敵な著述家なので意地悪をしようとしていると思ってほしくないのだが――、彼は、ほとんどの歴史家から真面目に受け取られていない人々の一人である」と、プリンストンの初期ヨーロッパ史の教授アンソニー・グラフトンは述べている。彼は、『銃・病原菌・鉄』のようなダイアモンドの研究を「表面的だ」と考えており、何千もの学術論文で作られた点と点を組み合わせる壮大な歴史という「歴史家たちが諦めたものを示すこと」には重要かもしれないが、彼らのような歴史家の議論には重要ではないと、彼は述べている。

私には、グラフトン教授は意地悪とは見えない。むしろ独り善がりのように見える。おそらく、彼や彼の仲間の歴史家たちは、ダイアモンドの「表面的な」議論の力を過小評価しているのである。それが本当かどうかが明らかになるのは、彼らがダイアモンドの議論を本当に真面目に取り扱ってからの話だ。どんな仕事でも誰かがやらなければならない。私たち進化論者は皆、創造論者たちを真面目に取り扱う必要はない。なぜなら、私たちの仲間がうまくそのような仕事をやってくれており、私たちはそれを調べ認めたのである（第3章の註（3）を見よ）。歴史家たちがダイアモンドの主張につまらない批判を加えるだけでは、彼らはダイアモンドの議論を無視する状態にもどってしまう。ダイアモンドに対する反響に対する別の反響としては、Gregg Easterbrook（2005）の書評と私の見解（Dennett, 2005b）を見よ。

（3） このような研究を主導してきたのは、Micheal Perstinger, 1987、Vilayanur Ramachandran et al. 1997；Ramachandran and Blakeslee, 1998、さらに Andrew Newberg and Eugene D'Aquili, 2001 である。このような研究の可能性と欠点は、Atran, 2002（第7章「情念の波――宗教の神経心理学」で公平に論じられている）。宗教と脳に関する良い論評としては、Churchland, 2002 と Shermer, 2003 を見よ。Dean Hamer, 2004 は第5章で論じた。このテーマに関する他の研究もあるが、一番良いのはアトランのものである。

（4） 神経経済学という新しい分野（たとえば、Montague and Berns, 2002；Glimcher, 2003）は、経済学的思考の進歩と新しい神経映像化技術の進歩のおかげで、進化している。たとえば、Ross, 2005 の第8章の議論を見よ。

（5） 政治的にはデリケートだが生物学的には安全な研究に関するものとしては、Ewing, et al., 1974；Shriver, 1997；

Gill et al., 1999 ; Wall et al., 2003を参照。人間の病気の遺伝的要因の研究で避けられなければならない危険性については、Duster, 2005を見よ。
（6）たとえば、数千の様々な調査と手段を再検討した大部のHill and Hood, 1999を参照。
（7）これらの問いは奇抜すぎて真面目に受け取られないかもしれないが、奇抜ではない。調査によると、わずかな差異がはっきりと結果に現われる。その日のニュースは、ある条件では重要ではない（Iyengar, 1987）。個人的幸福（あるいは主観的幸福感）の調査で、電話での質問者が調査対象に「お住まいの地域の天気はいかがですか」とたずねた場合、この質問は重要性を持たない。ところが、このような当たり障りのない質問がなされず、天気が晴れていると、人々は自分たちがかなり幸福な方だと答えるのである！当該地域の天気に注意を向けさせることは、他のテーマに関する質問でも天気による調査対象への密やか影響がないようにする（Schwartz and Clore, 1983）。他の事例に関しては、Kahnemann and al., ed., 2000を見よ。
（8）シェーマーは、以前はＭＩＴの統計学者でダーウィン研究者であり現在は『反逆者として生まれて』（1996）の著者であるフランク・サロウェイと共同研究を行なった。彼らは、質問用紙のプレテストと訂正を繰り返した後、その質問用紙を懐疑主義協会のメンバー五千人に送り、千七百人から回答があった。それから、国中からランダムに抽出した一万人の人々に同じ質問用紙を送り、千人以上から回答があった。この調査は、懐疑主義者に対するものではなく、ランダムに抽出された人々に対するものである。その詳細については、Shemer, 2003を見よ。調査結果は、現在印刷中である。
（9）私が質問調査に関わろうとしているのは、調査結果を歪める他の要因がないかを調べるためである。たとえば、（答えを迫るとか優しく見守るという）異なった文脈で同じ質問に対して異なった答えがどうして出てくるかということである。決定的に重要な違いはあるのだが、当初私たちが期待したものではなかった。曖昧で様々な解釈を許容してしまうのである。そこで、私たちはさらに詳しい研究を行なっているが、まだ専門家の評価に晒していない。ところで、質問が「神は存在する」なのか「神は存在すると信じる」なのかで結果が違ってくるかどうかという第8章で提起し今し方再検討した問題に、私たちは取り組んでいる。私たちの得た予備段階での結果では、たとえば、「イエスは水上を歩いた」と「イエスは水上を歩いたと信じる」という些細な違いで質問が構成されている場合、違いは出ない。しかし、もっと研究を続ければ、異なった結果を生み出すような文脈を発見できるかもしれない。
（10）Stern, 2003, p.xiiiに引用されている。

（11） Manji, 2003, p.90 に引用されている。

（12） この一節とその前の一節は、Dennett, 1999b から手を加えて引用したものである。

（13） スコット・アトランは、パレスチナとガザ地区で将来ハマスの指導者になる人物の研究をはじめた。二〇〇四年一二月一八日付けの『ニューヨークタイムズ』の彼の重要な論説「ハマスは平和のチャンスをもたらすかもしれない」を見よ。

（14） アラビア語を扱う出版社は、マンジの著作を敢えて翻訳し出版しはしないだろう。しかし、ウェブ上でアリビア語訳は自由に利用できる。アラブ世界の若きイスラム教徒たちがPDFファイルをダウンロードして、それを読み議論するなら、マンジが〈イジハード作戦〉と呼ぶものがはじまるかもしれない。イジハードとは、「何も頼ることなく考えること」であり、紀元後七五〇年頃からはじまり五百年間続いたイスラム教の偉大な時代の伝統として栄えたものである（Manji, 2003, p.51）。

（15） イルシャド・マンジは、アフガニスタンに新しく作られた女子校で見た看板を私たちに伝えている。そこには「少年を教育せよ、そうするとあなたはその少年だけを教育することになる。少女を教育せよ、そうすればあなたは彼女の家族全体を教育することになる」と書かれてあった（二〇〇五年三月三〇日のタフツ大学での講演）。

（16） 二〇〇四年五月二四日付けの『ニューズウィーク』の世論調査によれば、アメリカ人の五五%が信仰者は天国に召されるだろうと考え、一七%が自分が生きている間に世界は終わるだろうと信じている。これがかなり正確なものであるとすれば、二一世紀の最初の十年で〈終わりの時〉の信奉者が、一九三〇年代から一九五〇年代までのマルクス主義者よりその数が多いことになる。しかし、このような信奉者のうちの何%が、ハルマゲドンの到来を加速させるために公然とあるいは秘密裏に次の手だてを準備しているのかは、誰にも分からない。

（17） Sharlet, 2003 は、このあまり知られていない組織を紹介している。（もはや連邦議会に属していない数名を含む）下院議員のリストをかかげ、世界中でのこの組織の注目すべき活動の歴史を知らせている。その活動には、〔ほぼ毎年ワシントン・D・Cで開催される〕〈ナショナル・プレイヤー・ブレックファスト〉だけではなく、政治指導者や政治運動に対する密かな支援も含まれている。現在の指導者は、二〇〇五年二月七日付けの雑誌『タイムズ』で「ステルス交渉人」と呼ばれたダグラス・クーである。シャーレットは次のように述べている。

ジョージ・H・W・ブッシュは、一九九〇年の〈ナショナル・プレイヤー・ブレックファスト〉で、クーを「秘密の外交官ではなく、陰の外交官」として、「信仰の大使」として持ち上げた。クーは、下院議員たちを引き連れて、ほとんどすべての国の首都を訪れ、その地でいろいろな人々と「友好関係を結び」、彼らを〈ファミリー〉の非公式の本部へと招待する。この本部が置かれているマンションは、当時軍需製品メーカー・レイセオンのCEOだったトム・フィリップスと〔アメリカを代表するコンピュータ企業〕デジタル・エクイップメント・コーポレーションの創業者で会長のケン・オルセンからの寄付一五〇万ドルで、〈ファミリー〉が買ったものである（p.55）。

私は、この非政府的な陰の外交活動についてもっと知る必要があると思う。なぜなら、その活動は、これらの下院議員たちが代表として選ばれた民主主義の政策とは正反対の政策をやろうとしているかもしれないからだ。

(18) 私たちは、私たち自身にも正しい情報を与え続けておく必要がある。奇妙なことに、今日これが難しくなっているのである。秘密こそ民主主義の敵であるとかつては考えられていたし、隠蔽や検閲がないかぎり、人々は自由社会を守るために十分な情報を与えられた上での決断を行なうはずだと信じられていた。しかし、近年私たちが学んだことは、偽情報や情報操作の技術が発達して、開かれた社会においてさえ、たとえ真実がそこにあっても、懸命に操作された偽情報の洪水が真実を凌駕することがあるということである。たとえば、私はこの本が検閲されたり発行禁止なることを恐れてはいない。しかし、容易に予想できることがあって、それは、この本の内容と誠実に向き合うことのできない人々が読者の心に毒を撒こうとしたり注目しないようにする時、この本（そして私）がひどく誤解されるだろうということである。学問の世界で尊敬できるのに、これをやりたいという誘惑に抗しえなかった人々がいたことを、私は近年経験した（Dennett, 2003e）。この経験から、私は、文脈から無理やり抜き出して、私の見解を意図的に誤認させるために使われそうな文言のリストを作製した。このようなことをするのは、はじめてではない。『解明される意識』で、ゾンビに関する一節に、「この主張〔私たちは誰もがゾンビなのだ〕を文脈から切り離して引用したら、絶望的な知的不誠実を犯すことになってしまうだろう！」という予告的な脚註を付けた（Denntt, 1991a, p.407n〔四八〇、五七八頁を参照〕）。確かに、文脈から切り離してそれを引用したいという誘惑に抗しえない人々もいたが、あまりに不誠実だという誹りを免れるために、彼らも脚註を引用せざるをえなかった。このような場合に備えて、もう少し強めの手段が必要なので、私は、意図的に歪曲される可能性のあるものの一覧を作り、一応非公開にしていつでも発表できる状態にしている。たとえば、文脈上まったく当たり障りのない些細なジョークのどれが、私の「偏狭さ」や反キリスト教的ないし反ユダヤ的ないし反イスラム的「偏見」を証明するものに使われるかを、考えてみるのである（賢明な読者ならお分かりだろうが、私はどんな場合でも、他人の感情を害するのを恐れるような人間ではない。私はむしろ、「私はひどく感情を害されました」というカードをゲームの外に捨てたいのである）。誰であれ、私の罠にはまるのを見るのは愉快だろう。そういう人々は註をちゃんと読まないだろうから。

補論B　科学に関する諸問題

（1）　進化論を攻撃する多数の著作や論文を書いているウィリアム・デムスキーは、自分の「科学的」研究が生物学にたずさわる人々からきちんと評価されないと、声高に不平を述べる。彼は、『非護教論的護教論――神学研究の挑戦との出会い』（Dembski and Jay WesleyRicharda.eds., 2001）の共同編集者であり、まさにこのタイトルこそ、彼が何をしたいかを示している。デムスキーの方法に対する詳細な批判としては、トマス・シュナイダーのウェブサイト http://www.lecb.ncicrf.gov/~toms/paper/ev/ を見よ。

（2）　この一節は、Dennett, 2003c, p.303〔『自由は進化する』四二一頁〕から引用した。

（3）「野生の」自然と比較すると驚くほど増加したのだが、その原因は家畜とペットである。後者は今やだいたい三対一の割合で人間の数よりも多い。野生の植物と飼い慣らされた植物との比率を確定するのは難しい。しかし、もちろんその比率は劇的に変化してきた。

訳註

第1章　どの呪縛を解くべきか

［1］ジークムント・フロイト『幻想の未来』光文社古典新訳文庫版、六八頁。

［2］ウィリアム・ジェイムズ『宗教的経験の諸相』岩波文庫（上）五二頁。

［3］信心深い平和主義者、神への感謝を忘れない人物。

［4］ジョン・ロック『人間知性論』岩波文庫、第一巻、二四頁。

［5］ウィリアム・ジェイムズ『宗教的経験の諸相』岩波文庫（上巻）一七〇頁。

［6］原語は、"No-brainer"。二〇〇七年初版の『ロングマン英和辞典』には掲載されており、訳文中の意味が記されている。この単語を解説する、ぱかっと頭蓋骨を開けて頭が空っぽというイラストがネット上に存在している。『ロングマン』にあるように、「脳みそを使う必要がないくらい当たり前なこと」という意味で使われることが多いのだろうが、デネットがわざわざこの語を選んだのは、イラストから受けるようなネガティヴな含意を込めてのことだろう。つまり、「もうそれ以上考えないこと」「当たり前すぎて、問いの対象にならないと思いこむこと」「思考停止」である。

［7］デヴィッド・ヒューム『宗教の自然史』三頁

第2章　科学に関する諸問題

［1］戦闘部隊の後方で、軍隊の戦闘力を維持し、継続的な作戦行動を可能にする活動全般を指す。

[2] 原題は"Rocks of Ages"は、"the rock of ages"(ちとせの岩、すなわちキリスト教の信仰)の複数形である。この原題に関しては、「補論A　新しい自己複製子」を参照。
[3] スティーヴン・ジェイ・グールド『神と科学は共存できるか?』一一二頁参照。
[4] 薬の効果テストなどの場合に使用される方法。テストをする人、される人の両方が、その内容を知らされていない方式。
[5] 出力の一部が入力にもどり出力を調整する循環。
[6] イスラム法学者による宗教令。
[7] 『抒情歌謡集――リリカル・バラッズ』九七頁、宮下忠二訳、大修館書店、一九八四年。
[8] ウィリアム・マスターズ、ヴァージニア・ジョンソン『人間の性反応』「序文」七頁。
[9] 邦訳では『人間女性における性行動』。
[10] カラー映画撮影法。
[11] イスラム法学者、宗教指導者。

第3章　なぜ良いことが起こるのか

[1] ダン・ブラウン『ダ・ヴィンチ・コード』(下)五七~五八頁。
[2] 自然はわずかなことしか行なわないこと。以下にあるように、生物のためにすべてにわたって最適化・最善化を行なうわけではないということ。
[3] 再生産において差異が生じること。差異を伴いながら再生産されること。デネット『ダーウィンの危険な思想』六一二頁を参照。
[4] たとえば、『ダーウィンの危険な思想』一八四、三一三頁参照。
[5] デネット『ダーウィンの危険な思想』四三〇頁以下参照。
[6] 二つの生殖細胞の合一体からの個体の再生産。
[7] デネット『ダーウィンの危険な思想』二八〇頁に、同じ言葉が引用されている。
[8] デネット『ダーウィンの危険な思想』一〇六、六五〇頁参照。
[9] 原語は philistinism で、紀元前パレスチナに住んでいたイスラエル人の敵ペリシテ人に由来する言葉。

［10］〈母なる自然〉は、私たちが進化してきた環境から突きつけられる問題を解決できるように、私たちをデザインし、割安な解決策が出現すれば……それを私たちに据えつけた。このようなモジュールを、コスミデスとトゥービーは、ダーウィン流アルゴリズムと呼ぶ」（『ダーウィンの危険な思想』六五五〜六頁）。「補論」の訳註［6］も参照。

［11］同一語系の言語の関係。

［12］同じ種類に属する個別事例。

［13］英語では「速く」、ドイツ語では「約」の意。

［14］「補論A」参照。DNAの二重らせん構造を形成する各々の鎖は、ヌクレオチドという単位の繰り返しで形成されている。ヌクレオチドは、糖とリン酸と塩基（A、T、G、Cの内の一つ）から成る。また、タンパク質を作る二〇種類のアミノ酸の中で一つを決めるのが、DNA上の塩基三つ（トリプレット）からなる暗号で、この暗号をコドンと呼ぶ。

［15］スイーツへの嗜好があるのと同じように、宗教への嗜好が人間にはあるのか、という問題。

［16］微生物が何らかの意味での人間の共生者であるように、宗教は人間の共生者なのか、という問題。

［17］cultus は、ラテン語形のまま英語にも存在し、「宗教的信仰と儀式のシステム」や「宗教的カルト」という意味で用いられる。ラテン語の cultus は、「耕作」を基本的意味として持ちながら、「祭祀」「礼拝」という意味も持っている。また、英語の religion（宗教）のラテン語源は、religio（神〔神々〕への畏怖・崇拝）であり、その形容詞形が religiosus（神を畏怖する・敬虔な）である。なお、homo は「ヒト属」、sapiens は「知恵のある・賢明な」を意味する。

［18］逆に言えば、親から子へ「垂直に」広がりやすいという認識。

［19］『ダーウィンの危険な思想』四六四〜五頁参照。

［20］自動車後部のエッジ部分を尖らせたデザイン。

［21］biofact は、人工物 artifact のように見えながらも、実は生物学（biology）的過程で生じたものを指す。

［22］地質学 geology と人工物 artifact とを結びつけてできた言葉。自然に作られたものだが、人間によって作られたものと区別するのが難しいものを指す。

［23］牛乳に含まれる糖質ラクトースを分解できること。できなければ牛乳が飲めない。

［24］ラクトースを分解する酵素。

［25］祖先の異なる生物が、よく似た環境に適応して似た特徴を持つこと。

第4章　宗教のルーツ

［1］ジョセフ・スミス（一八〇五—一八四四）によって創始された宗教。「末日（latter day）」は、「世界の終末」を指す。

［2］来歴構想の科学。本書での「ストーリー」という言葉は、「科学的に構想された来歴」を意味している。したがって、デネットは、科学的観点から構想可能な宗教の来歴を語ろうとしていることになる。

［3］デヴィッド・ヒューム『宗教の自然史』一四頁

［4］もともとのタイトルは、『説明される宗教——宗教的思考の進化論的起源』。

［5］ボイヤー『神はなぜいるのか？』六七頁。

［6］デヴィッド・ヒューム『宗教の自然史』一八〜一九頁。

［7］hyperactive agent detection device。

［8］デネット『認知行動学における志向システム：「パングロス・パラダイム」擁護』では以下のように説明されている。

第一水準の指向性には、信念や欲望はあるが、信念や欲望に関する信念や欲望はない（〝xはpを信じている〟〝xはqを欲している〟）。

第二水準の指向性には、（自分ないし他者の）信念や欲望に関する信念や欲望がある（〝xは、xが空腹であるとyが信じていることを、願っている〟〝xは、xが左に飛ぶとyが期待していると信じている〟〝xは、xが食物を隠していることをyが発見するだろうと恐れている〟）

第三水準の指向性は、「xは、yは一人だとxが信じているとyが信じていることを願っている」という事態として説明され、

第四水準の指向性は、「それが去ることをあなたが要求しているということが理解されているとあなたが考えることを願っているかもしれない」という事態として説明されている（『志向姿勢の哲学』二七八〜九頁参照）。

［9］*folk psychology* ——デネットによれば、「指向的構えをとるために人間が持っている、自然な、おそらく部分的には生得的でさえある才能を指す名称」である（『ダーウィンの危険な思想』七二五頁、第9章註（3）を参照）。

［10］　ボイヤー『神はなぜいるのか？』二八〇～二八一頁。

第5章　宗教、その黎明期

［1］「世界中のどの文化にも、聞くことや考えることのできる人工物、あるいはもっと一般的には心を持つ人工物の概念がある。反直観的特性を持つ心の概念も、珍しくない。しかし、これら二つを組み合わせたものとなると、きわめてまれである。このことはまた、次の事実を例証している。すなわち、一つの違反と維持されている期待とを組み合わせた概念は、注意を引きつけ、豊かな推論を可能にし、おそらく認知的条件としては最適である」（ボイヤー『神はなぜいるのか？』一一五～一一六頁）。

［2］　祖先である一つの種から二つの種が分岐する進化の過程。これは、新しい生物種が誕生する進化の過程でもある。

［3］　たとえば、どの言語にも普遍的に存在する /i/。

［4］　ボイヤー『神はなぜいるのか？』一七二～一七三頁。

［5］　ダーウィン『人間の進化と性淘汰』六五頁。

［6］　チリ原産の世界最小のシカ。

［7］　ボイヤーによれば、「社会的人間関係を調整する心的システムをはたらかせる情報で、（特定の状況について、特定の行為者にとって）その時利用可能なすべての情報」を指す（『神はなぜいるのか？』一九七頁）。

［8］　ボイヤー『神はなぜいるのか？』二〇一頁。

［9］　精子、卵、受精卵の遺伝構成。

［10］　プルーフリーディングは、通常、文章校正の最終段階を指し、最後の誤謬訂正である。遺伝学においても、最終段階の訂正機能を指す。つまり、塩基は、それぞれ「アデニン（A）とチミン（T）」「グアニン（G）とシトシン（C）」と一緒に対にならなければならないが、誤って複製された場合には訂正機能が働き、その機能がプルーフリーディングと呼ばれる。

［11］　スティーヴン・ジェイ・グールド『パンダの親指』の「9章　ミッキーマウスに生物学的敬意を」を参照

［12］　ジュリアン・ジェインズ『神々の沈黙――意識の誕生と文明の興亡』二六六～三〇四頁。

［13］　同書二九三頁。

［14］　同書二八七頁。

［15］ プラシーボないしプラセボとは「偽薬」のこと。プラシーボ効果とは、偽薬を本物の薬だと信じ込むことで、自覚症状だけではなく実質的な改善が見られることもあること。
［16］ 催眠状態に陥りやすくする物質。
［17］ 小包モノアミン輸送体2。
［18］ アミノ基一つだけの神経伝達物質。ドーパミンもセロトニンもそれに含まれる。
［19］ 他社製品を分解・解析して自社製品に応用すること。この文脈で言えば、「製品」に相当するのはもちろん「宗教」である。
［20］ "Different strokes for different folks" は、「人間はそれぞれ違ったものを好む」や「人間はそれぞれ違った生き方をする」という意味を表す成句で、通常日本語では「十人十色だ」とか「人の好みはそれぞれだ」と訳される。忠実にコピーをおこなうメカニズムがなければ、何であれ、ひたすら多様化しそうなのだがそうはならない。本章の註（14）で、デネットは、忠実にコピーするメカニズムを欠いた swimming stroke（泳法）というミームの伝播について述べている。
［21］ 高精度の緯度測定用の時計。
［22］ チェーンの強さを決定するのは、チェーン全体ではない。もっとも弱い環（ウィーケスト・リンク）こそ、そのチェーンの強度を決定する。そのような環が一つでもあれば、チェーンは簡単に切れてしまう。しかし、すべての環がみな普通のものであれば、チェーンは簡単には切れない。
［23］ ドット（点）の配列によるコンピュータ画像。
［24］ デネット『ダーウィンの危険な思想』三〇三、五九三頁参照。

第6章 管理運営の進化

［1］ 宇宙は、秩序ある状態から無秩序に向かうという、普遍的崩壊の法則。制度や習慣も生命も、この法則に服している（デネット『ダーウィンの危険な思想』九六〜九八頁参照）
［2］ 入力（資本・労働の投入）が増加すると出力（生産量）も増加するが、ある点を過ぎると、入力の増加が出力の増加に結びつかなくなるという経済学の法則。
［3］ ダーウィン『種の起源』（上）五〇頁。

[4] ボイヤー『神はなぜいるのか?』三五七頁。
[5] ダーウィン『種の起源』(上) 五二~五三頁。
[6] ダイアモンド『銃・病原菌・鉄』(下) 一〇〇~一〇一頁。
[7] 同書一〇二~一〇三頁。
[8] 同書一〇三~一〇四頁。
[9] ブルケルト『人はなぜ神を創りだすのか』一三〇頁。

第7章 団体精神(チーム・スピリット)の発明

[1] C・S・ルイス『キリスト教の精髄』一〇二~一〇三頁。
[2] リチャード・ドーキンス『延長された表現型』四三七頁。
[3] 第3章の註(13)を参照。
[4] 供給側(サプライサイド)を強化することで成長を達成できるということ。
[5] ウィリアム・ジェイムズ『宗教的経験の諸相』(上) 三一一頁。
[6] 同書三一九頁。
[7] 同書三四六頁。
[8] デネット『ダーウィンの危険な思想』一〇四頁参照。
[9] 三位一体を否定し神を唯一の存在とするキリスト教の一派。
[10] 司教を監督にその下に役職を配するキリスト教の一派。
[11] 変革と再解釈を主張する一九世紀以降欧米に広まったユダヤ教。
[12] ユダヤ教・キリスト教・イスラム教の始祖、最初の預言者。

第8章 信じることに価値がある

[1] 三権の相互抑制による三権の均衡保持。
[2] 行為の道徳性を問う前提には行為選択の自由がなければならないと考えられた場合、たとえば、人間は、遺伝子と環境によって形成されたブッラク・ボックスのようなものを持っていて、行為(出力)がそのブラック・ボックスへ

の刺激（入力）結果にすぎないのだとしたら、その行為の道徳性は問えない。

[3] ジョージ・エインズリー『誘惑される意志』一三二頁。「ダイエット失敗の事例」を参照。

[4] 同書二二三〜二二四頁。

[5] 同書二三五頁参照。

[6] 同書二八六頁。

[7] élan vital ――アンリ・ベルクソンが、進化論的な生命の哲学を語る時（『創造的進化』1907）の中心概念。

[8] 「ヨハネによる福音書」第一章一。

[9] デヴィッド・ヒューム『宗教の自然史』二六頁。

[10] “heaven forbid”。文字通り訳せば、「天は禁じている」。

[11] ドーキンス『悪魔に仕える牧師』二六三頁。

[12] ウィリアム・ジェイムズ『宗教的経験の諸相』（上巻）八七頁。

[13] ファインマン『光と物質のふしぎな理論』一一〜一四頁。

[14] 同書、三五頁。

[15] 同書、八〜九頁。

[16] 口先だけ良いことを言う。言葉で礼拝（サービス）する。

[17] ドーキンス『利己的な遺伝子』三〇六頁。

[18] ドーキンス『悪魔に仕える牧師』所収「心のウィルス」二四三頁。

[19] ドーキンス『利己的な遺伝子』三〇六頁。

[20] デネット『ダーウィンの危険な思想』四六二頁。

[21] ドーキンス『悪魔に仕える牧師』所収「心のウィルス」二四六頁。

[22] apophatic はギリシャ語の ἀπόφασις（否定）に由来し、否定神学 apophatic theology を表すのに使われる。神を語る際、「〜である」という肯定的な形ではなく、「〜ではない」という否定的な形で語る神学である。神秘主義とのつながりが強い。

[23] レバノンを中心とするアラブ人の宗教的共同体。『聖書』と『コーラン』の両方の影響を受けていると言われている。

［24］『ウィトゲンシュタイン全集』第八巻一九九〜二〇〇頁。黒崎宏著『ルートヴィヒ・ウィトゲンシュタイン』産業図書（一九九七年）一九九〜二〇〇頁も参照。

［25］ヒュームが『自然宗教についての対話』に登場させている架空の人物の一人。「デザインからの証明」に疑義を唱える。

［26］デネット『ダーウィンの危険な思想』二五〇〜二五一頁。

［27］「地上の生命は、たった一本の枝分かれする樹――生命の系統樹――を通して、何らかのアルゴリズムのプロセスによって、何十億年もかけて生み出されてきたのだ」（同書七〇頁）。

［28］同書七〇四頁。

第9章　宗教選びの手引き

［1］ウィリアム・ジェイムズ『宗教的経験の諸相』（上）七五〜七六頁。

［2］オリジナルタイトルは、the life of Jesus *The greatest story Ever Told* である。

［3］スティーブン・ピンカー『心の仕組み　人間関係にどう関わるか』（中）三〇八頁。

［4］オサマ・ビンラディンは、テロや殺人を奨励するファトワーを出している。

［5］コソボは、一九九九年「コソボ紛争」に突入するまで、「コソボ解放軍」による様々な犯罪的行為の舞台になっていた。

［6］ウィリアム・ジェイムズ『宗教的経験の諸相』（下）一二一〜一二二頁。

［7］デヴィッド・ヒューム『宗教の自然史』六八頁。

［8］ポール・アンリ・ティリ・ドバック（一七二三〜八九年）。フランスの唯物論哲学者。

［9］クリフォード・ギアーツ『文化の解釈学』Ⅰ、六頁。

［10］特定のイデオロギーの信奉者。

［11］ウィリアム・ジェイムズ『宗教経験の諸相』（下）一一一頁。

［12］自らは動くことなく、他のすべてを動かす存在。古代ギリシャの哲学者アリストテレスにとっての神。

［13］ウィリアム・ジェイムズ『宗教経験の諸相』（下）一一四頁。

［14］同書（下）三四六頁。

[15] 同書（上）三五八頁。
[16] 同書（下）一一七〜一一八頁。
[17] 英国をビクトリア女王が治めた時代。一八三七〜一九〇一年。
[18] ウィリアム・ジェイムズ『宗教経験の諸相』（上）三五六頁。
[19] 同書（上）一八七頁。
[20] 同書（上）一七五頁。
[21] 同書（上）一四六頁。
[22] 正しくは、「心の癒しはこう主張する」である。
[23] ウィリアム・ジェイムズ『宗教経験の諸相』（上）一八三頁。
[24] 同書（下）一八三〜一八四頁。
[25] キリスト教原理主義者が多いアメリカ南部地帯。

第10章　道徳と宗教

[1] ジョージ・オーウェルの小説『1984年』に登場する全体主義国家の指導者。モデルは旧ソ連のスターリンだと言われている。この国家において、市民は「テレスクリーン」という装置によってつねに監視下におかれている。
[2] ウィリアム・ジェイムズ『宗教経験の諸相』（下）四九頁。
[3] 同書（下）一六六頁。
[4] 『ドストエフスキー全集』10、小沼文彦訳、筑摩書房、一九七七年、二八八頁。
[5] 一九九二年、ルビィ・リッジで、白人至上主義者ランディ・ウィバーの妻と息子が、FBI捜査官によって射殺された。一九九五年ランディ自身が逮捕され、同年オクラホマ・シティ連邦政府庁舎ビル爆破事件が起こっている。
[6] 第9章訳註［6］参照。
[7] 「あの徒（やから）は、自分が無信仰なように、汝らにも無信仰になってほしくてしかたがない。両方とも同等になろうとして。されば、あのような者どもを頼りとしてはならぬぞ、彼らが宿替えしてアッラーの道の方に移って来る時までは。だがそうなってからも、もし彼らが背を向けるようなら、どこでも手当たりしだい殺してしまうがよい。彼らを仲間にしたり助け手にしてはならぬぞ」（『コーラン』四―八九）。

「ただし預言者が、わたしが語れと命じないことを、わたしの名によってほしいままに語り、あるいは他の神々の名で語るならば、その預言者は殺されなければならない」(『申命記』第十八章二〇)。

「彼に聞きしたがわない者は、みな民の中から滅ぼし去られるであろう」(『使徒行伝』第三章二三)。

[8] アメリカのいくつかの州で実施されている、住民参加型の自治体の意思決定方式。概ね「町」単位で行われる一種の直接民主制。

[9] 一九八九年イランの最高指導者ホメイニ師によって出されたファトワー。これによって、各国の翻訳者や出版関係者が襲われた。日本でも翻訳者が殺害され、いまだ未解決である。

[10] デネット『ダーウィンの危険な思想』七四四頁。

第11章 今何をすれば良いか

[1] W・H・オーデン『オーデン詩集』八〇頁。

[2] 脳の活性や機能を画像化すること。

[3] 体内に吸収されたアルコールは、肝臓内でアルコール脱水素酵素によってアセトアルデヒドに分解され、アセトアルデヒドはアセトアルデヒド脱水素酵素によって酢酸に分解される。

[4] マネタリストは、貨幣供給量は物価水準を変化させるだけで、実物経済に影響を与えないとする経済学の考え方。ハイエクは、民間が通貨を発行してもかまわないという立場をとる。たとえば、電子マネーである。

[5] ニコラス・ハンフリー『喪失と獲得』所収「子供に何を語ればいいのか?」三四八頁。

[6] ハンフリーの主張をデネット風に言いかえると、「正しい情報を与えられた場合子供たちが選ばないような信念体系を、子供たちに押しつけることは、道徳的に間違っている。なぜなら、誰も子供たちに間違った選択をさせる権利など持っていないからだ」ということである。

[7] この諸島は、二〇〇四年のスマトラ島沖地震を引き起こしたプレート上に存在している。

[8] 様々な事柄(結婚や性的関係など)に関する承諾が法的に(公的に)有効だとされる年齢。

[9] 一九九三年に起きた、デヴィッド・コレシュが率いるカルト集団ブランチ・ダビディアンの立て籠もり、集団自殺事件のこと。

[10] イエス・キリストの誕生地(現在パレスチナ自治区に属する)ベツレヘムから採取された土を指すのが一般的で

ある。ユネスコでも通信販売されている。ここでは、各宗教の聖地を指している。

［11］カハネ主義（ユダヤ民族至上主義）者。

［12］エルサレム神殿はユダヤ教において唯一の神の聖所であったが、紀元七〇年ローマ帝国軍の攻撃で破壊された。いわゆる「嘆きの壁」は、紀元前二〇年に拡大改築された神殿（ヘロデ神殿）の外壁の一部である。

［13］北米先住民。モヒカン刈りで知られる。

［14］Out of sight, out of mind ——視界から消えれば、心からも消えていく。

［15］一九五〇年の上院議員ジョセフ・レイモンド・マッカーシーの演説を契機に起こった「赤狩り」（チャールズ・チャップリンも「容共的」を理由に対象になった）事件以来、証拠の裏づけのない、または疑わしい証拠に基づいて行なわれる、反国家的行為の告発を指す。

補論

［1］ダーウィン『人間の進化と性陶太』六一頁。

［2］現在のルイジアナ州に移住してきたフランス語系の住民とその子孫が話すケイジャン・フレンチのこと。

［3］ダーウィン『人間の進化と性陶太』六〇頁。

［4］コンピュータが扱う情報の最小単位。二進数字（binary digit）の略。

［5］表現型は、一般に、遺伝子の構成が形質として発現したものを指す。ウィルスに関して言えば、感染および免疫に深い関係がある。ウインドウズで実行できるEXEファイルで作製されたウィルスに、もちろんウインドウズは感染する危険があるが、アップルのOSには感染しない。つまり、アップルのOSにはこのウィルスに関しては免疫がある。

［6］進化アルゴリズムは，ダーウィンの自然選択と有性生殖を基にした問題解決方法の総称。研究対象を適応度に基づき競争させ、競争に勝ち残ったものを確率的演算を適用して進化させる、といった定義がなされている。

［7］「文化的伝達はなにも人間だけに見られるのではない。人間以外の動物に関するものとして、私が知っているいちばんよい例は……セアカホオダレムクドリという鳥のさえずりに見られる例で……」（リチャード・ドーキンス『利己的な遺伝子』二九三頁）。

［8］他のコンピュータへの不正侵入者。

［9］ male chauvinism —— chauvinism は、ナポレオン一世を熱狂的に崇拝し、愛国主義を唱えたフランス兵士ニコラ・ショバン（Nicolas Chauvin）に由来する言葉で、「熱狂的愛国主義」がもともとの意味。そこから、「差別主義（人種差別や性差別）」も意味するようになった。

［10］ 脳が精神的な営みを実現するための基本的な規則を、ノーマン・D・クックはこう名づけた。

［11］ リチャード・ドーキンス『利己的な遺伝子』三〇九頁。

［12］ butt は「しり、けつ」という意味。separate but equal は「分離平等政策」のこと。白人と黒人とは分離するが、教育・職業等では差別しない人種政策。

［13］ 一個のアミノ酸を決めるための三つの塩基の暗号。

［14］ 修正第五条には「何人も、刑事事件において自己に不利な証人となることを強制されることはなく、また法の適正な手続きによらずに、生命、自由または財産を奪われることはない」という条項が含まれている。

［15］ 小学校で習う割り算のいわゆる「立ての計算」。

［16］ 古典論理では、ある命題が偽であれば、その命題の否定は真であるが、直観主義論理では、ある命題が偽であっても、その命題の否定が偽であるとかかぎらない。したがって、証明はかならず「真である」または「偽である」ことの証明になるので、証明の過程が重要になる。

［17］ 英国国教会の牧師が作詞した賛美歌『ちとせのいわよ』。

［18］ リチャード・ドーキンス『利己的な遺伝子』四九八頁以下

［19］ デネット『ダーウィンの危険な思想』四八一頁。

［20］『旧約聖書』には「ヨシュア記」「ルツ記」「サムエル記（上・下）」が含まれている。

［21］ ここに掲載したのは表面上の訳にすぎない。原文は

There was a young lady named Tuck
Who had the most terrible luck :
She went out in a punt,
And fell over the front.
And was bit on the leg by a duck.

[22] Across

1. Dirty stuff
2. A great human need
3. To make smooth
4. Movie actor

Down

1. Vehicle dependent on H_2O
2. We usually want this.
3. Just above
4. U.S.state (abbrev.)

訳者あとがき

本書は、Daniel C. Dennett, *Breaking The Spell: Religion as a Natural Phenomenon.* 2006, Penguin Books の全訳である。デネット自身に関しては、既刊訳書の解説、とりわけ『解明される意識』(山口泰司訳、青土社、一九九八)で詳細に述べられているので、ここでは省略する。

著作名を忠実に訳せば、『呪縛を解く――自然現象としての宗教』である。「自然現象としての宗教」が示しているのは、科学が自然現象を扱うように宗教を科学的に、あるいは進化論的視点から扱うという意図であり、またそのように扱うことができるという可能性である。「呪縛を解く」の「呪縛」の原語は〝spell〟である。この言葉は、大好きな音楽を聴いている時に味わう陶酔感から、聖戦という名の下に九・一一のテロを行なったイスラム戦士の殉教者たらんとする心情も指している。「呪縛を解く」という表現は、一方で、コンサートホールで音楽に浸りきっているのに携帯電話の音で不快な気持ちにさせられるような場合を指す。デネットの言葉は、ある種の宗教的な人々にとって、この携帯電話の音かもしれない。他方、この不愉快な携帯電話の音は、自分の死も他人の死も厭わずテロを実行するように仕向けている呪縛から人々を解放するものになるかもしれないのである。

デネットは、「はじめに」で、この著作のターゲットはあくまでアメリカ人であり、アメリカ人以外の人々には、アメリカが置かれている状況について何かを学んでほしいと述べている。デネットがこう語るのに理由がないわけではない。なぜなら、この著作のそもそもの動機が、アメリカが宗教に対する態度という点で、世界の主要な国々とは著しく異なっている（たとえば、メガ・チャーチ現象という世界にほとんど例のないものが存在し、人口の四分の一が宗教的理由から進化論を科学理論として認知していない）からである。さらに、その刊行を急がせたのは、まさしくアメリカをターゲットとしたイスラム戦士による聖戦という名のテロが起こったことだったからである。

しかしながら、デネットがこの著作でしばしば語っているように、彼が様々な宗教現象やその周辺現象を「科学のギラギラした光」の下に置こうとしているのだから、そこから得られる仮説や考察が「アメリカ人ではない多くの人々にとって……当惑をおぼえるもの」であるはずはないし、「地域性」など持つはずもない。なぜなら、科学的見解というものは、たとえそれが仮説であろうと、ある地域に限定されることはありえないからである。

そもそもデネットは、宗教を「自然現象」として扱おうとしており、自然現象とは、超自然的現象と対立するという意味で、きわめて人間的な現象だということである。たとえ、神ないし神々が現実に存在していようとも、宗教それ自体は、人間的現象の複雑な集合体である。宗教が人間的現象として、科学的に分析されるかぎりにおいて、そこから得られる見解は、検証または反証を通じて万人が共有しうるものである。

さらに言えば、デネットによる宗教の定義には、「超自然的存在」が含まれている。この「超自然的存在」は、イエスやアラーのような存在だけを指すのではない。それは、一方で、祈りの対象全般を指している。たとえば、安産や合格や快癒を祈願した時、自分のためだけではなく他人のためにもそれを実現してくれかもしれない存在を指している。重要なのは、まさに「超自然的存在」であって、それに対する祈りが神社でなされようと寺でなされようと教会でなされようと問題ではない。他方で、この「超自然的存在」は、良いことをすれば天国で褒賞を、悪いことをすれば地獄で罰を与えるような存在でもある。このような意味での「超自然的存在」は、（幼い日の私がそうであったように）道徳的とされる行為を人間に選ばせるようにも思えるが、同時に、殉教という行為も選ばせる存在でもあるのである。殉教者は、宗教の種類を問わず存在したし、日本にもかつて存在していた。

＊＊＊

この著作を支えている根本的な問いは、世界中のほとんどの人々がなにがしかの宗教を信じ、またその中の多くの人々が善良であり、自分の人生だけではなく、他人の人生や世界をより良いものにしたいと考えているにもかかわらず、テロが起こり、罪なき人々がたくさん殺されるのはなぜか、というものである。このような問いに答えるためにまずなされなければならないのは、デネットにとって、「すでに行なわれた研究の小さな断片に光を当て、それを使って、宗教はどのようにして現在の形になったのかを説明できるような理論を提示すること」である。つまり、多種多様な宗教現象に進化論的視点からアプローチする研究がすでに多数存在しており、その中で検証可能である思われる仮説を集め、それによって、現在の組織化された宗教への宗教自身の歩みを進化論的に説明できそうな理論を提示することである。

進化論的視点は、本書を読み進めるとおのずから理解できる仕組みになっている。しかし、進化論的視点とは言っても、遺伝子レベルの進化だけを扱っているわけではない。神が本当に存在しようとしまいと、宗教それ自身は人間的現象なのだから、文化的レベルの進化も当然問題になる。後者の中心概念が、ドーキンスが作り出した「ミーム」にほかならない。「ミーム」という概念もやはり、本書を読み進めれば、それに対する誤解が解かれ、穏当な解釈に至ることができるようになっている。

進化論的視点から見て、宗教は非常に複雑な人間的現象であるために、取り上げられるテーマも多種多様であり、予備的考察とも呼ぶべきものも多岐にわたる。人間が持つ「スイーツへの嗜好」や「パートナー選び」の生物学的土台、有性生殖の意味、なぜ遺体を埋葬するのか、それに儀式が伴うのはなぜかという問い、貨幣や造船や言語の分析、日本でもおなじみの「占い」が世界中で行なわれ、なぜそれを信じようとするのかという問題、一時期（今も？）流行った（本書では「精神的」「精神性」と訳した）「スピリチュアル」「スピリチュアリティ」とは何かという問いが、取り上げられている。さらに、「神の存在証明」というテーマをめぐっては、「創造論」や（日本でも支持する人々がいる）「デザインからの証明」への批判が語られ、普通の宗教団体が凶悪なカルト集団へと変貌するメカニズムにも触れられている。

本書で行なわれている分析の一例をあげよう。幼い日、暗い夜道や家の中で、物音を聞いて母親にすがりついた記憶はないだろうか。あるいは、「何かに」あるいは「誰かに」見守られていると感じたり考えたりしたことはないだろうか。私にはある。これを説明する仮説の一つが、バレットの「行為主体を過敏に探知する装置」（HADD）である。これは、生物種に関係なく生物が進化の途上獲得してきたものであり、この概念によって、たとえば犬が何でもない物音に驚きうなるという行動も説明できる。もしかしたら、この装置が人間に「超自然的存在」を想定させる性向の土台にあるのかもしれない。このような説明が正しいか間違っているかは別に、おもしろいものであることは違いがない。

デネットは無神論者である。したがって、宗教を含むすべての現象を自然現象として科学的に解明可能だと想定している。しかし、宗教を冷ややかに否定したり、ドーキンスのように悪しきウィルスのように扱うような無神論者ではない。デネットは、このような無神論者から自分を区別するために、自分のことを「ブライト」という新語で呼んでいる。私は、無神論者としてのニーチェを熱心に研究している神学者を知っているが、それと同じように、デネットは、宗教に理解のある無神論者である。デネットが認めているように、宗教は、人間に生きる勇気と力を与え、他者に救い手を差しのべる心根を与える。しかし他方で、宗教の名の下で殺し合いが行なわれ、テロがなされ、世界を危機的な状況に陥れている。デネットが問うのは、なぜそうなか、である。みんなでそれを考えてみよう、ということである。デネットは、すでに述べたように、検証可能と思われる仮説を組み合わせて理論を提示しているが、それは答えではない。それは、無神論者、有神論者を問わず皆で議論をして行くための叩き台にすぎない。デネットも主張しているように、それを肯定するも良し、それを否定するも良し、である。しかし、否定するためには、それに代わる仮説や理論が提示されなければならず、それをさらに検証して行こうというのが、デネットの態度である。

＊＊＊

本書の翻訳は、デネットの『解明される意識』や『ダーウィンの危険な思想』（いずれも青土社）の翻訳者である明治大学教授山口泰司先生からの一本の電話からはじまった。山口先生と私は、早稲田大学名誉教授の故松浪信三郎先生の門下生という共通点があるのだが、一番後輩の私が、一番先輩の山口先生からなぜか仕事のパートナーにしばしば指名されてきた。これまで、実にいろいろな仕事を一緒にさせていただいてきた。ところが、今回は一人でやってみよ、というわけである。しかし、私とデネットとの接点はほとんどなかった。せいぜい、私が所属するメルロ゠ポンティ・サークルで認知科学に関するシンポジウムの開催に合わせ読んだ程度である。

原書を読みはじめた。するとこれが実におもしろい。どんどん先が読みたくなるそんな著作であり、宗教をめぐって私自身が抱えていた問題に「こんな説明の仕方があるよ」と教えてくれるものだった。しかも、宗教というどんな人にも身近な問題を扱っているために、何かの分野の専門家ではない一般の人々を読者に想定しているので、これまでの著作に比べれば分かりやすく書かれている。翻訳を開始して思ったことは、私がこの著作に感じたおもしろさを、宗教になにがしかの関心がある人々と共有すべきだということである。そのために、私はこの著作を専門知識がなくても読めるような形で翻訳しなければならないという責務さえ感じた。

この責任感のようなものから、訳文はできるかぎり平易なものにするように心がけた。読みやすさを考慮し一読して理解されないような専門用語をやさしい言葉で置き換えた場合もある。原語の挿入はできるかぎり行なわず、デネットの言葉遊びやシャレを表現するのに主にルビで使い、さらに、〈 〉で原語の大文字表記や意味のまとまりを表し、〔 〕で読みやすさのために必要だと考えた補足を挿入した。その他説明を要するものなどは「訳註」とした。すでに翻訳されている著作はできるかぎり参照させていただいたが、文脈その他の関係で既刊翻訳書の通りの訳語や訳文になっていない場合がある。この場をかりて、翻訳者の方々にお礼を申し上げると共に、事情を考慮してご容赦願いたい。本当に読みやすくなったかは、読者の皆さんの判断におまかせするしかないが、最大限の努力はしたつもりである。

この翻訳を開始して実感したことは、インターネットがなければこの翻訳はほとんど不可能だということだった。まだ辞書に載るには早すぎる新語を解説している英文のホームページ、私の専門外の分野に関する事柄を分かりやすく解説している数々のウェブサイト、さらに、名も知らぬ島々や部族の情報を与えてくれたブロガーの皆さん、本当にお世話になった。あまりにたくさんありすぎてURLを逐一あげることはできないが、情報確認の上使わせていただいたので、お礼を申し上げたい。

そして、私の助手として働いてくれたのが、妻の淳子である。彼女は、クレイ・アートや七宝焼きといった様々な手法で主に「猫」に関わるものを作製している作家として非常に多忙であるにもかかわらず、この著作を翻訳することの意義を理解し、情報検索や関連書籍の入手その他を手伝ってくれた。また、最初の読者として、訳文に関して厳しい意見を述べてくれた。進化生物学やミーム学とはまったく無縁な読者としての彼女の意見のおかげで、読みやすくなったと思われる部分も多い。しかし、その彼女が、この仕事の最終段階で病に倒れた。この本の出版が彼女の病状回復の励みとなることを願いつつ、彼女への感謝をここに記しておきたい（さらに二人の仕事の励みである愛猫、アル、ミー、ウリ、そして今は亡きフーとベルにも感謝を記しておきたい）。

そのような事情のため、この仕事を託していただいた山口先生をひどく心配させ、激励の言葉もいただいてしまった。さらに、青土社の水木康文氏にもいらぬ心配をおかけすると共に出版計画の大幅な変更までさせてしまった。本当に申し訳ないかぎりである。とはいえ、水木氏の叱咤激励のおかげで、妻の病で弱気になりそうな自分を奮い立たせ、最後までやりとげることができた。水木氏には本当に心からの感謝を申し上げる次第である。

阿部　文彦

二〇一〇年八月二日

事項索引

あ行

愛　23, 47-48, 51, 73, 110, 139, 232, 295, 307, 334, 344-355, 366, 380, 390, 392, 402, 406, 408, 410-411, 419, 421
悪魔　31, 145, 175, 211, 278, 287, 367
証人（あかしびと）　494-495
アシュール期手斧　133
アニミズム　169-170
アフガニスタン　353
アヘン　74, 125
アリの群生　249-261, 433
RNA　466
アル・カイーダ　83, 354, 388, 412
アルゴリズム　252, 470
アルコール　33, 36, 73, 102, 105-107, 110, 125, 129, 301, 436
アンダマン諸島　448
異教徒　269, 314, 325, 354-355, 356, 398, 456, 400
生贄　169, 189, 200, 218, 224, 227 315, 323, 365-366, 501
イースト菌　105-106, 129
イスラエル　65, 348, 413, 459-460
イデオロギー　111-112, 238, 444, 505, 506-513
イマーム　202, 232, 346-347, 406, 410, 414, 431
癒し　211, 229, 231, 371-373, 433
イラク　388-389, 490
インフルエンザ　67, 154
ウィーケスト・リンク　206
ウイッカ　293
占い　189-192, 200, 211-212, 283
鋭尖吸虫　21, 23, 101
エイズ　404, 449
HIV　104, 427, 507
HADD　159-160
エクトプラズム　415
SIS　327-329
MI6　329
オウム真理教　33, 455
OSS　324
オーゲルの第二法則　260
オナニー　315
オルガスムス　79-80
終わりの時　65, 85, 461-462

か行

ガイア仮説　251
懐疑論　38, 191, 227, 287-288, 311, 334, 353, 376-377, 380
過激派　82, 401, 410, 412, 462
家族　74, 195, 233, 245, 250, 401, 454, 488
火星人　114-139, 224-225, 510
カテキズム　441
貨幣　106-107, 110, 137, 139
神スナワチ自然　337, 367
神中枢　125-126, 196-197
神の存在証明　52, 332
カルト　33, 146, 201, 269, 293, 394, 409, 414, 416, 455, 461
ガン（癌）　50, 69, 72-73, 93, 268
還元主義　111, 197, 357, 505
企業体　249-261, 433
棄教者　129
寄生虫　21, 23, 101, 103-104, 128, 136, 154, 191, 211, 256
喫煙　65, 73, 444

機能主義　251-253, 506
ギルド　233-234, 245
救命ボート　37, 428, 489-490
『旧約聖書』　28, 201, 286, 365
共産主義　36, 287
共進化　164
狂信者　85, 392-393, 411-412
教導権　57
共同行動　151, 155, 248, 261, 403
禁酒法　36, 442
グノーシス福音書　204
クリスチャン・サイエンス　226, 377
グル　232, 495
グローバリゼーション　354, 455
黒魔術　31
クロマニヨン人　149
クローン　103-104
軍拡競争　104, 160, 185, 259, 299, 318, 472, 501
ゲイ　44
警戒の鳴き声　471, 474
啓示宗教　52, 494
KGB　327-328
啓蒙思想　63, 75, 83
ゲーデル文　334
ゲノム　103, 154, 183, 315, 476
嫌悪感　53, 69, 71, 78, 116, 367, 436, 451, 508, 518-519
研究開発　117-118, 137, 175, 193, 200, 250-252, 255, 257
交尾　101, 150, 220-221, 432, 469
幸運　23, 66, 93, 154, 170, 173, 203, 235-236, 266, 296-297, 354, 389, 392, 424, 490
高速通信情報網　201
公衆衛生　113, 130, 374, 427
口承文化　199-212
合理的選択　251, 254, 257, 259, 262-263, 271, 433
コソボ　353
『コーラン』　398
コドン　123, 481
コンドーム　104, 449
コンピュータ　60, 122, 168-169, 174, 205-207, 209, 435, 468-470, 472, 473-474, 477, 481, 522
根本主義　264, 311

さ行

サイエントロジー　118, 333, 377, 399
差異化的再生産　97, 101
差異化的自己複製　120, 122, 137, 198, 517
最後の審判　65, 84, 461
再生産循環　21
最善化（最適化）　94
催眠　185-186, 192-199, 200, 208, 221, 230, 433, 436
シーア派　490
ジオファクト　133
指向性　161-162, 164
指向的構え　157, 159, 160-165, 168, 170-171, 179, 329, 359
指向的システム　161-162, 245
指向的対象　291-300, 332, 334
地獄　65, 317, 385-386, 461
自己複製子　120, 124, 156, 192, 453, 465-486, 517
自然宗教　51, 324
自然選択　97, 120, 122, 131, 139, 156, 183, 186, 221, 234, 246, 251, 298, 335, 365, 466
失敗国家　389, 489
自閉症　116, 162, 359
ジャズ　216, 326, 416
シャーマン　144, 192-199, 200, 202, 207, 211-212, 228-232, 234
シャーロキアン　294-295
収穫逓減の法則　233
宗教音楽　65, 214-217
市民権運動　36
十字軍　74
集団選択　135-136, 155, 241, 253, 255-256
種分化　173, 425, 516
殉教　33, 82, 388, 391, 393, 456, 458
ジョン・フラム教　147
神権国家　491

信仰告白　311, 314-323, 331, 340, 488
人工物　49, 56, 120, 133-134, 136, 169, 176, 198, 225, 244, 468-470
真珠　136-137, 166, 281
人種隔離政策　36
人種差別　282, 307, 453, 504
心霊手術　231
神話　40, 48, 85-87, 175, 177, 182, 222, 227, 282, 392, 499
スイーツ　75, 96, 102, 112, 125-126, 129, 137
数秘学　189, 192
ストーリー・サイエンス　152
ストレート　44
スーパー組織体　250-251, 253
すり込み　184, 186
スンニ派　490
聖域　413
正義　21, 47, 65, 349, 350, 392, 418-420, 426, 462, 508, 510-511
性差別　264, 307, 453, 504
『聖書』　20, 28, 57, 65, 84, 99-100, 201, 234, 286, 332, 365, 407, 499
生殖　102-105, 110, 131, 183, 219, 235, 259
聖書無謬論者　100
精神性　415-422, 434
聖戦（ジハード）　57, 74, 393
性的選択　130-132, 219, 455
聖なる土　459-460
聖なる不正　231, 491
生命圏　251-252, 483
セックス　102, 104-105, 283
全質変化　315, 318
染色体　183, 394
占星術　189, 192
戦略的情報　180-181, 186, 192
創造論　98, 100, 234
相対性理論　302
相利共生　128-129, 191, 211, 218, 220, 236, 256, 426
組織化された宗教　198, 202, 212, 214, 224, 233, 247, 311, 314, 416, 433

た行

ダイエット　113
第三世界　358, 404
代祷　377-380
ダーウィニズム　370, 419, 435
多数決原理　205
種撒く人　23-24
タバコ　34, 51, 73, 126, 191, 294, 404, 425
タブー　39-41, 43, 46, 62, 78-80, 104, 110, 198, 229, 282-283, 463
多文化主義者　358, 414
タリバン　73, 347, 353
男根中心主義　288
ダンボ　190
知的デザイナー　335
チューリング・マシーン　334
超自然的行為主体　27-28, 32
超自然的存在　273, 300, 371
超常現象　417-418
超能力　418
積み荷信仰（カーゴ・カルト）　146
帝国主義的普遍主義　508-509
DNA　123, 173, 209, 289, 315, 365, 466, 470, 475-478
適応度　109, 126-128, 136, 191, 219, 220, 236, 247-248, 253, 256-257, 318, 370, 435, 466, 473, 475, 477-478, 480, 483, 570
デザイン空間　106-107, 231, 237, 537
テレビ伝道師　117
テロリスト　354, 411, 422, 453, 455, 459
テロリズム　452, 454-455
天国　65, 71, 291, 385-388, 390, 392, 415, 421, 461, 552, 555
糖　95-96, 102, 105, 107-108, 125-126, 139, 476, 561
道徳的相対主義　509
ドゥルーズ派　324-327
都市伝説　31, 518-521
突然変異　129, 173, 255, 455, 466, 480, 521, 535-536
泥棒階級　237-238, 240
トリノの聖骸布　377

トリプレット　123, 560

な行

二元論者　421
二重盲検法　377
入植者　393
ニューロン　435, 475-476
ヌクレオチド　123, 476-477, 480
熱力学第二法則　218, 251, 365
ネッシー　295, 307

は行

バイオファクト　133
バクテリア　106, 127, 256, 426, 470
ハシディズム　348
ハッカー　473-474
母なる自然　96, 122, 136, 183, 338
ハマス　412
バーミヤン遺跡　353
ハルマゲドン　461
パレスチナ　65, 413, 452
ハロウィン　29-30, 95
バワー　130-131, 133, 137, 352
パンドラの箱　17, 83
反直観的なもの　317
ビッグフット　295
ビッグ・ブラザー　389
病原菌　153-154, 192, 224-225, 228, 453
ファトワー　74, 353, 391
不可知論（不可知論者）　43, 47, 91, 264, 267, 413
福音主義　264, 311-312
不死　28, 110, 156, 384, 415, 417, 419
浮動的原理　107, 120, 139, 158, 185, 190, 212, 235, 246, 253, 266, 275, 418, 426, 494, 498
物質主義　415, 418, 421
ブライト　43-44, 52, 92, 339, 386, 413, 421, 462
プラシーボ効果　194-195
ブラック・ムスリム　449
プリオン　466
文化的選択　210
分娩　194
兵站技術　57
片利共生　211, 218, 256
ポストモダン　360, 362, 503
ポトラッチ　132
ポミオ・キヴング信仰　147, 455
ホモセクシュアル　79-80
ポルノ　33, 45, 81, 104, 404, 451

ま行

マスターベーション　79-80, 83
マラ　83
マルクス主義　20, 505
マルーラの木　105
御言葉　21, 23-24, 99-100, 247, 259, 300, 319
ミッキーマウス　184
ミーム　20, 123-124, 128, 130, 136, 173-174, 185, 191, 195, 198, 200, 202, 206, 207, 218, 220, 236, 240, 246-247, 255-260, 265, 272, 275, 281, 288, 311-312, 317-319, 353, 369-370, 389, 408, 426, 450, 452-456, 469, 471-481, 483-484, 496, 512, 516-524
妙技　106-107, 156, 159, 163, 168, 206, 237, 353
民主主義　21, 33, 35, 47-48, 279-280, 284, 307, 339, 354, 389, 392, 422, 453, 461-463, 488-491
民俗音楽　74, 118, 121-122, 214, 540, 542
民俗宗教　118, 139, 166, 198-199, 209, 212, 214, 218, 220-221, 224, 227, 233, 236, 247, 314-315, 323, 433
民俗心理学　165, 227
無神論　37, 43, 47, 50, 91, 127, 234, 278, 280, 289-290, 292, 298, 300, 306, 321, 338-339, 357, 374, 377, 413, 416, 462
無知　35, 41, 45, 58-59, 66, 70, 78, 83, 86, 88, 92, 112, 114, 164, 193, 221, 263, 297-298, 303, 307, 430, 446, 450, 463
迷信　25, 32, 170, 175, 178, 290, 499
メガ・チャーチ　311
メッカ　21, 64, 399
免疫　77, 104, 154, 156, 195-196, 475

盲信（ブラインド・フェイス） 319
盲点 58
盲目の時計職人 210
問答法 327

や行

薬草 193
唯物論 415, 419, 421
有神論 278, 292, 298, 300

ら行

ラクトース耐性 134, 194, 436
ラビ 202, 232, 319, 346, 406, 410, 414, 431
リカート・スケール方式 439
利己性 216, 238, 415-422
理神論 25, 357
レズビアン 79
レック 220-221
ロマンス語 120

わ行

ワイルド・カード 287, 297
ワイン 105-106, 228-229, 315, 318, 425
ワハビー派 410
ワールド・トレード・センター 354

人名索引

（小説や映画などの登場人物名も含む）

あ行

アインシュタイン，アルバート　115, 285, 302, 310
アヴィタル，エイタン　183, 471
アクトン卿　238
アシュブルック，ジェイムズ・B　356
アトラン，スコット　154, 156-157, 197, 326, 362, 405, 505, 516
アディソン，ジョセフ　71
アームストロング，ルイ　416
アルブライト，キャロル・ロッシュ　356
アンデルセン，ハンス・クリスチャン　40
イエス　20, 76, 232, 290, 315-316, 319, 353, 372, 384, 398, 414, 434, 461, 493
イソップ　63
インホフ，ジェームズ　462
ウィーゼル，エリー　348
ウィトゲンシュタイン，ルートヴィヒ　116, 325-326
ウィリアムズ，ジョージ　115, 476-477, 480
ウィリアムズ，テッド　402
ウィルソン，チャールズ・E　491-492
ウィルソン，デヴィッド・スローン　155, 248, 249, 252-256, 272, 362
ウェーバー，マックス　360
ウルフ，アラン　262, 278, 310-313, 349, 438
ウルフ，フランク　463
エインズリー，ジョージ　281-283
エヴァンズ＝プリチャード，エドワード　207
エカテリーナ二世　424
エディ，マリー・ベイカー　226
エピメニデス　325
エマーソン，ラルク・ワルド　497
エリアーデ，ミルシャ　357
エンサイン，ジョン　462
オーウェル，ジョージ　390
オーゲル，レスリー　260
オーデン，W・H　403, 420, 432
オールドフィールド，モーリス　329, 401
オリヴァー，サイモン　321

か行

カーヴィー，ダナ　229
カント，インマヌエル　301, 387
ギアーツ，クリフォード　360
ギブソン，メル　397-398
キャヴァリ＝スフォルツア，ルイジ・ルカ　197
キャメロン・ディアス　297
キューピット，ドン　273, 284
切り裂きジャック　295
キンゼイ，アルフレッド・C　79-80
ギンタス，ハーバート　270
グラッスリー，チャールズ　462
グランディン，テンプル　116, 359
クリック，フランシス・H・C　336
グールド，スティーヴン・ジェイ　57-58, 185, 200, 521-522
グレイ，ラッセル・D　484
クローク，F・T　478
クワイン，W・v・O　526-529
ケストラー，アーサー　394
ゴーシェ，マルセル　145
ゴートナー，マージョー　232, 395-397, 456
コマネチ，ナディア　185

ゴールドウィン，サムエル　192
コーン，マレック　133

さ行

サックス，オリヴァー　116
サンタクロース　30, 86, 85-87, 291, 321, 387, 390, 401
ジェイムズ，ウィリアム　30, 42, 301, 344, 355, 362, 364, 367, 369-373, 391, 437
ジェインズ，ジュリアン　189-190
シェークスピア，ウィリアム　71, 298
ジェニ，リッチ　299
ジェファーソン，トマス　457
シェリング，トマス　388
シーゲル，ジェリー　266
シーブライト，ポール　14, 250
シルバー，ミッチェル　386
ジャコブ，フランソワ　103
シャスター，ジョー　266
シャハデ，ラジャ　452
シャーフェイ，ジョン　216
ジャブロンカ，エヴァ　183, 471
シャーマー，マイケル　440
ジャンセン，ヨハネス　398-399
ジョンソン，ヴァージニア　76, 80
ジョーダン，フィオナ・M　484
ジョーンズ，ジム　33
スキナー，B・F　170
スターク，ロドニー　109, 249, 254-255, 262-266, 267-268, 272-274, 290, 298, 300, 312, 366, 433
スターン，ジェシカ　385, 450, 454, 459
スターンバーグ，エミリー　518
スティーヴンス，ジョージ　347
ステッドマン，ライル・B　330
ステレルニー，キム　185
ステューパック，バート　463
スーパーマン　266
スペルベル，ダン　14, 209, 362, 480, 505, 516-519, 521, 524
スポング，ジョン・シェルビー　290
スピノザ，ベネディクト　337-378, 367
スミス，アダム　263
スミス，ジョセフ　226
スミス，チャック　313
聖アンセルム　333
セン，アルマティア　280
ソクラテス　327
ソロモン　405

た行

ダイアモンド，ジャレド　153, 192, 273-238, 362, 453
ダーウィン，チャールズ　58-59, 111, 120, 177-178, 232, 234, 252, 336, 338, 384, 467, 482, 499, 516
ターナー，デニーズ　321
ダレス，アヴェリー・カーディナル　493
ダンバー，ロビン　223, 247, 505
チャーチル，ウィンストン　279
チューリング，アラン　205
ティアント，ルイス　402
ディドロ，ドゥニ　424
デイヴィス，ポール　280
ディスラエリ，ベンジャミン　419
ティリッヒ，パウル　231, 265, 493
ティンバーゲン，ニコ　175-176
デカルト，ルネ　156, 415
テットロック，フィリップ　45-46
デミント，ジム　463
デューク・エリントン　214
デュルケーム，エミール　251, 253, 357
ドイル，アーサー・コナン　294-295
ド・ヴリエ，ピーター　308
ドーキンス，リチャード　14, 120, 125, 197, 251, 256, 291, 317-319, 443-444, 471, 478, 522
ドストエフスキー　392
トーブス，グレイ　113, 427
ドミニッチ，ピート　462
ドルバック，ポール・アンリ・ティリ　357
トルーマン，ハリー・S　294
トンプソン，ダーシー　144

な行

ニクソン，リチャード　81
ニーダム，ロドニー　330-331
ニーチェ，フリードリッヒ　182, 280, 338, 387
ニュートン，アイザック　51, 115, 336
ネーゲル，トマス　364, 367
ネルソン，ビル　462
ノリス，キャサリン　450

は行

ハイエク，フリードリヒ　443
パイク，ネルソン　61
バース，フレデリック　199, 204
パットモア，コヴェントリー　158
パニッカー，ライムンド　308, 322
ハドソン，ロック　289
バットマン　295
バッハ　215, 347
ハバート，L・ロン　118, 333
ハマー，ディーン　196-197, 436
ハリス，サム　403, 412
ハル，デヴィッド　484
バルキン，J・M　507-511
バルバリア，ジョセフ　240
パーマー，クレイグ・T　189, 330-331
バレット，ジャスティン　159
バーンズ，コンラッド　462
ハンフリー，ニコラス　14, 195, 372, 417, 444
ビアス，アンブローズ　372
ピシェーアニアン，イリッカ　356
ヒース，チップ　518
ピッツ，ジョセフ　463
ヒューム，デヴィッド　48, 51-52, 153, 158, 278, 289, 324, 337, 356-357, 387
ピンカー，スティーブン　179, 352
ファインマン，リチャード　304-305, 320, 323
フィスク，カールトン　402
フィリップス，ウェンデル　457
フィリップ，エモ　268
フィルビー，キム　324-332, 401, 527-529
フィンク，ロジャー　109, 249, 254-255, 262, 264, 268, 270-274, 290, 312, 433, 438
フェルドマン，マーカス　471
フォン・ノイマン，ジョン　205-206
フセイン，サダム　388
フライ，クリストファー　114
ブラウン，ダン　90
プラトン　201, 237, 337, 500
フラム，ジョン　146-147
フランク，ロバート　351
フランクリン，アレサ　216
フランクリン，C・L　216
フランクリン，ベンジャミン　357, 476
フランダース，ネット　33
ブルケルト，ヴァルター　239, 248, 363
プレスリー，エルヴィス　28
フレミング，イアン　329, 392
フロイト，ジークムント　25, 182, 505
ペイゲルス，エレーヌ　233
ペイリー，ウィリアム　336
ペイン，トマス　357
ベスト，マイケル・L　484
ベニー，ジャック　45
ベーリング，J・M　518
ベル，クリス　518
ヘンデル　347
ベンソン，ロバート　308
ベンソン，ハーバート　379
ボイド，ロバート　471
ボイヤー，パスカル　154, 172, 175, 516
ボイヤー，ピーター　397
ボウルズ，サミュエル　270
ポーク，デヴィッド　440
ポーター，コール　179
ポックリントン，リチャード　484
ボッグス，ウェイド　402
ポッター，ハリー　85
ホッブズ，トマス　222
ボナー，ジョン・タイラー　471
ボナパルト，ナポレオン　188
ホームズ，シャーロック　294-295, 300
ホワイトハウス，ハーヴェイ　455

ボンド，ジェームズ　329

ま行

マイヤー，エルンスト　56
マキャベリ，ニッコロ　239
マクレディ，ポール　502
マクレノン，ジェームズ　193-195, 197
マスターズ，ウィリアム　76, 79-80
マッコリー，ロバート・M　205, 218, 362
マルーフ，アミン　457
マーロー，クリストファー　298
マルクス，カール　74, 125, 237
マンジ，イルシャド　457
マンハイム，カール　507, 512
ムーア，R・ローレンス　372
ムハンマド　226
メイスン，ペリー　295, 299
メイナード＝スミス，ジョン　115
メンケン，ヘンリー・ルイス　263, 405
モイニハン，ダニエル・パトリック　82, 400
モーセ　226, 348-349
モーツァルト　215
モラベック，ハンス　470

や行

ヤストレムスキー，カール　402

ら行

ラシュディー，サルマーン　414
ラッツィンガー枢機卿　315-316
ラーナー，ヨエル　459
ラパポート，ロイ　222
ラビ・イスラエル＝シェム・トヴ　348
ラビ・モーセ・ロエブ　348
ラヴェット，ライル　523
ラブロック，J・E　251
リチャーソン，ピーター　471
リンカーン，エイブラハム　226
ルー，ロイヤル　93
ルイス，デヴィッド　527
ルージュモン，ドニ・ド　278, 287
レイコフ，ジョージ　413
レーガン，ロナルド　403
レーニン，ウラジミール　443
ローソン，E・トーマス　218
ロック，ジョン　42
ローリング，J・K　85
ローレンス，レイモンド・J　379
ローレンツ，コンラート　184

わ行

ワイン，トーマス　133
ワース，ダニエル　378
ワーズワース，ウィリアム　76, 79
ワンダーウーマン　291
ワンプ，ザック　463

参考文献

Abed, Riadh, 1998, "The Sexual Competition Hypothesis for Eating Disorders." *British Journal of Medical Psychology,* vol.17, no.4 pp. 525–47.

Ainslie, George, 2001, *Breakdown of Will,* Cambridge: Cambridge University Press.〔ジョージ・エインズリー『誘惑される意志』山形浩生訳、NTT 出版、2006〕

——, in press, "*Précis of Breakdown of Will.*" Target article for *Behavioral and Brain Sciences.*

Anderson, Carl J., and Norman M. Prentice, 1994, "Encounter with Reality: Children's Reactions on Discovering the Santa Claus Myth." *Child Psychiatry & Human Development,* vol. 25, no. 2, pp.67–84.

Andresen, Jensine, 2001, *Religion in Mind: Cognitive Perspectives on Religious Belief, Ritual, and Experience,* Cambridge: Cambridge University Press.

Armstrong, Ben, 1979, *The Electric Church.* New York: Thomas Nelson.

Armstorng, Karen, 1993, *A History of God: The 4000 Year Quest for Judaism, Christianity and Islam.* New York: Ballantine Books.〔カレン・アームストロング『神の歴史：ユダヤ・キリスト・イスラーム教全史』高尾利数訳、柏書房、1995〕

Ashbrook, James B., and Carol Rausch Albright, 1997, *The Humanizing brain.* Cleve-land, Ohio: Pilgrim Press.

Atran, Scott, 2002, *In Gods We Trust: The Evolutionary Landscape of Religion.* Oxford: Oxford University Press.

——, 2004, "Hamas May Give Peace a Chance." New York Times, December 18.

Atran, S., and A. Norenzayan, 2004, "Religion's Evolutionary Landscape: Counterintuition, Commitment, Compassion, Communion." *Behavioral and Brain Sciences,* Vol. 27, pp. 713–70.

Auden, W. H., 1946, "A Reactionary Tract for the Times," Phi Beta Kappa poem, Harvard.〔W・H・オーデン『オーデン詩集』沢崎順之助訳編、思潮社『海外詩文庫 4』、1993〕

Aunger, Robert, 2002, *The Electric Meme: A New Theory of How We Think and Communicate,* New York: Free Press.

——, ed., *Darwinizing Culture: The Status of Memetics as a Science.* Oxford :

Oxford University Press.〔ロバート・アンジェ編『ダーウィン文化論：科学としてのミーム』佐倉統ほか訳、産業図書，2004〕
Avital, Eytan, and Eva Jablonka, 2000, *Animal Traditions: Behavioural Inheritance in evolution.* Cambridge: Cambridge University Press.
Awai, Katsuhito, 2001, "The Evolution of Money." In Antonio Nicita and Ugo Pagano, eds., *The Evolution of Economic Diversity.* London: Routledge, pp. 396–431.
Balaschak, B., K. Bloker, T. Rossiter, and C.T. Perin, 1972, "The influence of race and expressed experience of the hypnotist on hypnotic susceptibility," *International Journal of Clinical & Experimental Hypnosis,* vol.20, no. 1, pp. 38–45.
Balkin, J.M., 1998, *Cultural Software: A Theory of Ideology.* New Haven: Yale University Press.
Bambrough, Renford, 1980, "Editorial: Subject and Epithet." *Philosophy,* vol. 55, pp. 289–90.
Barna, George, 1999, "Christians Are More Likely to Experience Divorce Than Are Non-Christians.." Barna Research Group, 1999-DEC-21. Available at http://www.barna.org/cgi-bin/.
Baron-Cohen, Simon, 1995, *Mindblindness and the Language of the Eyes: An Essay in Evolutionary Psychology.* Cambridge, Mass.: MIT Press.〔サイモン・バロン＝コーエン『自閉症とマインド・ブラインドネス』長野敬，長畑正道，今野義孝訳、青土社、1997、2002〕
Barrett, David, George Kurian, and Todd Johnson, 2001, *World Christian Encyclopedia,* 2nd ed. New York: Oxford University Press, 2 vols.〔『世界キリスト教百科事典』教文館、1986〕
Barrett, Justin, 2000, "Exploring the Natural Foundations of Religion." *Trends in Cognitive Science,* vol. 4, pp. 29–34.
Barth, Fredrik, 1975, *Ritual and Knowledge Among the Baktaman of New Guinea.* New Haven: Yale University Press.
Bering J, M., 2004, "Natural Selection Is Non-denominational: Why Evolutionary Models of Religion Should Be More Concerned with Behavior Than Concepts." *Evolution and Cognition,* vol. 10, pp. 126–37.
Bierce, Ambrose, 1911, *The Devil's Dictionary.* Copyright expired;〔アンブローズ・ビアス『完訳―悪魔の辞典』奥田俊介、倉本護、猪狩博訳、創土社、1979〕available at http://www.alcyone.com/max/lit/devils/.
Blackmore, Susan, 1999, *The Meme Machine,* Oxford: Oxford University Press.〔スーザン・ブラックモア『ミーム・マシーンとしての私』上・下、垂水雄二訳、草思社、2000〕
Bonner, John Tyler, 1980, *The Evolution of Culture in Animals.* Princeton:

Princeton University Press.〔J・T・ボナー『動物は文化をもつか』八杉貞雄訳、岩波書店、1982〕

Bowles, Samuel, and Herbert Gintis, 1998, "The Moral Economy of Communit: Structured Populations and the Evolution of Prosocial Norms." *Evolution and Human Behavior*, vol. 19, pp. 3–25.

——, 2001, "Community Governance." In Antonio Nicita and Ugo Pagano, eds., *The Evolution of Economic Diversity*. London: Routledge, pp. 344–67.

Boyd, Robert, and Peter Richerson, 1985, *Culture and the Evolutionary Process*. Chicago: University of Chicago Press.

——, 1992, "Punishment Allows the Evolution of Cooperation (or Anything Else) in Sizable Groups." *Ethology and Sociobiology*, vol.13, pp. 171-95.

Boyer, Pascal, 2001, *Religion Explained: The Evolutionary Origins of Religious Thought*, New York: Basic Books.〔パスカル・ボイヤー『神はなぜいるのか？』鈴木光太郎、中村潔訳　NTT 出版 叢書コムニス 6、2008〕

Boyer, Peter, J., 2003, "The Jesus War," *The New Yorker*, September 15.

Brodie, Richard, 1996, *Virus of the Mind: The New Science of the Meme*. Seattle: Integral Press.

Brown, Dan, 2003, *The Da Vinci Code*. New York: Doubleday.〔ダン・ブラウン『ダ・ヴィンチ・コード』上中下巻、越前敏弥訳、角川文庫、2006〕

Brown, David, 2004, "Wildlife Tracking on AVIS Lands." Andover, Mass. March 9.

Bruce, Steve, 1999, *Choice and Religion: A Critique of Rational Choice Theory*. Oxford: Oxford University Press.

Bulbulia, Joseph, 2004, "Religious Costs as Adaptations That Signal Altruistic Intention." *Evolution and Cognition*, vol. 10, pp. 19–42.

Burdett, Kenneth, Alberto Trejos, and Randall Wright, 2001, "Cigarette Money." *Journal of Economic Theory*, vol. 99, pp. 117–42.

Burkert, Walter, 1996, *Creation of the Sacred: Tracks of Biology in Early Religions*, Cambridge, Mass.: Harvard University Press.〔ヴァルター・ブルケルト『人はなぜ神を創りだすのか』松浦俊輔訳、青土社、1998〕

Cannon, Walter B., 1957, "'Voodoo' Death." *Psychosomatic Medicine*, vol. 19, pp. 182–90.

Carey, Benedict, 2004, "Can Prayers Heal?" Critics Say Studies Go Past Science's Reach." *New York Times*, October 10.

Carstairs-McCarthy, Andrew, 1999, *The Origins of Complex Language: An Inquiry into the Evolutionary Beginnings of Sentences, Syllables, and Truth*. Oxford: Oxford University Press.

Cavalli-Sforza, Luigi Luca, 2001, *Genes, Peoples, and Languages*. Berkeley: University of California Press.〔ルイジ・ルカ・キャヴァリ＝スフォルツア『文化インフォマティックス：遺伝子・人種・言語』赤木昭夫訳、産業図書、

2001〕
Cavalli-Sforza, Luigi Luca, and Marcus Feldman, 1981, *Cultural Transmission and Evolution: A Quantitative Approach.* Princeton : Princeton University Press.
Chatters, Linda M., 2000, "Religion and Health: Public Health Research and Practice." *Annual Review of Public Health,* vol. 21, pp. 335–67.
Christiansen, Morten H., and Simon Kirby, eds., 2003, *Language Evolution* (*Studies in the Evolution of Language*). Oxford: Oxford University Press.
Churchland, Patricia, 2002, *Brain-Wise: Studies in Neurophilosophy.* Cambridge, Mass.; MIT Press.〔P・S・チャーチランド『ブレインワイズ：脳に映る哲学』村松太郎訳、新樹会創造出版 , 2005〕
Cloak, F. T., 1975, "Is a cultural Ethology Possible?" *Human Ecology,* vol. 3, pp. 161–82.
Coe, William C., John R. Bailey, John C. Hall, Mark L. Howard, Robert L. Janda, Ken Kobayashi, and Michael D. Parker, 1970, "Hypnotism as Role Enactment: The Role-Location Variable." Proceedings: 78th *Annual Convention of the American Psychological Association,* pp. 839–40.
Coe, William C., et al., 2001, "Hypnosis as Role Enactment: The Role-Location Variable" *Proceedings of the annual Convention of the American Psychological Association.*
Colvin, J. Randall, and Jack Block, 1994, "Do Positive Illusions Foster Mental Health?" An Examination of the Taylor and Boron Formulation." *Psychological Bulletin,* vol. 116, no. 1, pp. 3–20.
Crick, Francis H. C., 1968, "The Origin of the Genetic Code." *Journal of Molecular Biology,* vol. 38, p. 367.
Cronin, Helena, 1991, *The Ant and the Peacock,* Cambridge: Cambridge University Press.〔ヘレナ・クローニン『性選択と利他行動：クジャクとアリの進化論』長谷川真理子訳、工作舎、1994〕
Cronk, Lee, Napoleon Chagnon, and William Irons, 2000, *Adaptation and Human Behavior: An Anthropological Perspective.* Hawthrone, N.Y.: De Gruyter.
Cupitt, Don, 1997, *After God: The Future of Religion.* New York: Basic Books.
Daaleman, Timothy P., Subashan Perera, and Stephanie A. Studenski, 2004, "Religion, Spirituality, and Health status in Geriatric Outpatients." *Annals of Family Medicine,* Vol. 2, pp. 49–53.
Darwin, Charles, 1859, *On the Origin of species by Means of Natural Selection.* London: Murray.〔チャールズ・ダーウィン『種の起原』上下巻、八杉龍一訳、岩波文庫、1990〕
——, 1886, *The Descent of Man, and Selection in Relation to Sex.* Princeton: Princeton University Press, 1981 (originally published 1871).〔『人間の進化と性陶太』『ダーウィン著作集』1、2 所収、長谷川眞理子訳、文一総合出版、

1999〕

Davies, Paul, 2004, "Undermining Free Will." *Foreign Policy*, September/October, p.36.

Dawkins, Richard, 1976, *The Selfish Gene*. Oxford: Oxford University Press. Rev. ed, 1989.〔リチャード・ドーキンス『利己的な遺伝子〈増補新装版〉』日高敏隆、岸由二、羽田節子、垂水雄二訳、紀伊國屋書店、2006〕

——, 1982, *The Extended Phenotype*. Oxford: Oxford University Press, paperback, 1999.

——, 1989 [rev. ed. of Dawkins, 1976]. Oxford: Oxford University Press.〔リチャード・ドーキンス『延長された表現型——自然淘汰の単位としての遺伝子』日高敏隆、遠藤彰、遠藤知二訳、紀伊国屋書店、1997〕

——, 1993, "Viruses of the Mind." In Bo Dahlbom, ed., *Dennett and His Critics*. Oxford: Blackwell, pp. 13–27. Reprinted in Dawkins, 2003a.

——, 1996, *Climbing Mount Improbable*. London: Viking Penguin.

——, 2003a, *A Devil's Chaplain: Reflections on Hope, Lies, Science, and Love*. Boston: Houghton Mifflin.〔リチャード・ドーキンス『悪魔に仕える牧師』垂水雄二訳、早川書房、2004〕

——, 2003b, "The Future Looks Bright." *Guardian*, June 21.

——, 2004a, *The Ancestor's Tale: A Pilgrimage to the Dawn of Life*. London: Weidenfeld & Nicolson.〔リチャード・ドーキンス『祖先の物語：ドーキンスの生命史』上・下、垂水雄二訳、小学館、2006〕

——, 2004b, "What Use Is Religion?" Part I," *Free Inquiry*, June/July, pp.13ff. (not consecutive pages).

Deacon, Terry, 1997, *The Symbolic Species*. New York: Norton.〔テレンス・W・ディーコン『ヒトはいかにして人となったか：言語と脳の共進化』金子隆芳訳、新曜社、1999〕

Debray, Régis, 2004, God: *An Itinerary*. Trans. Jeffrey Mehlman. London: Verso.

Dembski, William, 1998, *The Design Inference: Eliminating Chance Through Small Probabilities*. Cambridge: Cambridge University Press.

——, 2003, "Three Frequently Asked Questions About Intelligent Design." Available at http://www.designinference.com.

Dembski, William, and Jay Wesley Richards, eds., 2001, *Unapologetic Apologetics: Meeting the Challenges of Theological Studies*, Downers Grove, Ill.: Inter Varsity.

Dennett, Daniel C., "Intentional Systems." *Journal of Philosophy*, vol.68, pp. 87–106.

——, 1978, *Brainstorms*. Cambridge, Mass.: MIT Press/A Bradford Book.

——, 1981, "Three Kinds of Intentional Psychology." In R. Healey, ed., *Reduction, Time and Reality*. Cambridge: Cambridge University Press, pp. 37–61.

〔ダニエル・C・デネット『「志向姿勢」の哲学』所収『３種類の志向心理学』若島正、河田学訳、白揚社、1996〕
——, 1982, "Beyond Belief." In A. Woodfield, ed., *Thought and Object: Essays on Intentionality*. Oxford: Oxford University Press. Reprinted 1987. 〔『「志向姿勢」の哲学』所収『信念を超えて』〕
——, 1983, "Intentional Systems in Cognitive Ethology: The 'Panglossian Paradigm' Defended." *Behavioral and Brain Sciences*, vol.6, pp. 343–90. 〔『「志向姿勢」の哲学』所収『認知行動学における志向システム：「パングロス・パラダイム」擁護』〕
——, 1986, "Information, Technology, and the Virtues of Ignorance." *Daedalus: Proceedings of the American Academy of Arts and Sciences*, vol. 155, pp. 135–53.
——, 1987, *The Intentional Stance*, Cambridge, Mass.: MIT Press. 〔ダニエル・C・デネット『「志向姿勢」の哲学：人は人の行動を読めるのか？』若島正、河田学訳、白揚社、1996〕
——, 1988, "The Moral First Aid Manual." In S. M. McMurrin, ed., *Tanner Lectures on Human Values*, vol. 8. Salt Lake City: University of Utah Press; and Cambridge: Cambridge University Press, pp. 119–47. Reprinted, with revisions, in Dennett, 1995b.
——, 1990, "Abstracting from Mechanism" (reply to de Gelder). *Behavioral and Brain Sciences*, vol. 13, pp. 583–84.
——, 1991a, *Consciousness Explained*. Boston: Little Brown. 〔ダニエル・C・デネット『解明される意識』山口泰司訳、青土社、1998〕
——, 1991b, "Real Patterns." *Journal of Philosophy*, vol. 87, pp. 27–51.
——, 1991c, "Two Contrasts: Folk Craft Versus Folk Science, and Belief Versus Opinion." In J. D. Greenwood, ed., *The Future of Folk Psychology: Intentionality and Cognitive Science*. Cambridge: Cambridge University Press.
——, 1995a, "Animal Consciousness: What Matters and Why." *Social Research*, vol. 62, no. 3. Fall (1), pp. 691–710. Reprinted in Dennett, 1998a.
——, 1995b, *Darwin's Dangerous Idea*, New York: Simon & Schuster. 〔ダニエル・C・デネット『ダーウィンの危険な思想』山口泰司監訳、青土社、2001〕
——, 1996, *Kinds of Minds: Towards an Understanding of Consciousness*. New York: Basic Books. 〔ダニエル・C・デネット『心はどこにあるのか』土屋俊訳、草思社、1997〕
——, 1997. "Appraising Grace: What Evolutionary Good is God?" (Review of Walter Burkert, *Creation of the Sacred: Tracks of Biology in Early Religions*). *Sciences*, January/February, pp. 39–44. 〔＊ヴァルター・ブルケルト『人はなぜ神を創りだすのか』松浦俊輔訳、青土社、1998 についての書評〕
——, 1998a, *Brainchildren: Essays on Designing Minds*. Cambridge, Mass.: MIT

Press.
——, 1998b, "The Evolution of Religious Memes: Who- or What-Benefits?" *Method & Theory in the Study of Religion*, vol.10, pp. 115–28.
——, 1999a, "Faith in the Truth." In W. Williams, ed., *The Values of Science* (The Amnesty lectures, Oxford, 1997). New York: Basic Books, pp. 95–109. Also in *Free Inquiry*, Spring 2000.
——, 1999b, "Protecting Public Health." In *Predictions: 30 Great Minds on the Future*, published by Times Higher Education Supplement, pp. 74–75. 〔S・グリフィスス編『世界の知性が語る 21 世紀』渡辺政隆、松下展子訳、岩波書店、2000〕
——, 2000, "Making Tools for Thinking." In D. Sperber, ed., *Metarepresentations: A Multidisciplinary Perspective*. New York: Oxford University Press, pp.17–29.
——, 2001a, "Collision, Detection, Muselot, and Scribble: Some Reflections on Creativity." In David Cope, *Virtual Music: Computer Synthesis of Musical Style*. Cambridge, Mass.: MIT Press, pp. 283–91.
——, 2001b, "The Evolution of Culture." *Monist*, vol.84, no.3, pp. 305–24.
——, 2001c, "The Evolution of Evaluators." In Antonio Nicita and Ugo Pagono, eds., *The Evolution of Economic Diversity*. London: Routledge, pp. 66–81.
——, 2002a, "Altruists, Chumps, and Inconstant Pluralists" (commentary on Sober and Wilson, Unto Others: *The Evolution and Psychology of Unselfish Behavior*). *Philosophy and Phenomenological Research*, vol.65, no.3 (November), pp. 692–96.
——, 2002b, "The New Replicators." In Mark Pagel, ed., *Encyclopedia of Evolution*, vol.1. Oxford: Oxford University Press, pp. E83–E92.
——, 2003a, "The Baldwin Effect: A Crane, Not a Skyhook." In B. H. Weber and D.J. Depew, eds., *Evolution and Learning: The Baldwin Effect Reconsidered*. Cambridge, Mass.: MIT Press/A Bradford Book, pp. 60–79.
——, 2003b, "The Bright Stuff." *New York Times*, July 12.
——, 2003c, *Freedom Evolves*. New York: Viking Penguin. 〔ダニエル・C・デネット『自由は進化する』山形浩生訳、NTT 出版、2005 年〕
——, 2003d, "Postscript on the Baldwin Effect and Niche Construction." In B.H. Weber and D.J. Depew, eds., *Evolution and Learning: The Baldwin Effect Reconsidered*. Cambridge, Mass.: MIT Press/A Bradford Book, pp. 108–9.
——, 2003e, "Shame on Rea." Available at http://ase.tufts.edu/cogstud/papers/reareponse.htm.
——, 2004, "Holding a Mirror Up to Dupré" (commentary on John Dupré, *Human Nature and the Limits of Science*). *Philosophy and Phenomenological Research*, vol.69, no. 2 (September), pp.473–83.

——, 2005a, "From Typo to Thinko: When Evolution Graduated to Semantic Norms." In S. Levinson and P. Jaisson, eds., *Culture and Evolution.* Cambridge, Mass.: MIT Press.

——, 2005b, "Geography Lessons." *New York Times Book Review,* Feburuary 20, p.6.

——, 2005c, *Sweet Dreams: Philosophical Obstacles to a Science of Consciousness.* Cambridge, Mass.: MIT Press.〔ダニエル・C・デネット『スウィート・ドリームズ』土屋俊、土屋希和子訳、NTT 出版、2009〕

De Vries, Peter, 1958, *The Mackerel Plaza.* Boston: Little Brown.

Diamond, Jared, 1997, *Guns, Germes, and Steel: The Fates of Human Societies.* New York: Norton.〔ジャレド・ダイアモンド『銃・病原菌・鉄』(上下巻)倉骨彰訳、草思社、2000〕

——, 2005, *Collapse: How Societies Choose to Fail or Succeed,* New York: Viking penguin.〔ジャレド・ダイアモンド『文明崩壊:滅亡と存続の命運を分けるもの』(上下巻)楡井浩一訳、草思社、2005〕

Dulles, Avery Cardinal, 2004, "The Rebirth of Apologetics." *First Things,* vol.143 (May), pp. 18–23.

Dunbar, Robin, 2004, *The Human story: A New History of Mankind's Evolution.* London: Faber & Faber.

Dupré, John, 2001, *Human Nature and the Limits of Science,* Oxford: Clarendon-Press.

Durham, William, 1992, *Coevolution: Genes, Culture and Human Diversity.* Stanford, Calif.: Stanford University Press.

Durkheim, Email, 1915, *The Elementary Forms of the Religious Life.* New York: Free Press.〔エミール・デュルケム『宗教生活の原初形態』(上下巻)古野清人訳、岩波文庫、1941〕

Dusek, J.A., J.B. Sherwood, R. Friedman, P. Myers, C.F. Bethea, S. Levitsky, P.C. Hill, M.K. Jain, S.L. Kopecky, P.S. Mueller, P. Lam, H. Benson, and P.L. Hibberd, 2002, "Study of the Therapeutic Effects of Intercessory Prayer (STEP): Study Design and Research Methods." *American Heart Journal,* vol. 143, no. 4, pp. 577–84.

Duster, Troy, 2005, "Race and Reification in Science." *Science,* vol. 307, pp. 1050–51.

Eaglenton, Terry, 1991, *Ideology: An Introduction.* London: Verso.〔テリー・イーグルトン『イデオロギーとは何か』高橋洋一訳、平凡社ライブラリー、1999〕

Easterbrook, Gregg, 2005, "There Goes the Neighborhood" (review of Diamond, 2004). *New York Times Book Review,* January 30.

Eliade, Mircea, 1963, Myth and Reality. Trans. W. R. Trask. New York: Harper

and Row.〔ミルチャ・エリアーデ『神話と現実』(『エリアーデ著作集』第七巻)中村恭子訳、せりか書房、1973〕
Ellis, Fiona, 2004, review of A. C. Grayling, *What Is Good? The Search for the Best Way to Live.* Times Literary Supplement, March 26, p. 29.
Ellison, C. G., and J. S. Levin, 1998, "The Religion-Health Connection: Evidence, Theory, and Future Directions." *Health Education and Behavior*, vol. 25, no. 6, pp. 700–720.
Evans-Pritchard, Edward, 1937, *Witchcraft, Oracles and Magic Among the Azande.* Oxford: Clarendon Press; 2nd ed., abridged , 1976〔エヴァンズ・プリチャード『アザンデ人の世界：妖術・託宣・呪術』向井元子訳、みすず書房、2001〕
Ewing, J. A., B. A. Rouse, and E. D. Pellizzari, 1974, "Alcohol Sensitivity and Ethnic Background." *American Journal of Psychiatry*, vol. 131,pp. 206–10.
Faber, M.D., 2004, *The Psychological Roots of Religious Belief.* Amherst, N.Y.: Prometheus Books.
Feibleman, James, 1973, *Understanding Philosophy.* New York: Horizon.
Feynman, Richard P., 1985, *QED: the Strange Theory of Light and Matter.* Princeton: Princeton University Press.〔R・P・ファインマン『光と物質のふしぎな理論：私の量子電磁力学』釜江常好、大貫昌子訳、岩波現代文庫、2007〕
Flamm, Bruce, 2004, "The Columbia University 'Miracle' Study: Flawed and fraud." *Skeptical Inquirer*, September/October, pp. 25–31.
Frank, Robert, 1988, *Passions Within Reason: The Strategic Role of the Emotions.* New York: Norton.〔R・H・フランク『オデッセウスの鎖：適応プログラムとしての感情』山岸俊男監訳、サイエンス社、1995〕
——, 2001, "Cooperation Through Emotional Commitment." In R. Nesse, ed., pp. 57–76.
Freud, Sigmund, 1927, *The Future of an Illusion.* New York: Norton, 1989.〔ジークムント・フロイト『幻想の未来／文化への不満』中山元訳、光文社古典新訳文庫、2007〕
Fry, Christopher, 1950, *The Lady's Not for Burning.* New York: Oxford University Press (play first produced 1948).
Gauchet, Marcel, 1997, *The Disenchantment of the World: A Political History of Religion.* Trans. Oscar Burge. Princeton: Princeton University Press.
Geertz, Clifford, 1973, *The Interpretation of Cultures.* New York: Basic books.〔クリフォード・ギアーツ『文化の解釈学』I、II、吉田禎吾、柳川敬一、中牧弘允、板橋作美訳、岩波現代新書、1987〕
Glimcher, Paul, 2003, *Decisions, Uncertainty and the Brain.* Cambridge, Mass.: MIT Press.〔ポール・W・グリムシャー『神経経済学入門：不確実な状況で脳はどう意思決定するのか』宮下英三訳、生産性出版、2008〕

Gopnik, Alison, and Andy Meltzoff, 1997, *Words, Thoughts and Theories*, Cambridge, Mass.: MIT Press.

Gould, Stephen Jay, 1980, *The Panda's Thumb: More reflections in Natural History*. New York: Norton.〔スティーヴン・ジェイ・グールド『パンダの親指：進化論再考』上下巻、櫻町翠軒訳、早川書房、1986/1996〕

——, 1999, *Rocks of Ages: Science and Religion in the Fullness of Life*. New York: Ballantine.〔ステーヴン・ジェイ・グールド『神と科学は共存できるか？』狩野秀之、古谷圭一、新妻昭夫訳、日経BP社、2007〕

Grandin, Temple, 1996, *Thinking in Pictures: And Other Reports from My Life with Autism*. New York: Vintage.

Granden, Temple, and Margaret M. Scariano, 1996, *Emergence: Labeled Autistic*. New York: Warner Books.〔テンプル・グランディン、マーガレット・M・スカリアノ『我、自閉症に生まれて』カニングハム久子訳、学研、1994〕

Gray, Russell D., and Fiona M. Jordan, 2000, "2 Language Trees Support the Express-Train Sequence of Austronesian Expansion." *Nature*, vol. 405 (June 29), pp. 1052–55.

Grice, H. P., 1957, "Meaning." *Philosophical Review*, vol. 66, pp. 377–88.

——, 1969, "Utterer's Meaning and Intentions." *Philosophical Review*, vol. 78, pp. 147–77.

Gross, Paul R., and Norman Levitt, 1998, *Higher Superstition: The Academic Left and Its Quarrels with Science*. Baltimore: Johns Hopkins University Press.

Guthrie, Stuart, 1993, *Faces in the Clouds*, Oxford :Oxford University Press.

Hamer, Dean, 2004, *The God Gene: How Faith Is Hardwired into Our Genes*. New York: Doubleday.

Harris, Marvin, 1993, *Culture, People, Nature: An Introduction to General Anthropology*. New York: Harper Collins.

Harris, Sam, 2004, *The End of Faith: Religion, Terrorism and the Future of Reason*. New York: Norton.

Hauser, Marc, 1996, *The Evolution of Communication*. Cambridge, Mass.: MIT Press.

——, 2000, *Wild Minds: What Animals Really Think*. New York: Henry Holt.

Health Sciences Policy (HPS) Board, 2003, *Unequal Treatment: Confronting Racial and Ethnic Disparities in Health Care*. Washington, D.C.: National Academies Press.

Heath, Chip, Chris Bell, and Emil Sternberg, 2001, "Emotional Selection in Memes: The Case of Urban Legends" *Journal of Personality and Social Psychology*, vol. 81, pp. 1028–41.

Hill, Peter C., and Ralph W. Hood, Jr., 1999, *Measures of Religiosity*. Birmingham, Ala.: Religious Education Press.

Hinde, Robert A., 1999, *Why Gods Persist: A Scientific Approach to Religion.* London: Routledge.

Hooper, Lora V., Lynn Bry, Per G. Falk, and Jeffrey I. Gordon, 1998, "Host-Microbial Symbiosis in the Mammalian Intestine: Exploring an Internal Ecosystem." *Bio-Essays,* vol. 20, no. 4, pp. 336–43.

Hopson, J.A.,1977, "Relative Brain Size and Behavior in Archosaurian reptiles." *Annual Review of Ecology and Systematics,* vol. 8, pp. 429–48.

Horner, J. R., 1984, "The Nesting Behavior of Dinosaurus" *Scientific American,* vol, 250, no. 4, pp. 30–137.

Hubbard, Lafayette Ronald, 1950, *Dianetics: The Modern Science of Mental Health.* Los Angeles: American Saint Hill Organization.〔L. ロン・ハバード『ダイアネティックス：心の健康のための現代科学』バベル訳、ニュー・エラ・パブリケーションズ・ジャパン、1991〕

Hull, David, 1988, *Science as a Process.* Chicago: University of Chicago Press.

Hume, David, 1777, *The Natural History of Religion.* Ed. H. E. Root. Stanford, Calif.: Stanford University Press, 1957, (originally composed 1757, but published posthumously 1777).〔デヴィッド・ヒューム『ヒューム宗教論集 I 宗教の自然史』福鎌忠恕、齋藤繁雄訳、叢書・ウニベルシタス、法政大学出版局、1972〕

Humphrey, Nicholas, 1978, "Nature's Psychologists." *New Scientist,* vol. 29 (June), pp. 900–904.

——, 1995, *Soul Searching: Human Nature and Supernatural Belief.* London: Chatto and Windus. (Published in U.S.A. as *Leaps of Faith: Science, Miracles, and the Search for Supernatural Consolation* [New York: Copernicus 1999].)〔ニコラス・ハンフリー『喪失と獲得』(垂水雄二訳、紀伊國屋書店、2004)所収「人間を見よ：人間性と超自然的信仰」〕

——, 1999, "What Shall We Tell the Children?" In Wes Williams, ed., *The Values of Science*: Oxford Amnesty Lectures 1997. Boulder, Colo.: Westview Press.〔『喪失と獲得』所収「子供たちに何を語ればいいのか？」〕

——, 2002, "Great Expectations: The Evolutionary Psychology of Faith Healing and the Placebo Effect." In *The Mind Made Flesh: Essays from the frontiers of Evolution And Psychology.* Oxford: Oxford University Press, pp, 255–85.〔『喪失と獲得』所収「希望：信仰治療とプラシーボ効果の進化心理学」〕

——, 2004, contribution to the World Question Center (the 2004 Annual Edge Question: "What's Your Law?"), 7.

Iannacone, L., 1992," Sacrifice and Stigma: Reducing Free-Riding in Cults, Communes, And Other Collectives." *Journal of Political Economy,* vol. 100, pp. 271–91.

——, 1994, "Why Strict Churches Are Strong." *American Journal of Sociology,*

vol. 99, pp. 1180–1211.
Irons, William, 2001, “religionas a Hard-to-Fake Sign of Commitment.” In R. Nesse, Ed., pp. 292–3009.
Iyengar, S., 1987, “Television News and Citizens’ Explanations of National Affairs.” *American Political Science Review,* vol. 81, pp. 815–31.
Jackendoff, Ray, 2002, *Foundations of Language: Brain, Meaning, Grammar, Evolution,* New York: Oxford University Press.〔レイ・ジャッケンドフ『言語の基盤：脳・意味・文法・進化』郡司隆男訳、岩波書店、1996〕
James, William, 1902, *The Varieties of Religious Experience,* Ed. Martin Marty. New York: Penguin. 1982.〔ウィリアム・ジェイムズ『宗教的経験の諸相』上下巻、桝田敬三郎訳、岩波文庫、1976〕
Jansen, Johannes J.G., 1997, *The Dual Nature of Islamic Fundamentalism.* Ithaca, N.Y., Cornell University Press.
Jaynes, Julian, 1976, T*he Origins of Consciousness in the Breakdown of the Bicameral Mind.* Boston: Houghton Mifflin.〔ジュリアン・ジェインズ『神々の沈黙：意識の誕生と文明の興亡』柴田裕之訳、紀伊國屋書店、2005〕
John Paul II, 1996, “Truth Cannot Contradict Truth.” Address of the Pope to the Pontifical Academy of Sciences, October 22.
Johnson, Philip, 1996, “Daniel Dennett’s dangerous Idea.” *New Criterion,* vol. 15, no. 2 (October). Available at http://www.newcriterion.com/archive/14/oct95/Dennett.html.
Kahnemann, Daniel, Ed Diener, and Norbert Schwarz, eds., 2000, *Well-Being: The Foundations of Hedonic Psychology,* New York: Russell Sage Foundation/MIT Press.
Kinsey, Alfred C., 1948, *Sexual Behavior in the Human Male.* Philadelphia: W.B. Saunders.〔アルフレッド・C・キンゼイ、ウォーデル・B・ポメロイ、クライド・E・マーティン『人間に於ける男性の性行爲』上下巻、永井潜、安藤画一訳、コスモポリタン社、1950 年〕
——, 1953, *Sexual Behavior in the Human Female.* Philadelphia: W.B. Saunders. Klostermaier, Klaus K., 1994, A Survey of Hinduism. 2nd ed. Albany, N.Y.: SUNY Press.〔『人間女性における性行動』上下巻、朝山新一訳、コスモポリタン社、1955 年〕
Koenig, Harold, Michael E. McCullough, and Donald B. Larson, 2000, *Handbook of Religion and Health.* Oxford: Oxford University Press.
Koestler, Arthur, 1959, *The Sleepwalkers.* London: Hutchinson.
Kohn, Marek, 1999, *As We Know It: coming to Terms with an Evolved Mind.* London: Granta Books.
Kuhn, Thomas, 1962, *The Structure of Scientific Revolutions.* Chicago: University of Chicago Press.〔トーマス・クーン『科学革命の構造』中山茂訳、みすず

書房、1971〕
Lakoff, George, 2004, *Don't Think of an Elephant! Know Your Values and Frame the Debate.* White River Junction, Vt.: Chelsea Green Publishing.
Laland, Kevin, and Gillian Brown, 2002, *Sense and Nonsense: Evolutionary Perspectives on Human Behavior.* Oxford: Oxford University Press.
Lawson, E. Thomas, and Robert N. McCauley, 1990, *Rethinking Religion: Connecting Cognition and Culture.* Cambridge: Cambridge University Press.
——, 2002, *Bringing Ritual to Mind: Psychological Foundations of Cultural Forms.* Cambridge: Cambridge University Press.
Lehner, Philip N., 1978a, "coyote Communication." In Marc Bekoff, ed., *Coyotes: Biology, Behavior, and Management.* New York: Academic Press.
——, 1978b, "Coyote Vocalizations: A Lexicon and comparisons with Other Canids." *Animal Behavior,* vol. 26, pp. 712–22.
Leslie, Alan, 1987, "Pretense and Representation: The Origins of 'Theory of Mind.'" *Psychological Review,* vol. 94, pp. 412–26.
Lewis, C.S., 1952, *Mere Christianity.* San Francisco: Harper Collins, 2001〔C・S・ルイス『キリスト教の精髄』柳生直行訳、新教出版社、1996〕
Lewis, David, 1974, "Radical Interpretation," in *Synthese,* vol. 27, pp. 311–44.
Lewontin, Richard, 2004, "Dishonest in Science." *New York Review of Books,* November 18, pp. 38–40.
Li, C., K. Malone, and J. Daling, 2003, "Differences in Breast Cancer Stage, Treatment, and Survival by Race and Ethnicity." *Archives of Internal Medicine,* vol.163, pp.49–56.
LoBue, Carl P., and Michael A. Bell, 1993, "Phenotypic Manipulation by the Cestode Parasite *Schistocephalus Solidus* of Its Intermediate Host, *Gasterosteus aculeatus,* the Threespine Stickleback." American Naturalist, vol. 142, pp. 725–35.
Longman, Robert, 2000, "Intercessory Prayer," Available at http://www.spirithome.com/prayintr.html.
Lorenz, K. Z., 1950, "The Comparative Method in Studying Innate Behavior Patterns." In J.G. Danielli and R. Brown, eds., *Physiological Mechanisms in Animal Behavior.* Cambridge: Cambridge University Press.
Lovelock J. E., 1979, *Gaia,* Oxford: Oxford University Press.〔ジェームズ・ラブロック『ガイア：地球は生きている』竹田悦子訳、松井孝典監修、産調出版、2003〕〔J・E・ラヴロック『地球生命圏：ガイアの科学』スワミ・プレム・プラブッダ訳、工作舎、1984〕
Lung, S.-C.C., M.-C. Kao, and S.-C. Hu, 2003, "Contribution of Incense Burning to Indoor PM10 and Particle-Bound Polycyclic Aromatic Hydrocarbons Under Two Ventilation Conditions." *Indoor Air,* vol. 13, p.194.

Lynch, Aaron, 1996, *Thought Contagion: How Belief Spreads Through Society.* New York: Basic Books.
Maalouf, Amin, 2001, *In the Name of Identity: Violence and the Need to Belong,* New York: Arcade Publishing.
McCleary, Rachel M., 2003, "Salvation, Damnation, and Economic Incentives." Project on Religion, Political Economy, and Society, working paper no. 39. Cambridge, Mass.: Whetherhead Center, Harvard University.
McCleary, Rachel M., and Robert J. Barro, 2003, "Religion and Economic Growth." Harvard University working paper, Available at http://econ.korea.ac.kr/bk21/notice/uoloads/Religion_and_Economic_Growth.pdf.
McClenon, James, 2002, *Wondrous Healing: Shamanism, Human Evolution and the Origin of Religion.* DeKalb: Northern Illinois University Press.
MacCready, Paul, 2004, "The Case for Battery Electric Vehicles." In Daniel Sperling and James Cannon, eds., *The Hydrogen Energy Transition.* New York: Academic Press, pp. 227–33.
Mackie, J. L., 1982, *The Miracle of Theism: Arguments For and Against the Existence of God.* Oxford: Oxford University Press.
Mahadevan, P., and Frits Staal, 2003, "The Turning-Point in a Living Tradition" *Electronic Journal of Vedic Studies,* vol. 10. Available at http://users.primushost.com/~india/ejvs.
Manji, Irshad, 2003, *The Trouble with Islam,* New York: St. Martin's.
Masters, William H., and Virginia Johnson, 1966, *Human Sexual Response.* New York: Lippincott/Williams & Wilkins.〔W・H・マスターズ、V・E・ジョンソン著『人間の性反応：マスターズ報告』謝国権、ロバート・Y・竜岡訳、池田書店、1966〕
Maynard Smith, John, 1977, "Parental Investment: A Prospective Analysis." *Animal Behavior,* vol. 25, pp. 1–9.
——, 1978, *The Evolution of Sex.* Cambridge: Cambridge University Press.
Mayr, Ernst, 1982, *The Growth of Biological Thought.* Cambridge, Mass.: Harvard University Press.
——, 2004, *What Makes Biology Unique? Considerations on the Autonomy of a Scientific Discipline.* Cambridge: Cambridge University Press.
Melton, J. Gordon, 1998, *Encyclopedia of American Religions.* 6th Detroit: Gale Group.
Miller, Geoffrey, 2000, *The Mating Mind: How Sexual Choice Shaped the Evolution of Human Nature.* New York: Doubleday.
Mithen, Steven, 1996, *The Prehistory of The Mind: The Cognitive Origins of Art, Religion and Science.* London: Thames and Hudson.〔スティーヴン・ミズン『心の先史時代』松浦俊輔、牧野美佐緒訳、青土社、1998〕

Montague, P.R., and G. Berns, 2002, "Neural Economics and the Biological Substrates of Valuation." *Neuron,* vol. 36, pp. 265–84.

Moore, R. Laurence, 1994, *Selling God: American Religion in the Marketplace of Culture.* New York: Oxford University Press.

Moravec, Hans, 1988, *Mind Children: The Future of Robot and Human Intelligence.* Cambridge, Mass.: Harvard University Press.

MotDoc, 2004, "Cargo Cults." Available at: http://www.bbc.co.uk/dna/h2g2/A2267426.

Moya, Andres, and Enrique Font, 2004, *Evolution: from Molecules to Ecosystems.* Oxford: Oxford University Press.

Moynihan, Daniel Patrick, 1970, Memorandum to President Nixon on the status of Negroes, as reported in *Evening Star,* Washington, D.C., March 2, p. A5.

Nagel, Thomas, 1997, *The Last Word.* Oxford: Oxford University Press.

Nanda, Meera, 2002, *Breaking the Spell of Dharma and Other Essays: A Case for Indian Enlightenment.* Delhi: Three Essays Press.

——, 2003, *Prophets Facing Backwards: Postmodern Critiques of Science and Hindu Nationalism in India.* New Brunswick, N.J.: Rutgers University Press.

National Academy of Sciences, 1999, *Science and Creationism.* 2nd ed. Washington, D.C., national Academy Press.

Needham, Rondey, 1972, *Belief, Language and Experience,* Chicago: University of Chicago Press.

Nesse, Randolph, ed., 2001, *Evolution and the Capacity for Commitment.* New York: Russell Sage Foundation.

Newberg, Andrew, Eugene D'Aquili, and V. Rause, 2001, *Why God Won't Go Away: Brain Science and the Biology of Belief.* New York: Ballantine. アンドリュー・ニューバーグ、ユージーン・ダギリ、ヴィンス・ローズ『脳はいかにして「神」を見るか：宗教体験のブレイン・サイエンス』木村俊雄訳、茂木健一郎監訳、PHP エディターズグループ、2003〕

Nietzsche, Friedrich, 1887, *On the Genealogy of Morals.* Trans. Walter Kaufmann. New York: Vintage, 1967.〔フリードリヒ・ニーチェ『道徳の系譜学』中山元訳、光文社古典新訳文庫、2009〕

Norris, Kathleen, 2000, "Native Evil." *Boston College Magazine,* Winter.

Oliver, Simon, 2003, Review of Denys Turner, *Faith Seeking. Times Literary Supplement,* November 14, p.32.

Pagel, Mark, ed., 2002, *Encyclopedia of Evolution.* 2 vols. Oxford: Oxford University Press.

Pagels, Elaine, 1979, *The Gnostic Gospels.* New York: Random House.〔エレーヌ・ペイゲルス『ナグ・ハマディ写本：初期キリスト教の正統と異端』荒井献、湯本和子訳、白水社、1982/1996〕

Palmer, Craig T., and Lyle B. Steadman, 2004, "With of Without Belief: A New Approach to the Definition and Explanation of Religion." *Evolution and Cognition*, Vol. 10, pp. 138–45.

Panikkar, Raimundo, 1989, *The Silence of God: The Answer of the Buddha*. Maryknoll, N.Y.: Orbis Books.

Pennock, Robert, 1999, *Tower of Babel: The Evidence Against the New Creationism*. Cambridge, Mass.: MIT Press.

Perakh, Mark, 2003, *Unintelligent Design*. Amherst, New York: Prometheus Books.

Persinger, Michael, 1987, *Neuropsychological Bases of God Beliefs*, New York: Praeger.

Pinker, Steven, 1994, *The Language Instinct*. New York: Morrow.〔スティーブン・ピンカー『言語を生みだす本能』椋田直子訳、日本放送出版協会、1995〕

——, 1997, *How the Mind Works*. New York: Norton.〔スティーブン・ピンカー『心の仕組み：人間関係にどう関わるか』上中下巻、椋田直子、山下篤子訳、日本放送出版協会、2003〕

Plantinga, Alvin, 1996, "Darwin, Mind and Meaning." *Books and Culture*, May/June.

Pocklington, Richard, in press, "Memes and Cultural Viruses." In *Encyclopedia of The Social and Behavioral Sciences*.

Pocklington, Richard, and Michael L. Best, 1997, "Cultural Evolution and Units of Selection in Replicating Text." *Journal of Theoretical Biology*, vol. 188, pp. 79–87.

Posner, Richard, 1992, *Sex and Reason*. Cambridge, Mass.: Harvard University Press.

Povinelli, Daniel, 2003, *The Folk Physics of Apes: The Chimpanzee's Theory of How the World Works*. Oxford: Oxford University Press.

Premack, David, and Guy Woodruff, 1978, "Does the Chimpanzee Have a Theory of Mind?" *Behavioral and Brain Sciences*, vol. 1, pp. 515–26.

Purves, William K., David Sadava, Gordon H. Orians, and H. Craig Heller, 2004, *Life: The Science of Biology*. 7th ed. Sunderland, Mass.: Sinauer and W.H. Freeman.

Pyper, Hugh, 1998, "The Selfish Text: The Bible and Memetics." In J.C. Exum and S.D. Moore, eds., *Biblical Studies and Cultural Studies*. Sheffield: Sheffield Academic Press, pp.70–90.

Pyysièainen, Ilkka, 2001, *How Religion Works: Towards a New Cognitive Science of Religion*. Leiden: Brill.

Quine, W.v.O., 1960, *Word and Object*. Cambridge, Mass.: MIT Press.〔W・v・O クワイン『ことばと対象』大出晁、宮館恵訳、双書プロブレーマタ、勁草

書房、1984〕
——, 1974a, "Comment on Donald Davidson." *Synthese*, vol. 27, pp. 325–30.
——, 1974b, "Comment on Michael Dummett." *Synthese*, vol. 27, pp. 413–-17.
Ramachandran, V., and Sandra Blakeslee, 1998, *Phantoms in the Brain: Probing the Mysteries of the Human Mind*. New York: Morrow. 〔V・S・ラマチャンドラン、サンドラ・ブレイクスリー『脳のなかの幽霊』山下篤子訳、角川書店、1999〕
Ramachandran, Vilayanur, W. S. Hirstein, K. C. Armel, E. Tecomka, and V. Iragui, 1997, "The Neural Basis of Religious Experience." Paper Delivered to *the Annual Conference of the Society of Neuroscience, October. 1997. Abstract no. 519.1.* Vol. 23 (Washington, D.C.: society of Neuroscience).
Rappaport, Roy A., 1979, *Ecology, Meaning and Religion*. Richmond, Calif.: North Atlantic Books.
——, 1999, *Ritual and Religion in the Making of Humanity*. Cambridge: Cambridge University Press.
Ratzinger, Cardinal, 2000, "Dominus Iesus: On the Unicity and Salvific Universality Of Jesus Christ and the Church." Declaration Ratified by Pope John Paul II at a plenary session, June 16, 2000. Available at http://www.vatican.va/roman_curia/congregations/cfaith/documents/.
Ridley, Mark, 1995, *Animal Behavior*. 2nd ed. Boston: Blackwell Scientific Publications.
Ridley, Matt, 1993, *The Red Queen: Sex and the Evolution of Human Nature*. New York: Macmillan. 〔マット・リドレー『赤の女王 : 性とヒトの進化』長谷川真理子訳、翔泳選書、翔泳社、1995〕
Rooney, Andy, 1999, *Sincerely, Andy Rooney*. New York: Public Affairs.
Ross, Done, 2005, *Economic Theory and Cognitive Science: Microexplanation*. Cambridge, Mass.: MIT Press.
Rougement, Denis de, 1944, *Le Part du Diable*. Trans. Haakon Chevalier as The Devil's Share. New York: Meridian Books, 1956.
Rubin, D. C., 1995, *Memory in Oral Traditions*. New York: Oxford University Press.
Rue, Loyal, 2005, *Religion Is Not About God*. New Brunswick, N. J.: Rutgers University Press.
Ruhlen, Merrit, 1994, *The Origin of Language*. New York: John Wiley & Sons.
Sacks, Oliver, 1995, *An Anthropologist on Mars*. New York: Knopf. 〔オリヴァー・サックス『火星の人類学者 : 脳神経科医と 7 人の奇妙な患者』吉田利子訳、早川書房、1997/2001〕
Saenger, Paul, 2000, *Space Between Words: The Origin of Silent Reading* (Figuae Reading Medieval). Stanford, Calif.: Stanford University Press.

Sahlins, Marshal, 1972, *Stone Age Economics*. Chicago: Aldine.〔マーシャル・サーリンズ『石器時代の経済学』山内昶訳、叢書ウニベルシタス、法政大学出版局、1984〕

Sanneh, Kelefa, 2004, "Pray and Grow Rich." *New Yorker*, October 11, pp. 48–57.

Schönborn, Christoph, 2005, "Finding Design in Nature: The Catholic Church's Official Stance on Evolution," July 7, 2005, http://www.nytimes.com/2005/07/07/opinion/07schonborn.html.

Schumaker, John F., 1990, *The Corruption of Reality: A Unified Theory of Religion, Hypnosis, and Psycopathology*. Amherst, N.Y.: Prometheus Books.

Schwarz, N., and G.L. Clore, 1983, "Mood, Misattribution, and Judgments of Well-Being: Informative and Directive Functions of Affective States." *Journal of Personality and Social Psychology*, vol. 45, pp. 513–23.

Seabreght, Paul, 2004, *The Company of Strangers: A Natural History of Economic Life*. Princeton: Princeton University Press.

Sen, Amartya, 1999, *Development as Freedom*. New York: Knopf.〔アルマティア・セン『自由と経済開発』石塚雅彦訳、日本経済新聞社、2000〕

——, 2003, "Democracy and Its Global Roots." *New Republic*, October 6, pp. 28–35.

Shanks, Niall, 2004, *God, the Devil and Darwin: A Critique of Intelligent Design Theory*. Oxford: Oxford University Press.

Sharlet, Jeffrey, 2003, "Jesus Plus Nothing." *Harper's Magazine*, March, pp. 53–58.

Shea, Christopher, 2005, "Big Picture Guy: does Megaselling Scientist-Historian Jared Diamond Get the Whole World right?" *Boston Globe*, January 16, p. C1.

Shehadeh, Raja, 2002, *Strangers in the House: Coming of Age in Occupied Palestine*. South Royalston, Vt.: Steerforth Press.

Shermer, Michael, 2003, *How We Believe: Science, Skepticism and the Search for God*. 2nd ed. New York: A. W. Freeman/Owl Book.

Shermer, Michael, and Frank Sulloway, in press, "Religion and Belief in God." Manuscript, January 2005.

Shriver, Mark D., 1997, "Ethnic Variation as a Key to the Biology of Human Disease." *Annals of Internal Medicine*, vol. 127, pp. 401–3.

Siegel, Lee, 1991, *Net of Magic: Wonders and Deceptions in India*. Chicago: University of Chicago Press.

——, 2003, *Love and Other Games of Chance*. New York: Viking Penguin.

Silver, Mitchell, in press, *An Optional God: Secular Reflections on New Jewish Theology*. New York: Fordham University Press.

Skinner, B.F., 1948, "'Superstition' in the pigeon." *Journal of Experimental Psychology,* vol. 38, pp. 168–72.

Sloan, Richard P., and Emilia Bagiella, 2002, "Claims About Religious Involvement And Health Outcomes." *Annals of Behavioral Medicine,* vol. 24, no. 1, pp. 14–21.

Slone, Jason, 2004, *Theological Incorrectness.* Oxford: Oxford University Press.

Small, Maurice M., and Ernest Kramer, 1969, "Hypnotic Susceptibility as a Function of the Prestige of the Hypnotist." *International Journal of Clinical and Experimental Hypnosis,* vol. 17, pp. 251–56.

Sober, Elliott, and David Sloan Wilson, 1998, *Unto Others: The Evolution and Psychology of Unselfish Behavior.* Cambridge, Mass.: Harvard University Press.

Sperber, Dan, 1975, *Rethinking Symbolism.* Cambridge: Cambridge University Press.

——,1985, *On Anthropological Knowledge.* Cambridge: Cambridge University Press.

——, 1996, *Explaining Culture: A Naturalistic Approach.* Oxford: Blackwell. 〔ダン・スペルベル『表象は感染する：文化への自然主義的アプローチ』菅野盾樹訳、新曜社、2001〕

——, 2000, "An Objection to the Memetic Approach to Culture." In Aunger, Robert ed., *Darwinizing Culture,* pp. 163–73. 〔ダン・スペルベル「文化へのミーム的アプローチに反論する」ロバート・アンジェ編『ダーウィン文化論：科学としてのミーム』佐倉統ほか訳、産業図書、2004 所収〕

Sperber, Dan and Deirdre Wilson, 1986, *Relevance: A Theory of Communication.* Cambridge, Mass.: Harvard University Press. 〔D・スペルベル、D・ウイルソン著『関連性理論：伝達と認知』内田聖二ほか訳、研究社出版、1993〕

Spong, John Shelby, 1998, *Why Christianity Must Change or Die.* New York: Harper Collins.

Stark, Rodney, 2001, *One True God: Historical Consequences of Monotheism.* Princeton: Princeton University Press.

Stark, Rodney, and W.S. Bainbridge, 1985, *The Future of Religion: Secularization, Revival and Cult Formation,* Berkeley: University of California Press.

——, 1987, *A Theory of Religion,* New York: David Lang.

Stark, R., W. S. Bainbridge, and D. P. Doyle, 1979, "Cults of America: A Reconnaissance in Space and Time." *Sociological Analysis,* vol. 40, pp. 347–459.

Stark, Rodney, and Roger Finke, 2000, *Acts of Faith: Explaining the Human Side of Religion.* Berkeley: University of California Press.

Sterelny, Kim, 2003, *Thought in a Hostile World: The Evolution of Human Cognition.* Oxford: Blackwell.

Stern, Jessica, 2003, *Terror in the Name of God: Why Religious Militants Kill.* New York: Harpercollins.

Sulloway, Frank J., 1996, *Born to Rebel: Birth Order, Family Dynamics, and Creative Lives.* New York: Pantheon.

Taubes, Gary, 2001, " The Soft Science of Dietary Fat." *Science,* vol. 291 (March 30), pp. 2536–45.

Taylor, S. E., and J.D. Brown, 1988, "Illusion and Well-being: A social Psychological Perspective on Mental Health." *Psychological Bulletin,* vol.103, pp. 193-210.

Tetlock, Philip, "Coping with Trade-Offs: Psychological Constraints and Political Implications." In S. Lupia, M. McCubbins, and S. Popkin, eds., *Political Reasoning And Choice,* Berkeley: University of California Press.

——, 2003, "Thinking the Unthinkable: Sacred Values and Taboo Cognitions" *Trends in Cognitive Science,* vol. 7, pp. 320–24.

Tetlock, Philip, Peter McGraw, and Orie Kristel, 2004, "Proscribed Forms of Social Cognition: Taboo Trade-Offs, Forbidden Base Rates, and Heretical Counterfactuals." In N. Haslam, ed., *Relational Models Theory: A Contemporary Overview.* Mahwah, N. J.: Erlbaum, pp.142–61.

Tinbergen, Niko, 1948, "Social Releasers and the Experimental Method Required for Their Study." *Wilson Bulletin,* vol. 60, pp. 6–52.

——, 1959, "Comparative Studies of the Behaviour of Gulls (Laridai): A Progress Report." *Behaviour,* vol. 15, pp. 1–70.

Titon, Jeff Todd, 1988, *Powerhouse for God: Speech, Chant, and Song in an Appalachian Baptist Church.* Austin: University of Texas Press.

Tomasello, Michael, 1999, *The Cultural Origins of Human Cognition.* Cambridge, Mass.: Harvard University Press. 〔マイケル・トマセロ『心とことばの起源を探る：文化と認知』大堀壽夫ほか訳、勁草書房、2006〕

Tomassello, Michael, and Josep Call, 1997, *Primate Cognition,* Oxford: Oxford University Press.

Wall, T.L., L.G. Carr, and C.L. Ehlers, 2003, "Protective Association of Genetic Variation in Alcohol Dehydrogenase with Alcohol Dependence in Native American Mission Indians." *American Journal of Psychiatry,* vol. 160, no. 1 (January 1), pp. 41–46.

Weinberg, Steven, 2003, *Facing Up: Science and Its Cultural Adversaries.* Cambridge, Mass.: Harvard University Press.

Whitehouse, Harvey, 1995, *Inside the Cult: Religious Innovation and Transmission in Papua New Guinea.* Oxford: Clarendon Press.

——, 2000, *Arguments and Icons.* Oxford: Oxford University Press.

Whiten, Andrew, and R. Byrne, eds., 1988, *Machiavellian Intelligence.* Oxford:

Oxford University Press.〔リチャード・バーン、アンドリュー・ホワイトゥン編『マキャベリ的知性と心の理論の進化論1 ヒトはなぜ賢くなったか』藤田和生、山下博志、友永雅己監訳、ナカニシヤ出版、2004〕
——, 1997, *Machiavellian Intelligence, II: Extensions and Evaluations.* Cambridge: Cambridge University Press.『マキャベリ的知性と心の理論の進化論2 新たなる展開』友永雅己、小田亮、平田聡、藤田和生監訳、ナカニシヤ出版、2004〕
Wiesel, Elie, 1966, *The Gates of the Forest.* New York: Holt, Rinehart & Winston.
——, 1972, *Souls on Fire: Portraits and Legends of Hasidic Masters.* N. p.: Gerecor, Ltd. Reprint, New York: Random House, 1982.
Williams, George, 1966, *Adaptation and Natural Selection,* Princeton: Princeton University Press.
——, 1992, *Natural Selection: Domains, Levels, and Challenges.* Oxford: Oxford University Press.
Wilson, David Sloan, 2002, *Darwin's Cathedral: Evolution, Religion, and the Nature of Society.* Chicago: University of Chicago Press.
Wilson, David Sloan, and Elliott Sober, 1994, "Re-Introducing Group Selection to the Human Behavior Sciences." *Behavioral and Brain Sciences,* vol. 17, no. 4, pp. 585–654.
Wittgenstein, Ludwig, 1953, *Philosophical Investigations,* Oxford: Blackwell.〔ルートヴィヒ・ウィトゲンシュタイン『哲学探究』『ウィトゲンシュタイン全集』第八巻、藤本隆志訳、大修館書店、1976〕
Wolfe, Alan, 2003, *The Transformation of American Religion: How We Actually Live Our Faith.* New York: Free Press.
Wynne, Thomas, 1995, "Handaxe Enigmas." *World Archeology,* vol. 27, pp. 10–23.
Yode, Don 1974, "Toward a Definition of Folk Religion." *Western Folklore,* vol. 33, pp. 2–15.
Young, Matt, and Taner Edis, 2004, *Why Intelligent Design Fails: A Scientific Critique of the New Creationism,* New Brunswick, N.J.: Rutgers University Press.
Zahavi, A., 1987, "The Theory of Signal Selection and Some of Its Implications." In M.P. Delfino, ed., *International Symposium on Biological Evolution,* Bari, 9-14 April 1985. Bari: Adriatici Editrici, pp. 305–27.
Zimmer, Carl, 2000, "Parasites Make Scaredy-Rats Foolhardy." *Science,* July 28, pp. 525–26.

著者紹介

ダニエル・C・デネット　Daniel C. Dennett

1942年生まれ。ハーヴァード大学哲学科卒業、オックスフォード大学院にて博士号取得。タフツ大学哲学教授、同認知科学研究センター所長。

主著：『解明される意識』『ダーウィンの危険な思想』、『自由は進化する』『スウィート・ドリームズ』、『心はどこにあるのか』、『「志向姿勢」の哲学』、『マインズ・アイ』（共著）他多数。

訳者紹介

阿部文彦（あべ　ふみひこ）

1955年生。フランス哲学専攻。早稲田大学大学院文学研究科博士課程後期単位取得。現在、早稲田大学・明治学院大学非常勤講師。著書に"Immersing in the Concrete—Merleau-Ponty in the Japanese Perspective"（Kluwer Academic Publishers、共著）、『人間とはなにか——西洋近代・現代の人間観』（北樹出版、共著）、『仏蘭西の思想と倫理』（行人社、共著）など、訳書にディアーネ・コリンソン『哲学思想の50人』（青土社、共訳）、ミシェル・アンリ『現出の本質』、ヴァルデンフェルス『フランスの現象学』（共に法政大学出版局、共訳）など。

Breaking the Spell: Religion as a Natural Phenomenon
by Daniel C. Dennett

解明される宗教

進化論的アプローチ

2010年9月10日　第1刷発行
2012年9月25日　第2刷発行

著者――ダニエル・C・デネット
訳者――阿部文彦
発行者――清水一人
発行所――青土社
東京都千代田区神田神保町1-29市瀬ビル〒101-0051
［電話］03-3291-9831（編集）　03-3294-7829（営業）
［振替］00190-7-192955
本文印刷所――双文社印刷
扉・表紙・カバー印刷所――方英社
製本所――小泉製本

装幀――戸田ツトム

Printed in Japan　ISBN978-4-7917-6562-1